민법학원론 제4판

명순구 지음

박영사

4TH EDITION

Principles of Civil Law

by

Soon-Koo MYOUNG

Professor of Law
Korea University
Seoul, Korea

2025
Pakyoungsa Publishing Co.
Seoul, Korea

제4판 머리말

“민법의 원리와 맥락을 쉽고 정확하게 안내하는 일”, 제4판의 기조 또한 지금까지와 다르지 않습니다. 오탈자 수정, 법령·판례의 업데이트 등 통상적인 개정 작업과 더불어 제4판은 민법의 기초를 다지기에 긴요하지만 초심자가 이해하기에 다소 어려운 개념과 조문에 대한 설명을 보완했습니다.

데이터와 알고리즘이 지식·의사결정·창작의 핵심 동력이 되어 인간과 기계가 협력·경쟁하는 생성형 AI 시대(Generative AI Era), AI는 법률가의 존재 이유를 다시 정의하게 합니다. 시대 각성이 없는 법률가는 타자가 만든 시스템에 종속될 수밖에 없고, 각성한 법률가는 AI를 법과 사회의 가치를 구현하는 촉매로 활용할 것입니다. 법학교육의 방향과 내용 및 법학수준 평가에 있어서 대전환을 고민해야 하는 이유입니다. 이 책이 미래 법률가들을 위해 유용한 출발점이 되기를 바랍니다.

하늘은 그저 하늘일 뿐, 땅에서 올려 본 하늘에는 길이 나 있지 않습니다. 바다에도 수평선까지 검푸른 물이 출렁일 뿐, 길이 나 있지 않습니다. 그러나 하늘과 바다에는 비행기와 배를 위한 길이 따로 있습니다. 우리들이 살아가는 사회에도 글로 쓰여진 혹은 쓰여지지 않은 법이 있습니다. 법은 사회에 존재하는 마땅한 길이고, 법률가는 마땅함을 추구해야 합니다. 이는 AI 시대에도 결코 다르지 않습니다.

이 책의 출판을 위해 수고해 주신 박영사 여러분들께 깊이 감사드립니다.

독자들의 성공적 학습을 축원합니다.

2025년 8월

명 순 구 드림

제3판 머리말

“민법의 원리와 맥락을 쉽고 정확하게 안내하는 일”, 제3판의 기조 또한 제1·2판과 다르지 않습니다. 통상적인 개정 작업(법령·판례의 업데이트 등) 외에 제3판은 독자들의 시각을 배려하는 데에 더 힘썼습니다. 구체적인 사례를 통한 설명을 늘린 것, 법규정의 입법이유에 대한 설명을 늘린 것, 문장의 가독성을 높인 것 등이 그것입니다. 아울러 제3판에서는 입문자가 이해하기에 약간 힘겨울 듯한 학설과 이론들을 과감하게 삭제했습니다. 그 결과 책의 분량이 약 10% 줄었습니다.

이 책은 유튜브(명교수온라인채널, A&A Class)에 ‘민법학입문’의 이름으로 공개한 MOOC의 교재이기도 합니다. K-MOOC(교육부/국가평생교육진흥원)에 강의를 공개한 것이 2015년이니 이제 10년이 되어갑니다. KU-MOOC(고려대학교)의 경우 매학기 약 1,000명에 이르는 학생이 강의영상과 이 책을 통해 정규교과목으로 민법학 내지 법학에 입문하고 있습니다. 법학교육도 시대변화에 부응하면서 수월성을 추구해야 한다는 마음, 이 시대 대학교수로서 사회적 책무를 수행한다는 마음으로 진행하는 프로젝트입니다. 과거에는 없던 일이다 보니 어색함과 어려움도 적지 않지만 보람도 그에 못지않습니다. 이 자리를 빌어 독자 여러분들의 이해와 성원에 깊이 감사드립니다.

제3판은 이 책 초판을 맡아주셨던 박영사에서 출간하게 되었습니다. 그간 고려대학교출판문화원에서 나름대로 기대했던 미션을 수행했다고 생각합니다. 이 책의 새로운 출발을 흔쾌히 허락해 주신 고려대학교출판문화원, 짧지 않은 기간 동안 지속적이고 변함없는 신뢰를 보내 주신 박영사에 깊이 감사드립니다. 그리고 이 책의 제작 과정에서 진심어린 도움을 준 박덕봉 박사에게 고마움과 함께 그의 미래를 축원합니다.

이 책으로 공부하는 모든 분들께 늘 건강과 행운이 함께 하시기를 진심을 담아 기원합니다.

2024년 7월
명 순 구 드림

제2판 머리말

『민법학원론』 초판을 출간한 지 5년 만에 제2판을 냅니다. 이 책의 기조는 2015년 초판과 크게 다르지 않습니다. 단순히 민법의 조각을 열거하며 서술하기보다는 개념 또는 제도의 원리와 맥락을 드러내고자 힘썼습니다. 일반법으로서 민법이 가지는 추상성을 완화하기 위해서 가급적 구체적 사례를 들어 설명했습니다. 로스쿨 진학, 자격시험 등 민법을 공부하는 이유는 다양할 것입니다. 이 책으로 민법의 기초를 제대로 세우고 다음 단계의 공부를 한다면 그 과정이 한결 수월할 것입니다. 이 책이 모든 법학 초심자들을 위한 단단한 디딤돌이 되기를 바랍니다.

『민법학원론』 제2판은 입체적 교육을 구상하면서 이를 위한 교재로 만든 것입니다. 저자는 2015년부터 '민법학입문'의 이름으로 온라인 강의 무크(MOOC)를 운영하고 있습니다. 그간 무크 운영 과정에서의 경험을 토대로 이번에 강의동영상을 전면 수정했으며, 이 책의 출간 시점과 비슷한 시기에 공개됩니다. 2015년 버전과 달리 2020년 버전은 『민법학원론』 편제와 더욱 긴밀히 연결되어 독자들의 학습에 도움을 주고자 했습니다. 이번 동영상의 총 러닝타임은 약 22시간이며, 각 동영상을 절 단위로 구성하여 학습의 편의성을 제고했습니다. 『민법학원론』과 강의동영상에서 다루지 못한 사항들은 유튜브채널(명교수온라인채널, A&A Class)을 통해 소통할 계획입니다. 책·강의동영상·온라인채널의 3각 입체 콘텐츠에 면대면 교육이 어우러진다면, 가령 거꾸로 교실(Flipped Class)과 같이 한층 활기차고 효율적인 수업 장면이 연출될 것으로 기대합니다. 여러 사정으로 인해 온라인강의에 대한 관심이 충분히 고조된 이때, 위 3각 입체 콘텐츠는 저자가 대한민국 법학 교육계에 보내는 하나의 색다른 제안이기도 합니다.

국권이 기울어가던 1907년 5월 『法政學界』(고려대학교 전신 보성전문 교수와 제1회 졸업생이 창간한 우리나라 최초의 법률·경제 학술지) 발간 취지서 일부를 소개합니다.

> … 오늘날 서양 열강이 그 나라를 편안한 반석 위에 놓고 … 세계를 내려다보는데 … 표면상으로 보면 자연히 이루어진 것 같으나, 이 또한 원인이 있어 생긴 결과이다 … 슬프다! 우리 대한이 개국한 지 516년이고 통상을 시작한 지 30여 년이지만, 인문이 열리지 못하고 형세를 알지 못하여 국가의 흥운과 세계의 대세를 미리 연구하지 아니하고 쓸데없이 자연히 이루어지기만을 바라다가 … 오늘에 이르렀으니 진실로 분하고 괴로운 일이다 …

위 절절한 문구가 113년 전의 것으로 느껴지지 않는 이유는 무엇일까요? 뉴노멀(NewNormal)에 대비하는 세계 대학들의 발걸음이 빠르고 과감합니다. 법학교육의 목표와 방법에 새로운 방향 설정이 필요합니다. 새로운 발전은 자연히 이루어지는 것도, 아름다운 수사를 반복함으로써 이루어지는 것도 아닙니다. 현재를 그대로 유지하면서 거기에 무엇을 더하는 방법으로 이룰 수 있는 것도 결코 아닙니다. 어떤 것은 아프지만 의연히 내려놓아야 하고, 또 어떤 것은 획기적인 투자를 요구합니다.

새로운 시각과 연결된 이번 제2판의 출판에는 뜻깊은 후원도 있었습니다. 대한민국 문화예술의 국제화·전문화를 지향하는 유중재단(이사장: 정승우 박사)이 이 책의 제작비 등을 지원하기 위하여 고려대학교출판문화원에 기부를 했습니다. 유중재단의 기부는 그간 건물 등 유형 인프라 확충이 주류였던 대학 기부 문화를 무형의 지식 인프라 분야로 확장시킨 것으로 그 의미가 매우 큽니다. 대학과 교육 발전을 위한 새로운 시도에 기꺼이 공감하고 귀한 도움을 주신 유중재단에 각별한 감사를 드립니다.

이 책에는 많은 분들의 노고가 숨어 있습니다. 이 책의 새로운 출발을 기꺼이 허락해 주신 박영사, 여러 새로운 시도에 전적인 신뢰를 보여 주신 고려대학교출판문화원, MOOC 영상 촬영에 정성을 다해 주신 고려사이버대학교와 고려대학교 교수학습개발원, MOOC 영상과 책 제작 과정에서 진정 어린 도움을 준 임화식 연구원, 윤해진 양, 이상래 군에게 뜨거운 감사의 마음을 전합니다.

이 책으로 공부하는 분들이 무언가에 뜨겁게 몰입할 수 있는 환경에서 살아가기를 바랍니다. 그리고 그 몰입에 행운이 함께 하기를 축원합니다.

2020년 8월
명 순 구 드림

보정판 머리말

법을 처음 공부하는 분들이 큰 시각으로 민법을 조망함으로써 방대한 민법 체계에 수월하게 접근할 수 있도록 안내한다는 목표로 2015년 이 책이 출간되었습니다. 그로부터 2년이 지난 오늘 몇 개의 오탈자를 바로잡고 한두 군데 약간의 문구 수정을 하여 보정판을 내게 되었습니다.

2015년 초판과 함께 매우 새로운 시도를 했습니다. 이 책을 교재로 하여 MOOC(Massive Open Online Course) 및 거꾸로교실(flipped class) 교육을 시행했습니다. 강의동영상을 온 세상에 공개한다는 것에 대하여 쑥스러움도 적지 않았지만 새로운 교육을 위해 용기를 냈습니다. 국내 최초로 학부 민법 수업을 MOOC 방식으로 진행하면서 어려움도 있었지만 여러 가지 면에서 매우 보람찬 일이었습니다. 법학전문대학원 교과목을 거꾸로수업의 방식으로 진행하면서 법학교육방법론의 새로운 가능성을 볼 수 있었습니다.

앞으로도 독자 여러분들과의 상호작용을 통해 법학 초심자들에게 더욱 유용한 교재가 될 수 있도록 힘쓰겠습니다.

2017년 8월

고려대학교 연구실에서 명 순 구 드림

머 리 말

고려대학교에서 민법을 강의한 지 올해로 20년이 되었습니다. 연속되는 시간 속에서 10년으로 딱 떨어진다는 것이 무슨 큰 뜻이 있겠습니까마는, 무슨 때를 핑계삼아 매듭 하나를 지어보려는 학자들의 흔한 습성이 발동했을까요. 무엇으로 매듭을 삼을까 하는 고민은 길지 않았습니다. 오래 전부터 마음속에 담아둔 생각이 있었기 때문입니다. 민법 입문서를 출간하는 일이었습니다. 민법 입문서는 사실상 법학 입문서이기도 하니 뜻깊은 작업이기는 하나 아직까지 선뜻 손을 대지 못했습니다. 간결하지만 깊이가 있어 민법의 체계와 원리를 일깨워주는 입문서를 구상했으나, 그 딜레마 앞에서 늘 후일을 기약할 뿐이었습니다. 냇물에 징검다리를 놓으려는데 돌이 모자란다고 하여 아예 손을 놓고 먼 산만 바라볼 것인가? 어느날 문득 그런 생각이 들었습니다. 있는 돌을 가지고 조금이라도 돌을 놓아야 후일을 기약할 수 있다는 뜻으로 이 책을 출간합니다.

이 책은 법을 처음 공부하는 분들을 위한 책입니다. 민법 전공서를 공부하기 전에 큰 시각으로 민법을 조망할 수 있도록 설계했습니다. 그런데 어떤 대목에서는 위에서 훑어보는 것에 그치지 않고 민법 밑바닥에 흐르는 기본원리들을 과감하게 소개하고자 했습니다. 이 책의 제목에 '학'(學)자와 '원'(原)자가 포함되는 이유입니다. 기본원리를 이해하지 않은 채 전진하는 것은 신발 끈 조이는 시간을 아끼고자 끈을 풀어헤친 채 그냥 길을 떠나는 것과 다르지 않습니다.

이 책의 저술방향에 관한 좀 더 구체적인 사항은 이러합니다.

첫째, 민법 중 재산법 편(제1~3편)을 다루었습니다. 그것이 『민법학원론』의 목적을 달성하기에 보다 적절하다는 판단에 따른 것입니다. 그리고 설명의 순서는 민법의 조문 순서가 아니라 민법의 원리를 수월하게 이해할 수 있는 방향으로 조정했습니다.

둘째, 추상성을 지양하고 가능하면 쉬운 언어로 구체적인 예를 들어가며 설명했습니다. 그리고 독자들이 "왜?"라고 느낄만한 대목에는 그 이유를 달았습니다.

셋째, 학설 소개는 필요한 경우로 최소화하고, 중요한 분야에 관해서는 저자의 학문적 입장을 명확히 밝혔습니다. 그것은 저자의 입장을 강조 내지 강요하기 위한 것이 아니라 일관된 논리체계를 위해 필요하기 때문입니다.

넷째, 전 범위에 동일한 무게를 두지 않았습니다. 민법의 뼈대가 되는 부분을 중심으로 논의의 강약을 조정했습니다. 이 책에서 다루지 않았거나 약간만 언급했다고 하여 중요성이 떨어진다고 생각해서는 안 됩니다. 이 책에서 다루지 않은 것 중에는 이런 입문서에 담기보다는 본격적인 전공서적에서 통째로 다루는 것이 오히려 낫겠다는 판단에서 일부러 제쳐둔 주제들이 적지 않습니다. 어설프게 맛만 보는 것보다는 제대로 알고 제대로 먹는 것이 현명할 것입니다.

2011년부터 금년 2월까지 4년 가까운 기간 동안 학교 본부에서 보직을 수행하느라 거의 찾지 못했던 연구실, 고요하게 침잠할 수 있는 그곳으로 돌아와 이제 이 책을 마무리합니다. 그 기간 동안 묵묵히 연구실을 지켜준 제자들에게 미안함과 고마움을 함께 전합니다. 아내와 아들에게도 같은 마음을 전합니다. 이 책의 교정 작업에 참여하여 열과 성을 다한 고려대학교 대학원의 박덕봉 군과 박종명 군, 그리고 이 책의 출판 제안을 흔쾌히 수락해 주시고 하나부터 열까지 열과 성을 다해주신 박영사의 안종만 회장님과 조성호 이사님, 그리고 편집부 김선민 부장님을 비롯한 직원 여러분들께 깊이 감사드립니다.

이 책은 MOOC(Massive Open Online Course)로 진행되는 강좌(민법학입문)의 교재이기도 합니다. 변화하는 교육환경에서 법학으로서는 국내 첫 번째로 MOOC를 개설했다는 사실도 의미있는 추억으로 간직하고자 합니다. 이 책으로 공부하는 모든 분들께 법학의 눈이 환하게 뜨이기를 희망합니다. 그리고 이 책이 민법과 민법학의 발전에 약간의 기여라도 할 수 있다면 그것은 저자에게 큰 영광이 될 것입니다.

2015년 8월

고려대학교 연구실에서 명 순 구 드림

일러두기

1. 책의 구성

   (1) **문단번호**　각 단위별로 문단번호를 표시하였다.

   (2) **보충학습**　주제에 따라서는 '보충학습'을 배치하여 이론에 대한 이해를 심화하도록 하였다.

2. **계층기호**　계층기호는 다음과 같다: 편, 장, 절, I, 1, (1), 1), (가), 〈1〉, ⓘ, ⓐ

3. **문장표현 방법**　문장표현에 있어서는 가독성에 유의하였다. 특히 문장의 호흡을 짧게 하였다. 같은 취지에서 콜론(colon)과 세미콜론(semicolon)을 많이 활용하였다.

4. **주**　이 책에서 주는 내주(內註: 본문 중 괄호 안에 기재)와 각주(脚註)의 형식을 병용했다. 서지적 참조주(인용의 전거 표시), 내용주(용어, 개념 등에 대한 부연설명) 외에 상호참조주(본문의 다른 부분에 대한 참조 안내)를 활용하여 입체적인 학습이 가능하도록 배려했다.

학습의 기초

Ⅰ. 법조문의 형식

1) 조(條)·항(項)·호(號) 　'조'는 법률을 구성하는 원칙적 단위이다. '항'은 어떤 사항을 규율함에 있어서 하나의 문장으로 구성하기 어렵거나 경우를 나누어 규정할 필요가 있는 등의 경우에 사용하는 입법형식이다. 아래에서 원문자 ①·②로 표시된 것이 항이다. 그러므로 「민법」 제99조제1항은 "토지 및 그 정착물은 부동산이다."이다.

> **第99條【부동산, 동산】** ① 토지 및 그 정착물은 부동산이다.
> ② 부동산 이외의 물건은 동산이다.

'호'는 일정한 사항을 열거하는 등의 필요가 있을 때에 사용하는 입법형식이다. 아래에서 숫자 1·2로 표시된 것이 호이다. 그러므로 「민법」 제118조제1호는 "보존행위"이다.

> **第118條【대리권의 범위】** 권한을 정하지 아니한 대리인은 다음 각 호의 행위만을 할 수 있다.
> 1. 보존행위
> 2. 대리의 목적인 물건이나 권리의 성질을 변하지 아니하는 범위에서 그 이용 또는 개량하는 행위

2) ○조(條)의2 　법률을 개정하면서 조문을 추가하는 경우에 있게 되는 것으로 '가지 조문'이라 한다. 아래 第826조의2는 1977년 「민법」 개정시에 새로 추가된 규정이다. 만약 이 조문을 제827조로 했었다면 개정 전의 제827조 이하의 규정은 모두 변경되었을 것이다.

> **第826條의2【성년의제】** 미성년자가 혼인을 한 때에는 성년자로 본다.

3) 본문(本文)·단서(但書) 하나의 조문에서 일정한 사항을 규율하고 그에 이어서 예외적인 상황을 규정하는 경우에 취하는 입법형식이다. 아래 제5조제1항에 있어서 본문은 "미성년자가 법률행위를 함에는 법정대리인의 동의를 얻어야 한다."이고, "그러나 권리만을 얻거나 의무만을 면하는 행위는 그러하지 아니하다."는 단서이다.

> 제 5 조【미성년자의 능력】 ① 미성년자가 법률행위를 함에는 법정대리인의 동의를 얻어야 한다. 그러나 권리만을 얻거나 의무만을 면하는 행위는 그러하지 아니하다.
> ② 전항의 규정에 위반한 행위는 취소할 수 있다.

4) 제1문(第1文)·제2문(第2文) 하나의 조문이 가령 2개의 문장으로 되어 있는데 이들 문장이 본문과 단서의 관계에 있지 않은 경우에 사용하는 입법형식이다. 아래 「민법」 제128조에서 "법률행위에 의하여 수여된 대리권은 전조의 경우 외에 그 원인된 법률관계의 종료에 의하여 소멸한다"는 제1문이고 "법률관계의 종료 전에 본인이 수권행위를 철회한 경우에도 같다"는 제2문이다.

> 제128조【임의대리의 종료】 법률행위에 의하여 수여된 대리권은 전조의 경우 외에 그 원인된 법률관계의 종료에 의하여 소멸한다. 법률관계의 종료 전에 본인이 수권행위를 철회한 경우에도 같다.

5) 전 ○조 해당 조문 앞의 몇 개의 조문을 모두 가리킬 때 사용하는 표현이다. 예컨대, 제582조가 "전 2조에 의한 권리는 매수인이 그 사실을 안 날로부터 6월 내에 행사하여야 한다"라고 할 때 '전 2조'란 제580조와 제581조를 가리킨다.

Ⅱ. 기초법률용어

1) 자(子) 일상용어에서 '子'는 아들을 의미한다. 그러나 「민법」에서 '子'는 아들과 딸을 총칭하는 개념이다('자녀'라는 표현이 마땅할 것이다). "자는 부의 성과 본을 따르고 부가에 입적한다"(제781조제1항)라는 규정에서의 '자'가 그 예이다. 앞

으로 개정해야 할 사항이다.

2) 선의·악의(善意·惡意) 일상용어에서의 선의·악의란 각각 '착한 마음', '타인에게 해를 끼치려는 나쁜 마음'을 의미한다. 그러나 법률에서 일반적으로 선의란 권리의 발생·변경·소멸에 영향을 미치는 일정한 사정을 알지 못한 것을 말하고, 악의란 그러한 사정을 안 것을 말한다.

3) 당사자(當事者)·제3자(第3者) 어떤 법률관계에 있어서 이에 직접 참여한 사람을 '당사자', 그 외의 사람을 '제3자'라 한다. 예를 들어 보자: A는 甲건물의 소유자이다; A는 甲을 임대차계약에 따라 B에게 세(貰)를 놓았다; 그 후 A는 甲에 대하여 C와 매매계약을 체결하였다. 이 사례에서 매매계약을 중심으로 보면 당사자는 A와 C이고, B는 제3자이다. 임대차계약을 중심으로 보면 A와 B가 당사자이고, C는 제3자이다.

4) 준용(準用) '준용'이란 일정한 규정을 유사한 다른 사항에 유추적용하는 방식이다. 예를 들어 보자. 「민법」 제59조제2항은 "법인의 대표에 관하여는 대리에 관한 규정을 준용한다."라고 규정한다. 그러므로 법인의 대표자(예: 이사)가 대표행위를 함에 있어서는 대표의 성질에 반하지 않는 한 대리에 관한 규정에 의하게 된다. 준용의 방식을 사용함으로써 법조문의 숫자를 줄이는 효과를 거둘 수 있다.

5) 추정(推定)·간주(看做) 법률문제를 해결하기 위해서는 분쟁당사자 간의 사실관계를 확정해야 한다. 그런데 사실관계를 낱낱이 확정하기가 어려운 경우가 있다. 추정과 간주는 사실관계의 증명이 곤란한 경우를 대비한 것이다. 추정이란 명확하지 않은 사실을 일단 존재하는 것으로 다루어 법률효과가 발생하도록 한다. "처가 혼인중에 포태한 자는 부의 자로 추정한다"(「민법」 제844조제1항)가 그 예이다. 반증을 제시하면 즉시 추정이 깨어진다. 간주란 법에 의한 의제이다. 법률에서는 보통 '간주한다' 내지 '본다'로 표현한다. "주소를 알 수 없으면 거소를 주소로 본다"(「민법」 제19조)가 그 예이다. 간주의 경우에는 반증만으로 번복할 수 없으며 재판을 통해 간주 내용을 무효화해야 한다.

6) 대항(對抗)하지 못한다 특정인에 대해서는 일정한 권리를 주장하지 못한다는 것이다. 가령 A는 자기 소유의 甲토지를 자녀 B에게 증여하고자 하는데 과세를 피하기 위해 매매계약으로 가장하여 B에게 이전등기를 해주었다. 그 후 B는 매매를 통해 甲의 소유권을 이러한 사정을 모르는 C에게 양도하였다. 이 사례에서 A·B간의 매매계약은 무효이며(「민법」 제108조제1항), B는 소유자가 아니므로 C도 소유권을 취득할 수 없다. 그렇다면 A는 C에게 甲의 반환청구를 할 수 있는가? 순수논리적으로는 긍정해야 한다. 그러나 가장행위의 무효는 선의의 제3자에게 대항할 수 없다(「민법」 제108조제2항). 그러므로 A의 C에 대한 반환청구는 부정된다. 즉 A는 가장행위의 무효로써 C에게 대항할 수 없다.

7) 소급효(遡及效) 법률의 효력이나 법률요건의 효력이 법률 시행 전 또는 법률요건이 충족되기 전의 시점으로 거슬러 올라가 효력이 생기는 것이다.

8) 기간의 단위인 월(月) 일상적으로는 '○개월'이라는 단위를 사용한다. 그러나 법에서는 '개월'을 사용하지 않고 단순히 '월'이라는 단위를 사용하는 경우가 많다. "전 2조에 의한 권리는 매수인이 그 사실을 안 날로부터 6월 내에 행사하여야 한다"(「민법」 제582조)가 그 예이다.

9) 소유권의 변동 시점 계약으로 물건에 대한 소유권이 변동되는 경우에 그 구체적인 시점은 언제인가? 의용민법 시대와 달리 현행민법은 형식주의를 채택하고 있다. 그리하여 부동산의 경우에는 매수인 명의로 등기(「민법」 제186조), 동산의 경우에는 매수인에게 인도해야(「민법」 제188조) 비로소 소유권이 이전된다.

Ⅲ. 대법원 판결문의 구조

1. 판결문 예시

대 법 원

제 2 부①

판 결

사 건	2022다2407②		건물명도③
원고④, 피상고인⑤	오길동	원고 소송대리인	변호사 최철저
피고④, 상고인⑤	박순진	피고 소송대리인	변호사 김호남
원심판결⑥	서울고등법원 2020. 1. 15 선고 2016나77 판결		

주 문⑦

상고를 모두 기각한다.

상고비용은 원고들의 부담으로 한다.

이 유⑧

피고 소송대리인의 상고이유에 대하여 … 이에 상고를 기각하고 … 관여법관의 일치된 의견으로 주문과 같이 판결한다.

2024. 7. 28.⑨

재판장 대법관 윰고려⑩
대법관 김자유(주심)
대법관 이정의
대법관 박진리

2. 판결문 구성부분 해설

① '제2부' '제2부'는 대법원의 재판부를 의미한다. 대법원에는 대법관 3인 이상으로 구성되는 부(部)를 둘 수 있는데(「법원조직법」 제7조제1항 단서), 실제로 대부분의 사건은 이 부에서 재판한다. 위 판결은 대법원 제2부에서 한 판결이다.

② **'2022다2407'** '2022다2407'은 사건번호이다. 사건번호는 서기 연수의 아라비아 숫자, 사건별 부호문자, 진행번호인 아라비아 숫자의 순으로 표시된다. 민사사건의 경우에 법원사무규칙이 정하는 사건별 부호문자 중 주요한 것은 아래와 같다.

○ 민사 제1심 단독사건 ······· '가단'	○ 민사 제1심 합의사건 ····· '가합'
○ 민사 항소사건 ··············· '나'	○ 민사 상고사건 ············· '다'

앞의 설명을 기초로 하여 사건번호 '2022다2407'을 분석해 보자.

① 맨 앞의 '2022'는 사건이 접수된 해가 2022년임을 의미한다.

② 그 다음의 '다'는 사건별 부호문자로서 민사 상고사건을 의미한다.

③ 마지막의 '2407'은 법원의 진행번호이다.[1)]

③ **'건물명도'** '건물명도'는 사건명이며, 사건명은 소장이 제1심법원에 접수될 때에 붙여진다.

④ **'원고'·'피고'** '원고'는 소송을 제기한 사람이고 '피고'는 그 상대방이다. 원고의 소제기에 의하여 제1심 절차가 개시되는데, 원고와 피고의 명칭은 항소심 및 상고심에서도 변경되지 않는다. 소송에서 원고 또는 피고가 아닌 제3자를 '소외인'(訴外人)으로 표시한다. 소송이 진행되면서 원고와 피고는 법원에 증거를 제출하는데, 원고가 제출한 증거자료는 '甲'으로 표시하고 피고가 제출한 증거자료는 '乙'로 표시한다. 예를 들어 원고가 증거서류 2개를 제출했다면 그 하나는 '甲 제1호증'이라 부르고, 다른 것을 '甲 제2호증'으로 표시한다.

⑤ **'상고인'·'피상고인'** 원심판결에 불복하여 대법원에 상고한 사람이 '상고인', 그 상대방이 '피상고인'이다.

⑥ **'원심판결'** '원심판결'이란 대법원에 상고되기 직전 제2심법원의 판결을 말한다. 원심판결은 고등법원 판결일 수도 있으며 지방법원 항소부 판결일 수도 있다.

---

1) 진행번호는 과거에는 해당 연도 대법원에 접수된 순서에 따른 일련번호였으나 지금은 검색용 숫자, 전자소송 여부 등의 정보도 포함된다.

⑦ **'주문'** '주문'(主文)은 대법원 판결의 결론에 해당한다. 상고인의 상고에 이유가 있다고 판단되면 대법원은 원심판결을 파기하고, 이유가 없다고 판단되면 상고를 기각한다. 파기에는 '파기환송'(破棄還送), '파기이송'(破棄移送), '파기자판'(破棄自判)의 세 가지가 있다. '파기환송'은 상고심법원(즉 대법원)이 원심판결을 파기하면서 원심법원으로 사건을 되돌려 보내 다시 재판하도록 하는 것이고, '파기이송'은 원심판결을 파기하면서 원심법원과 같은 급의 다른 법원으로 사건을 되돌려 보내는 것이다. 상고심은 법률심이므로 사실관계를 기초로 구체적인 심판을 할 수 없어 사실심법원에 사건을 보내 재판하도록 하는 것이다. 이와 달리 '파기자판'이란 원심판결을 파기하면서 환송 또는 이송을 하지 않고 대법원이 스스로 재판하는 것이다. 민사소송에서는, (1) 확정한 사실에 대한 법령적용의 위배를 이유로 하여 판결을 파기하는 경우에 사건이 그 사실에 의하여 재판하기에 충분한 때, 또는 (2) 사건이 법원의 권한에 속하지 아니함을 이유로 하여 판결을 파기하는 때에 상고심법원은 그 사건에 대하여 종국판결, 즉 파기자판을 한다(「민사소송법」 제437조 참조).

⑧ **'이유'** '이유'(理由)는 대법원이 주문과 같은 결론에 이르게 된 법리적 경과를 설명하는 부분이다. 이 부분은 대체로 원심이 확정한 사실관계, 원심의 법적 판단 사항, 원심의 판단에 대한 대법원의 법적 판단의 순서로 서술되며 그 말미에는 주문의 내용을 반복하여 기재한다.

⑨ **날짜** 판결이 이루어진 날짜이다. 사건번호(②) 맨 앞부분의 '2022'도 연도를 나타내지만, 사건번호에서의 연도는 해당 사건이 대법원에 접수된 연도를 의미하므로 판결연도와 다를 수 있다.

⑩ **법관의 서명·날인** 상고심에 관여한 대법관은 모두 판결문 말미에 서명하고 날인한다.

차　　례

제2장 법률행위

제3장　권리의 주체

제4장 권리의 객체

제5장 기 간

제6장 소멸시효

제2편 채 권

제1장 총 설

제2장 채권총칙

제3장 계 약

제4장 법정채권

제3편 물 권

제1장 총 설

제2장 물권변동론

제3장 기본물권

제4장 용익물권

제5장 담보물권

제1편

총 칙

제1장

총 설

제 1 절 서 설

Ⅰ. 민법의 의미

1.1 법이란 강제력을 가진 사회규범이며, 강제력이란 규범을 위반하면 일정한 제재를 가할 수 있는 힘이다. 국가는 강제력으로써 의무의 이행을 보장하고 권리를 보호한다.

민법은 개인 간의 사적인 권리관계(예: 계약관계, 소유관계, 친자관계, 상속관계 등)를 규율하는 '사법'(私法)이다(사법은 국가-사인 간의 관계를 규율하는 공법에 대응). 민법이 사법의 전부는 아니어서 「상법」·「주택임대차보호법」 등도 사법에 속한다. 민법과 다른 사법의 관계는 어떠한가? 민법을 '일반사법', 민법 외의 사법을 '특별사법'이라 한다. 특별사법은 적용대상이 특별한 것으로, 가령 상법은 기업의 경영과 상거래에 관한 특별법이다. 해당 사안에 대하여 특별법에 규정이 있으면 일반법에 우선하여 적용한다(특별법 우선의 원칙). 가령 상인(상인의 개념에 대해서는 「상법」 제4~9조 참조) A와 상인 B 사이의 분쟁이라면 우선 상법을 적용하고, 상법에 규정이 없으면 일반사법인 민법을 적용한다(「상법」 제1조 참조).

'민법'은 두 가지 의미로 사용된다. 하나는 형식적 의미의 민법으로서 법률의 하나인 「민법」(1960. 1. 1. 시행)을 가리킨다. 다른 하나는 실질적 의미의 민법으로서 그 내용이 민법(즉 사법관계를 규율하는 법)인 법을 말한다. 형식적 의미의 민법에는 실질적 의미의 민법이 아닌 것도 포함되어 있다(예: 제97조[1]는 벌칙으로서 공법의 영역에 해당함). 한편, 실질적 의미의 민법은 형식적 의미의 민법(「민법」) 이외에 다양한 모습으로 산재하며, 심지어는 공법 관련 법률(예: 「농지법」, 「광업법」 등)에도 존재한다.

1) 앞으로 특별한 사정이 없는 한 「민법」은 법률 명칭을 생략하고 조문 번호만을 인용한다.

보충학습 1.1 | 형식적 의미의 민법: 「민법」

일제강점기 한반도에는 일본민법이 적용되었는데(「조선민사령」(1912. 3. 18. 제령 제7호)) 이를 '의용민법'이라고 한다. 1945년 8월 15일 해방에도 불구하고 바로 민법전을 제정할 수는 없었다. 미군정이 종식되고 1948년 8월 15일 대한민국 정부 수립 직후 대통령 직속으로 설치된 법전편찬위원회(위원장: 초대 대법원장 김병로)에서 민법안이 마련되었다(1953. 7. 4). 이 민법안은 국무회의를 거쳐 정부안으로 국회에 제출되어(1954. 10. 26) 1957년 12월 17일 국회 심의가 종료되었다. 「민법」은 1958년 2월 22일 공포되어(법률 제471호) 1960년 1월 1일부터 시행되었다.[2] 해방 후 약 15년이 지나서야 이 나라에서 대한민국 민법이 적용되었다.

「민법」은 체계와 내용은 대체로 일본민법[3](더 정확하게는 일본 법률가들에 의해 만들어진 만주민법)과 유사하다. 그러나 1958년 민법은 의용민법의 운영과정에서 드러난 문제점의 수정·보완, 주요 이슈에 대한 입법적 결단(예: 물권변동에서 의사주의에서 형식주의로 전환), 남녀평등의 강화, 사회적 약자에 대한 보호책의 신설(예: 제104·607·608조 등) 등 차이점도 적지 않다.

Ⅱ. 민법의 법원(法源)

1.2 민법의 법원(source of law)이란 민법의 존재형식(즉 민법이 구체적으로 어떤 모습으로 존재하는가) 또는 인식근거(즉 무엇을 통하여 민법을 인식할 수 있는가)이다. 제1조는 "민사에 관하여 법률에 규정이 없으면 관습법에 의하고, 관습법이 없으면 조리에 의한다"고 규정한다. 1차적 법원은 성문법이고, 불문법(관습법 및 조리)은 보충적 법원이다.

1.3 〈1〉 법 률 제1조가 정하는 '법률'이란 국회의 의결을 거쳐 제정·공포된 형식적 의미의 법률(협의의 법률)만이 아니라, 강제력을 가지는 모든 성문규범을 의미한다. 대통령의 긴급명령(헌법 제76조 참조), 조약(헌법 제6조제1항 참조)과 같이 법률과 동일한 효력을 가지는 규범은 물론 명령(대통령령, 총리령, 부령), 대법원규칙, 자치법(지방자치단체가 제정하는 조례나 규칙) 등도 제1조의 '법률'에 포함된

---

2) 「민법」의 제정 경과에 관한 개략적 설명은 명순구, 『실록 대한민국 민법 1』, 법문사, 2008, 1~13쪽 참조.

3) 일본민법은 계통적으로 주로 독일민법을 계수했지만 프랑스민법의 요소도 적지 않다. 드물지만 스위스민법, 영미법(코먼로) 등의 요소도 포함되어 있다.

다. 요컨대, 제1조의 '법률'이란 실질적 의미의 민법에 해당하는 성문규범을 의미한다.

1.4 〈2〉 관 습 법 일반적으로 관습법이란 사회생활관계에서 어떠한 사실행태가 반복되고 정착되어 사회구성원들이 이를 규범으로 인식(즉 법적 확신)하기에 이른 사회규범이다. 관습법의 성립요건은 다음과 같다: ① 일정한 관행이 존재할 것; ② 사람들이 그 관행을 일반성과 강제성을 띤 사회규범으로 생각하는 수준에 이를 것(즉 법적 확신);[4] ③ 그 관행이 헌법질서에 반하지 않을 것.[5]

1.5 〈3〉 조 리 조리란 사물의 본질적 법칙 또는 인간의 이성에 기초한 법의 일반원칙을 말한다. 이렇게 추상적인 성격의 조리를 법원에 포함시킨 이유는 무엇일까? 헌법상 기본권의 관점에서 이해할 수 있다. 모든 국민은 스스로 법원에 소를 제기할 수 있는 사권보호청구권을 가지며(헌법 제27조제1항), 적법하게 제기된 소에 대하여 법원으로서는 해당 사안에 적용될 법규가 없다는 이유로 재판을 거부할 수 없다(사법거절금지의 원칙). 그러므로 해당 분쟁에 관하여 성문법도 관습법도 없다면 조리를 통해서라도 재판을 해야 한다. 학설은 "조리가 법원인가?"를 놓고 논쟁이 있으나, 이는 특별한 실익이 없다.

1.6 〈4〉 판 례 판례란 법원의 재판(판결, 결정)을 통해 형성된 규범이다. 이른바 '선례구속의 원칙'(doctrine of stare decisis)을 취하는 코먼로(common law system)[6]에서는 판례가 주된 법원이지만, 우리와 같은 대륙법(civil law system)에서는 판례의 위상이 코먼로에서와 같지 않다. 즉 상급법원의 판단은 해당 사건에 관하여 하급심을 기속할 뿐 다른 사건(비록 유사한 사안이라도)에 대해서는 기속력이 없다. 그러나 실제에 있어서 상급심의 판례는 유사한 사안에 대하여 후속 판결에 영향을 미친다. 이런 점에서 판례는 사실상 법원으로 볼 수 있다.

---

4) 대법원 1983. 6. 14. 선고 80다3231 판결; 대법원 2005. 7. 21. 선고 2002다13850 전원합의체판결 등 참조.

5) 대법원 2005. 7. 21. 선고 2002다1178 전원합의체판결은 종원의 자격을 성년 남자로만 제한하는 종래 관습은 헌법질서에 반하여 더 이상 법적 효력이 없다고 판시한다.

6) 대륙법 체계가 먼저 법규정을 정하고 그것을 축으로 법체계를 형성하는 데 비해 코먼로 체계는 구체적인 판례를 통해 일반적인 법규범을 발견·형성하는 체계이다. 코먼로 체계의 대표적인 국가가 영국과 미국이어서 이를 '영미법'으로 부르기도 한다.

1.7 〈5〉 학 설 일정한 법률문제에 대한 법학자들의 학설이 법관의 심증형성에 영향을 주어 그것이 판례를 형성하는 경우도 적지 않다. 학설도 간접적으로 민법의 법원이 될 수 있다.

제2절 민법의 규율대상: 권리관계

I. 권리관계와 권리의 의미

1. 개 념

1.8 민법은 누구에게 권리가 있고 누구에게 의무가 있는가를 규율한다. 이는 권리관계 또는 의무관계로 나타난다(보통 '권리관계'로 표현함). 그리고 권리란 권리관계의 구성요소로서 "일정한 이익을 향수하도록 법이 인정한 힘"이다.

2. 권리와 유사개념의 구별

1.9 권리는 유사개념과 구별해야 한다.

ⓘ 권 능 권능이란 권리의 요소인 개개의 법률상의 힘이다. 가령 소유권이라는 권리는 사용권·수익권·처분권의 세 권능을 포함한다(제211조). 권리는 하나 또는 다수의 권능으로 구성된다.

ⓘⓘ 권 한 권한이란 타인을 위하여 일정한 행위를 하고 그 법률효과를 타인에게 귀속시킬 수 있는 자격이다. 법인의 대표기관(이사)의 대표권,[7] 대리인의 대리권[8] 등이 그 예이다. 권한이 없는 사람이 타인을 위해 한 행위는 타인에게 효과가 귀속하지 않는다(즉 무효).

7) 이에 대해서는 이 책 [1.164] 등 참조.
8) 이에 대해서는 이 책 [1.92], [1.93] 참조.

Ⅱ. 권리의 종류

1. 내용에 따른 분류: 재산권 · 인격권 · 가족권 · 사원권

(1) 재 산 권

1.10 재산권이란 그 내용이 경제적 가치를 가지는 권리이다(채권, 물권, 지식재산권).

1.11 〈1〉 채 권 가령 A가 자기 소유물 甲에 대하여 B와 매매계약을 체결했다면 채권관계가 성립한다. 채권관계에 기한 권리를 '채권', 의무를 '채무'라 한다. 채권이란 특정인(채권자)이 다른 특정인(채무자)에게 일정한 행위(이를 '급부'라 함)를 요구할 수 있는 권리이다.

채권은 가능성의 권리이다. 가능성의 의미를 상실한 순간, 즉 가능성의 실현(예: 변제[9]) 또는 실현불능[10]에 의하여 채권은 소멸한다. 즉 채권은 가능성과 함께만 존재한다. 그리고 채권은 실현되지 못할 불확실성을 내포하고 있다. 이에 채권자로서는 채권실현의 가능성을 확보하기 위한 방법을 강구하는데 이를 '채권담보'라 한다.

1.12 〈2〉 물 권 물권이란 권리객체(예: 물건)를 직접 지배하는 배타적인 권리이다.

ⓘ 직접 지배 지상권[11]과 임차권[12]의 비교를 통하여 '직접 지배'의 의미를 살펴보자. A가 B 소유의 甲토지를 사용하고자 할 때 지상권(물권)에 의할 수도 있고, 임차권(채권)에 의할 수도 있다. 사용료를 내고 일정 기간 타인 소유의 토지를 사용한다는 점에서는 양자 사이에 차이가 없지만, 법구조에서는 큰 차이가 있다. A의 권리가 존속하는 중에 B가 甲에 대한 소유권을 C에게 양도했다고 가정해 보자. A의 권리가 임차권이라면 자신의 권리를 가지고 C에게 대항하지

---

9) 일상적으로 변제라는 용어는 빚을 갚는다는 의미이지만, 법률용어로서의 변제는 채무를 이행하는 것을 말한다. 이에 대해서는 이 책 [2.81] 참조.

10) 채권의 내용이 채권성립 당시부터 불능(원시적 불능)이면 해당 채권은 무효이고(이 책 [2.150] 참조), 채권성립 이후에 불능(후발적 불능)으로 되었다면 원채권 자체는 소멸하며 다만 다른 법률문제(예: 손해배상 · 대가위험부담 등)로 전환된다(이 책 [2.10], [2.157] 등 참조).

11) 이에 대해서는 이 책 [3.163] 참조.

12) 이에 대해서는 이 책 [2.197] 참조.

못한다. 즉 A는 C에게 甲을 반환해야 하며, 다만 B에게 계약위반 책임을 물을 수 있을 뿐이다. 이는 A가 B의 이행행위(내지 협력행위)를 통해서만 권리를 실현할 수 있음을 의미한다. 반면, A의 권리가 지상권이라면 C는 A의 지상권에 의하여 제한된 소유권을 취득한 것이다. 그러므로 A는 C에게 자신의 권리(즉 지상권)를 가지고 대항할 수 있다. 이는 A가 권리객체인 甲을 직접 지배하는 데 따른 결과이다.

ⓘⓘ **배타적인 권리** 채권은 가능성의 권리이다. 그러므로 동일한 내용의 채권이 동시에 존재할 수 있으며, 이들 채권은 효력에 있어서 평등하다. 예컨대, A가 甲에 대하여 X와 매매계약을 체결하고 그 후 다시 Y와 같은 내용의 계약을 체결한 경우에 X·Y의 A에 대한 채권은 평등하다. '가능성'의 시각에서 X와 Y의 권리는 차이가 없기 때문이다. 이와 같이 채권은 배타성이 없다. 이와 달리 물권은 배타적인 권리로서 동일한 물건에 대하여 동일한 내용의 물권이 동시에 존재할 수 없다.

1.13 **〈3〉 지식재산권** 지식재산권이란 인간의 지적 창조물에 대한 권리이다. 지식재산권은 사용으로 인해 소진되지 않는 특징을 가진다. 처음 고안해 내는 것이 어렵지 그것을 그대로 이용하는 데에는 전혀 비용이 들지 않아, 한계생산비가 0에 가깝다. 지식재산권에 대한 법적 규율이 특수한 성격을 가지는 이유이다. 지식재산권은 산업재산권(특허권, 실용신안권, 디자인권, 상표권)과 저작권을 포괄하는 개념이다.

(2) 인 격 권

1.14 인격권이란 권리주체와 분리할 수 없는 인격적 이익에 관한 권리(생명·신체·정신의 자유에 대한 권리)이다. 민법에 인격권 보호에 관한 직접적인 규정은 없고, 단지 제751조(타인의 신체·자유·명예에 대한 침해가 불법행위를 구성함)가 소극적으로 규정하고 있다. 판례는 인격권 보호를 위하여 적극적인 이론을 제시하고 있다. 즉 인격권은 그 성질상 일단 침해된 후에는 일반적인 구제수단인 금전배상(제763조 및 제394조 참조)이나 명예회복 처분(제764조)만으로는 그 피해의 완전한 회복이 어렵고 손해전보의 실효성을 기대하기 어렵다는 인식 아래 인격권 침해에 대하여 사전(예방적) 구제수단으로 침해행위 정지·방지 등의 금지청구권도 인정한다.[13]

13) 대법원 1996. 4. 12. 선고 93다40614·40621 판결; 대법원 2013. 3. 28. 선고 2010다60950 판결

(3) 가 족 권

1.15 가족권이란 친족관계를 기초로 인정되는 이익에 관한 권리이다(예: 친권, 부양청구권). 민법에서 '친족'이란 8촌 이내의 혈족, 4촌 이내의 인척 및 배우자이다(제777조).

(4) 사 원 권

1.16 사원권이란 사단법인의 구성원(사원)이 사단법인에 대하여 가지는 권리이다(예: 회비납부의무, 결의권 등).[14]

2. 작용에 따른 분류: 지배권 · 청구권 · 형성권 · 항변권

1.17 ⅰ **지 배 권** 타인의 행위를 개재시키지 않고 권리객체를 직접 지배[15]하는 권리이다. 물권은 대표적인 지배권이다.

ⅱ **청 구 권** 특정인에 대하여 일정한 행위를 요구하는 권리이다. 채권은 청구적 효력을 본질로 한다. 이런 이유로 채권과 청구권이 혼동되기도 한다. 그런데 채권은 청구권의 발생근거이며, 청구권은 채권의 작용적 측면으로서 양자는 구별해야 한다. 이행기가 도래하지 않은 채권의 경우, 채권자에게 채권은 있어도 아직 청구권은 발생하지 않는다. 청구권의 발생근거는 채권에 한정되지 않는다. 즉 물권에 기초하는 청구권(예: 물권적 청구권, 매수청구권, 갱신청구권 등)도 있고, 가족권에 기초하는 청구권(예: 동거청구권, 부양청구권 등)도 있다.

ⅲ **형 성 권** 일방적 의사표시에 의하여 법률관계의 변동(발생 · 변경 · 소멸)을 일으키는 권리이다. 법률관계의 변동은 당사자 사이의 합의에 의하는 것이 원칙이라는 점에서 형성권은 매우 특별한 권리이다. 형성권은 당사자 간의 약정(예: 예약완결권[16]) 또는 법률규정에 의하여 발생한다. 후자에 해당하는 것으로 법률행위의 동의권(제5 · 13조), 취소권(제140조), 추인권(제143조), 계약해제 · 해지권(제543조), 상계권(제492조) 등이 있다. 형성권은 권리 행사 여부에 따라 상대방의 법적 지위에 현격한 차이가 발생하여 법률관계의 불안정을 가져온다. 그리하여 민

등 참조. 이에 대해서는 이 책 [2.285] 참조.

14) 이에 대해서는 이 책 [1.170] 참조.

15) '직접 지배'의 의미에 대해서는 이 책 [1.12] 참조.

16) 이에 대해서는 이 책 [2.164] 참조.

법은 그 불안정을 완화하기 위한 조치를 마련하고 있다. 단기의 제척기간[17]을 둔다든가, 상대방에게 행사 여부에 대한 최고권[18]을 주어 상당한 기간이 지나면 형성권이 소멸되는 것(예: 제552조제2항)으로 한다든가 또는 형성권을 상대방에게 이전시키는 것(예: 제381조제1항) 등이 그 예이다.

보충학습 1.2 | 상황전환효 최고

최고 후 상당기간이 경과하면 상황을 전환시키는 효력(권리의 변경 또는 소멸)은 위에서 설명한 경우 외에도 우리 민법에 산재하고 있다. 이와 같은 최고는 형성권의 상대방에게만 부여되는 것이 아니다(예: 제395조의 최고는 형성권과 무관[19]). 상당기간이 경과 후에 상황을 전환시키는 효력을 가지는 최고를 가리켜 '상황전환효 최고'로 부르고자 한다.

ⅳ **항 변 권** 항변권은 청구권의 행사에 대하여 그 작용을 저지하는 권리이다. 상대방의 청구권 행사에 대하여 존재는 인정하되 그 작용을 저지하는 권리라는 점에서 '반대권'(Gegenrecht)이라고도 한다. 항변권에는 그 효력이 일시적인 것(연기적 항변권)과 영구적인 것(영구적 항변권)이 있다. 전자에 속하는 것으로 동시이행의 항변권(제536조),[20] 보증인의 최고·검색의 항변권(제437조)[21] 등, 후자에 속하는 것으로 상속인의 한정승인(제1028조)[22] 등을 들 수 있다.

Ⅲ. 권리관계의 실현방법

1. 일반원칙과 그 수정·보충의 필요성

1.18 권리관계는 권리의 행사 또는 의무의 이행으로 실현된다. 그리고 권리관계

17) 제척기간이란 일정한 권리에 대하여 법률이 정하고 있는 권리의 행사기간이다(예: 제146조). 이에 대하여 자세한 것은 이 책 [1.206] 참조.

18) 최고란 일방이 타방에게 일정한 사항에 대한 의견표명을 촉구하는 행위이다(예: 제15조제1항).

19) 이에 대해서는 이 책 [2.29] 참조.

20) 이에 대해서는 이 책 [2.154] 이하 참조.

21) 이에 대해서는 이 책 [2.133] 이하 참조.

22) 단순승인을 하면 상속인은 피상속인의 적극재산과 소극재산(예: 채무)을 모두 승계하지만, 한정승인을 하면 적극재산의 한도 내에서만 소극재산에 대해 책임을 진다.

의 실현방법에 관한 일반원칙은 다음과 같다: 권리자는 그 권리의 범위 안에서 무제한적 자유를 가지며,[23] 의무자는 해당 법률관계에 의하여 설정된 의무만을 이행하면 된다. 이 일반원칙은 개인주의와 자유주의에 기초한 것으로 유효하게 성립된 권리관계에 확정성을 부여하여 법적 안정성과 예견가능성의 토대를 구성한다. 그런데 권리관계에 사회형평의 관념이 도입되면서 이 일반원칙이 수정·보충되었으며,[24] 그 대표적인 것이 신의성실의 원칙과 권리남용금지의 원칙이다 (제2조).

2. 신의성실의 원칙

(1) 의 미

1.19 "권리의 행사와 의무의 이행은 신의에 좇아 성실히 하여야 한다"(제2조제1항). 신의칙의 지배적 적용범위는 채권법이지만, 이에 한정되지 않고 민법의 모든 영역, 더 나아가 사법뿐만 아니라 공법·사회법의 영역에도 적용된다. 신의칙은 모든 권리관계에서 언제나 고려하는 규범으로서 당사자의 주장이 없더라도 법원이 직권으로 적용할 수 있다.[25]

(2) 파생원칙

1.20 **〈1〉 모순행위금지의 원칙** 선행행위와 모순되는 행위는 허용되지 않는다는 원칙이다. '금반언의 원칙'이라고도 한다. A에 대하여 권리를 취득한 B가 그 권리를 행사하지 않겠다는 합의서를 작성했는데 일정한 시간이 흐른 후 그에 모순되게 돌연 권리를 주장하는 경우를 생각해 보라. 선행행위에 의하여 타인에게 일정한 신뢰가 형성되었는데, 이와 모순되는 후행행위를 승인하게 되면 타인의 신뢰를 부당하게 침해하는 결과가 된다.[26]

1.21 **〈2〉 실효의 원칙** 권리자가 장기간 권리를 행사하지 않아 의무자로서는

---

23) "자기의 권리를 행사하는 자는 그 누구를 해하는 것도 아니다"(*qui suo iure utitur, neminem laedit*) 또는 "자기의 권리를 행사하는 자는 누구에 대해서도 불법을 행하는 것이 아니다"(*qui iure utitur, nemini facit iniuriam*)라는 법언은 이러한 기본관념의 표현이다.

24) 대법원 1999. 3. 23. 선고 99다4405 판결; 대법원 2003. 4. 22. 선고 2003다2390 판결 등 참조.

25) 대법원 1995. 12. 22. 선고 94다42129 판결; 대법원 1998. 8. 21. 선고 97다37821 판결 등 참조.

26) 대법원 1989. 5. 9. 선고 87다카2407 판결; 대법원 2019. 8. 30. 선고 2017다33759 판결 등 참조.

그가 권리를 행사하지 않을 것으로 신뢰할 만한 정당한 기대를 가지게 되었다면 그 권리행사를 제한한다.[27] 가령 근로자가 해고에 따른 퇴직금을 이의 없이 수령하는 등 해고에 대하여 전혀 다툼 없이 오랜 기간 경과 후 돌연 해고무효 확인소송을 제기한다면 법원은 이 원칙을 적용하여 청구를 기각한다.[28]

1.22 〈3〉 **사정변경의 원칙** 법률행위(예: 계약) 성립의 기초가 된 사정이 현저히 변경되고 당사자가 계약의 성립 당시 이를 예견할 수 없었으며, 그로 인하여 계약을 그대로 유지하는 것이 당사자의 이해에 중대한 불균형을 초래하거나 계약을 체결한 목적을 달성할 수 없는 경우에는 계약준수 원칙의 예외로서 사정변경을 이유로 계약을 변경하거나 해제·해지할 수 있다.[29] 특히 계속적 계약[30]에서는 계약체결 이후 이행기간이 장기여서 사정변경이 발생할 가능성이 높다.

3. 권리남용금지의 원칙

1.23 "권리는 남용하지 못한다"(제2조제2항). 권리의 행사가 권리의 사회성의 한계를 벗어났다면 이를 허용하지 않는다. 인근 학교 건물이 미세하게 자기 소유의 토지를 넘어왔다는 사실을 들어 학교 건물의 철거를 주장하는 상황을 생각해 보라. 이 원칙이 적용되기 위한 요건을 본다.

ⓘ **권리의 존재와 행사** 권리가 적법하게 존재하고, 또한 그 행사에 해당하는 행위가 있어야 한다.

ⓘⓘ **객관적 요건** 법이 해당 권리를 인정한 근본취지에 부합하지 않아야 한다. 객관적 요건은, 권리의 취득 경위, 권리를 행사함으로써 권리자에게 귀속하는 이익과 상대방의 손해 사이의 균형, 권리의 행사가 사회일반의 이익에 미치는 영향 등을 구체적인 사안에 따라 개별적으로 판단한다.[31]

ⓘⓘⓘ **주관적 요건** 판례는 객관적 요건 외에 주관적 요건으로 가해의사를

---

27) 대법원 1992. 1. 21. 선고 91다30118 판결; 대법원 2005. 10. 28. 선고 2005다45827 판결 등 참조.
28) 대법원 1990. 8. 28. 선고 90다카9619 판결; 대법원 1994. 8. 12. 선고 93다13971 판결 등 참조.
29) 대법원 2007. 3. 29. 선고 2004다31302 판결; 대법원 2021. 6. 30. 선고 2019다276338 판결 등 참조.
30) 계속적 계약에 대해서는 이 책 [2.142] 참조.
31) 대법원 1990. 5. 22. 선고 87다카1712 판결; 대법원 2010. 4. 15. 선고 2009다96953 판결 등 참조.

요구한다. 즉 권리행사의 목적이 오직 상대방에게 고통을 주고 손해를 입히려는 데 있을 뿐, 행사하는 사람에게 아무런 이익이 없어야 한다.[32)]

권리남용으로 판단되면 해당 권리의 행사는 정상적인 법률효과를 발생하지 못한다. 청구권이라면 법이 청구권의 실현에 조력하지 않고, 형성권이라면 해당 형성권의 내용에 따른 효과가 발생하지 않으며, 항변권이라면 상대방의 청구권 행사를 저지할 수 없다.

Ⅳ. 권리의 충돌

1.24 권리의 충돌이란 동일한 객체에 대하여 여러 개의 권리가 존재하는 상태이다. 권리충돌에 있어서 복수의 권리가 동시에 병존할 수 있다면 모르되, 그렇지 않다면 그 권리들 사이 우열관계를 정해야 한다.

1. 채권과 채권의 충돌: 채권자평등의 원칙

1.25 A는 자기 소유의 甲물건에 대하여 X와 매매계약을 체결했다. 그 후 Y가 X보다 훨씬 좋은 매수조건을 제시하자 A는 Y와 甲을 목적물로 다시 매매계약을 체결하였다. 甲에 대하여 X와 Y 중 누가 법적으로 우선적 지위에 있는가? 우선, A·Y 간의 매매계약의 유효성이 문제된다. 채권은 목적물에 대한 배타적 지배를 내용으로 하는 권리가 아닌 가능성의 권리이다.[33)] 이에 따라 동일한 내용의 복수의 채권이 병존할 수 있으며, 따라서 A·Y 사이의 제2매매계약도 원칙적으로 유효하다.

보충학습 1.3 | 이중계약이 무효인 경우

이중계약이 언제나 유효한 것은 아니다. 판례의 입장은 이러하다:[34)] 이중매매의 매도인의 행위는 제1매수인과의 관계에서 보면 배임행위인데, 만약 제2매수인이 매도인의 행위

32) 대법원 1986. 7. 22. 선고 85다카2307 판결; 대법원 1999. 9. 7. 선고 99다27613 판결 등 참조.
33) 이에 대해서는 이 책 [1.11] 참조.
34) 대법원 1979. 7. 24. 선고 79다942 판결; 대법원 2008. 3. 27. 선고 2007다82875 판결 등 참조.

에 적극 가담하여 다시 매매계약을 체결한 경우라면 제2매매계약은 반사회적 법률행위에 해당하여 무효이다(제103조[35]). 여기에서 매도인의 배임행위에 적극 가담하는 행위라 함은 타인과의 매매 사실을 안 것만으로는 부족하고, 매매사실을 알고도 다시 매도할 것을 요청함으로써 매매계약에 이르는 정도가 되어야 한다.

A·X, A·Y 사이의 매매계약이 모두 유효하므로 두 매수인(즉 X와 Y)은 매도인 A에 대하여 동일 내용의 소유권이전채권을 가진다. 이와 같이 채권과 채권이 충돌하는 때에는 서로 평등한 것이 원칙이다. 이를 '채권자평등의 원칙'이라고 한다. 결국, 복수의 채권자 중 먼저 채권을 실현한 사람은 만족을 얻게 되고, 다른 채권자와 채무자 사이에는 계약위반의 문제가 남게 된다.

2. 채권과 물권의 충돌: 물권의 우위

1.26 앞의 사례에서 A가 甲에 대한 소유권을 Y에게 이전했다고 가정해 보자. Y는 이제 甲에 대하여 물권(소유권)을 취득하는 반면, X는 여전히 채권자의 지위에 머물러 있다. 즉 물권과 채권의 충돌 상황이 된다. 물권과 채권이 충돌하면 물권이 우선하는 것이 원칙이다.[36] 자신의 채권에 대한 만족을 얻지 못하게 된 X는 A에게 계약위반에 대한 제재(예: 손해배상청구 또는 계약해제 등)를 할 수 있을 뿐이다.

그러나 이 원칙에는 중요한 예외들이 존재한다. 일정한 채권자를 보호하기 위한 정책적 배려의 결과이다. 예컨대, 임차권은 채권이지만 부동산임차권을 등기한 때에는 그 권리를 가지고 제3자에게 대항할 수 있다(제621조).[37] 「주택임대차보호법」은 주택을 인도받고(즉 입주하고) 주민등록을 이전하면 제3자에 대하여 대항력을 취득하는 것으로 규정한다(법 제3조제1항, 즉 주택의 소유자가 변경되더라도 임차인은 새로운 소유자에게 임차권을 주장할 수 있다).

35) 제103조에 대해서는 이 책 [1.48] 참조.
36) 이에 대해서는 이 책 [3.9], [3.10] 참조.
37) 이에 대해서는 이 책 [2.204] 참조.

3. 물권과 물권의 충돌: 시간적 선후에 따른 우열

1.27 물권과 물권의 충돌에서는 "시간에서 빠르면 권리에서 앞선다"(*prior tempore, potier iuris*)는 원칙이 지배한다. 그러나 이것은 원칙일 뿐 물권의 충돌은 다양한 모습으로 나타나며, 그에 따라 우선적 효력도 달라진다.[38)]

Ⅴ. 권리의 중첩

1.28 권리중첩이란 하나의 생활관계가 수개의 법률요건에 해당(즉 여러 개의 권리규정에 해당)하는 경우이다. 이때 수개의 권리가 모두 발생하여 권리자가 이들 권리를 선택적으로 행사할 수 있는가? 이는 중첩의 구체적 모습(권리경합 또는 법조경합)에 따라 다르다.

1. 권리경합

1.29 권리경합이란 수개의 권리가 병존하여 이를 선택적으로 행사할 수 있는 경우이다. 어느 권리를 행사하여 목적을 달성하면 다른 권리는 소멸한다. A가 자기 소유의 물건에 대하여 B와 임치계약[39)]을 체결하였는데, 반환기간이 되어도 B가 A에게 반환을 하지 않고 있다. A로서는 B에게 임치계약에 기한 반환청구권과 소유권에 기한 반환청구권을 동시에 가진다. 무엇이든 먼저 행사하여 목적을 달성하면 다른 권리는 소멸한다. 두 권리를 인정하는 실익은 무엇인가? 가령 계약상의 권리는 소멸시효의 대상이 되지만, 소유권에 기한 청구는 소멸시효의 대상이 되지 않는다(제162조).[40)]

2. 법조경합

1.30 해당하는 수개의 규정 중 하나의 권리규정이 나머지 권리규정의 적용을 배제하여 처음부터 하나의 권리만이 발생하는 경우이다. 법조경합은 특별법과 일

---

38) 물권 상호간의 충돌에 관해서는 이 책 [3.11] 참조.

39) 임치계약에 대해서는 이 책 [2.231] 이하 참조.

40) 이에 대해서는 이 책 [1.208] 이하 참조.

반법의 관계로 나타나는 것이 보통이다. 가령 공무원이 업무수행과 관련하여 타인에게 손해를 입혔다고 해보자. 이 경우에 「민법」 제756조와 「국가배상법」 제2조가 권리규정으로 고려될 수 있는데, 특별법 우선의 원칙에 따라 피해자는 후자에 기한 손해배상청구권만을 가진다.

제3절 민법의 기본원리

Ⅰ. 기본이념으로서의 사적자치의 원칙

1.31 모든 국민은 인간으로서의 존엄과 가치를 가지며, 행복을 추구할 권리를 가진다(헌법 제10조제1문). 사적자치의 원칙은 이 헌법 이념을 구체화한 것으로 개인은 자신의 자유로운 의사에 따라 자율적으로 법률관계를 형성할 수 있고, 국가는 이에 간섭할 수 없다는 것이다. 이 원칙은 자신의 이해관계에 관한 최상의 판단자는 바로 자신이라는 개인주의적 인간관과 자유주의적 경제관을 철학적 기초로 한다.

사적자치의 원칙은 민법을 지배하는 기본이념으로서 다음의 개별 원칙을 포괄한다: ① 법률행위자유의 원칙; ② 사유재산권절대의 원칙; ③ 과실책임의 원칙.

Ⅱ. 사적자치의 원칙의 내용

1. 개별원칙

(1) 법률행위자유의 원칙

1.32 이 원칙은 자신의 자유로운 의사에 따라 법률행위(예: 계약)를 할 수 있다는 것이다. 이 원칙은 ① 개인의 자유의사를 존중하는 것이, ② 사회경제적으로도 이익이라는 관념에 따른 것이다. 그러므로 만약 '개인의사의 존중'이 '사회경제적 이익'이 되지 않는다면 이 원칙이 적용되지 않는다. ②는 법률행위자유의 원칙의 제어요소이다. 예컨대, '선량한 풍속 기타 사회질서'에 반하는 계약은 '사회

경제적 이익'에 합치하지 않는 것으로 무효이다(제103조 참조).

법률행위자유의 원칙은 대개 계약자유의 원칙으로 표출된다. 법률행위 중 계약이 가장 비중이 크기 때문이다. 계약자유의 원칙은 다음의 내용을 포괄한다: ① 계약체결의 자유(당사자는 계약의 체결 여부를 자유롭게 판단할 수 있다); ② 상대방선택의 자유(당사자는 계약의 상대방을 자유롭게 선택할 수 있다); ③ 내용결정의 자유(당사자는 계약의 내용을 자유롭게 선택할 수 있다); ④ 방식선택의 자유(당사자는 계약의 방식을 자유롭게 선택할 수 있다). 계약자유의 원칙으로 인하여 계약에 관한 법규정은 임의규정인 것이 원칙이다.[41] 즉 당사자의 의사에 의하여 법규정의 적용을 배제할 수 있다. 제105조가 "법률행위의 당사자가 법령 중의 선량한 풍속 기타 사회질서에 관계없는 규정과 다른 의사를 표시한 때에는 그 의사에 의한다"라고 정한 것은 그러한 취지이다.

(2) 사유재산권절대의 원칙

1.33 모든 개인은 재산권의 귀속주체이며 각 개인에게 귀속된 재산권은 국가 또는 타인에 의하여 침해되지 않는다. 헌법은 "모든 국민의 재산권은 보장된다"(제23조제1항제1문)고 선언하여 이념으로서의 인간의 존엄과 가치를 실현하기 위한 물적 기초로서 사유재산권존중의 원칙을 규정한다. 그리고 「민법」은 "소유자는 법률의 범위 내에서 그 소유물을 사용, 수익, 처분할 권리가 있다"(제211조)고 하여 이 원칙을 구체화한다.

(3) 과실책임의 원칙

1.34 이것은 책임법상의 원칙이다. '책임'이란 법익침해 행위에 대한 법적 제재로서 민법상의 책임(즉 민사책임)은 타인에게 손해를 가한 경우 손해배상의 문제로 나타난다. 자기에게 발생한 손해는 스스로 부담하는 원칙이다. 다른 사람에게 책임을 돌리기 위해서는 법적 근거가 있어야 하는데, 그 대표적인 규정이 제390조(채무불이행책임)와 제750조(불법행위책임)이다. 과실책임의 원칙은 고의 또는 과실이 없다면 책임을 물을 수 없다는 것이다. 이 원칙에 따르면, 각자의 이익추구 과정에서 설사 타인에게 손해를 끼치더라도 해당 행위가 고의 또는 과실에 의한 것

---

41) 예를 들어 보자. 제566조("매매계약에 관한 비용은 당사자 쌍방이 균분하여 부담한다")는 임의규정이다. 그러므로 만약 매매계약의 비용을 매수인이 전부 부담하기로 약정하였다면 제566조는 적용이 배제된다. 임의규정과 대비되는 것은 강행규정이며(예: 제652·635조), 강행규정에 위반한 계약은 무효이다.

이 아니라면 손해배상의무가 없다. 그 결과 이 원칙은 근대 이후 자본의 성장을 촉진하는 토대가 되었다.

2. 개별원칙의 현대적 위상

1.35 사적자치의 원칙은 자본의 성장을 가져왔으나 분배의 불공평이라는 부작용도 수반하였다. 이 부작용을 보정하기 위한 노력이 이루어졌다. 재산권의 행사에 있어서 공공복리 적합성이 도입된다든가(헌법 제23조제2항), 국가가 계약관계에 적극적으로 개입하여 법률행위자유의 원칙을 수정한다든가(예: 「근로기준법」, 「주택임대차보호법」, 「소비자기본법」), 고의·과실이 없더라도 손해배상을 인정하는 범위를 확대함으로써 과실책임의 원칙을 수정하는 경우(예: 「자동차손해배상보장법」, 「제조물책임법」, 「환경정책기본법」) 등이 그 예이다.

제 4 절 권리의 변동

1.36 권리의 변동은 권리의 발생·변경·소멸을 총칭하는 개념이다. 권리변동은 '법률효과'로 나타나는데, 법률효과를 일으키는 원인을 '법률요건', 법률요건을 구성하는 요소를 '법률사실'이라 한다. 법률요건은 1개 또는 2개 이상의 법률사실로 구성된다.

보충학습 1.4 | 법률요건과 법률사실의 관계

법률사실 + 법률사실 = 법률요건 ⇨ 법률효과

X는 Y에게 甲물건을 팔고자 한다. X는 Y에게 "甲을 100만원에 사시오"라고 요청했고, 이에 대하여 Y가 X에게 "좋습니다"라고 말했다.

X가 Y에게 한 의사의 표명은 '청약'이라는 의사표시로서 법률사실의 하나이다. Y가 X에게 한 의사의 표명은 '승낙'이라는 의사표시로서 이 또한 법률사실의 하나이다. 청약과 승낙이라는 두 의사표시가 결합하여 계약(매매계약)이라는 법률요건이 성립하고, 이 법률요

건은 일정한 법률효과(X는 Y에게 甲의 소유권을 이전할 채무, Y는 X에게 100만원을 지급할 채무)를 발생한다.

1.37 **〈1〉 권리의 발생** 권리의 발생은 절대적 발생과 상대적 발생으로 구분된다. 권리를 취득하는 사람의 시각에서 보면 각각 원시취득과 승계취득이 된다.

ⓘ **원시취득** 원시취득(절대적 발생)은 타인의 권리에 기초함이 없이 새로운 권리를 취득하는 경우이다(예: 건물의 신축으로 인한 소유권 취득, 선의취득, 선점 등).

ⓘⓘ **승계취득** 승계취득(상대적 발생)에서는 구권리자의 권리를 기초로 권리를 취득한다. 여기에서는 "누구도 자기가 가진 것을 초과하는 권리를 양도할 수 없다"(*Nemo plus juris ad alium transferre potest quam ipse habet*)는 원칙이 적용된다. 승계취득에는 이전적 승계와 설정적 승계가 있다. 이전적 승계는 구권리자에게 속했던 권리가 동일성을 유지하면서 그대로 신권리자에게 이전되는 것이다(쉽게 말해 양도인의 권리가 고스란히 양수인에게 이전). 이전적 승계에는 하나의 취득원인에 의하여 하나의 권리를 취득하는 '특정승계'(예: 매매에 의한 소유권 취득)와 하나의 취득원인에 의하여 다수의 권리를 일괄 취득하는 포괄승계(예: 상속에 의한 다수의 소유권 취득)가 있다. 설정적 승계란 구권리자의 권리 중 일부만이 신권리자에게 이전되는 것이다(예: 지상권의 취득, 저당권의 취득; 부동산에 지상권 또는 저당권을 설정하더라도 소유권자로서의 지위는 유지된다는 점을 생각해 보라. 즉 이전적 승계에서와 달리 양도인의 권리가 양수인에게 고스란히 이전되지 않는다).

1.38 **〈2〉 권리의 변경** 권리의 주체·내용·효력이 변경되는 것이다. 앞의 승계취득은 주체의 변경에 해당한다. 내용의 변경에 해당하는 것으로는 제한물권의 설정으로 인한 소유권의 변경, 효력의 변경에 해당하는 것으로는 선순위저당권의 소멸로 인한 후순위저당권의 순위승진을 들 수 있다.

1.39 **〈3〉 권리의 소멸** 권리소멸에는 절대적 소멸(객관적 소멸)과 상대적 소멸(주관적 소멸)이 있다. 전자는 권리가 절대적으로 없어지는 것(예: 물건의 멸실로 인한 소유권의 소멸, 채무면제로 인한 채권의 소멸)이고, 후자는 권리주체가 변경되는 것(예: 매매로 인한 소유권의 이전)이다.

제2장

법률행위

제 1 절 서 설

Ⅰ. 개 념

1.40 법률요건에 관한 분류로서 가장 중요한 것은 법률행위와 비법률행위의 구별이다.

ⓘ **법률행위** A와 B는 A 소유의 甲토지에 대하여 1억원에 매매계약을 체결하였다. 여기에서 법률요건은 매매계약이다. 이 계약에 따라 A는 甲에 대한 소유권을 B에게 이전할 채무를, B는 A에게 1억원의 매매대금을 지급할 채무를 진다. A와 B의 채무는 각자가 스스로 의도한 결과이다. 매매계약이 법률행위의 하나인 이유이다.

ⓘⓘ **비법률행위** X가 Y를 폭행하여 Y는 치료비를 지출하였다면 Y는 X에 대하여 불법행위에 기한 손해배상채권을 취득한다(제750조). 여기에서 법률요건은 불법행위(X의 폭행)이고, 법률효과는 손해배상채권의 발생인데, 이 법률효과는 채권관계 당사자가 의도한 것이 아니다(즉 X는 손해배상채무를 부담하기 위하여 Y를 폭행한 것이 아니다).

법률행위는 당사자의 의사가 법률효과에 직접 지향되어 있다는 점에서 다른 법률요건과 구별된다. 이런 이유로 법률행위는 사적자치의 원칙을 구현하는 핵심 수단이다.

Ⅱ. 종 류

1. 단독행위/계약

1.41 단독행위는 하나의 의사표시로 구성되는 법률행위이다. 단독행위는 의사표시가 상대방에게 도달해야 효력을 발생하는가 여부(법률관계 상대방 유무의 문제가 아님에 유의)에 따라 '상대방 있는 단독행위'(예: 채무면제, 상계, 해제, 취소 등)와 '상대방 없는 단독행위'(예: 유언, 재단법인 설립행위, 권리포기 등)로 구분된다. 상대방 없는 단

독행위는 다시 두 가지로 구분된다: ① 법률행위 당시에 특정의 상대방이 없어 상대방 없는 단독행위인 경우(예: 권리의 포기, 재단법인 설립행위); ② 특정의 상대방이 있지만 해당 행위의 특성으로 인하여 단독행위인 경우(예: 유언은 상대방에게 도달 여부를 불문하고 유언자의 사망시에 효력 발생, 제1073조). 상대방 없는 단독행위는 의사의 진정성, 거래안전 확보 등의 이유로 요식행위로 하는 경우가 많다(예: 재단법인 설립행위, 유언).

계약이란 1인 또는 수인이 다른 1인 또는 수인과 사이에 어떤 물건을 제공하거나 어떤 일을 행하거나 또는 행하지 않을 것을 합의함으로써 성립하는 법률요건이다. 계약은 2개(예: 2인이 매매계약을 체결하는 경우) 또는 3개 이상(예: 3인 이상이 조합계약을 체결하는 경우)의 의사표시를 요소로 한다.

보충학습 1.5 | 법률행위의 효력발생 시기

법률행위는 의사표시로 구성된다. 그러므로 법률행위의 효력발생 시기는 의사표시의 효력발생 시기에 의해 영향을 받는다. 의사표시의 효력발생 시기에 관하여 민법은 "상대방이 있는 의사표시는 상대방에게 도달한 때에 그 효력이 생긴다"라고 규정한다(제111조제1항). 이른바 도달주의의 원칙이다. 이 규정은 상대방 있는 의사표시의 경우에 적용된다.

제111조제1항에 따라 도달주의의 원칙이 명확하게 드러나는 경우는 격지자 간의 의사표시이다. 격지자란 장소적 개념이 아니라 시간적 개념으로서 의사표시의 발송과 도달 사이에 시간적 격차가 있는 경우이다. 그러므로 장소적으로 떨어졌더라도 전화로 체결하는 계약은 격지자 간의 계약이 아니다(이런 경우를 대화자 간의 계약이라고 한다). 대화자 간의 의사표시는 발송과 도달이 거의 동시에 이루어진다.

법률행위 중 계약은 그 특성상 당연히 상대방이 있는 의사표시로 구성되나, 단독행위는 상대방이 있는 의사표시(예: 상계권의 행사)일 수도 있고 상대방이 없는 의사표시(예: 유언)일 수도 있다. 전자의 경우에는 도달주의에 의하게 되나, 후자의 경우에는 도달주의가 적용될 여지가 없다. 상대방이 없는 의사표시로 성립되는 단독행위는 해당 의사표시가 완성된 시점에 효력이 발생하는 것으로 해석한다.

계약은 복수의 의사표시(청약과 그에 응한 승낙)로 구성된다. 도달주의에 따른다면 승낙이 청약자에게 도달한 때에 계약이 성립한다고 해야 할 것이다. 그러나 이에 관해서는 제531조에 특칙이 있다. 격지자 간의 계약은 승낙의 의사표시를 발송한 때에 성립한다는 것이다. 법률행위의 대부분이 계약이라는 면에서 볼 때 제531조는 제111조제1항이 정하는

도달주의의 원칙에 대한 중대한 예외이다.[1)]

보충학습 1.6 | 합동행위

법률행위의 유형으로 단독행위와 계약 외에 합동행위를 인정하는 견해가 있다. 복수의 의사표시로 구성된다는 점에서는 계약과 같으나, 의사표시의 방향에 차이가 있다는 것이다. 즉 계약에서는 의사표시의 방향이 상호 대립적(예: 매매계약에서 매도인과 매수인)인데 반해 합동행위에서는 평행적(예: 사단법인의 설립, 조합의 설립)이라는 것이다. 당사자의 이해관계가 대립하는 계약과 달리 합동행위에서는 당사자가 공동의 목적을 추구한다는 것이다. 그런데 합동행위의 개념을 따로 인정할 필요는 없을 것이다. 사적자치의 결과에 따른 계약의 다양성의 시각에서 이해하는 것이 간명할 것이다.

2. 출연행위/비출연행위

1.42 출연행위란 자기의 재산을 감소시키고 타인의 재산을 증가시키는 행위이다(예: 매매, 증여). 비출연행위란 자기의 재산을 감소시킬 뿐 타인의 재산을 증가시키지 않거나(예: 권리의 포기) 재산의 증감을 가져오지 않는(예: 대리권의 수여) 법률행위이다.

보충학습 1.7 | 매매계약은 출연행위이다

얼핏 생각하면 매매계약은 출연행위가 아니라고 생각할 수 있다. 매도인은 매매목적물에 대한 소유권을 매수인에게 이전하는 대신 매수인으로부터 매매대금을 받아 결과적으로 재산의 감소가 없는 것으로 볼 수 있기 때문이다. 그러나 출연행위 여부에 대한 판단은 전체적인 재산의 이전 결과를 기준으로 하는 것이 아니라 각 의무를 기준으로 판단하는 것이다. 즉 매매계약은 매도인과 매수인 쌍방이 모두 출연을 하는 계약이다. 이러한 계약을 유상계약이라고 한다.

1) 이에 대해서는 이 책 [2.147] 참조.

3. 유상행위/무상행위

1.43 출연행위에 대한 세부분류이다. 당사자 일방만이 출연을 하면 무상행위(예: 증여, 사용대차), 쌍방 모두 출연을 하면 유상행위(예: 매매, 임대차, 고용)이다. 유상계약에 대해서는 매매에 관한 규정이 준용된다(제567조).

4. 유인행위/무인행위

1.44 법률행위 중에는 원인행위를 전제하는 경우가 있다. 매매계약을 원인행위로 하여 종신정기금계약[2]을 체결한다든가 어음행위를 하는 것이 그 예이다. 원인행위를 수반하는 법률행위 중에 원인행위의 유효·무효에 영향을 받는 경우를 유인행위, 원인행위의 유효·무효에 영향을 받지 않는 경우를 무인행위라고 한다. 유인행위가 원칙이다.[3]

보충학습 1.8 | 무인행위의 예: 어음행위

무인행위의 전형적인 예로 어음행위를 들 수 있다. A와 B는 매매계약을 체결하였다. 매수인 B는 매도인 A에게 매매대금 100만원을 약속어음으로 지급하였고, A는 어음채권을 C에게 양도하였다. 어음행위는 대표적인 무인행위이다(제513~515조). 만약 매매계약이 무효이거나 취소 또는 해제되더라도 어음행위 그 자체는 유효하므로 C는 어음발행인 B에 대해 어음금의 지급을 청구할 수 있다. 다만, 매수인 B는 A에게 부당이득반환을 청구함으로써(제741조) 내부적인 청산을 하게 된다. 어음행위를 무인행위로 한 것은 유가증권인 어음거래의 안정성을 위한 입법정책의 결과이다.

Ⅲ. 법률행위의 일반적 요건

1. 성립요건

1.45 법률행위의 성립요건이란 법률행위의 존재가 인정되기 위한 최소한의 외형

2) 이에 대해서는 이 책 [2.251] 참조.

3) 법률행위를 채권행위와 물권행위로 구분하고 전자를 후자의 원인행위로 이해하면서 유인·무인의 논의를 하는 것에 대해서는 이 책 [3.16]~[3.20] 참조.

적·형식적 요건이다. 성립요건은 다시 일반성립요건과 특별성립요건으로 구분된다. 일반성립요건은 법률행위의 당사자·내용·의사표시의 존재로 정리할 수 있다. 특별성립요건은 부가적인 요건으로 법인설립을 위한 등기, 혼인계약에서의 신고 등이 그 예이다. 성립요건을 충족하지 못하면 법률행위는 존재하지 않는다(법률행위의 부존재). 부존재로 판단된 법률행위에 대해서는 유효·무효를 논의할 여지가 없다. 유효·무효는 법률행위의 존재를 전제하는 것이기 때문이다.

2. 효력요건

1.46 성립요건을 갖춘 법률행위가 효과를 발생하기 위한 요건이다. 효력요건은 법률행위의 당사자·내용·의사표시의 측면에서 파악할 수 있다.

1.47 〈1〉 당사자에 관한 유효요건 당사자에 관한 유효요건으로 통설은 당사자의 권리능력·의사능력·행위능력의 존재를 든다. 의사무능력자에 의한 법률행위는 무효이고, 제한능력자(행위능력이 제한된 사람)에 의한 법률행위는 일단은 유효하나 취소할 수 있는 법률행위이므로, 의사능력·행위능력을 유효요건으로 말하는 것은 옳다. 그러나 권리능력은 사정이 다르다. 권리능력이 없다는 것은 권리주체(즉 당사자)가 없다는 것인데, 그렇다면 이는 유효요건이라기보다는 성립요건으로 보아야 한다.

1.48 〈2〉 내용에 관한 유효요건 법률행위의 내용(또는 목적)이란 해당 법률행위에 의하여 실현하고자 하는 실질적 결과이다. 법률행위 내용에 관한 유효요건은 다음과 같다: ① 확정성(법률행위의 내용은 법률행위 당시에 확정되어 있거나 또는 장래에라도 확정될 수 있어야 함); ② 가능성(법률행위의 내용은 가능한 것이어야 함[4]); ③ 사회적 타당성(법률행위의 내용이 '선량한 풍속 기타 사회질서'(제103·104조)에 반하지 않아야 함).

사회적 타당성 요건이란 법률행위의 내용이 제103조와 제104조에 의하여 무효로 되어서는 안 된다는 것이다.

ⅰ 제103조 선량한 풍속 기타 사회질서에 위반한 사항을 내용으로 하는

---

4) 불능은 여러 시점에서 판단할 수 있는데, 법률행위의 유효요건으로 문제되는 가능성의 판단 시점은 법률행위 성립 당시이다. 즉 뒤에서 보는 바와 같이(이 책 [2.150] 참조) 법률행위 유효요건에서 문제되는 것은 원시적 불능이다.

법률행위는 무효이다(제103조). 실정규정 중 선량한 풍속 기타 사회질서에 관련된 것을 강행규정이라고 한다. 강행규정에 반하는 법률행위는 무효이다. 그런데 선량한 풍속 기타 사회질서에 관한 사항을 모두 법문으로 정할 수는 없는 일이다. 법률행위의 내용이 강행규정에 반하지는 않더라도 사회통념에 비추어 볼 때 선량한 풍속 기타 사회질서에 어긋난다고 평가되면 제103조에 의하여 무효로 된다. 이와 같이 제103조는 일반규정의 형식으로 구성되어 있어서 사회의 변화에 융통성 있게 대응할 수 있다.

ⓘⓘ 제104조 당사자의 궁박·경솔 또는 무경험으로 인하여 현저하게 공정을 잃은 법률행위는 무효이다(제104조). 제104조는 제103조가 정하는 선량한 풍속 기타 사회질서 중 특히 폭리행위를 규제하기 위한 규정이다. 민법에는 폭리행위 규제를 위한 규정이 산재하는데(예: 제398조제2항, 제606·607조), 제104조는 폭리행위 규제에 관한 일반규정이다. 제104조가 적용되기 위해서는 객관적 요건(급부와 반대급부 사이에 현저한 불균형이 존재할 것) 외에 주관적 요건(당사자 일방의 궁박·경솔 또는 무경험을 이용하여 폭리를 취했어야 함)이 요구된다.

보충학습 1.9 | 동기의 불법

어떤 의사결정이나 행위를 하게 된 동기가 불법인 경우에 이것이 법률행위에 어떤 영향을 미치는가? 가령 X가 도박장으로 사용할 목적으로 Y 소유의 건물에 대하여 Y와 임대차계약을 체결한 경우에 동기의 불법을 이유로 제103조를 적용할 수 있을까? 동기는 법률행위의 내용이 아니며, 이러한 사안에 획일적으로 제103조를 그대로 적용하게 되면 사정을 모르는 Y는 예기치 않게 거래의 좌절을 경험하게 된다. 그렇다고 불법적인 상황을 방관하는 것도 법감정에 부합하지 않는다.

판례는 절충적 시각에서 다음과 같이 판시한다: "민법 제103조에 의하여 무효로 되는 반사회질서 행위는 법률행위의 목적인 권리의무의 내용이 선량한 풍속 기타 사회질서에 위반되는 경우뿐만 아니라… 표시되거나 상대방에게 알려진 법률행위의 동기가 반사회질서적인 경우를 포함한다."[5)]

1.49 〈3〉 의사표시에 관한 유효요건 법률행위는 의사표시로 구성된다. 의사표시에 있어서 표의자의 진의와 표시가 일치하고, 또한 그 의사표시가 표의자의

5) 대법원 2005. 7. 28. 선고 2005다23858 판결 등 참조.

자유로운 의사결정에 의한 것이어야 한다는 것이다. 이에 관한 민법의 통칙적 규율은 제107조(비진의표시), 제108조(통정허위표시), 제109조(착오에 의한 의사표시), 제110조(사기·강박에 의한 의사표시)이다.[6] 의사표시에 관한 유효요건을 구비하지 못한 법률행위는 무효 또는 취소할 수 있는 법률행위이다.

제 2 절 행위능력과 제한능력자

Ⅰ. 행위능력의 개념

1.50 행위능력이란 타인의 도움 없이 단독으로 유효하게 법률행위를 할 수 있는 법적 지위이다. 행위능력은 원칙적으로 법률행위 영역에서 문제되며, 의사능력과 매우 밀접한 관련이 있다.

사적자치 원칙의 기본전제는 당사자가 자기 행위의 의미와 결과를 변별할 수 있는 정신능력을 구비하고 있다는 것이다. 이러한 관점을 반영한 것이 의사능력이다. 의사능력은 자신의 행위의 사회적 의미 및 결과를 인식·변별할 수 있는 정신능력이며, 의사능력이 없는 사람에 의한 법률행위는 무효이다. 그러므로 의사무능력자는 해당 법률행위로 인하여 불이익을 받지 않는다. 문제는 의사능력 유무는 개별적으로 판단되며,[7] 의사무능력에 대한 증명책임[8]이 의사무능력을 이유로 법률행위의 구속력으로부터 벗어나고자 하는 사람에게 있다는 점이다. 그러므로 법률행위 당시에 자신이 의사무능력 상태였음을 증명하지 못하면 법률행위의 구속력으로부터 벗어날 수 없다. 여기에서 의사능력의 개념만을 가

6) 이에 대해서는 이 책 [1.69]~[1.82] 참조.

7) 대법원 2006. 9. 22. 선고 2006다29358 판결; 대법원 2022. 5. 26. 선고 2019다213344 판결 등 참조.

8) 증명책임이란 소송상 어떤 사실의 존재 여부가 확실하지 않을 때에 해당 사실이 존재하지 않는 것으로 취급되어 법적 판단을 받게 되는 당사자의 불이익을 말한다. 예컨대, 대여금청구소송에서 원고는 피고에게 금전을 대여하였다고 주장하고 피고는 이를 부인하는데 누구의 주장이 진실인지 불명확한 경우에는 원고청구 기각의 판결을 한다. 왜냐하면 소비대차의 구성요건을 이루는 사실의 존재에 관하여 원고가 증명책임을 부담하기 때문이다.

지고는 변별력이 부족한 사람에 대한 보호가 미흡함을 알 수 있다. 한편, 의사무능력이 증명되면 그에게 의사능력이 있는 것으로 믿고 거래한 상대방으로서는 거래가 좌절되어 뜻밖의 손해를 입게 된다. 문제는 여기에서 멈추지 않는다. 무효인 법률행위를 기초로 하여 연속된 모든 법률관계에 결함이 생겨 거래안전을 위협하게 된다.

의사능력의 취지를 고려하면서 그 약점을 보정하기 위하여 고안된 것이 행위능력이다. 행위능력은 객관적·획일적 기준이라는 점에서 의사능력과 구별된다. 즉 행위능력이 제한되는 객관적·획일적 기준을 정하고 그에 해당하면 일정한 보호(예: 법률행위의 구속으로부터 해방)를 받을 수 있도록 한다.

보충학습 1.10 | 권리능력, 의사능력, 행위능력의 구별

권리능력, 행위능력, 의사능력의 개념을 예를 들어 설명한다.

① 17세의 천재이든 30세의 정신능력상실자이든 모두 권리능력자이다. 사람은 생존하는 한 권리능력자이기 때문이다(제3조).

② 17세의 천재는 미성년자로서 제한능력자(행위능력이 제한된 사람)이나, 30세의 정신능력상실자는 그가 법원으로부터 피성년후견 또는 피한정후견 심판을 받지 않은 이상 행위능력자이다.

③ 17세의 천재는 의사능력자이나, 30세의 정신능력상실자는 법원으로부터 피성년후견 또는 피한정후견 심판을 받았는가 여부와 상관없이 의사무능력자이다.

Ⅱ. 제한능력자의 유형

1. 미성년자

1.51 〈1〉 개 념 미성년자란 19세 미만의 자연인이다(제4조). 사람의 정신능력에는 개인적 차이가 있으나, 민법은 행위능력 제도의 취지에 따라 19세라는 획일적인 기준을 정하고 있다.

1.52 〈2〉 미성년자에 의한 법률행위의 효력 원칙과 예외로 나누어서 살펴본다. 원칙적으로 미성년자가 단독으로 행한 법률행위는 취소할 수 있으며, 취소권자

는 미성년자 자신 또는 그의 법정대리인이다(제5조제2항, 제140조). 그러나 다음의 경우에는 미성년자가 단독으로 유효한 법률행위를 할 수 있다.

ⅰ **권리만을 얻거나 의무만을 면하는 행위**(제5조제1항 단서) 행위능력은 제한능력자 보호하기 위한 제도라는 점을 생각하면 그 취지를 이해할 수 있다.

ⅱ **처분이 허락된 재산의 처분행위**(제6조) 부모로부터 받은 용돈으로 거래행위를 하는 것이 대표적인 예이다.

ⅲ **미성년자가 법정대리인으로부터 허락을 얻은 특정한 영업에 관한 법률행위**(제8조제1항) 스스로 충분히 영업을 할 수 있는 영민한 미성년자(예: 온라인 쇼핑몰을 성공적으로 경영하는 중학생)의 경우에 그의 모든 거래행위에 대하여 개별적 동의를 요구하는 것은 오히려 거래의 수월성을 해치는 것이다.

ⅳ **미성년자가 타인의 대리인으로서 하는 법률행위**(제117조) 대리행위의 효과는 대리인이 아니라 본인에게 귀속한다는 점을 생각하면 그 취지를 이해할 수 있다.

ⅴ **유언**(제1061·1062조) 17세 이상이라면 미성년자도 유효하게 유언을 할 수 있다.

ⅵ **회사의 무한책임사원이 된 미성년자의 사원자격에 기한 행위**(「상법」 제7조)

1.53 **〈3〉 법정대리인** 1차적인 법정대리인은 친권자이다. 미성년자의 법정대리인은 그에 대하여 친권을 행사하는 부 또는 모이다(제911조). 친권은 부모가 공동으로 행사하는 것이 원칙이다(제909조 참조). 2차적인 법정대리인은 후견인이다. 미성년자에게 친권자가 없거나 친권자가 법률행위의 대리권 및 재산관리권을 행사할 수 없는 때에는 후견인을 둔다(제928·931·932조). 미성년자의 법정대리인의 권한은 다음과 같다: ① 동의권(제5조제1항); ② 대리권(제920·949조); ③ 미성년자에 의하여 단독으로 이루어진 법률행위에 대한 취소권(제5조제2항, 제140조).

2. 피성년후견인

1.54 **〈1〉 개 념** 가정법원은 질병, 장애, 노령, 그 밖의 사유로 인한 정신적 제약으로 사무를 처리할 능력이 지속적으로 결여된 사람(비교: 피한정후견인은 '사무를 처리할 능력이 부족한 사람')에 대하여 일정한 사람(본인, 배우자, 4촌 이내의 친족,

검사, 지방자치단체의 장 등)의 청구에 의하여 성년후견개시의 심판을 한다(제9조제1항). 성년후견개시의 심판을 받은 사람을 피성년후견인이라 한다. 성년후견개시의 원인이 소멸된 경우 가정법원은 일정한 사람(본인, 배우자, 검사, 지방자치단체의 장 등)의 청구에 의하여 성년후견종료의 심판을 한다(제11조). 성년후견이 종료되면 능력을 완전히 회복한다. 성년후견종료 심판의 효력은 소급하지 않는다.

1.55 **〈2〉 피성년후견인에 의한 법률행위의 효력** 원칙과 예외로 나누어서 살펴본다. 원칙적으로 피성년후견인은 법정대리인(성년후견인)의 대리행위에 의해서만 법률행위를 할 수 있으며, 법정대리인의 동의를 얻었더라도 취소할 수 있는 법률행위라는 점에는 변함이 없다(제10조제1항). 그러나 다음과 같은 예외가 있다.

ⓘ **가정법원이 취소할 수 없는 피성년후견인의 법률행위의 범위를 정한 경우**(제10조제2항) 피성년후견인의 잔존능력을 존중하는 등 피성년후견인의 개별적 특성을 존중하기 위한 것이다.

ⓘⓘ **일용품의 구입 등 일상생활에 필요하고 그 대가가 과도하지 아니한 법률행위**(제10조제4항) 피성년후견인의 행위의 자유와 거래안전을 보호하기 위한 것이다.

ⓘⓘⓘ **성년후견인의 동의를 얻어 스스로 확정적 유효의 법률행위를 할 수 있는 경우** 약혼(제802조), 혼인(제808조제2항), 협의이혼(제835조), 입양(제873조), 파양(제902조) 등이 그 예이다.

한편, 유언의 경우에는 행위능력에 관한 일반원칙의 적용이 배제된다(제1062조). 즉 만 17세 이상인 사람은 의사능력이 있다면 비록 피성년후견인이라도 유효하게 유언을 할 수 있다(제1061·1062·1063조).

1.56 **〈3〉 법정대리인** 피성년후견인의 법정대리인으로(제938조제1항) 성년후견인을 두며(제929조), 가정법원이 직권으로 선임한다(제936조제1항). 성년후견인은 피성년후견인에 의해 이루어진 법률행위를 취소할 수 있다(제10조제1항, 제140조). 성년후견인은 피성년후견인에 대하여 대리권만을 가지며 동의는 법적으로 의미가 없다. 그러나 성년후견인의 동의를 얻어 스스로 확정적으로 유효하게 할 수 있는 가족법상의 행위의 경우에는 동의권이 인정된다는 점은 앞에서 설명한 바와 같다.

3. 피한정후견인

1.57 〈1〉 개 념 가정법원은 질병, 장애, 노령, 그 밖의 사유로 인한 정신적 제약으로 사무를 처리할 능력이 부족한 사람(비교: 피성년후견인은 '사무를 처리할 능력이 지속적으로 결여된 사람')에 대하여 일정한 사람(본인, 배우자, 4촌 이내의 친족, 검사, 지방자치단체의 장 등)의 청구에 의하여 한정후견개시의 심판을 한다(제12조제1항). 한정후견개시의 심판을 받은 사람을 피한정후견인이라 한다. 한정후견개시의 원인이 소멸되면 가정법원은 일정한 사람(본인, 배우자, 검사, 지방자치단체의 장 등)의 청구에 의하여 한정후견종료의 심판을 한다(제14조). 한정후견이 종료되면 능력을 완전히 회복한다. 한정후견종료 심판의 효력은 소급하지 않는다.

1.58 〈2〉 피한정후견인에 의한 법률행위의 효력 원칙과 예외로 나누어 살펴본다. 원칙적으로 피한정후견인은 유효하게 법률행위를 할 수 있으나, 가정법원이 한정후견인의 동의를 받아야 할 것으로 정한 법률행위(이른바 '동의권의 유보', 제13조제1항)를 동의 없이 하면 취소할 수 있다(제13조제4항 본문). 다만, 일용품의 구입 등 일상생활에 필요하고 그 대가가 과도하지 아니한 법률행위에 대해서는 그렇지 않다(제13조제4항 단서).

한정후견인의 동의를 필요로 하는 행위에 대하여 한정후견인이 피한정후견인의 이익이 침해될 염려가 있음에도 동의를 하지 않을 때에는 가정법원은 피한정후견인의 청구에 의하여 동의에 갈음하는 허가를 할 수 있다(제13조제3항).

1.59 〈3〉 보 호 자 피한정후견인의 보호자로 한정후견인을 둔다(제959조의2). 한정후견인은 한정후견 개시의 심판을 한 때에 가정법원이 직권으로 선임한다(제959조의3 제1항). 한정후견인에게는 원칙적으로 동의권·취소권이 없다. 그러나 동의유보의 범위 내에서는 동의권과 취소권을 가진다. 한정후견인은 법정대리인이 아니다. 즉 한정후견인에게는 원칙적으로 대리권이 없다. 그러나 가정법원은 한정후견인에게 대리권을 수여하는 심판을 할 수 있으며(제959조의4 제1항), 가정법원이 정한 대리권의 범위 안에서는 법정대리권을 가진다(제959조의4 제2항, 제938조제3항).

4. 관련 제도

1.60 제한능력자는 위에서 설명한 미성년자, 피성년후견인, 피한정후견인이다. 그런데 관련되는 제도로 민법은 특정후견과 후견계약을 규정한다. 특정후견 또는 후견계약은 행위능력을 제한하는 것은 아니지만(즉 피특정후견인, 후견계약에서의 본인은 제한능력자가 아님), 일정한 부류의 성년자를 보호하기 위한 제도라는 점에서는 공통점이 있으므로 간단히 살펴본다.

1.61 **〈1〉 특정후견** 가정법원은 질병, 장애, 노령, 그 밖의 사유로 인한 정신적 제약으로 일시적 후원(예: 입원 기간 동안의 후원) 또는 특정한 사무에 관한 후원(예: 부동산 거래에 관한 후원)이 필요한 사람에 대하여 일정한 사람(본인, 배우자, 4촌 이내의 친족, 검사, 지방자치단체의 장 등)의 청구에 의하여 특정후견의 심판을 한다(제14조의2 제1항). 특정후견 개시의 심판을 받은 사람을 피특정후견인이라 한다. 특정후견은 본인의 의사에 반하여 할 수 없다(제14조의2 제2항). 특정후견의 심판을 할 때에는 특정후견의 기간 또는 사무의 범위를 정해야 한다(제14조의2 제3항). 피특정후견인 제도는 일정 기간 또는 특정 행위에 대한 보호를 목적으로 한다는 점에서 피성년후견인·피한정후견인과 구별된다.

가정법원은 피특정후견인의 후원을 위하여 필요한 처분을 명할 수 있다(제959조의8). 이 처분의 하나로 피특정후견인을 후원하거나 대리하기 위하여 특정후견인을 선임할 수 있다(제959조의9 제1항). 피특정후견인은 특정후견인의 동의없이 독자적으로 유효하게 법률행위를 할 수 있다. 특정의 기간 또는 사무를 정하여 특정후견인이 선임되고 그에게 대리권이 부여되었더라도 피특정후견인의 행위능력이 제한되는 것은 아니다.

1.62 **〈2〉 후견계약** 후견계약은 질병, 장애, 노령, 그 밖의 사유로 인한 정신적 제약으로 사무를 처리할 능력이 부족한 상황에 있거나 부족하게 될 상황에 대비하여 자신의 재산관리 및 신상보호에 관한 사무의 전부 또는 일부를 다른 사람에게 위탁하고 그 사무에 관하여 대리권을 수여하는 것을 내용으로 한다(제959조의14 제1항). 후견계약은 공정증서로 체결해야 하며(제959조의14 제2항), 가정법원이 임의후견감독인을 선임한 때부터 효력이 발생한다(제959조의14 제3항).

Ⅲ. 제한능력자의 상대방 보호

1. 의 미

1.63 제한능력자가 단독으로 체결한 법률행위는 취소할 수 있는 법률행위로서 일단은 유효하나 취소권을 행사하면 소급적으로 무효가 된다(이른바 '유동적 유효', 제141조 본문). 취소할 수 있는 법률행위는 취소권자의 취소권 행사 여부에 따라 상대방의 지위가 매우 불안정하다. 속임수로써 제한능력자가 아니라고 상대방을 오신시키는 경우도 있다. 제한능력자의 상대방 보호가 필요한 이유이다(제15~17조).[9]

2. 상대방에게 부여된 권리

(1) 소극적 권리: 확답촉구권

1.64 확답촉구권은 다음 두 가지로 구분된다: ① 제한능력자가 능력을 회복한 후의 확답촉구(제한능력자 자신에 대한 확답촉구, 제15조제1항제1문); ② 제한능력자가 능력을 회복하기 전의 확답촉구(제한능력자의 법정대리인에게 확답촉구, 제15조제2항 전단).

확답촉구권은 소극적 권리이다. 추인[10] 여부가 제한능력자의 의사에 달려 있기 때문이다. 이 권리의 실제적 의미는 확답을 하지 않은 경우에 대한 조치에 있다. 원칙적으로, 정한 기간 내에 제한능력자로부터 아무런 확답이 없으면 해당 법률행위를 추인한 것으로 본다(제15조제1항제2문·제2항 후단). 그러나 추인을 위하여 특별한 절차가 요구되는 경우에는 정해진 기간 내에 그 절차를 밟은 확답을 발송하지 않으면 취소한 것으로 본다(제15조제3항).

9) 제한능력자가 단독으로 체결한 법률행위는 취소할 수 있는 법률행위이다. 민법은 취소할 수 있는 법률행위 모두에 일반적으로 적용되는 상대방 보호를 위한 규정을 두고 있다: ① 취소권행사기간에 대한 제한(제146조); ② 법정추인제도(제145조). 여기에서 보고자 하는 것은 취소사유가 제한능력인 경우에 있어서 특유하게 인정되는 상대방 보호 제도이다.

10) 추인에 대해서는 이 책 [1.122] 참조.

보충학습 1.11 | 추인을 위하여 특별한 절차가 요구되는 경우

피성년후견인 A에게는 성년후견인 X와 후견감독인 Y가 있다. 금전이 필요하다고 판단한 A는 단독으로 B와 금전소비대차계약을 체결하였다. 계약체결 후 A가 제한능력자임을 알게 된 B는 성년후견인 X에게 40일의 기간을 정하여 확답촉구권을 행사하였다. 그런데 40일이 지나도록 제한능력자 측으로부터 아무런 연락이 없었다. A·B간에 체결된 계약의 운명은 어떠한가?

피성년후견인 A와 B 사이에 체결된 금전소비대차계약은 취소할 수 있는 법률행위이다. 이 계약이 확정적으로 유효하기 위해서는 성년후견인 X가 A를 대리하여 계약을 체결했어야 한다. 그런데 사안과 같이 후견감독인이 있으며 해당 계약이 타인으로부터 금전을 빌리는 경우라면, 비록 성년후견인 X의 대리행위에 의하여 계약을 체결하더라도 후견감독인 Y의 동의를 얻어야 한다(제950조제1항제2호). 즉 사안에서 문제된 금전소비대차는 제15조 제3항이 정하는 "특별한 절차가 필요한 행위"에 해당한다. 그런데 제한능력자 측에서는 정해진 기간 내에 그 특별한 절차를 밟은 확답을 발송하지 않았다. 그러므로 이 계약은 취소한 것으로 보아야 한다.

(2) 적극적 권리: 철회권·거절권

1.65 민법은 상대방이 적극적으로 해당 법률행위의 구속력에서 벗어날 수 있는 권리도 인정하고 있다(상대방의 철회권·거절권: 제16조). 철회권은 문제의 법률행위가 계약인 경우이고, 거절권은 단독행위인 경우이다.

1.66 〈1〉 **철 회 권** 제한능력자와 계약을 체결한 사람은 제한능력자 측에서 추인하기 전까지 자신의 의사표시를 철회할 수 있다(제16조제1항 본문). 계약의 구성요소인 의사표시를 철회하면 계약은 성립할 수 없게 된다. 철회권은 법정대리인뿐만 아니라 제한능력자에게도 행사할 수 있다(제16조제3항). 그러나 상대방이 계약 당시에 타방 당사자가 제한능력자임을 알았을 때에는 철회권이 인정되지 않는다(제16조제1항 단서). 이때에는 상대방 보호의 필요성이 없기 때문이다.

1.67 〈2〉 **거 절 권** 제한능력자의 법률행위가 단독행위인 경우 해당 법률행위에 대한 추인이 있을 때까지 상대방은 이를 거절할 수 있다(제16조제2항). 거절권은 그 개념상 상대방 있는 단독행위를 전제로 한다. 상대방 있는 단독행위는 상대방이 해당 의사표시를 수령함으로써 효력을 발생하는데, 거절권을 행사하면

상대방이 수령하지 않은 것으로 되어 단독행위가 효력을 발생할 수 없다. 거절권은 법정대리인뿐만 아니라 제한능력자에게도 행사할 수 있다(제16조제3항).

3. 제한능력자 측의 취소권 상실

1.68 제한능력자 자신이 제한능력자가 아니라고 속여 계약을 체결하도록 하는 경우까지 그를 보호하는 것은 상대방에게 지나친 희생을 강요하는 것이다. 이러한 경우에 상대방으로서는 사기를 이유로 한 법률행위의 취소(제110조), 불법행위에 기한 손해배상청구(제750조) 등의 조치를 취할 수 있다. 그런데 상대방의 원래 의도는 취소 또는 손해배상청구가 아니라 제한능력자와 법률관계를 설정하는 것이다. 이런 사정을 고려하여 민법은, 제한능력자가 속임수로써 자기를 능력자로 믿게 하거나 미성년자 또는 피한정후견인이 속임수로써 법정대리인의 동의가 있는 것으로 믿게 한 때에는 제한능력자 측의 취소권을 박탈한다(제17조). 그 결과 해당 법률행위는 확정적 유효로 된다.

제3절 의사표시의 결함

1.69 의사표시의 구성요소는 다음과 같다: 일정한 효과를 원하는 표의자의 내부적 의사(효과의사); 내부적 의사를 외부에 표출하는 행위(표시행위).[11]

의사표시의 결함은 크게 두 가지로 구분된다.

ⓘ **의사와 표시의 불일치** 비진의표시(제107조), 통정허위표시(제108조) 및 착오(제109조)가 이에 해당한다.

ⓘⓘ **하자 있는 의사표시** 의사와 표시는 일치하나 해당 의사표시가 하자(사기·강박)에 의한 것으로 표의자의 자유로운 의사에 기초한 것이 아니라는 점이 문제된다(제110조).

11) 이하에서는 때에 따라 효과의사와 표시행위를 줄여서 각각 '의사'와 '표시'로 약칭한다.

Ⅰ. 의사와 표시의 불일치

1.70 의사와 표시의 불일치는 의식적 불일치(비진의표시, 통정허위표시)와 무의식적 불일치(착오)로 구분된다.

1. 비진의표시

1.71 〈1〉 개　념　비진의표시란 의사와 표시가 일치하지 않는데, 그 불일치를 표의자 자신이 알고 있는 경우이다. A가 고용인 B에게 사직서를 제출하면 보수를 인상해 줄 것으로 판단하여 고용계약 해지의 의사표시를 했다면 A의 의사표시는 비진의표시이다.

1.72 〈2〉 요　건　비진의표시의 요건은 다음과 같다.

ⅰ 법적으로 의미 있는 의사표시의 외형, 즉 표시행위가 있어야 한다. 가령 명백한 농담에서는 비진의표시가 문제되지 않는다.

ⅱ 의사와 표시가 일치하지 않아야 한다. 즉 표시행위에 대응하는 효과의사가 존재하지 않아야 한다. 여기에서 '의사'란 법률사실로서의 의사표시 차원의 의사이지 진정으로 마음에 둔 의사가 아니다. 가령 A가 B은행과 대차계약을 체결했는데 A의 궁극적 의도는 B로부터 대출을 받아 X에게 넘겨줄 것이었더라도 의사와 표시의 불일치는 없다(즉 A는 B와 대차계약을 체결하려는 의사가 있고 그에 부합하는 표시가 있음).

ⅲ 의사와 표시의 불일치를 표의자 스스로 알고 있어야 한다. 이 점에서 통정허위표시와 공통되며, 무의식적 불일치인 착오와 구별된다.

1.73 〈3〉 효　과　원칙과 예외의 두 측면에서 살펴본다.

ⅰ **원　칙**　비진의표시라도 그 의사표시는 유효한 것이 원칙이다(제107조제1항 본문). 의사와 표시가 불일치하더라도 그 결과는 표의자가 스스로 자초한 것이며, 또한 상대방의 신뢰를 보호할 필요가 있기 때문이다.

ⅱ **예　외**　상대방이 진의 아님을 알았거나 알 수 있었다면 비진의표시를 요소로 하는 법률행위는 무효이다(제107조제1항 단서). 이때에는 상대방의 신뢰

보호가 문제되지 않아 원칙으로 돌아가 표의자의 진의를 존중하는 것이다.

제107조제1항 단서에 따라 법률행위가 무효라도 이 무효로써 선의의 제3자에게 대항할 수 없다(제107조제2항). 여기에서 제3자란 비진의표시의 당사자와 그 포괄승계인을 제외한 사람으로서, 비진의표시에 의해 외형상 형성된 법률관계를 토대로 별개의 법률원인에 의해 실질적으로 새로운 법률상 이해관계를 맺은 사람이다. 이 규정은 거래안전을 고려한 입법조치로서 부동산거래에 있어서는 부동산물권의 공시방법인 등기에 공신력[12]을 인정하는 것과 같은 결과가 된다.

보충학습 1.12 | 제107조제2항의 기능

A(매도인)와 B(매수인) 사이에 甲부동산에 관하여 매매계약이 체결되었는데, A의 B에 대한 매도청약이 비진의표시였고, B는 과실로 그 사실을 알지 못했고 甲에 대하여 자기 명의로 이전등기까지 완료하였다. 그 후 B는 그간의 사정을 모르는 C에게 甲을 매각하고 이전등기를 해주었다. 이 사안에서 甲에 대한 진정한 소유자는 A이지만 그는 선의자인 C에게 대항하지 못한다. 그리하여 결국 C는 甲에 대한 소유권을 보유하고, A는 B와 내부적으로 채권적인 청산(예: 손해배상, 부당이득반환)을 해야 한다.

2. 통정허위표시

1.74 〈1〉 개 념 통정허위표시란 표의자가 진의와 다른 의사표시를 하는 데에 있어서 상대방과 합의한 것이다. 가령 A가 재산을 빼돌릴 목적으로 자기 소유의 甲토지에 대하여 B와 짜고 거짓으로 매매계약을 체결한 경우이다.

1.75 〈2〉 요 건 통정허위표시의 요건은 다음과 같다.

ⅰ 법적으로 의미 있는 의사표시의 외형, 즉 표시행위가 있어야 한다. 이 점에서는 비진의표시와 차이가 없다.

ⅱ 의사와 표시가 일치하지 않아야 한다. 이 점에서도 비진의표시와 차이가 없다.

ⅲ 의사와 표시의 불일치를 표의자 스스로 알고 있어야 한다. 이 점에서도 비진의표시와 차이가 없다.

12) 공신의 원칙에 대해서는 이 책 [3.15] 〈보충학습 3.6〉 참조.

ⓘⓥ 의사와 표시의 불일치에 대하여 상대방과 통정이 있어야 한다. 이 점에서 비진의표시와 다르다. 통정이란 표의자가 진의 아닌 의사표시를 한다는 것을 아는 것으로는 부족하고 그에 관하여 상대방과 의사의 합치가 있는 것이다.

1.76 〈3〉 효 과 통정허위표시는 의사와 표시의 불일치에 대하여 표의자와 상대방이 합의한 경우로서 상대방의 신뢰보호가 문제되지 않는다. 그러므로 "의사와 표시가 일치해야 한다"는 원칙을 그대로 관철한다. 즉 통정허위표시를 요소로 하는 법률행위(즉 가장행위)는 무효이다(제108조제1항).

통정허위표시를 요소로 하는 가장행위는 당사자 사이에서는 무효이나, 선의의 제3자에 대해서는 이 무효로써 대항하지 못한다(제108조제2항). 제107조제2항과 마찬가지로, 이 규정은 거래안전을 고려한 입법조치로서 부동산거래에 있어서는 부동산물권의 공시방법인 등기에 공신력[13]을 인정하는 것과 같은 결과가 된다.

보충학습 1.13 | 통정허위표시

X의 채무자 A는 X로부터의 강제집행에 대비하여 자기 소유의 甲토지에 대하여 B와 짜고 허위로 매매계약을 체결한 후 B 명의로 소유권이전등기를 완료하였다. B는 자신이 甲토지의 등기명의인임을 기화로 그간의 사정을 모르는 C와 매매계약을 체결하고 C 명의로 소유권이전등기를 해주었다. A·B·C 사이의 법률관계는 어떠한가?

A·B 간의 매매계약은 통정허위표시를 요소로 하여 성립한 가장행위이다. 가장행위는 무효이고(제108조제1항), 그 결과 등기 또한 무효이므로 甲토지의 소유자는 여전히 A이다. C는 처분권이 없는 B로부터 권리를 양수한 사람이다. 권리변동의 일반원칙에 따르면, A는 C에 대하여 자신이 소유자임을 주장할 수 있다. 그러나 C는 통정허위표시에 의하여 외형상 형성된 법률관계를 토대로 새로운 이해관계를 가지게 된 선의의 제3자로서 A는 C에게 대항할 수 없다(제108조제2항). C의 소유권 취득으로 인하여 甲토지에 대한 소유권을 상실한 A는 B와 내부적으로 채권적인 청산(예: 손해배상, 부당이득반환)을 해야 한다.

3. 착 오

1.77 〈1〉 개념과 유형 착오란 법률행위의 내용에 관하여 의사와 표시가 불일

13) 이에 대해서는 이 책 [1.73] 〈보충학습 1.12〉, [3.15] 〈보충학습 3.6〉 참조.

치하며 그 불일치를 표의자가 알지 못하는 것이다(제109조 참조). 착오는 표의자의 진실된 의사를 보호하기 위한 제도이다. 착오자는 의사와 표시의 불일치를 이유로 해당 법률행위를 취소할 수 있기 때문이다.

착오의 주요 유형은 다음과 같다: ① 의미의 착오(표시행위의 의미를 잘못 이해한 것으로, 가령 미국 달러와 호주 달러를 같은 것으로 잘못 이해하면서 의사표시를 한 경우); ② 동일성의 착오(사람 또는 객체의 동일성에 관하여 잘못 이해한 것으로, 가령 A를 같은 이름의 B로 착각한 경우); ③ 표시상의 착오(표시행위가 실제 의사에 부합하지 않는 것으로, 가령 760만원으로 표시할 것을 670만원으로 표시한 경우); ④ 표시기관의 착오(의사표시를 전달하는 사람이 상대방에게 표의자의 의사와 다르게 전달한 경우).

1.78 〈2〉 요 건 착오를 이유로 법률행위를 취소하기 위한 요건은 다음과 같다.

ⅰ **법률행위의 내용에 관한 착오일 것** 법률행위의 내용이란 당사자가 그 법률행위로써 달성하고자 하는 목적이다. 위에서 설명한 의미의 착오, 동일성의 착오, 표시상의 착오, 표시기관의 착오는 모두 내용에 관한 착오에 해당한다.

ⅱ **중요부분에 관한 착오일 것** 중요부분에 관한 착오여야 한다. 중요부분 해당 여부는 주관적·객관적 표준으로 구체적 사정에 따라 판단한다. 즉 표의자에게 착오가 없었더라면 그러한 의사표시를 하지 않았으리라고 판단되는 정도이며(주관적 표준), 동시에 일반인도 표의자의 입장이라면 그러한 의사표시를 하지 않았을 것으로 판단되는 정도(객관적 표준)의 착오여야 한다.

ⅲ **표의자에게 중과실이 없을 것** 착오가 표의자의 중대한 과실로 인한 것이 아니어야 한다(제109조제1항 단서). '중대한 과실'이란 표의자의 직업, 행위의 종류, 목적 등에 비추어 보통 요구되는 주의를 현저히 결여한 것이다.[14] 착오자에게 중대한 과실이 있는 경우까지 보호할 필요는 없을 것이다.

---

14) 대법원 1992. 11. 24. 선고 92다25830·25847 판결; 대법원 2023. 4. 27. 선고 2017다238486·238493 판결 등 참조.

15) 대법원 2019. 4. 23. 선고 2015다28968·28975·28982·28999 판결 등 참조.

보충학습 1.14 | 동기의 착오

제109조의 적용 여부에 관한 논의 중에 이른바 '동기의 착오'가 있다. 가령 甲토지 중 20~30평이 도로로 편입될 것으로 생각하고 매수했으나 도로 편입 부분이 200평인 경우이다. 이것은 의사와 표시의 불일치가 아니라 의사형성 과정에 잘못된 인식이 있는 경우로서 엄밀하게는 제109조에 포섭될 수 없다. 그렇다고 동기의 착오를 전혀 고려하지 않는 것도 형평상 문제가 있다. 이에 대한 판례의 입장은 이러하다:15) 동기의 착오를 이유로 법률행위를 취소하려면 그 동기를 해당 의사표시의 내용으로 삼을 것을 상대방에게 표시하고 의사표시의 해석상 법률행위의 내용으로 되었다고 인정되어야 한다(해당 동기를 의사표시의 내용으로 삼기로 하는 합의까지 이루어질 필요는 없음). 이 기준을 통과하면 착오취소의 요건 중 "법률행위의 내용에 관한 착오일 것"을 충족하게 되며, 만약 그 밖의 요건도 충족한다면 착오를 이유로 취소할 수 있다.

1.79 〈3〉 효 과

ⓘ **당사자에 대한 효력** 착오에 의한 의사표시를 요소로 하는 법률행위는 취소할 수 있는 법률행위이다(제109조제1항, 제140조).

ⓘⓘ **제3자에 대한 효력** 착오로 인한 법률행위의 취소는 선의의 제3자에게 대항하지 못한다(제109조제2항). 제107조제2항 및 제108조제2항과 마찬가지로 거래안전을 고려한 입법조치로서 부동산거래에 있어서는 부동산물권의 공시방법인 등기에 공신력16)을 인정하는 것과 같은 결과가 된다.

ⓘⓘⓘ **손해배상의 문제** 착오를 이유로 법률행위를 취소하게 되면 착오자는 자신의 진실된 의사를 보호받게 되지만, 반면에 상대방은 예상했던 거래가 좌절되어 불측의 손해(계약이 유효하다고 믿었던 것에 의하여 입은 손해)를 입을 수 있다. 착오자의 상대방이 손해배상을 청구할 수 있는가에 관하여 복잡한 논의가 있다.

Ⅱ. 하자 있는 의사표시: 사기·강박에 의한 의사표시

1.80 〈1〉 개 념 하자 있는 의사표시란 의사표시가 표의자의 자유로운 의사결정에 기초하지 못한 경우이다. 민법은 이를 '사기·강박에 의한 의사표시'로 규율하고 있다(제110조). 사기·강박은 형사상으로 사기죄·공갈죄(또는 협박죄)를 구

16) 이에 대해서는 이 책 [1.73] 〈보충학습 1.12〉, [1.76] 〈보충학습 1.13〉, [3.15] 〈보충학습 3.6〉 참조.

성하여 형사책임이 문제될 수 있다. 또한 사기·강박은 제750조의 불법행위에 해당할 수 있다. 제110조는 사기·강박으로 인한 의사표시의 유효성 자체에 관한 것이다.

1.81 〈2〉 요 건 사기·강박에 의한 의사표시의 요건은 다음과 같다.

ⓘ 위법한 기망행위(사기에 의한 의사표시의 경우)[17] 또는 강박행위(강박에 의한 의사표시의 경우)가 있어야 한다.

ⓘⓘ 사기자 또는 강박자의 고의가 있어야 한다.

ⓘⓘⓘ 인과관계가 존재해야 한다. 사기에 의한 의사표시의 경우에는 기망행위에 의하여 착오를 일으켰고, 이 착오에 의하여 의사표시를 했어야 한다. 강박에 의한 의사표시의 경우에는 강박행위·공포감·의사표시 사이에 인과관계가 있어야 한다.

1.82 〈3〉 효 과 사기·강박에 의한 의사표시를 요소로 하는 법률행위는 취소할 수 있다(제110조제1항, 제140조).

제3자의 사기·강박에 의한 의사표시는 어떻게 처리해야 할까? 표의자의 의사결정의 자유와 상대방의 신뢰 사이 균형을 고려한다. 즉 법률행위의 상대방이 그 사실을 알았거나 알 수 있는 때에 한하여 법률행위를 취소할 수 있다(제110조제2항).

사기·강박을 이유로 한 법률행위의 취소는 선의의 제3자에게 대항하지 못한다(제110조제3항). 이 규정은 제107조제2항, 제108조제2항, 제109조제2항과 같은 취지이다.

제4절 법률행위의 해석

1.83 법률행위의 해석이란 법률행위의 내용을 확정하는 것이다. 법률행위에서는 당사자의 의사표시의 내용이 그대로 법률효과가 된다. 법률행위의 해석이 중요

---

17) 대법원 1993. 8. 13. 선고 92다52665 판결; 대법원 2010. 2. 25. 선고 2009다86000 판결 등 참조.

한 이유이다. 법률행위의 해석은 자연적 해석, 규범적 해석, 보충적 해석의 순서로 진행된다.

Ⅰ. 자연적 해석

1.84 자연적 해석이란 표의자의 진의를 밝히는 것이다. 자연적 해석에서는 계약서상의 문구와 같은 표시행위의 외형에 구속되지 않고 제반 사정을 종합하여 표의자의 실제 의사를 밝혀야 한다.[18] 자연적 해석의 결과는 다음의 두 가지로 나타난다: ① 표의자의 진의를 탐지한 경우; ② 표의자의 진의를 탐지하지 못한 경우. 이들 각 경우에 대한 법적 처리는 어떠한가?

1. 표의자의 진의를 탐지한 경우

1.85 자연적 해석으로 표의자의 진의를 탐지했더라도 항상 표의자의 진의대로 효력을 발생하는 것은 아니다. 진의가 탐지되었다면 다음 단계로 법률행위의 내용을 진의대로 확정할 것인가 여부를 판단해야 하는데, 이 판단은 해당 법률행위에서 표의자의 진의가 절대적 중요성을 가지는가 여부에 따라 달라진다.

1.86 **〈1〉 법률행위의 성질상 표의자의 진의가 절대적 중요성을 가지는 경우** 이 경우에는 표시행위와 무관하게 자연적 해석에 의하여 탐지된 표의자의 진의가 의사표시의 내용이 된다. 그러나 이 의사표시가 그대로 법률행위의 내용을 구성하는 것은 아니다. 법률사실인 의사표시의 차원을 넘어 법률요건인 법률행위 차원에서 평가가 필요하며, 그 평가는 해당 법률행위가 단독행위인가 계약인가에 따라 달라진다.

단독행위에서는 자연적 해석의 결과로 확정된 표의자의 진의가 그대로 법률행위의 내용으로 된다.

계약의 경우에는 표의자의 진의에 따라 확정된 의사표시가 상대방의 의사

18) 우리 대법원도 "계약서에 사용된 문자의 의미는 계약당사자가 기도하는 목적과 계약당시의 제반 사정을 참작하여 합리적으로 해석하여야 할 것이다"(대법원 1965. 9. 28. 선고 65다1519 판결)라고 함으로써 같은 입장이다.

표시와 합치하는가 여부를 평가해야 한다. X와 Y가 계약을 체결한다고 가정해 보자. X의 Y에 대한 의사표시에서 진의는 α이고 표시행위는 β이며(즉 진의와 표시가 일치하지 않으며), Y의 X에 대한 의사표시에서는 진의와 표시행위 모두 β라면 X·Y 간의 계약은 불성립으로 된다. 표의자의 진의가 절대적 중요성을 가지는 법률행위에 있어서 X의 의사표시는 그의 진의에 따라 α인데, 상대방의 의사표시의 내용은 β여서 X와 Y의 각 의사표시의 내용이 일치하지 않기 때문이다.

다른 상황으로, 만약 X의 Y에 대한 의사표시에서 진의는 α이 고 표시행위는 β인데, Y의 X에 대한 의사표시에서 진의가 α라면 어떠할까? 이때에는 X·Y 사이에 α를 내용으로 하는 계약이 유효하게 성립한다. X·Y의 각 의사표시에서 진의가 일치하기 때문이다. 당사자의 진의가 일치한다면 비록 표시행위에 문제가 있더라도 이는 법률행위에 유효에 지장을 주지 않는다(*falsa demonstratio non nocet*). 법률행위의 기본이념은 당사자의 의사를 존중하는 것이기 때문이다.

1.87 〈2〉 법률행위의 성질상 표의자의 진의가 절대적 중요성을 가지지 않는 경우

일반적 거래행위가 대부분 여기에 속할 것이다. 이때에는 자연적 해석의 결과 도출된 표의자의 진의가 항상 그대로 의사표시의 내용으로 평가되지 않는다. 표의자의 진의뿐만 아니라 상대방의 신뢰도 보호되어야 하기 때문이다. 상대방이 자연적 해석의 결과 확정된 표의자의 진의대로 인식했거나 또는 필요한 주의를 기울였더라면 그렇게 인식했을 것이라면 표의자의 진의대로 효력이 발생할 것이나, 그 외의 경우라면 표의자의 진의가 법률행위의 내용으로 되지 못하고 다음 단계의 해석(규범적 해석)을 통하여 법률행위의 내용을 확정해야 한다.

"*falsa demonstratio non nocet*" 원칙은 법률행위의 성질상 표의자의 진의가 절대적 중요성을 가지지 않는 경우에도 적용된다. 각 당사자의 진의가 일치한다면 그것을 존중하는 것이 법률행위의 이념에 부합하기 때문이다.

보충학습 1.15 | *falsa demonstratio non nocet*

자연적 해석에 따라 표의자의 진의를 탐지한 경우와 관련하여 "잘못된 표시행위는 법률행위 성립에 지장을 주지 않는다"(*falsa demonstratio non nocet*)는 원칙이 있다. X·Y 사이

의 계약에 있어서 X의 진의는 α이고 표시행위는 β인 상태에서(즉 진의와 표시가 일치하지 않음) 만약 Y의 진의가 α라면 (비록 표시행위가 β 혹은 π라 하더라도) 이 원칙에 따라 X·Y 간에는 α를 내용으로 하는 법률행위가 성립하게 된다. X·Y의 의사표시에 있어서 표시행위가 일치하지는 않지만 양자의 진의가 동일하다면 잘못된 표시행위에도 불구하고 법률행위의 성립을 인정하는 것이 당사자의 의사에 합치하는 것이기 때문이다.

"부동산의 매매계약에 있어 쌍방 당사자가 모두 특정의 甲토지를 계약의 목적물로 삼았으나 그 목적물의 지번 등에 관하여 착오를 일으켜 계약을 체결함에 있어서는 계약서상 그 목적물을 甲 토지와는 별개인 乙토지로 표시하였다 하여도, 甲토지에 관하여 이를 매매의 목적물로 한다는 쌍방 당사자의 의사합치가 있은 이상 그 매매계약은 甲토지에 관하여 성립한 것으로 보아야 한다"[19]와 같은 판례는 위 원칙의 적용례에 해당한다.

2. 표의자의 진의를 탐지하지 못한 경우

1.88 이 경우에는 표시행위의 객관적 의미를 기초로 표의자의 상대방의 시각에서 행해지는 규범적 해석을 통해 법률행위의 내용을 확정할 수밖에 없다.

Ⅱ. 규범적 해석

1.89 규범적 해석은 표의자의 진의를 탐구하는 것이 아니라 상대방의 입장에서 표시행위의 객관적인 의미를 탐구하는 것이다. 규범적 해석은 자연적 해석 다음으로 이루어지는 해석이다. 표의자의 상대방이 기대가능한 주의를 기울였음에도 불구하고 표의자의 진의를 알 수 없다면 상대방으로서는 표시행위의 객관적 의미대로 이해할 수밖에 없을 것이라는 것이 규범적 해석의 인정근거이다.[20]

규범적 해석에 따라 상대방의 신뢰가 표의자의 효과의사보다 우선하는 결과가 되어 표의자는 그의 진의와 일치하지 않는 법률행위에 구속되는데, 이는 착오제도에 의하여 보정된다. 즉 표의자는 제109조의 착오를 주장하여 법률행위의 구속에서 벗어날 수 있다.

---

19) 대법원 1996. 8. 20. 선고 96다19581·19598 판결 참조.

20) 대법원 1994. 6. 28. 선고 94다6048 판결; 대법원 2004. 4. 28. 선고 2003다39873 판결 등 참조.

보충학습 1.16 | 자연적 해석, 규범적 해석, 착오취소의 관계

고서적 α와 β의 소유자인 A는 B와 고서적에 대한 매매계약을 체결하였는데, A의 B에 대한 매도청약에서 내심으로는 α를 목적물로 생각했으나 B로서는 β로 인식할 수밖에 없었다. B는 목적물을 β로 인식하여 승낙하였다. B는 A에게 β의 인도를 청구할 수 있는가?

자연적 해석의 결과는 다음과 같다: ① A의 B에 대한 의사표시의 진의는 α; ② B의 A에 대한 의사표시의 진의는 β. A와 B의 진의가 일치한다면 비록 표시행위가 잘못되었더라도 진의대로 법률행위의 내용을 확정할 수 있으나(*falsa demonstratio non nocet*) 사안에서는 진의가 일치하지 않는다. 또한, A·B 간의 계약은 표의자의 진의가 절대적 중요성을 가지는 법률행위가 아니며, B로서는 β로 인식할 수밖에 없었으므로 규범적 해석이 필요하다.

규범적 해석에서 문제되는 것은 A의 B에 대한 매도청약이다. B로서는 표시행위의 객관적 의미대로 이해할 수밖에 없어 계약의 목적물은 β로 평가된다. 즉 A의 의사표시의 최종값은 β가 된다. B는 β로 인식하고 β로 표시했으므로, A·B 각각의 의사표시에서 목적물은 β로 일치하여 매매계약이 성립한다.

A의 진의는 전혀 보호받을 수 없는가? A가 제109조의 요건을 갖추었다면 착오를 이유로 계약을 취소함으로써 계약의 구속력으로부터 벗어날 수 있다.

Ⅲ. 보충적 해석

1.90 자연적 해석과 규범적 해석이 존재하는 것을 대상으로 하는 해석인데 반해, 보충적 해석은 법률행위의 내용에 틈이 있는 경우에 그 틈을 보충하여 법률행위의 내용을 확정하는 것이다. 가령 계약에서 이행기에 관한 약정이 없어(이행기의 부존재가 틈이다) 계약의 정상적 이행이 곤란한 경우에 그 틈을 보충하는 것이다. 보충적 해석의 재료(즉 법률행위의 틈을 보충하는 기준)는 무엇인가? 이는 양 당사자의 진의가 아니라 '가정적 의사'이다.[21] 즉 문제된 법률행위에 관한 여러 정황을 고려할 때, 만약 그와 같은 틈을 알았더라면 당사자가 그 부분을 어떻게 정하였을 것인가를 판단한다. 가령 앞의 사례에서 계약당사자가 속한 거래계의 관습으로써 틈을 보충할 수 있을 것이다.

---

21) 대법원 2006. 11. 23. 선고 2005다13288 판결; 대법원 2023. 8. 18. 선고 2019다200126 판결.

제5절 대 리

1.91 대리란 본인과 일정한 관계에 있는 타인(대리인)이 본인의 이름으로 의사표시를 하거나(능동대리의 경우) 또는 의사표시를 수령하는(수동대리의 경우) 방법으로 법률행위를 하고, 그 법률효과는 본인에게 귀속되는 제도이다. 대리제도에서는 세 가지 법률관계가 나타나게 된다(소위 '대리의 3면관계'): ① 본인과 대리인 간의 관계(대리권); ② 대리인과 상대방 간의 관계(대리행위); ③ 본인과 상대방 간의 관계(법률효과). 대리는 법률행위에 한해 인정되는 것이다(가령 강의 출석은 법률행위가 아니므로 출석은 대리의 대상이 아님).

Ⅰ. 대리관계의 제1면: 대리권(본인·대리인 간의 관계)

1. 대리권의 발생

1.92 대리에서는 법률행위를 하는 사람(대리인)과 그 효과의 귀속주체(본인)가 분리되는 현상이 일어난다. 본인을 위하여 대리행위를 할 수 있는 권한을 '대리권'이라 한다. 대리권 없이 이루어진 대리행위(무권대리)는 무효(유동적 무효)이다.[22] 대리권의 발생원인은 법률규정(법정대리의 경우) 또는 대리권수여(임의대리의 경우)이다.

법정대리인은 다음 세 유형으로 구분할 수 있다: ① 본인과의 일정한 관계로 인하여 당연히 대리인이 되는 경우(미성년자의 친권자: 제911조); ② 법률이 정하는 지정권자의 지정으로 대리인이 되는 경우(지정후견인: 제931조); ③ 법원의 선임으로 대리인이 되는 경우(선임후견인: 제932·936조 등).

임의대리에 있어서 대리권을 수여하는 행위(수권대리)는 원인행위와 구별된다. 통상적으로 본인과 대리인 사이의 내부관계로서 위임·도급·고용 등과 같은 계약관계가 존재하고, 계약과 관련된 대외사무를 처리하기 위하여 수권행위가 있게 된다. 여기에서 위임·도급·고용을 원인행위라 한다. 원인행위가 위임인 경우를 들어 원인행위와 수권행위의 관계를 생각해 보자. 위임계약에 따라 수임인

22) 무권대리에 대해서는 이 책 [1.103] 이하 참조.

은 약정된 사무를 처리할 채무를 부담한다(제680조). 위임계약에는 대리권을 부여하는 수권행위가 따를 수도 있지만, 그렇지 않을 수도 있다. 예컨대, 위임사무의 내용이 법률행위(예: 수임인이 제3자와 계약을 체결하는 것)가 아닌 사실행위(예: 수임인이 제3자에게 물건을 전달하는 것)인 때에는 수권행위가 개입될 여지가 없다.

2. 대리권의 범위

1.93 법정대리권의 범위는 법률규정에 따른다.

임의대리권의 범위는 수권행위에 의하므로, 결국 수권행위에 대한 법률행위의 해석에 의하여 정해진다. 법률행위 해석으로도 대리권의 범위를 확정할 수 없는 경우를 대비하여 민법은 보충규정을 두고 있다. 즉 범위를 정하지 않은 대리권의 범위는 다음과 같다(제118조): ① 보존행위(예: 주택관리 업무의 대리인이 해당 주택 손실 부분 수리를 위해 수선계약을 체결하는 행위); ② 대리의 목적인 물건이나 권리의 성질을 변경시키지 않는 범위에서의 이용·개량행위(예: 주택임대 업무의 대리인이 차임을 인상하는 계약을 체결하는 행위).

3. 대리권의 제한

1.94 〈1〉 공동대리 대리인이 복수인 경우에 각자 본인을 대리하는 것이 원칙이다('각자대리의 원칙': 제119조 본문). 그러나 법률규정(예: 제909조제2항) 또는 수권행위에 의하여 복수의 대리인이 공동으로만 대리행위를 해야 하는 경우도 있는데(제119조 단서), 이를 '공동대리'라 한다. 공동대리는 각 대리인의 입장에서 보면 대리권의 제한이다. 대리인들 간의 상호견제 및 신중한 의사결정을 도모하기 위하여 이루어지는 공동대리에 있어서 대리인 중 1인이 대리행위에 참여하지 않으면 무권대리로 된다.

1.95 〈2〉 자기계약·쌍방대리 자기계약이란 대리인이 한편으로는 본인을 대리하고 다른 한편에서는 자기 자신이 상대방이 되어 계약을 체결하는 것이다(예: P로부터 甲물건의 매각을 위한 대리권을 수여받은 Q가 한편으로는 P의 대리인으로서, 다른 한편으로는 상대방으로서 매매계약을 체결하는 경우). 자기계약에서는 본인과 대리인의 이해

관계가 대립되어 본인의 이익을 해할 수 있다. 쌍방대리란 동일인이 당사자 쌍방의 대리인으로서 대리행위를 하는 것이다(예: R이 P로부터는 甲물건의 매각을 위해 대리권을 수여받고, Q로부터는 甲물건의 매수를 위한 대리권을 수여받아 혼자서 매매계약을 체결하는 경우). 쌍방대리에서는 복수의 본인 중 어느 일방의 이익을 해할 수 있다.

민법은 자기계약과 쌍방대리를 금지하는데(제124조 본문), 이는 본인의 이익을 고려한 것이다. 그러므로 본인의 허락이 있으면 자기계약·쌍방대리도 유효한 대리행위이다(제124조 본문). 본인의 동의없이 이루어진 자기계약·쌍방대리는 무권대리(유동적 무효)로서[23] 본인이 추인하면 유효한 대리행위로 된다.

자기계약·쌍방대리의 금지는 대리행위로 인하여 새로운 이해관계가 형성되는 경우에 한정된다. 이미 확정되어 있는 법률관계를 청산하는 일에 대해서는 본인의 허락 없이도 자기계약·쌍방대리가 허용된다(제124조 단서).[24]

4. 대리권의 남용

1.96 대리행위는 법적 효과뿐만 아니라 경제적 이익도 본인에게 귀속시킬 목적인 것이 보통이다. 만약 대리인이 자신 또는 제3자의 이익을 위하여 대리행위를 했다면 해당 대리행위의 운명은 어떠한가? '대리권 남용'의 문제이다.

이에 관해 여러 학설이 있으나 판례는 소위 '제107조제1항 단서 유추적용설'의 입장이다.[25] 그 내용은 이러하다: 대리행위위는 본인에게 대리행위의 효과를 귀속시키려는 것이지 본인의 이익을 위한 것은 아니므로 대리권 남용도 원칙적으로 유효한 대리행위로서 그 효과가 본인에게 귀속한다; 다만, 상대방이 그러한 사정을 알았거나 알 수 있었을 때에는 제107조제1항 단서를 유추적용하여 그 행위의 효과가 본인에게 귀속하지 않는다.

5. 대리권의 소멸

1.97 **〈1〉 법정대리·임의대리 공통의 소멸사유** 법정대리이든 임의대리이든 대

---

23) 무권대리와 유동적 무효에 대해서는 이 책 [1.103], [1.115] 참조.
24) 대법원 1981. 2. 24. 선고 80다1756 판결; 대법원 1997. 7. 8. 선고 97다12273 판결 등 참조.
25) 대법원 1997. 8. 29. 선고 97다18059 판결; 대법원 2021. 4. 15. 선고 2017다253829 판결 등 참조.

리권은 다음 사유로 소멸한다: ① 본인의 사망; ② 대리인의 사망, 성년후견의 개시 또는 파산(제127조).

본인 또는 대리인의 사망이 대리권 소멸사유라는 것은 대리관계에서 본인 또는 대리인의 지위가 상속되지 않음을 의미한다. 피성년후견인도 대리인이 될 수 있다(제117조 참조). 그러나 대리인이 된 후에 성년후견 심판을 받았다면 이는 중대한 사정변경이다. 대리인의 성년후견 개시 또는 파산을 대리권 소멸사유로 한 것은 대리의 법률관계에 있어서 본인과 대리인 간 인적 요소가 중요하다는 점을 고려한 것이다.

1.98 **〈2〉 법정대리·임의대리 특유의 소멸사유** 법정대리와 임의대리로 구분하여 살펴본다.

ⅰ **법정대리에 특유한 대리권 소멸사유** 법정대리권의 발생원인은 법률규정이며, 각 발생원인에 따라 소멸사유에 차이가 있다.

ⅱ **임의대리에 특유한 대리권 소멸사유** 임의대리권은 원인된 법률관계의 종료 또는 수권행위의 철회에 의하여 소멸한다(제128조). 예컨대, 원인된 법률관계가 위임인 때에는 위임관계의 종료에 의하여 대리권도 소멸한다. 위임의 종료사유는 위임계약의 해지(제689조), 당사자 일방의 사망·파산 및 수임인의 성년후견개시 심판(제690조)이다. 그러므로 원인된 법률관계가 위임인 때에는 제127조에서 정한 대리권 소멸사유에 해당하지 않더라도 대리권이 소멸할 수 있다.

Ⅱ. 대리관계의 제2면: 대리행위(대리인·상대방 간의 관계)

1. 대리행위의 방식: 현명주의

1.99 대리인이 대리행위를 할 때에는 그 의사표시가 본인을 위한 것임을 표시해야 한다(제114조제1항). 즉 대리행위는 본인의 이름으로 해야 한다. 의사표시가 본인을 위한 것임을 표시하는 것을 '현명'(顯名)이라 한다(예: "P의 대리인 Q"). 제114조 제1항에서 말하는 "본인을 위한 것"이라 함은 "본인의 경제적 이익을 위한 것"이 아니라 "법률효과를 본인에게 귀속시키기 위한 것"이라는 의미이다.

현명을 하지 않은 의사표시는 대리인 자신을 위한 것으로 본다(제115조 본문). 그러나 현명을 하지 않았더라도 타인의 대리인으로서 의사표시를 한다는 것을 상대방이 알았거나 알 수 있었을 때에는 현명을 한 것과 같은 효력이 있다(제115조 단서).

앞의 설명은 능동대리에 관한 것이다. 수동대리에 있어서는 상대방 쪽에서 해당 의사표시가 대리인이 아닌 본인에 대한 것임을 표시해야 한다(제114조제2항). 수동대리에 있어서는 대리인이 현명하여 의사표시를 수령하는 것이 불가능하기 때문이다. 또한 수동대리에는 제115조의 적용이 없다.

2. 대리행위의 흠

1.100 대리행위의 당사자는 대리인과 상대방이다. 그러므로 의사표시의 효력이 의사의 흠결, 사기·강박 또는 어느 사정을 알았거나 과실로 알지 못함으로 인하여 영향을 받을 경우에 그 사실의 유무는 대리인을 표준으로 결정한다(제116조제1항). 유의할 것은 의사표시에 흠이 있는가의 판단은 대리인을 표준으로 하지만, 그 의사표시의 효과귀속 주체는 여전히 본인이라는 것이다. 예컨대, 상대방의 강박에 의하여 대리인이 대리행위를 한 경우에 강박 여부는 대리인을 기준으로 판단하지만 취소권은 본인에게 있다. 그러나 대리인이 본인의 지시에 따라 대리행위를 한 때에는 본인은 자기가 안 사정 또는 과실로 인하여 알지 못한 사정에 관하여 대리인의 부지를 주장하지 못한다(제116조제2항).

보충학습 1.17 | 대리행위의 흠에 대한 판단 기준

① **제116조제1항** 의사표시의 결함, 선의·악의, 과실 유무는 대리인을 기준으로 판단한다. 대리관계에서 실제 법률행위를 하는 사람은 대리인이라는 점에서 이 규정의 의미를 쉽게 이해할 수 있다.

② **제116조제2항** 어떠한 사정을 본인이 알고 있으면서(즉 악의) 대리인에게 그 행위를 하라고 지시했거나 또는 과실로 인하여 알지 못하고(과실이 있는 선의) 그 행위를 하라고 지시했다면 "이런 사정들은 대리인을 기준으로 하는 것이다!"(제116조제1항)라고 주장할 수 없다.

3. 대리인의 능력

1.101 대리인은 제한능력자라도 무방하다(제117조). 이 규정의 취지는 다음과 같다: ① 대리행위의 효과는 대리인이 아닌 본인에게 귀속하므로 대리인이 제한능력자라도 행위능력의 취지에 어긋나지 않는다; ② 본인이 원하여 제한능력자를 대리인으로 선임한 이상 그로 인한 불이익도 본인이 감수해야 한다.

보충학습 1.18 | 대리행위와 본인의 행위의 경합

임의대리의 경우에 본인이 타인에게 대리권을 수여했더라도 본인 자신이 법률행위를 할 수 있다. 그리하여 때에 따라서는 본인과 대리인의 행위가 경합할 수 있는데, 이들 두 행위는 모두 유효하며, 권리의 우열관계는 일반원칙에 따른다. 예컨대, A와 A의 대리인 B가 각각 A 소유의 甲부동산을 매도하는 계약을 체결하였는데 A의 상대방은 X, B의 상대방은 Y라면 X·Y 중 먼저 소유권이전등기를 한 사람이 甲의 소유자가 된다.

법정대리의 경우에도 같은 상황이 나타날 수 있다. 그러나 대부분의 경우에는 본인이 행한 법률행위를 실효시키고 법정대리인이 수행한 법률행위만을 유지하는 방향으로 법률관계가 진행될 것이다. 예컨대, 미성년자 P와 P의 법정대리인 Q가 각각 P 소유의 乙부동산을 매도하는 계약을 체결하였는데 P의 상대방은 R, Q의 상대방은 S였다고 해보자. 이러한 경우에 대부분 Q는 P·R 간의 계약을 취소할 것이다.

Ⅲ. 대리관계의 제3면: 법률효과(본인·상대방 간의 관계)

1.102 대리행위의 효과는 직접 본인에게 귀속한다(제114조). 이 점에서 간접대리(예: 위탁매매)와 구별된다.

대리의 대상은 법률행위이므로 대리인이 타인에게 사실행위, 특히 불법행위를 하더라도 그 효과(즉 손해배상책임)는 본인에게 귀속하지 않는다. 본인과 대리인 사이의 내부관계(예: 고용)로 인하여 본인이 대리인의 행위에 대하여 사용자책임(제756조)을 부담할 수는 있으나,[26] 이는 대리의 효과와는 무관한 것이다.

26) 이에 대해서는 이 책 [2.294] 참조.

보충학습 1.19 | 복 대 리

복대리인이란 대리인이 자기 이름으로 선임하는 대리인이다. 복대리인은 누구의 대리인인가? 복대리인은 본인의 대리인이며(제123조제1항), 대리인이 복대리인을 선임하더라도 대리인이 대리권을 상실하지 않는다. 대리인이 복대리인을 선임할 수 있는 권한(복임권)은 임의대리와 법정대리에서 차이가 있다.

❶ **임의대리인의 복임행위** 본인과 대리인 간의 인적 신뢰관계에 기초하는 임의대리에서는 예외적으로만(본인의 승낙 또는 부득이한 사유가 있는 경우) 복임권을 인정한다(제120조). 복대리인을 선임한 때에는 본인에 대하여 그 선임·감독에 관한 책임을 진다(제121조제1항). 본인의 지명의 의하여 복대리인을 선임한 때에는 대리인의 책임이 경감된다(제121조제2항).

❷ **법정대리인의 복임행위** 법정대리인은 그의 책임 아래 복대리인을 선임할 수 있으며(제122조 본문), 그 대신 법정대리인의 책임을 무겁게 한다. 즉 법정대리인은 복대리인의 선임·감독에 의무위반이 없더라도 본인에게 책임을 진다(제122조 본문). 다만, 부득이한 사유로 복대리인을 선임한 때에는 복대리인의 선임·감독상의 의무위반이 있는 때에 한하여 책임을 진다(제122조 단서).

Ⅳ. 무권대리인의 대리행위: 무권대리·표현대리

1. 개 념

1.103 무권대리란 대리권이 없이 이루어진 대리행위이다. 원칙으로 보면 무권대리행위는 그 효과를 귀속시킬 사람이 없다. 대리인에게 대리권이 없으니 본인에게 효과를 귀속시킬 수 없으며, 본인의 이름으로 행해졌으니 대리인에게 효과를 귀속시킬 수도 없기 때문이다. 그렇다면 무권대리를 모두 확정적 무효[27]로 처리할 것인가? 다음 두 가지를 고려할 필요가 있다.

ⓘ 계약경제 무권대리라도 본인에게 유리한 경우가 있다. 그렇다면 무권대리를 무위(無爲)로 돌리기보다는 본인에게 그 효과의 귀속 여부를 맡기는 것이 효율적일 것이다. 이를 고려하여 민법은 무권대리를 확정적 무효로 하지 않고, 본인의 추인으로 유효가 되는 유동적 무효로 한다(본인의 추인권: 제130·132·133조).

27) 확정적 무효와 유동적 무효에 대해서는 이 책 [1.115] 참조.

ⅱ **상대방 내지 거래안전 보호** 대리제도는 사적자치의 확장 내지 보충의 기능으로 본인으로서는 상당한 편익을 누린다. 만약 무권대리를 확정적 무효로 하면 대리제도로 인한 위험(risk)을 전적으로 대리행위의 상대방에게 부담시키고 거래안전 또한 위협한다. 이를 고려하여 민법이 마련한 제도는 다음과 같다: ① 상대방의 최고권(제131조), 철회권(제134조); ② 표현대리(표현대리: 제125·126·129조); ③ 무권대리인의 이행의무 또는 손해배상책임(제135조).

2. 무권대리 일반규범

(1) 무권대리행위가 계약인 경우

1.104 계약의 무권대리에 관한 민법의 기본태도는 이러하다: ① 본인에게 추인권 및 추인거절권을 부여함으로써 본인의 이익을 고려한다; ② 상대방에게 최고권·철회권 및 무권대리인에 대하여 책임을 추궁할 수 있는 권리를 부여함으로써 상대방과 본인 간의 이익균형을 도모한다.

1) 본인·상대방 간의 관계

1.105 **〈1〉 본인의 권리**(추인권·추인거절권) 무권대리라도 본인이 추인하면 유효한 대리행위로 된다(제130조). 추인의 효과는 원칙적으로 계약시에 소급한다(제133조 본문). 그러나 소급효로 인하여 제3자의 권리를 해하지는 못한다(제133조 단서). 추인의 의사표시는 상대방에게 하지 않으면 상대방에게 대항하지 못한다(제132조 본문). 그러나 상대방이 어떠한 경로이든 추인 사실을 안 때에는 그렇지 않다(제132조 단서).

무권대리행위를 그대로 방치하더라도 본인에 대하여 효력이 없다. 그러나 본인이 적극적으로 추인의 의사가 없음을 표시함으로써 무권대리행위를 확정적 무효로 할 수 있으며(추인거절), 추인거절의 의사표시의 방법은 추인과 같다(제132조). 추인거절을 한 후에는 다시 추인할 수 없다.

본인의 추인권 또는 추인거절권의 법적 성질은 모두 형성권이다. 본인의 일방적 의사표시로 권리변동(유동적 무효상태에 있었던 무권대리행위가 추인의 경우에는 확정적 유효, 추인거절의 경우에는 확정적 무효로 되기 때문임)이 일어나기 때문이다.

1.106 **〈2〉 상대방의 권리**(최고권·철회권) 무권대리행위가 본인에게 효력이 발생

하는가 여부는 본인의 추인 또는 추인거절에 달려 있다. 상대방은 매우 불안정한 지위에 놓이는데 민법은 상대방에게 최고권(제131조)과 철회권(제134조)을 부여하여 본인과의 관계에서 이익균형을 꾀하고 있다.

ⓘ **최 고 권** 상대방은 상당한 기간을 정하여 본인에게 추인 여부의 확답을 최고할 수 있다(제131조제1문). 상대방의 최고권은 적극적인 의미를 가지지 못한다. 본인이 추인을 하면 무권대리행위는 확정적 유효로 되고, 추인을 거절하면 확정적 무효가 되기 때문이다. 다만, 상당한 기간 내에 본인이 확답을 하지 않으면 추인을 거절한 것으로 본다(제131조제2문).[28]

ⓘⓘ **철 회 권** 민법은 소극적인 최고권과 달리 적극적 권리로서 상대방에게 철회권을 인정한다. 즉 상대방이 무권대리행위에 의한 구속을 원치 않는다면 자신의 의사표시를 철회할 수 있다(제134조 본문). 철회권은 본인에 의한 추인 또는 추인거절이 있기 전에 본인 또는 대리인에 대하여 행사한다(제134조 본문). 상대방이 자신의 의사표시를 철회하면 본인도 이제는 추인할 수 없으며, 상대방은 무권대리행위의 성립을 전제로 한 어떠한 주장도 할 수 없다. 본인에 대하여 이행청구를 할 수 없음은 물론 무권대리인에 대한 제135조제1항의 책임(계약의 이행 또는 손해배상)도 주장할 수 없다. 철회로 인하여 무권대리행위는 더 이상 존재하지 않는 것으로 되기 때문이다. 최고권과 달리 철회권은 상대방이 대리행위의 당사자인 대리인에게 대리권이 없음을 모른 때에 한하여 인정된다(제134조 단서). 악의의 상대방은 불확정적인 상태에 놓이는 것을 스스로 각오한 사람이기 때문이다.

2) 상대방·무권대리인 간의 관계

1.107 제135조는 상대방에 대한 무권대리인의 책임을 규정한다. 제135조의 적용요건은 다음과 같다: ① 대리권 없는 사람에 의한 대리행위일 것; ② 본인의 추인을 얻지 못할 것; ③ 상대방이 선의·무과실일 것; ④ 무권대리인이 제한능력자가 아닐 것.

무권대리인은 상대방의 선택에 따라 계약의 이행 또는 손해배상의 책임을 진다(제135조제1항). '계약의 이행'과 '손해배상'은 상대방의 선택에 따라 어느 하

28) 여기에서의 최고는 상황전환효 최고(이에 대해서는 이 책 [1.17] 〈보충학습 1.2〉 참조)에 해당한다.

나로 확정된다. 이는 법률규정에 의하여 성립하는 선택채권[29]관계이다.

3) 본인·무권대리인 간의 관계

1.108 본인이 추인을 하지 않는 한 대리행위로 인한 계약의 효과가 본인에게 귀속하지 않는다. 그런데 무권대리인의 행위로 인하여 본인이 손해를 입었다면 본인은 무권대리인에 대하여 채무불이행(제390조) 또는 불법행위(제750조)의 책임을 물을 수 있다. 또한 무권대리행위가 본인에 대하여 부당이득(제741조)이 될 수도 있다. 그러나 이들은 채무불이행·불법행위·부당이득이 적용된 결과일 뿐 무권대리의 효과와는 무관한 것이다.

(2) 무권대리행위가 단독행위인 경우

1.109 단독행위의 무권대리는 원칙적으로 유동적 무효가 아닌 확정적 무효이다. 그러므로 추인의 대상이 되지 못한다. 일방의 의사표시로 성립하는 단독행위에서 본인의 추인을 인정하면 본인의 자의적 의사에 따라 법률행위의 유효·무효가 좌우되어 법률관계의 유동성이 극심하기 때문이다. 그런데 민법은 상대방 있는 단독행위에 한하여 예외를 규정하고 있다(제136조). 즉 상대방 있는 단독행위 중 일정한 경우는 유동적 무효이다. 해당 법률행위의 성립에 있어서 상대방의 관여 기회가 전혀 없는 상대방 없는 단독행위와 달리, 상대방 있는 단독행위에서는 상대방의 관여 여지가 있어 계약과 유사한 면이 있기 때문이다. 능동대리와 수동대리로 구분하여 살펴본다.

1.110 〈1〉 능동대리의 경우 대리권 없이 본인의 취소권을 대리하여 행사했다고 가정해 보자. 이 경우에 취소권 행사의 상대방이 대리인의 취소권 행사에 동의(표의자가 단독행위를 하는 것을 사전에 용인하는 행위)하거나 또는 취소권을 행사하는 대리인의 대리권을 다투지 않은 경우(표의자의 의사표시를 수령한 후 지체 없이 이의를 제기하지 않음)에는 계약의 무권대리에 관한 규정(제130~135조)을 준용한다(제136조제1문). 상대방이 동의했다든가 또는 대리권을 다투지 않은 행위를 무권대리인의 단독행위에 관여한 것으로 보는 것이다.

1.111 〈2〉 수동대리의 경우 상대방이 무권대리인의 동의를 얻어 단독행위를

29) 선택채권의 개념에 대해서는 이 책 [2.78] 참조.

하고 무권대리인이 그 의사표시를 수령했다면 계약의 무권대리에 관한 규정(제130~135조)을 준용한다(제136조제2문). 수동대리에서는 상대방이 능동대리에서보다 적극적으로 해당 단독행위에 관여하고 있다.

3. 표현대리

1.112 표현대리란, 무권대리이기는 하나 '대리행위 외관의 존재', '외관형성에 대한 본인의 원인제공', '상대방의 신뢰에 대한 보호가치'의 요건이 충족되는 경우에 마치 정상적인 대리행위에서와 마찬가지로 대리행위의 효과를 본인에게 귀속시키는 것이다. 표현대리는 무권대리인의 상대방에게 부여되는 부가적인 선택권이다. 가령 상대방은 표현대리를 주장하여 본인과 법률관계를 설정할 수도 있고 제135조에 따라 무권대리인과 법률관계를 설정할 수도 있다.

민법이 규정하는 표현대리는 다음 세 가지이다.

ⅰ **대리권 수여의 표시에 의한 표현대리**(제125조) 가령 A가 X에게 실제로는 대리권을 수여하지 않았는데 대리권을 수여했다고 B에게 통지하였고, 이에 따라 X가 A의 대리인으로서 B와 계약을 체결한 경우에 문제된다. 대리권 수여의 표시가 있고, 해당 대리행위가 표시된 대리권의 범위 내에서 이루어졌으며, 상대방이 선의·무과실이라면 제125조의 표현대리가 성립한다.

ⅱ **권한을 넘은 표현대리**(제126조) 대리인에게 일정 범위의 대리권은 있으나 실제 이루어진 대리행위가 대리권의 범위를 초과한 경우에 문제된다. 상대방이, 대리인에게 대리권(기본대리권)이 있으니 실제 이루어진 법률행위에 대해서도 대리권이 있다고 신뢰했고, 그 신뢰에 정당한 이유가 있다면 제126조의 표현대리가 성립한다.

ⅲ **대리권 소멸 후의 표현대리**(제129조) 과거에 대리권이 있었는데 대리행위가 이루어진 시점에는 대리권이 소멸된 경우에 문제된다. 실제 이루어진 대리행위가 과거 존재했던 대리권의 범위 내에서 이루어졌고, 대리권 소멸에 대하여 상대방이 선의·무과실이라면 제129조의 표현대리가 성립한다.

보충학습 1.20 | 무권대리와 표현대리

A는 B에게 1억원의 범위에서 토지 1필을 매수하여 달라는 부탁과 함께 B에게 위임장을 작성해 주었다. 이에 따라 B는 A의 대리인으로서 C로부터 甲토지를 매수하는 계약을 체결하였는데, 매매대금을 1억 3천만원으로 약정하였다. C는 B가 해당 대리행위에 대하여 대리권이 없음을 알지 못하였고 또한 알 수도 없었다. 이 경우에 매도인 C의 매매대금채권은 유효하게 성립하는가?

B는 무권대리인이므로 대리행위의 효과는 원칙적으로 A에게 귀속하지 못한다. 계약의 무권대리행위는 유동적 무효이다. 그러므로 만약 A가 추인을 하면 C의 A에 대한 매매대금채권이 처음부터 유효하게 성립한다(제130·133조). 만약 본인이 추인을 거절하면 C로서는 대리인 B에 대하여 매매대금채무의 이행을 청구할 수 있다(제135조제1항). C는 A의 추인 또는 추인거절이 있을 때까지 추인 여부에 대한 확답을 최고할 수 있으며(제131조), 또한 매매계약의 성립요소인 자신의 의사표시를 철회함으로써 매매계약의 구속력으로부터 완전히 벗어날 수도 있다(제134조).

한편, B·C 간의 법률행위는 제126조의 표현대리의 요건을 구비하고 있다. 그러므로 C가 표현대리를 주장하면 대리행위의 효과가 A에게 귀속한다. 결국, C로서는 A가 추인하지 않더라도 그의 선택에 따라 표현대리를 주장하여 A와의 법률관계를 설정하든가 제135조에 따라 대리인 B와의 법률관계를 설정할 수 있는 법적 지위에 있다.

제6절 무효와 취소

1.113 유효요건을 결한 법률행위에 대한 법적 제재는 무효 또는 취소이다. 무효와 취소의 대상은 의사표시가 아니라 법률행위이다. 무효와 취소는 법률요건에 대한 법적 평가인데, 의사표시는 법률요건을 구성하는 법률사실이지 법률요건은 아니기 때문이다. 무효사유와 취소사유의 구별은 입법정책의 문제이다. 대체로 결함 부분이 특정인의 개별적 이익에 관련된 것이어서 효력 여부에 대한 결정을 특정인에게 맡겨도 무방한 때에는 취소사유, 결함 부분이 개별적 이익의 차원을 넘어 공동체의 이익과 관련된 때에는 무효사유이다.

무효와 취소의 주된 차이는 다음과 같다: ① 무효인 법률행위는 처음부터 효력이 없으나, 취소할 수 있는 법률행위는 취소권을 행사하기 전까지는 유효하다

(유동적 유효); ② 무효와 달리 취소에 있어서는 기간의 경과로 취소권이 소멸한다.30)

Ⅰ. 무 효

1. 개 념

1.114 법률행위의 무효는 법률행위의 부존재 또는 불성립과 구별된다. 부존재 또는 불성립은 법률행위의 성립요건을 결한 것임에 반해, 무효는 성립요건은 충족되었으나 효력요건에 결함이 있는 경우이다.

무효사유는 다음과 같이 분류할 수 있다: ① 당사자에 관한 효력요건에 결함이 있는 경우(예: 의사무능력); ② 의사표시에 관한 효력요건에 결함이 있는 경우(예: 제107~110조); ③ 법률행위의 내용에 결함이 있는 경우(예: 제103·104조); ④ 법률행위가 권한이 없는 사람에 의하여 이루어진 경우(예: 무권대리).

무효인 법률행위의 당사자가 아직 이행을 하지 않았다면 이행할 필요가 없고, 이미 이행했다면 부당이득으로서 반환을 청구할 수 있다(제741조).

2. 종 류

1.115 무효의 종류는 다음과 같다.

ⅰ **절대적 무효와 상대적 무효** 절대적 무효는 당사자 간에는 물론 제3자에 대해서도 무효이다(예: 제103·104조). 상대적 무효는 당사자 간에만 무효이고 일정한 제3자에 대하여는 무효가 아니다(예: 제107조제2항, 제108조제2항).

ⅱ **당연무효와 재판상 무효** 무효는 당연무효가 원칙이다. 이와 달리 소에 의하여 무효를 주장해야 하는 경우(재판상무효)가 있다. 회사설립의 무효(「상법」 제184조), 회사합병의 무효(「상법」 제236조)와 같이 재판상무효는 법률관계의 획일적 확정을 기하기 위한 것이다.

ⅲ **확정적 무효와 유동적 무효** 확정적 무효란 일반적 무효로서 후에 추인을 하더라도 효력이 생기지 않는다(제139조 본문). 이와 달리 유동적 무효란 법률행위가 이루어진 시점에서는 무효이나, 후에 추인권자의 추인 또는 관청의 인허

30) 이에 대해서는 이 책 [1.123] 참조.

가를 받게 되면 법률행위시에 소급하여 유효로 되고, 추인 또는 인허가가 없으면 확정적으로 무효가 된다(예: 무권대리행위).31)

3. 일부무효의 법리

1.116 법률행위의 일부에 무효사유가 있는 때에는 법률행위 전부를 무효로 하는 것이 원칙이다(제137조 본문). 이 원칙의 이론적 근거는 사적자치에서 구할 수 있다. 사적자치란 법률행위 당사자가 진실로 의욕한 것에 구속되는 것이다. 법률행위의 일부가 무효인 경우에 무효인 부분에 대하여만 무효로 하고 나머지 부분은 유효로 하면 전체를 일체로서 법률행위를 하고자 했던 당사자의 의사를 왜곡하는 결과가 될 수도 있다. 그리하여 민법은 일부에 무효사유가 있을 때에도 전부무효를 원칙으로 한다.

제137조 본문의 전부무효의 원칙에도 불구하고 특별규정에 의하여 이 규정의 적용이 배제되는 경우가 있다(예: 환매기간에 관한 제591조제1항, 전세권의 존속기간에 관한 제312조제1항 등).

전부무효의 원칙에는 중대한 예외가 있다. 무효부분이 없더라도 나머지 부분만으로 법률행위를 하였을 것으로 인정될 때에는 그 나머지 부분은 유효로 한다(제137조 단서). 이를 '일부무효의 법리'라 한다. 이 법리가 적용되기 위한 요건은 다음과 같다.

ⓘ **법률행위의 일체성** 법률행위의 내용이 동시에 성립하거나 또는 경제적으로 긴밀한 관계에 있어야 한다. 만약 일체성이 인정되지 않는다면 문제의 법률행위는 각각 별개의 것으로 그 유효·무효도 별도로 평가하게 되므로 일부무효의 법리를 말할 여지가 없다.

ⓘⓘ **법률행위의 분할가능성** 법률행위에 일체성이 인정되기는 하나 양적으로 분할가능한 것이어야 한다. 그래야만 유효인 부분을 가려낼 수 있기 때문이다.

ⓘⓘⓘ **무효사유의 국한성** 무효사유가 법률행위의 일부에만 존재해야 한다. 즉 무효부분을 떼어낸 나머지 부분은 유효해야 한다.

31) 대법원 1991. 12. 24. 선고 90다12243 전원합의체판결; 대법원 2010. 8. 19. 선고 2010다31860·31877 판결 등 참조.

ⓘⓥ **당사자의 의사** 나머지 부분만으로도 법률행위를 했을 것이라고 하는 당사자의 의사를 인정할 수 있어야 한다. 이 요건이 충족되어야만 법률행위의 일부만을 무효로 하더라도 사적자치의 원칙에 반하지 않게 된다. 여기에서의 의사는 실재하는 의사가 아니라 법률행위의 일부분이 무효임을 법률행위 당시에 알았다면 당사자 쌍방이 이에 대비하여 의욕하였을 가정적 의사이다.[32] 보충적 해석의 기법이 개입된 것으로 볼 수 있다.[33]

보충학습 1.21 | 일부무효의 법리

A는 甲토지와 그 위 乙건물의 소유자이다. A는 甲과 乙에 대하여 일괄적으로 B와 매매계약을 체결하였다. 그런데 甲은 「국토의 계획 및 이용에 관한 법률」상의 토지거래허가구역 내의 토지였다(거래허가구역에 속한 토지거래계약은 관청을 허가를 받아야만 효력이 발생하고, 허가를 받기 전까지는 유동적 무효[34]). 관할관청으로부터 토지거래허가를 받지 못한 상태에서 매수인 B는 A에 대하여 토지거래 허가신청절차의 이행을 구하는 한편, 우선 乙만의 인도를 주장한다. B의 주장은 법적으로 타당한가?

甲·乙 중 乙은 건물이므로 거래허가의 대상이 아니다. 사안은 법률행위의 일부에 대하여만 무효사유가 있는 경우이다. 이 경우에 원칙은 법률행위 전부의 무효이다(제137조 본문). 일부무효의 법리(제137조 단서)를 고려해야 하는데, 제137조 단서의 다른 요건은 모두 충족되었으나 하나의 요건이 흠결된 것으로 보인다. 甲과 따로 乙에 대해서만 계약을 하였을 것이라는 당사자의 가정적 의사를 인정하기 어렵다는 것이 그것이다. 왜냐하면 토지와 건물은 법률적인 운명을 같이하는 것이 거래의 관행이고 당사자의 의사나 경제의 관념에도 합치하는 것이므로, 토지에 관한 당국의 거래허가가 없으면 건물만이라도 매매하였을 것이라는 가정적 의사는 특별한 경우가 아니면 인정하기 어렵기 때문이다. 사안에서는 일부무효의 법리가 적용될 수 없고 제137조 본문에 따라 계약 전부가 무효이다. 그러므로 乙에 대한 매매계약의 유효를 전제로 하는 B의 주장은 타당하지 않다.

4. 무효행위의 전환

1.117 어떤 법률행위가 당초 의도된 법률행위로는 무효이지만 다른 법률행위로서는 유효요건을 구비하고 있는 경우에 그 효력을 인정한다(제138조). 가령 매매계

32) 대법원 1993. 12. 14. 선고 93다45930 판결; 대법원 2013. 5. 9. 선고 2012다115120 판결 등 참조.
33) 보충적 해석에 대해서는 이 책 [1.90] 참조.
34) 대법원 1991. 12. 24. 선고 90다12243 전원합의체판결.

약이 매매대금의 과다로 불공정행위에 해당하여 무효(제104조)인 경우에 만약 당사자 쌍방이 그 무효를 알았더라면 달리 정했을 것으로 인정되는 금액을 내용으로 전환된 매매계약이 유효하게 성립할 수 있다.35) 무효행위 전환의 요건은 다음과 같다.

ⓘ 법률행위가 무효이기는 하나 그 존재는 인정되어야 한다. 법률행위 부존재의 경우라면 무효행위의 전환의 대상이 없기 때문이다.

ⓘⓘ 당사자가 의도한 법률행위(제1행위)로서는 무효이지만, 다른 법률행위(제2행위)로서의 유효요건은 갖추어야 한다.

ⓘⓘⓘ 당사자가 제1행위가 무효라는 사실을 알았더라면 제2행위를 의욕하였을 것으로 인정되어야 한다.36) 제2행위를 하였을 것이라는 의사는 현실적 의사가 아닌 가정적 의사이다. 보충적 해석의 기법이 개입된 것으로 볼 수 있다.37)

5. 무효행위의 추인

1.118 무효인 법률행위는 추인해도 효력이 생기지 않는다(제139조 본문). 그러나 당사자가 그 무효임을 알고 추인한 때에는 새로운 법률행위로 본다(제139조 단서). "새로운 법률행위로 본다"는 것은 무효행위의 추인에는 소급효가 없다는 의미이다.38) 그러나 당사자 사이의 특약에 의하여 소급효를 인정하는 것은 사적자치의 원칙상 허용된다(통설).

보충학습 1.22 | 무효행위의 추인

P는 의사무능력 상태에서 Q와 계약을 체결하였다. 그런데 P가 의사능력을 회복한 후에도 여전히 계약체결 당시 Q와 약정하였던 내용을 그대로 유지하고 싶다고 가정해 보자. 이 경우에 계약이 무효라는 이유로 모든 약정내용을 완전한 '無'로 돌린다면 P로서는 다시 동일한 내용의 의사표시를 반복해야 하는데, 이는 계약경제에 반한다. 즉 계약체결 당시 P·

35) 대법원 2010. 7. 15. 선고 2009다50308 판결.

36) 대법원 2016. 11. 18. 선고 2013다42236 전원합의체판결; 대법원 2022. 5. 26. 선고 2016다255361 판결 등 참조.

37) 보충적 해석에 대해서는 이 책 [1.90] 참조.

38) 대법원 1992. 5. 12. 선고 91다26546 판결 등 참조.

Q 간의 법률행위에서 무효사유인 P의 의사무능력만 제거하고 계약내용은 그대로 유지시켜 계약경제의 요구에 부응할 수 있다.

Ⅱ. 취 소

1. 개 념

1.119 취소할 수 있는 법률행위를 취소하면 소급하여 무효로 된다(제141조). 취소할 수 있는 법률행위는 유동적 유효[39](즉 무효가 될 수 있는 유효)인 법률행위로 부를 수 있다.

2. 취소권자

1.120 취소권은 형성권으로서 일방의 의사표시에 의하여 권리변동(즉 법률행위의 무효)이 일어난다. 취소권의 이러한 특질을 고려하여 민법은 취소권자를 한정하고 있다. 제140조가 정하는 취소권자는 다음과 같다: ① 제한능력자; ② 착오로 인하거나 사기·강박에 의하여 의사표시를 한 자; ③ 이들의 대리인 또는 승계인.

제한능력자도 취소권자에 포함된다. 제한능력자에 의한 법률행위는 취소할 수 있는 법률행위인데, 제한능력자를 취소권자로 한 이유는 무엇일까? 취소권의 행사는 법률관계의 형성이 아니라 법적 구속으로부터 벗어나는 것이어서 제한능력자 보호 취지에 어긋나지 않는다.

보충학습 1.23 | 대리인을 취소권자에 포함시킨 제140조의 타당성

제140조가 대리인을 취소권자에 포함시킨 것은 적절하지 않은 것 같다.

❶ **법정대리인의 경우** 법정대리에서는 각 유형별로 대리권의 범위가 정해질 것이고, 법정대리인에게 대리권이 인정되는 범위에서는 취소권도 있는 것으로 해석해야 할 것이다. 특히 제한능력자의 법정대리인은 대리인의 자격이라기보다는 자기 고유의 지위에서 행사하는 것으로 보아야 할 것이다.

---

39) 유동적 유효는 유동적 무효(이에 대해서는 이 책 [1.115] 참조)와 대비되는 개념이다.

❷ 임의대리인의 경우 취소권의 행사도 법률행위여서 취소권의 행사를 대리할 수 있음은 물론이다. 그러므로 임의대리에 있어서 제140조는 당연한 사항을 표현한 것에 불과하다. 한편, 임의대리인에게 특정 행위에 관한 대리권이 있다고 하여 당연히 취소권을 보유하는 것은 아니다. 즉 해당 법률행위의 취소를 위해서는 그에 관한 명시적·묵시적 수권행위가 필요하다. 그렇다면 굳이 임의대리인을 취소권자로 규정할 이유가 없을 것이다.

3. 취소의 방법과 효과

1.121 취소는 취소권자의 일방적 의사표시로 한다(제142조). 취소권의 행사는 상대방 있는 단독행위이다. 그러므로 의사표시가 상대방에게 도달한 때에 효력이 발생한다(제111조제1항). 취소의 상대방은 해당 법률행위의 상대방이다. 미성년자 P가 계약을 통하여 Q에게 甲물건을 양도하고, Q는 甲을 R에게 다시 양도한 경우 P가 취소권을 행사한다면 그 상대방은 Q이지 R이 아니다(취소권은 P가 Q에게 행사하지만, P·Q 간의 계약이 무효로 되면 P는 소유자의 지위에서 R에게 甲의 반환을 청구할 수 있다).

취소를 하면 해당 법률행위는 소급적으로 무효가 된다(제141조 본문). 취소사유가 행위능력인 때에는 절대적 무효이지만, 착오 또는 사기·강박의 경우에는 상대적 효력에 그친다(제109조제2항, 제110조제3항).

취소로 인한 부당이득의 반환범위에서 제한능력자 보호 규정이 있다. 즉 제한능력자는 해당 법률행위로 인해 얻은 이익이 현존하는 한도에서만 반환하면 된다(제141조 단서).[40] 부당이득의 일반원칙(제748조)[41]과 달리 선의의 수익자의 반환범위와 동일하다. 현존이익이란 취소한 법률행위에 의하여 얻은 이익이 그대로 있거나 그것의 가치가 다른 것으로 변형되어 잔존하고 있는 것을 말한다(예: 계약의 이행으로 받은 물건을 매각하여 그 대금을 가지고 있는 경우). 현존 여부의 기준시점은 취소시이다. 그러므로 취소 이후의 낭비는 제141조 단서에 의해 보호되지 않는다.

---

40) 제141조 단서는 의사능력의 흠결로 인하여 법률행위가 무효인 경우에도 유추적용된다(대법원 2009. 1. 15. 선고 2008다58367 판결 참조).

41) 이에 대해서는 이 책 [2.269] 참조.

4. 취소권의 소멸

1.122 〈1〉 **추인에 의한 소멸** 추인에는 다음 두 가지가 있다.

ⅰ **의사표시에 의한 추인** 추인이란 취소권자가 취소권을 포기하는 것이다. 추인을 하면 더 이상 취소권을 행사할 수 없어(제143조제1항) 완전히 유효한 법률행위로 된다. 무권대리행위에 대한 본인의 추인에는 소급효가 있으나(제133조), 취소할 수 있는 법률행위의 추인에는 소급효가 문제되지 않는다. 취소할 수 있는 법률행위는 취소하기 전까지는 유효하기 때문이다. 추인은 취소의 원인이 종료한 후에야 할 수 있다(제144조제1항). 추인은 취소권의 포기이기 때문에 자신에게 취소권이 있음을 알고 한 것이어야 한다. 그러나 법정대리인 또는 후견인은 취소원인이 소멸되기 전에도 추인할 수 있다(제144조제2항).

ⅱ **법정추인** 추인의 의사표시가 없더라도 취소의 원인이 소멸된 후 추인으로 인정할 만한 사실이 있는 때에는 추인으로 간주된다(제145조). 제145조가 정하는 추인사유(법정추인사유)는 다음과 같다: ① 전부나 일부의 이행; ② 이행의 청구; ③ 경개; ④ 담보의 제공; ⑤ 취소할 수 있는 행위로 취득한 권리의 전부나 일부의 양도; ⑥ 강제집행.

위 사유가 있다고 하여 언제나 추인으로 간주되는 것은 아니며, 다음 두 가지 요건이 구비되어야 한다(제145조): ① 일정한 사유가 추인할 수 있는 시점 후에(즉 취소의 원인이 종료된 때) 발생할 것; ② 취소권자가 이의를 보류하지 않고 법정추인사유에 해당하는 행위를 할 것.

보충학습 1.24 | 법정추인사유와 이의의 보류

제145조가 정하는 사유들은 모두 추인의 의사를 추론할 수 있는 것들이다. 이의를 보류한다는 것은 그와 같은 추인의사와 상반되는 의사를 표현하는 것이다. "내가 당신에게 일단 이행청구는 하는데, 이것은 당신의 다른 채권자들에게 나의 채권의 존재를 인식시키기 위한 것이지 당신과의 계약을 추인하는 것은 아닙니다"라고 하는 것이 그 예이다.

1.123 〈2〉 **기간의 경과에 의한 소멸** 취소권은 추인할 수 있는 때로부터 3년, 법률행위가 있은 때로부터 10년의 경과로 소멸한다(제146조). 이 기간은 시효기간

인가 혹은 제척기간인가? 형성권에 붙은 기간이므로 제척기간으로 보는 것이 타당하다.42) 3년 또는 10년 중에서 먼저 완성되는 기간으로 취소권은 소멸한다.

제 7 절 법률행위의 부관

Ⅰ. 의 미

1.124 '부관(附款)'은 '약관(約款)'의 하나이다. 약관이란 법률행위의 구체적 내용(예: 매매계약에서 매매목적물, 매매대금 등)을 통칭하는 개념이다. 법률행위의 부관은 법률행위의 효력의 발생 또는 소멸에 영향을 미치는 약관이다. 민법은 법률행위의 부관으로 조건과 기한을 규정한다. 조건은 그 발생 여부가 불확실한 것43)이고, 기한은 확실한 것44)이다.

조건 또는 기한도 법률행위의 내용을 구성한다. 법률행위의 내용은 당사자가 임의로 정하는 것이다. 그러므로 당사자가 아니라 법률규정이 일정한 사실을 법률행위의 효력의 발생 또는 상실 사유로 정하더라도(예: 법인설립요건으로서의 주무관청의 허가) 이는 법률행위의 부관이 아니다.

Ⅱ. 조 건

1. 개 념

1.125 조건이란 법률행위 효력의 발생 또는 소멸을 장래의 불확실한 사실의 성취 또는 미성취에 의존하게 하는 부관이다. 조건은 법률행위의 내용이다. 그러므로 조건에 무효사유가 포함되어 있으면 그 법률행위가 무효로 된다.

---

42) 이에 대해서는 이 책 [1.17] 참조.

43) "12월 25일에 눈이 내리면 계약이 효력을 발생한다"라든가 "12월 25일에 눈이 내리면 계약이 효력을 잃는다"라는 약정에서 '12월 25일에 눈이 내리면'이 부관인데, 이는 불확실한 것이다.

44) "12월 25일이 오면 계약이 효력을 발생한다"라든가 "12월 25일이 오면 계약이 효력을 잃는"라는 약정에서 '12월 25일이 오면'이 부관인데, 이는 확실한 것이다.

조건은 법률행위의 효력의 발생 또는 소멸에 관한 것이어야 하고, 조건이 되는 사실은 객관적으로 그 성취 여부가 불명한 것이어야 한다. 이 점에서 조건은 기한과 구별된다. 그러나 조건과 기한의 구별이 항상 명확하지는 않다. 어떤 부관을 조건으로 볼 것인가 혹은 기한으로 볼 것인가는 결국 법률행위 해석의 문제이다.[45]

조건의 성취 여부가 확정되지 않은 상태에 있는 조건부권리도 권리성이 인정되어 처분·상속·보존·담보의 대상이 된다(제149조).

2. 종 류

1.126 **〈1〉 정지조건/해제조건** 정지조건에서는 조건의 성취로 인하여 법률행위가 효력을 발생한다(제147조제1항). 그러므로 정지조건부 법률행위의 경우 성립요건은 갖추었지만 조건 성취 전에는 효력이 발생하지 않는다. 반대로, 해제조건에서는 조건의 성취로 법률행위가 효력을 잃는다. 그러므로 해제조건부 법률행위의 경우 성립하여 효력을 발생하다가 조건이 성취되면 효력을 잃는다(제147조제2항).

1.127 **〈2〉 가장조건** 외관상으로는 조건의 모습을 띠고 있으나 조건으로 인정되지 않는 것이다.

ⓘ **불법조건** 조건의 내용이 선량한 풍속 또는 사회질서에 반하는 것이다. 불법조건의 법률행위는 조건 없는 법률행위가 아니라 해당 법률행위 자체가 무효이다(제151조제1항).[46] 조건은 법률행위의 구성요소이기 때문이다.

ⓘⓘ **기성조건** 법률행위 당시에 이미 그 성취가 확정된 경우이다. 과거에 이미 성취된 사실은 비록 그 사실을 법률행위 당사자가 알지 못하였더라도 유효한 조건이 되지 못한다. 기성조건이 정지조건이면 조건 없는 법률행위로 되어(제151조제2항 전단) 법률행위의 성립과 더불어 바로 효력을 발생한다(만약 조건이 성취

---

45) 예컨대, P와 Q가 증여계약을 체결하면서 그 효력발생 시기를 P가 100세가 되는 때로 약정했다. 사람에게 100세라는 연령이 통상적이지는 않다는 점에서 보면 조건이고, 모든 사람에게 출생으로부터 100년이라는 기간은 반드시 도래한다는 점에서 보면 기한이다.

46) 대법원 1966. 6. 21. 선고 66다530 판결: "부부생활의 종료를 해제조건으로 하는 증여계약은 불법조건이며, 해제조건이 붙지 않은 증여계약으로서의 효력을 가지는 것이 아니라 증여계약 자체가 무효이다."

된 과거의 특정 시점에서 효력을 발생한다고 하면 소급효를 인정하는 것으로 되어 당사자의 의사에 반하는 결과가 된다는 점을 고려한 것임). 기성조건이 해제조건인 때에는 그 법률행위는 무효이다(제151조제2항 후단).

ⅲ 불능조건　객관적으로 성취가 불가능한 경우이다. 불능조건이 정지조건이면 법률행위는 무효이고, 해제조건이면 조건 없는 법률행위로 된다(제151조제3항).

3. 조건을 붙일 수 없는 법률행위

1.128 조건을 붙이지 못하는 법률행위가 있다.

ⅰ 조건을 붙이면 사회질서에 반하는 경우로 가족법상의 행위(예: 혼인, 인지, 입양, 파양, 상속의 포기·승인)가 그 예이다.

ⅱ 조건을 붙임으로써 상대방의 지위를 불안정하게 하는 경우이다. 전형적인 예는 단독행위이다. 단독행위에 조건을 붙이면 상대방의 지위는 극히 불안정하게 될 것이다. 단독행위 중 특히 형성권의 행사에는 조건을 붙이지 못한다. 상계에 관해서는 명문의 규정을 두고 있으나(제493조제1항), 다른 경우(예: 해제·해지권의 행사, 취소권의 행사, 추인권의 행사, 선택채권에서 선택권의 행사, 환매권의 행사 등)에도 마찬가지이다.

ⅲ 법률관계의 획일성과 절대적 안정을 요하는 경우이다. 어음행위와 수표행위가 그 예이다(「어음법」 제1조제2호, 제75조제2호, 「수표법」 제1조제2호).

4. 조건의 성취·미성취

1.129 **〈1〉 성취·미성취의 판단**　조건의 성취 여부를 판단하기 어려운 경우도 있다. 이때에는 법률행위의 해석에 준하여 판단한다.

1.130 **〈2〉 성취·미성취에 대한 부당한 간섭과 그 제재**　당사자 일방이 부당하게 조건을 성취시키거나 성취를 방해하는 경우가 있다. 민법은 이 경우를 명문으로 규율한다(제150조): ① 조건의 성취로 인하여 불이익을 받을 당사자가 신의성실에 반하여 조건의 성취를 방해한 때에는 상대방은 그 조건이 성취된 것으로 주장할

수 있다; ② 조건의 성취로 인하여 이익을 받을 당사자가 신의성실에 반하여 조건을 성취시킨 때에는 상대방은 그 조건이 성취되지 않은 것으로 주장할 수 있다.

법률행위의 당사자 일방이 조건의 성취·미성취에 대하여 부당한 간섭을 했다면 이는 조건부 권리를 침해하는 행위이다. 이에 대하여 상대방은 손해배상을 청구할 수도 있다(제148조 참조). 그러므로 상대방은 그의 선택에 따라 조건의 성취·미성취를 주장할 수도 있고(제150조), 손해배상을 청구할 수도 있다.

Ⅲ. 기 한

1. 개 념

1.131 기한은 장래 그 발생이 확실한 사실이라는 점에서 조건과 구별된다. 기한도 조건과 마찬가지로 당사자가 임의로 정한 것이어야 한다. 그러므로 법정기한(예: 시효기간, 제척기간)은 기한이 아니다.

2. 종 류

1.132 〈1〉 시기/종기 장래의 사실에 효력의 발생을 의존시키는 것 시기이고(제152조제1항), 효력의 소멸을 의존시키는 것은 종기이다(제152조제2항).

부관인 시기와 채무의 이행기는 구별해야 한다. 시기부 법률행위는 시기가 도래하기 전에는 아직 효력이 없지만, 이행기가 뒤로 미루어진 법률행위는 이행기 도래 전이라도 이미 효력이 발생한다. 채무자는 이행기 전이라도 이행할 수 있으므로(제468조 본문) 이행기 전의 채무의 이행은 유효한 변제로 되고, 따라서 이행기 전에 채무를 이행했다는 이유로 부당이득반환청구를 할 수 없다(제743조 본문). 그러나 시기부 법률행위에 있어서는 아직 채무가 효력을 발생하기 전이므로 악의의 비채변제(제742조)[47]에 해당하지 않는 한 부당이득으로서 반환청구를 할 수 있다.

1.133 〈2〉 확정기한/불확정기한 기한의 도래 시기가 확정되어 있는 경우를 확

47) 이에 대해서는 이 책 [2.271] 참조.

정기한(예: 5월 5일에 효력을 발생하는 것으로 약정), 도래 시기가 미확정인 경우를 불확정기한(예: P가 사망하면 효력을 발생하는 것으로 약정한 경우)이라 한다. 불확정기한과 조건의 구별이 어려운 경우가 있다. 결국 법률행위 해석의 문제인데, 해당 사실이 장래의 일정 시점에 반드시 발생할 것으로 생각하여 그것을 법률행위의 부관으로 했는가 여부가 가장 중요한 기준이 될 것이다.

3. 기한부 법률행위의 효력

1.134 **〈1〉 기한 도래 전의 효력** 성취 여부가 불확실한 조건부 권리도 기대권으로 보호되는 마당에 기한부 권리가 보호되는 것은 당연하다. 민법은 조건부 법률행위에 관한 제148조와 제149조를 기한부 법률행위에 준용한다(제154조).

1.135 **〈2〉 기한 도래 후의 효력** 시기부 법률행위는 기한이 도래한 때부터 효력을 발생하고(제152조제1항), 종기부 법률행위는 기한이 도래한 때부터 효력을 잃는다(제152조제2항).

4. 기한의 이익

1.136 기한의 이익이란 기한이 도래하지 않음으로써 누리는 이익이다. 시기부 법률행위에서는 효력이 아직 발생하지 않음으로써 누리는 이익이고, 종기부 법률행위에서는 효력이 아직 소멸하지 않음으로써 누리는 이익이다.

당사자 중 누가 기한의 이익을 가지는가를 판단하는 실익은 누가 기한의 이익을 포기할 수 있는가에 있다. 민법은 기한은 채무자의 이익을 위한 것으로 추정한다(제153조제1항). 이 규정은, 법률행위의 해석에서 의심스러울 때에는 "의무를 부담하는 사람에게 유리하게"(*in favorem debitoris*) 해석한다는 원칙을 반영한 것이다. 기한의 이익을 가지는 사람은 그 이익을 포기할 수 있다(제153조제2항 본문). 그런데 그 포기가 상대방에게 손해를 발생시키면 그 손해를 배상해야 한다(제153조제2항 단서).

제3장

권리의 주체

제 1 절 서 설

1.137 권리주체란 권리를 향유하는 지위에 있는 사람으로서 동시에 의무주체이기도 하다. 민법상 권리주체에는 자연인과 법인이 있다. 자연인은 유기체로서의 인간이고, 법인에는 사단법인(일정한 목적 아래 결성된 자연인의 모임)과 재단법인(일정한 목적에 바쳐진 재산)이 있다. 모든 권리주체는 권리능력을 보유한다. 권리능력은 권리와 의무의 귀속주체가 될 수 있는 법적 지위로서 '인격'이라고도 한다.

제 2 절 자 연 인

Ⅰ. 권리능력의 존속기간

1.138 자연인은 생존하는 동안 권리능력을 가진다(제3조). 권리능력의 시작점은 출생, 종료점은 사망이다.

보충학습 1.25 | 사망과 상속

A가 아내(B)와 母(C)를 남기고 사망하였는데, A의 사망시에 B는 태아 D를 포태하고 있었다. D가 살아서 출생했는가 여부에 따라 A를 피상속인으로 하는 상속관계가 달라진다.

상속개시 시점(즉 피상속인 A의 사망시)에 D에게 권리능력(여기에서는 상속권)이 있는가가 문제 해결의 열쇠이다(제1000조, 제1003조제1항 참조). 만약 D가 출생 후 약간이라도 생존하다가 사망했다면 B와 D가 공동상속을 했다가 D의 사망에 따라 B는 D에게 귀속된 상속재산까지 다시 상속을 받아 결국은 B가 A의 재산 전부를 상속한다. 이와 달리 D가 살아서 출생하지 못했다면(즉 권리능력을 보유한 적이 없다면) B와 C가 A의 재산을 공동으로 상속한다.

보충학습 1.26 | 동시사망의 추정

아내(B), 母(C) 및 아들(X)을 둔 A가 아들 X와 여행하던 중 동일 항공기 사고로 두 사람 모두 사망하였다. 이 경우 A의 재산에 대한 상속관계는 A와 X 중 누가 먼저 사망했는가에 따라 달라진다. A가 먼저 사망했다면 X와 B가 공동상속을 했다가 X의 사망으로 인하여 다시 B가 X를 상속하여 결국 A의 재산은 모두 B에게 돌아간다(제1000조제2항, 제1003조제1항). 이와 달리 X가 먼저 사망했다면 B와 C가 공동상속을 한다(제1003조제1항).

A와 X 사이에 사망의 선후를 알 수 없다면 어떠한가? 민법은 2인 이상이 동일한 위난으로 사망한 경우에는 동시에 사망한 것으로 추정한다(제30조). 사망의 선후를 증명할 수 없는 경우라면 동시에 사망한 것으로 다루어 공평을 기하자는 것이다. 이 규정에 따르면, 위 사례에서 A와 X 사이에서는 상속이 일어나지 않으므로 A의 재산은 B와 C가 공동으로 상속한다.

Ⅱ. 태아의 권리능력

1.139 권리능력의 발생시점은 출생이므로 태아에게는 권리능력이 인정되지 않는다. 그러나 이 원칙으로 일관하면 태아에게 지나치게 불공평한 경우가 있다(예: 부친 사망 직후 출생한 자녀는 상속권이 없음). 그리하여 민법은 예외적인 경우에 태아에게 권리능력을 인정한다.

보충학습 1.27 | 태아의 권리능력에 관한 이론구성

태아에게 권리능력이 인정되기 위해서는 살아서 출생해야 한다. 태아의 권리능력에 관한 이론구성에는 두 가지 학설이 있다.

❶ **해제조건설** "태아가 살아서 출생하지 못함"을 해제조건으로 보는 입장이다. 가령 아버지 사망 후에 살아서 출생하면 아버지 사망시(즉 태아시기)에 상속을 받지만, 살아서 출생하지 못하면(즉 해제조건이 성취되면) 아버지 사망시에 소급하여 권리능력이 없는 것으로 된다.

❷ **정지조건설** "태아가 살아서 출생함"을 정지조건으로 보는 입장이다. 가령 아버지 사망시(즉 태아시기)에는 아직 권리능력이 없어 상속을 받지 못하지만, 살아서 출생하면(즉 정지조건이 성취되면) 아버지 사망 시점으로 소급하여 권리능력을 취득하는 것으로 된다.

어느 학설에 의하든 태아가 살아서 출생하기만 하면 문제된 시점에서부터 권리능력이 있었던 것으로 다루어진다. 다만, 해제조건설에 의하면 태아가 살아서 출생하지 못하면 사후처리가 복잡해지고, 정지조건설에 따르면 태아가 살아서 출생하면 사후처리가 복잡해진다. 판례는 정지조건설을 취하고 있다.[1)]

ⅰ **불법행위에 기한 손해배상청구권** 태아는 손해배상청구권에 관하여는 이미 출생한 것으로 본다(제762조). 이에 따라 가령 아버지가 타인의 가해행위로 사망했다면 사망자의 직계비속(아들·딸과 같이 본인을 기점으로 출생한 친족)은 가해자에게 위자료청구권(정신적 고통에 대한 배상청구권)이 있는데(제752조), 불법행위시를 기준으로 이미 출생한 직계비속뿐만 아니라 태아도 직계비속에 포함된다.

ⅱ **상 속 권** 상속을 위해서는 상속개시 시점에 권리능력을 보유하고 있어야 하는데, 태아는 재산상속에 관하여 이미 출생한 것으로 본다(제1000조제3항). 태아는 대습상속권(제1001조) 및 유류분권(제1118조)에 관해서도 권리능력을 가진다. 대습상속권과 유류분권은 상속권을 전제로 하기 때문이다.

ⅲ **유 증** 유증에 관해서는 태아의 상속능력에 관한 제1000조제3항이 준용된다(제1064조). 유증이란 유언에 의하여 유산의 전부 또는 일부를 타인에게 급여하는 무상의 단독행위이다. 제1064조에 따라 유언자는 태아를 수유자로 하여 유증을 할 수 있다.

보충학습 1.28 | 대습상속, 유언, 유류분

❶ **대습상속(代襲相續)** 추정상속인(상속결격 사유의 발생이나 선순위상속인의 출현 등이 없이 현재 상태대로 상속이 개시된다는 가정 아래에서의 상속인)이 상속개시 전에 사망 또는 상속결격으로 인하여 상속권을 상실한 경우에 직계비속이 그에 대신하여 재산을 상속하는 것이다(제1001조).

❷ **유언** 유언자의 사망으로 효력이 발생하는 상대방 없는 단독행위이다. 유언은 자필증서·녹음·공정증서·비밀증서·구수증서의 5종의 방식으로 한다(제1065조 이하 참조).

❸ **유류분** 유언에도 불구하고 상속인에게 법률상의 취득이 보장되는 상속재산상의 이익에 대한 일정액을 말한다(제1112조). 가령 A가 자기 사후 모든 재산을 특정 재단에 기부한다는 유언을 했더라도 A의 직계비속 B는 유언이 없었더라면 그에게 귀속되었을 부분(법정상속분)의 1/2를 유류분으로 받게 된다.

1) 대법원 1976. 9. 14. 선고 76다1365 판결 참조.

Ⅲ. 생활장소: 주소, 거소, 가주소

1.140 사람의 생활은 장소와 관계를 가지며, 때에 따라서는 이해관계에 결정적인 영향을 주기도 한다(예: 서울에 사는 A와 부산에 사는 B 사이의 법률분쟁에서 서울 또는 부산의 법원 중 어디에서 재판하는가). 법률주체와 생활장소의 연결점에 관하여 민법은 주소(제18조), 거소(제19·20조) 및 가주소(제21조)를 규정한다.

1.141 〈1〉 주 소 주소란 권리주체의 생활의 근거가 되는 장소이다(제18조제1항). 주소는 부재와 실종의 표준(제22·27조), 채무의 변제장소(제467조제2항), 상속개시지(제998조), 재판관할의 표준(「민사소송법」 제3조), 귀화의 요건(「국적법」 제5조) 등 중요한 기능을 한다. 주소는 '주민등록지'와 구별된다(주민등록지는 30일 이상 거주할 목적으로 일정한 장소에 주소 또는 거소를 가진 사람이 「주민등록법」에 의하여 등록한 장소: 「주민등록법」 제6조). 주민등록지는 반드시 주소와 일치하지 않으며, 주소로 인정되는 중요한 자료가 될 뿐이다.

주소를 정하는 입법주의(단일주의·복수주의) 중 우리 민법은 복수주의를 채택하고 있다(제18조제2항).

1.142 〈2〉 거 소 거소란 주소의 정도는 아니지만 상당한 기간 계속하여 거주하는 곳이다. 주소를 알 수 없으면 거소를 주소로 보며(제19조), 국내에 주소가 없는 사람에 대해서는 국내에 있는 거소를 주소로 한다(제20조).

1.143 〈3〉 가 주 소 가주소란 일정한 거래에 한해 주소와 마찬가지의 법적 효과를 부여한 것이다. 이는 거래의 편의에 따른 것으로 생활의 실질과는 전혀 무관하다. 가주소를 정했다면 그 행위에 관하여 가주소를 주소로 본다(제21조).

Ⅳ. 부재와 실종

1. 개 념

1.144 자연인이 종래의 주소를 떠나 장기간 돌아오지 않으면 여러 문제가 발생한다(예: 재산의 관리, 배우자의 재혼 등). 종래의 주소를 떠나 돌아오지 않는 사람을 총

칭하여 '부재자'라 한다. 부재자 중에서 생사불명 상태가 장기간 계속되어 가정법원에 의하여 실종선고를 받은 사람을 '실종자'라 한다.

부재자에 관한 민법의 제도는 다음 두 가지이다: ① 부재자의 재산관리제도(부재자의 생존을 전제로 부재자의 재산을 관리하는 제도); ② 실종선고제도(부재자를 사망으로 간주하여 법률관계를 정리하는 제도)

2. 부재자의 재산관리

1.145 부재자는 "종래의 주소나 거소를 떠난 자"이다(제22조제1항제1문). 그런데 부재자의 개념은 잔류재산의 관리에 목적이 있으므로, 더 정확하게는 종래의 주소나 거소를 떠나 재산이 방치되어 있는 사람이다(부재자는 반드시 생사불명일 필요는 없음). 부재자의 재산을 방치한다면 본인은 물론 이해관계인(예: 장래의 상속인 등) 및 사회경제적으로도 바람직하지 않다. 민법이 부재자재산관리제도를 마련한 이유이다. 부재자재산관리제도는 크게 다음 두 경우로 구분된다: ① 부재자가 재산관리인을 두지 않은 경우; ② 재산관리인을 둔 경우. 민법은 ①의 경우에는 법원이 광범위하게 간섭하고, ②의 경우에는 부득이한 경우에만 간섭한다.

1.146 **〈1〉 부재자가 재산관리인을 두지 않은 경우** 가정법원은 이해관계인(예: 상속인으로서의 지위에 있는 사람, 배우자, 부양청구권자, 부재자의 채권자 등) 또는 검사의 청구에 의하여 부재자의 재산관리에 필요한 처분을 명해야 한다(제22조제1항제1문). 애초에는 재산관리인을 두었으나 부재중 그 권한이 소멸한 때에도 마찬가지이다(제22조제1항제2문). 부재자가 재산관리인을 두지 않은 때 또는 재산관리인의 권한이 부재중 소멸한 때에 일정한 사람의 청구에 따라 법원이 명하는 처분은 잔류재산의 매각(「가사소송규칙」 제49조), 재산관리인의 선임(「가사소송규칙」 제41조) 등인데, 재산관리인의 선임이 가장 일반적이다.

1.147 **〈2〉 부재자가 재산관리인을 둔 경우** 부재자가 재산관리인을 둔 경우(즉 위임재산관리인이 있는 경우)에는 국가기관(법원)이 간섭하지 않는 것이 원칙이나, 법원이 간섭하는 경우가 있다.

ⓘ 본인의 부재중 재산관리인의 권한이 소멸한 경우이다. 이때에는 처음부

터 관리인이 없었던 경우와 동일하게 다루어진다(제22조제1항제2문).

ⅱ 부재자에 의하여 지정된 재산관리인의 임기 중에 부재자의 생사가 불분명하게 된 경우이다(제23조). 부재자가 재산관리인을 둔 경우에 법원의 간섭이 배제되는 것은 본인이 재산관리인을 통제할 수 있기 때문이다. 만약 통제할 수 없다면 법원의 간섭이 필요한데 부재자의 생사불분명은 그에 해당한다.

3. 실종선고

(1) 개 념

1.148 실종제도란 부재자의 생사불명 상태가 일정기간 계속된 경우에 법원의 선고에 의하여 사망으로 간주하는 제도이다. 그러므로 실종선고에 따라 실종자의 배우자는 재혼이 가능하고 상속이 개시된다.

(2) 요 건

1.149 ⅰ **부재자의 생사불분명** 생사불분명이란 생존의 증명도 사망의 증명도 없는 상태이다.

ⅱ **실종기간의 경과** 생사불명의 기간이 일정기간 계속되어야 한다. 실종기간은 사망의 개연성 정도에 따라 차이가 있다. 민법은 보통실종과 특별실종의 두 가지를 규정하고 있다.

ⓐ 보통실종: 보통실종의 실종기간은 5년이다(제27조제1항). 실종기간의 기산점은 최종소식시로 해석한다.

ⓑ 특별실종: 특별실종의 실종기간은 1년이다(제27조제2항). 특별실종에 해당하는 것은 다음과 같다: ① 전지에 임한 자에 대한 전쟁실종; ② 침몰한 선박 중에 있던 자에 대한 선박실종; ③ 추락한 항공기 중에 있던 자에 대한 항공실종; ④ 기타 사망의 원인이 될 위난을 당한 자에 대한 위난실종. 특별실종에서 실종기간의 기산점은 각 사유별로 다음과 같다(제27조제2항): ① 전쟁실종은 전쟁이 종지한 때; ② 선박실종은 선박이 침몰한 때; ③ 항공실종은 항공기가 추락한 때; ④ 위난실종은 위난이 종료한 때.

ⅲ **실종선고의 청구** 청구권자는 이해관계인 또는 검사이다(제27조제1항). 이해관계인이란 법률상으로뿐만 아니라 경제적·신분적인 측면에서 이해관계가

있는 사람만을 의미한다.[2] 그러므로 가령 부재자의 제1순위의 재산상속인이 있는 경우에 제4순위의 재산상속인은 여기에서의 이해관계인이 아니다.[3]

ⅳ **6개월 이상의 공시최고** 공시최고란 미지의 불특정 다수인에게 일정한 사실을 통지하는 절차이다. 그 방법은 법원게시판에 게시하고 관보·공보·신문 등에 공고하는 것이다. 실종선고를 위한 공시최고에는 부재자가 일정 기일까지 신고를 하지 않으면 실종선고를 받는다는 취지가 포함된다.

ⅴ **가정법원의 선고** 공시최고 기간 동안 부재자의 생사에 관하여 아무런 신고도 없으면 가정법원은 실종선고를 해야 한다(제27조제1항).

(3) 효과: 사망의 간주

1.150 실종선고가 있게 되면 사망한 것으로 간주된다(제28조). 따라서 부재자의 생존 사실을 증명하더라도 실종선고의 효과를 뒤집지 못하며,[4] 실종선고의 효과를 번복하기 위해서는 실종선고 취소판결이 있어야 한다. 실종선고에 의하여 사망으로 간주되는 시기는 실종기간 만료시이다(제28조). 그러므로 실종선고는 소급효를 가지게 된다.

(4) 실종선고의 취소

1.151 실종선고의 취소란 실종선고에 따라 사망으로 의제된 효과를 번복하는 것이다. 실종선고 취소의 실질적 요건은, 실종자가 생존하고 있다는 사실, 실종기간이 만료된 때와 다른 시기에 사망한 사실 또는 실종기간의 기산점 이후의 어떤 시점에 생존하고 있었던 사실 중 하나이다. 형식적 요건은 본인·이해관계인 또는 검사의 청구이다. 이들 요건이 구비되면 가정법원은 실종선고를 취소해야 한다.

실종선고가 취소되면 실종선고로 인한 법률관계는 소급하여 무효로 되는 것이 원칙이다(제29조제1항 본문 참조). 실종자의 재산관계나 가족관계는 실종선고 전의 상태로 회복되는데, 그 구체적인 내용은 취소의 원인에 따라 다음과 같이 나타난다: ① 취소사유가 실종자가 생존하고 있다는 사실인 경우에는 실종자의 재산관계나 가족관계는 선고 전의 상태로 회복된다; ② 취소사유가 실종기간이

---

2) 대법원 1980. 9. 8. 선고 80스27 결정 참조.

3) 대법원 1986. 10. 10. 선고 86스20 결정 참조.

4) 대법원 1970. 3. 10. 선고 69다2103 판결; 대법원 1995. 2. 17. 선고 94다52751 판결 참조.

만료된 때와 다른 시기에 사망한 사실인 경우에는 실제 사망시를 기준으로 다시 사망에 기한 법률관계를 확정한다; ③ 취소사유가 실종기간 기산점 이후의 어떤 시점에 생존하고 있었던 사실인 경우에는 일단 선고 전의 상태로 회복하고 다시 실종선고를 청구해야 한다.

실종선고의 취소로 인한 실종선고의 소급적 무효의 원칙으로 일관하면 실종선고를 기초로 법률관계를 형성한 사람에게 불측의 손해를 발생시키고 거래안전을 해할 수 있다. 이를 고려하여 민법은 "실종선고 후 그 취소 전에 선의로 한 행위의 효력에 영향을 미치지 아니한다"(제29조제1항 단서)는 예외규정을 두고 있다. 아울러 민법은 실종선고를 직접원인으로 하여 재산을 취득한 사람(예: 실종선고로 인하여 실종자의 재산을 상속한 사람)의 반환범위에 대하여 따로 규정하여 선의인 때에는 현존이익 반환을, 악의인 때에는 받은 이익에 이자를 붙여 반환하고 손해가 있으면 배상해야 한다(제29조제2항). 실종선고 취소의 효과를 이해하기 위해서는 제29조제1항과 제2항을 종합적으로 함께 고려해야 한다.

보충학습 1.29 | 실종선고 취소의 효과

甲토지의 소유자 A는 실종선고를 받아 그의 아들 B가 상속을 원인으로 甲에 대한 소유권을 취득했다. B는 甲을 C에게, C는 다시 D에게 매도하여 甲은 D의 명의로 등기되어 있다. 그 후 A가 생환함에 따라 A에 대한 실종선고가 취소되었다. A는 甲에 대한 소유권을 회복할 수 있을까?

❶ **제29조제1항의 적용** 실종선고가 취소되면 A는 甲에 대한 권리를 모두 회복하는 것이 원칙이다(제29조제1항 본문). 그러나 실종선고의 취소는 실종선고 후 취소 전에 선의로 한 행위에는 영향을 미치지 않는다(제29조제1항 단서). "선의로 한 행위"의 구체적 의미에 대하여는 학설상 대립이 있으나, 이때의 '선의'는 실종선고취소를 원인으로 권리회복을 하고자 하는 현재의 상대방(사안에서의 D)의 선의·악의에 따라 상대적으로 판단하고자 한다. 즉 C가 악의더라도 D가 선의라면 선의자로서 보호된다. 그리고 C가 선의라면 D가 악의더라도 제29조제1항 단서에 의하여 보호된다. D는 C의 지위를 승계한다고 보아야 하기 때문이다.

❷ **제29조제2항의 적용** A가 제29조제1항 본문에 따라 D로부터 甲에 대한 소유권을 회복한다면 B·C·D 간에 채권적인 청산(매매대금의 반환)이 이루어질 것이다. 한편, A가 제29조제1항 단서에 따라 D로부터 甲에 대한 소유권을 회복하지 못하면 어떤가? 이때에는 제29조제2항에 따라 A가 B(즉 실종선고를 직접원인으로 재산을 취득한 사람)와의 관계에서

채권적인 청산을 해야 한다. 즉 B가 선의라면 현존이익의 한도에서, 악의라면 받은 이익에 이자를 붙여 반환해야 한다.

제3절 법 인

I. 개 념

1.152 법인이란 자연인 외에 법률상 권리·의무의 주체로 인정되는 존재이다. 법인에는 사단법인과 재단법인이 있다. 법인제도의 존재이유로는 법률관계의 계속성 유지, 법률관계의 간명화, 책임의 제한(또는 위험의 분산)을 들 수 있다.

보충학습 1.30 | 법인제도의 존재이유

❶ **법률관계의 계속성 유지** 자연인을 중심으로 법률관계를 형성하게 되면 법률관계의 존속기간은 그 사람이 생존기간으로 제한될 수밖에 없다. 만약 법인제도를 활용한다면 이러한 시간적 한계에서 벗어날 수 있다.

❷ **법률관계의 간명화** P초등학교 동창회(회원: 1,000명)가 동창회관을 건립할 토지를 구입하기 위하여 토지매매계약을 체결할 때, 법인제도가 없다면 1,000명의 개별회원 각각의 명의로 계약을 체결해야 한다. 만약 'P초등학교 동창회'가 사단법인으로서 법인격을 취득하게 되면 사단법인의 이름으로 계약을 체결할 수 있다.

❸ **책임의 제한(또는 위험의 분산)** 사단법인 또는 재단법인을 설립하여 운영하게 되면 법인의 재산은 사단법인의 사원[5] 또는 재단법인의 출연자의 개인재산과의 관계에서 독립성을 보유하게 된다. 법인은 독립된 권리능력자이기 때문이다.

---

5) 민법에서는 사단법인의 구성원을 가리키는 것으로 사원(社員)이라는 용어를 사용한다. '사원'은 '사단의 구성원'을 줄여 부르는 용어이다(일상용어로는 '회원'). 일상적으로 '사원'은 직장의 직원(즉 피고용인)을 지칭하는데, 이는 법률상의 '사원'과는 전혀 다른 것이다. 'ㅇㅇ주식회사'가 있다고 할 때, 법률상 이 법인의 사원은 그 회사에 근무하는 직원이 아니라 그 회사의 주주이다.

Ⅱ. 법인의 종류

1. 사단법인/재단법인

1.153 법인의 실체를 기준으로 한 구분이다. 사단법인은 사단(즉 일정한 목적을 위하여 결합한 자연인의 단체)을 실체로 하는 법인이다. 조합(제703조 이하)도 사람의 단체이기는 하나, 조합에 대해서는 법인격을 인정하지 않는다.[6] 재단법인은 재단(즉 일정한 목적에 바쳐진 재산)을 실체로 하는 법인이다. 즉 어떤 재산을 바탕으로 일정한 사업(예: 장학사업)을 수행할 목적으로 재단법인을 설립한다.[7] 실체의 차이로 인하여 사단법인과 재단법인 사이에는 다른 것이 많다. 특히 활동방법에 있어서 전자는 사원총회의 의결에 따라 얼마든지 자유롭게 할 수 있지만, 후자에 있어서는 설립자의 의사에 구속된다. 정관변경에서도 차이가 크다. 사단법인의 정관변경이 폭넓게 허용되는 반면, 재단법인의 정관변경에는 많은 제한이 있다(제42조와 제45조를 비교할 것). 재단법인의 경우에 자칫하면 다른 사람들이 정관변경의 명목으로 설립자의 의사를 왜곡할 위험이 있기 때문이다.

2. 영리법인/비영리법인

1.154 법인 운영으로 얻은 이익을 구성원에게 분배하는가 여부에 따른 구별이다. 영리법인이란 이익을 사원에게 분배하는 법인이다. 법인이 공익사업을 목적으로 하더라도 그 사업으로 인한 이익을 사원에게 분배한다면 그 법인은 영리법인이다. 반대로 법인이 수익사업을 목적으로 하더라도 그 사업으로 인한 이익을 사원에게 분배하지 않는다면 비영리법인이다. 사단법인은 영리법인·비영리법인 어느 형태로도 가능하며, 영리사단법인을 가리켜 '회사'라고 한다. 한편, 이익분배의 귀속자인 사원이 없는 재단법인은 그 본질상 영리법인이 될 수 없다. 영리법인에 대해서는 상법과 같은 특별법이 우선적으로 적용되고, 규정이 없는 경우에 한하여 민법의 법인에 관한 규정이 적용된다(「상법」 제1조). 그리하여 민법은 주로 비영리사단법인과 재단법인에 적용된다.

---

6) 이에 대해서는 이 책 [2.235] 〈보충학습 2.52〉 참조.

7) '재단'이라는 용어는 어떤 자연인의 소유재산이기는 하지만 채권자 또는 제3자의 이익을 위하여 그 사람의 다른 재산과 구별하기 위한 때에도 사용된다(예: 파산재단).

보충학습 1.31 | 상사회사, 민사회사, 「민법」 제39조

회사 중에서 상행위(「상법」 제46조 이하)를 목적으로 하는 것을 '상사회사'라 하고, 그 밖의 사업을 목적으로 하는 것을 '민사회사'라고 한다. 「민법」 제39조는 민사회사에 관해 규율한다. 이 규정에 따르면, 민사회사는 상사회사와 같은 조건으로 설립되고(제1항), 설립된 후의 활동방법에 관해서도 상사회사에 관한 규정이 준용된다(제2항). 그런데 「민법」 제39조는 현행의 법체계에서는 무의미한 것으로 삭제하는 것이 옳다. 그 이유는 다음과 같다: ① 회사는 상행위를 하지 않더라도 상인이므로(「상법」 제5조제2항) 상사회사와 민사회사의 구별이 없어졌다; ② 상행위를 포함하여 그 밖에 영리를 목적으로 설립된 사단은 회사로서(「상법」 제169조) 상법의 적용을 받는다. 그러므로 현행법의 내용을 고려해 볼 때 「민법」 제39조는 무의미한 규정이다.

Ⅲ. 법인의 설립

1. 비영리사단법인

1.155 〈1〉 목적이 비영리적일 것 법인의 목적이 영리 아닌 사업이어야 한다. 사업의 본질이 수익사업이면 안 되는데 법은 비영리사업으로 학술·종교·자선·기예·사교 등을 예시하고 있다(제32조). 영리가 아니면 족하지 적극적으로 공익사업일 필요는 없다(공익법인에 대해서는 「공익법인의 설립·운영에 관한 법률」이 규율함). 사업의 본질은 비영리이지만 부수적으로 수익사업을 하는 것은 가능한데, 그래도 이익을 사원에게 분배해서는 안 된다(이익을 분배하면 영리법인).[8]

1.156 〈2〉 설립행위를 할 것 2인 이상의 사람(즉 설립자)이 법인에 관한 근본규칙(이를 '정관'이라 함)을 정하여 서면에 기재하고 기명날인해야 한다(제40조). 설립행위는 계약의 일종으로서 이는 정관작성으로 나타난다.[9] 근대 민법은 법률행위에서 특별한 형식을 요구하지 않는 불요식주의를 원칙으로 하나, 법인설립에 있어서는 의사의 진정성 및 거래안전을 위하여 요식주의를 취한다. 사단법인의 정관

8) 영리법인·비영리법인의 구분에 대해서는 이 책 [1.154] 참조.

9) 합동행위로 보는 학설도 있으나 이 개념을 인정할 필요가 없다는 점에 대해서는 이 책 [1.41] 〈보충학습 1.6〉 참조.

작성에 있어서 필요적 기재사항은 법인의 목적, 명칭, 사무소의 소재지, 자산에 관한 규정, 이사의 임면에 관한 규정 등이다(제40조). 사단법인 설립 후 사원총회의 의결로 정관을 변경하는 것도 가능하다(제42조).

1.157 〈3〉 **주무관청의 허가가 있을 것** 주무관청이란 법인의 목적사업을 관장하는 행정관청을 말한다.

1.158 〈4〉 **설립등기를 할 것** 사단법인의 실체를 갖추어 행정관청으로부터 설립허가를 얻은 다음에는 소정의 절차(「비송사건절차법」 제60조 이하 참조)에 따라 주된 사무소의 소재지에서 설립등기를 함으로써 비로소 법인격을 취득한다(제33조). 설립등기는 법인의 성립요건으로서(제54조제1항) 등기를 하지 않으면 법인이 설립되지 않는다.

2. 재단법인

1.159 〈1〉 **목적이 비영리적일 것** 사단법인에서의 경우와 같다(다만, 재단법인에는 사원이 없어 본질상 영리법인이 될 수 없음).[10]

1.160 〈2〉 **설립행위를 할 것** 재단법인의 설립행위는 정관작성과 재산의 출연[11]으로 구성된다(제43조).

ⓘ **설립행위의 의미** 재단법인 설립을 위한 정관작성에 있어서 필요적 기재사항은 법인의 목적, 명칭, 사무소의 소재지, 자산에 관한 규정, 이사의 임면에 관한 규정이다(제43조). 재단법인 설립행위는 법률행위로서 상대방 없는 단독행위이다.[12]

ⓘⓘ **정관의 보충과 변경** 재단법인 설립자가 정관의 필요적 기재사항 중 핵심사항(목적, 자산)만 정하고 사망했다면 이해관계인 또는 검사의 청구와 법원의 결정에 따라 정관을 보충하여 재단법인을 설립할 수 있다(제44조). 그것이 설립자의 의사 및 사회적 이익에 부합하는 것이기 때문이다. 재단법인 설립 후에 이루어지는 정관변경은 사단법인의 경우보다 매우 까다로운 요건 아래 가능하다(제45·

10) 영리법인·비영리법인의 구분에 대해서는 이 책 [1.154] 참조.
11) '출연'의 의미에 대해서는 이 책 [1.42] 참조.
12) 대법원 1999. 7. 9. 선고 98다9045 판결 참조. 단독행위의 의미에 대해서는 이 책 [1.41] 참조.

46조). 자칫 설립자의 뜻을 왜곡할 수 있기 때문이다.

ⅲ **재산의 출연** 재산의 출연은 생전처분 또는 유언으로 할 수 있다. 재산출연에 대하여 민법은 독자적 규정을 두지 않고 관련 규정을 준용한다. 즉 생전행위로 재산출연을 하는 때에는 증여에 관한 규정(제47조제1항)을, 유언으로 재산출연을 하는 때에는 유증에 관한 규정(제47조제2항)을 준용한다. 재단법인 설립행위는 증여 또는 유증과 성질상 동일하지는 않지만 무상행위라는 공통점에 착안하여 준용으로 처리한 것이다. 출연재산이 법인으로 귀속되는 시기에 관하여 민법은, 생전처분에 의한 설립의 경우에는 법인이 성립시(제48조제1항), 유언에 의한 설립의 경우에는 유언의 효력이 발생시(제48조제2항)로 규정한다.

보충학습 1.32 | 제47조와 제48조

❶ **제47조** 재단법인 설립을 위한 출연행위는 단독행위임에 반해 증여는 계약이다. 이러한 차이에도 불구하고 양자 간의 유사성(무상행위)에 착안하여 생전처분의 경우에 증여에 관한 규정을 준용한다(제1항). 유증은, 단독행위라는 점에서는 유언에 의한 재단법인 설립과 같지만, 유언에서는 행위시에 수유자가 특정되어 있음에 반해 유언에 의한 재단법인 설립의 경우에는 유언을 통해 비로소 권리주체(재단법인)가 생성된다. 이러한 차이에도 불구하고 양자 간의 유사성(무상행위)에 착안하여 유증에 관한 규정을 준용한다(제2항).

❷ **제48조** 제48조는 물권변동의 일반원칙과 어울리지 않는 점이 있다. 가령 출연재산이 부동산인 경우에 일반원칙(제186조)에 따르면, 설립등기를 완료하여(제33조) 법인이 성립한 후 법인 명의로 이전등기를 해야 법인의 재산으로 된다. 그런데 제48조에 따르면, 그 전의 시점(제1항의 경우에는 법인설립 등기시(제33조), 제2항의 경우에는 유언자의 사망시(제1073조제1항))에 법인의 재산으로 된다. 이 문제에 대하여 판례는 절충적 시각에서 제48조는 출연자와 법인의 관계를 정하는 기준에 불과하며 제3자와의 관계는 일반원칙에 따르는 것으로 해석한다.[13] 즉 대내관계(설립자·재단법인)는 제48조, 대외관계는 제186조에 의한다는 것이다. 그리하여 가령 유언으로 부동산을 출연하여 재단법인을 설립하는 경우에 재단법인은, 그 명의로 이전등기를 하기 전에 유언자의 상속인으로부터 부동산을 매수하여 이전등기를 한 제3자에게 대항할 수 없다.

1.161 〈3〉 **주무관청의 허가가 있을 것** 사단법인의 경우와 같다.

---

13) 대법원 1979. 12. 11. 선고 78다481·482 전원합의체판결; 대법원 1993. 9. 14. 선고 93다8054 판결 등 참조.

1.162 〈4〉 설립등기를 할 것 사단법인의 경우와 같다.

보충학습 1.33 | 비법인사단, 비법인재단

사단법인 또는 재단법인의 실체를 가지고 활동하지만 법인의 나머지 설립요건(주무관청의 허가 및 설립등기)을 갖추지 않은 존재를 가리켜 '비법인사단' 또는 '비법인재단'이라고 한다. 비법인사단이 되기 위해서는 구성원의 개인성과는 별개로 권리의무의 주체가 될 수 있는 독자적 존재로서의 단체적 조직을 가지고 있어야 한다.[14] 그리고 비법인재단이라고 하기 위해서는 일정한 목적으로 출연된 재산이 출연자의 재산과 독립되어 있고 그것을 관리하기 위한 기구가 존재해야 한다.

비법인사단, 비법인재단에 대해서는 소송상의 당사자능력과 등기능력이 인정된다(「민사소송법」 제52조, 「부동산등기법」 제26조). 그리고 사단법인과 재단법인에 관한 규정 중 주무관청의 허가라든가 등기와 관련된 것을 제외한 규정이 유추적용된다.[15]

Ⅳ. 법인의 기관

1.163 법인을 실제 운영하는 것은 자연인이다. 법인을 운영하는 자연인 또는 자연인의 조직을 '법인의 기관'이라고 한다. 집행기관(이사 등), 감독기관(감사), 의사결정기관(사원총회)의 순서로 살펴본다.

1. 집행기관: 이사

1.164 〈1〉 개 념 이사는 사단법인과 재단법인 모두에 필수기관이다(제57조). 이사의 수와 임기에 관하여 특별한 제한은 없고, 정관에서 자유로이 정할 수 있다(제40·43조). 이사는 대내적으로는 법인의 업무를 집행하고(집행기관, 제58조제1항), 대외적으로는 법인을 대표한다(대표기관, 제59조제1항). 이사가 복수인 경우에 원칙적으로 사무집행은 이사의 과반수로써 결정하고(제58조제2항), 각자 법인을 대표

14) 즉 고유의 목적을 가지고 사단적 성격을 가지는 규약을 만들어 이에 근거하여 의사결정기관 및 집행기관인 대표자를 두는 등의 조직을 갖추고, 기관의 의결이나 업무집행방법이 다수결의 원칙에 의하여 행해지며, 구성원의 가입, 탈퇴 등으로 인한 변경에 관계없이 단체 그 자체가 존속되고, 그 조직에 의하여 대표의 방법, 총회나 이사회 등의 운영, 자본의 구성, 재산의 관리 기타 단체로서의 주요사항이 확정되어 있어야 한다(대법원 1992. 7. 10. 선고 92다2431 판결 등 참조).

15) 대법원 1997. 1. 24. 선고 96다39721·39738 판결 등 참조.

한다(각자대표의 원칙, 제59조제1항).[16] 이사의 대표권은 정관에 의해서만 제한할 수 있으며, 정관에 표시되지 않은 대표권 제한은 무효이다(제41조). 정관으로 대표권을 제한했어도 이를 등기하지 않으면 제3자에게 대항하지 못한다(제60조). 이사 선임행위는 법인과 이사 사이에서 이루어지는 위임 유사의 계약이다. 해임 또는 퇴임에 관하여 정관에 규정이 없는 때에는 대리에 관한 규정을 준용하거나(제127조, 제59조제2항), 위임에 관한 규정을 유추적용할 수 있다(제689·690·691조 등). 이사는 대내외적 사무를 수행함에 있어서 선량한 관리자의 주의[17]를 기울여야 한다(제61·681조). 이 의무를 위반한 이사는 법인에 대하여 계약위반으로 인한 손해배상을 해야 하며, 의무를 위반한 이사가 복수인 때에는 연대책임을 진다(제65조). 이사는 대리인을 선임하여 특정 행위를 맡길 수 있는데(제62조), 그는 이사 개인의 대리인일 뿐 법인의 기관은 아니다. 대리인의 행위는 일단 이사에게 귀속되고 결국 법인의 행위로 된다.

1.165 〈2〉 관련 기관　　이사와 관련된 기관을 소개한다.

ⓘ **이 사 회**　　이사회란 이사 전원으로 구성된 의사결정기관이다. 주식회사(「상법」 제390조 이하) 또는 공익법인(「공익법인의 설립·운영에 관한 법률」 제6조)과 달리 민법상의 법인에서는 이사회가 필수기관이 아니지만, 이사가 복수인 경우에 이사회를 두는 것이 일반적이다.

ⓘⓘ **임시이사**　　이사가 없거나 결원이 있는 경우에 이로 인하여 법인 또는 제3자에게 손해가 생길 염려가 있는 때에는, 이해관계인 또는 검사의 청구에 따라 법원은 임시이사를 선임해야 한다(제63조). 임시이사는 정식이사가 선임될 때까지만 권한을 가지는 일시적 기관이기는 하나, 이사와 동일한 권한을 가지는 법인의 대표기관이다.

ⓘⓘⓘ **특별대리인**　　법인과 이사의 이익이 상반되는 상황에 대해서는 이사에게 대표권이 없으며, 이때에는 이해관계인 또는 검사의 청구에 의하여 법원이 선임한 특별대리인이 법인을 대표한다(제64조).

ⓘⓥ **직무대행자**　　이사의 직무수행에 장애가 있는 경우(예: 이사선임 무효소송

---

16) 각자대표의 원칙은 각자대리의 원칙(제119조)과 같은 맥락이다(이 책 [1.94] 참조).

17) '선량한 관리자의 주의'란 '과실 없이'의 의미이다. 이에 대해서는 이 책 [2.22] 〈보충학습 2.4〉 참조.

의 당사자) 법원은 직무대행자를 선임하는 가처분을 할 수 있다(제52조의2). 직무대행자의 직무는 법인의 통상업무로 제한되는 것이 원칙이다(제60조의2).

2. 감독기관: 감사

1.166 민법상의 법인은 정관 또는 총회의 결의로 감사를 둘 수 있다(제66조). 주식회사의 경우에는 감사가 필수기관이나(「상법」 제409조제1항), 민법상의 법인에 있어서는 임의기관이다. 이는 민법상의 법인은 비영리법인이며, 주무관청의 검사·감독제도(제37조)가 있다는 점을 염두에 둔 것이다. 감사의 주요 직무권한은 법인의 재산상황과 업무를 감독하는 것이다(제67조).

3. 의사결정기관: 사원총회

1.167 〈1〉 개 념 사원총회는 모든 사원으로 구성되는 최고의 의사결정기관이다. 사원총회는 사단법인에 있어서 필수기관이며, 사원이 없는 재단법인에는 사원총회가 존재할 수 없다.

정관으로 이사라든가 그 밖의 임원에게 위임한 사항을 제외한 법인의 모든 사무는 사원총회의 결의에 의해야 한다(제68조). 특히 정관의 변경(제42조)과 임의해산(제77조제2항)은 총회의 전권사항이다. 이들 사항은 정관에 의해서도 다른 기관의 권한으로 할 수 없다. 그러나 총회의 권한에도 한계가 있다. 고유권(사원이 사단에 대하여 가지는 고유한 권리)은 총회의 결의가 있더라도 박탈할 수 없다. 소수사원권(제70조제2항)과 사원의 결의권(제73조)이 그 예이다.

1.168 〈2〉 종 류 사원총회의 종류로는 통상총회와 임시총회가 있다. 통상총회는 1년에 1회 이상 일정한 시기에 소집된다(제69조). 임시총회는 다음과 같은 경우에 소집된다: ① 이사가 필요하다고 인정한 때(제70조제1항); ② 총사원의 5분의 1 이상으로부터 회의의 목적사항을 제시하여 소집청구를 한 때(제70조제2항제1문); ③ 감사가 감사결과의 보고를 위하여 소집한 때(제67조제4호). ②에서 5분의 1이라는 수는 정관으로 증감할 수 있으나(제70조제2항제2문) 완전히 박탈하지는 못한다. 이를 '소수사원권'이라고 한다.

1.169 〈3〉 결　의　비영리사단법인의 사원총회에 있어서 각 사원의 결의권은 평등하며(제73조제1항), 사원은 총회에 자신이 직접 출석하지 않고 서면 또는 대리인을 통하여 결의권을 행사할 수 있다(제73조제2항). 그러나 정관에 다른 규정이 있는 때에는 그에 따른다(제73조제3항). 법인과 어느 사원의 관계사항을 의결할 때에는 해당 사원은 의결권이 없다(제74조). 총회의 결의는 원칙적으로 사원 과반수의 출석과 출석사원의 결의권의 과반수에 의한다(제75조제1항). 총회의 의사에 관해서는 의사록을 작성하여 비치해야 한다(제76조).

1.170 〈4〉 사 원 권　'사원권'이란 사원이 사단법인에 대하여 가지는 권리와 의무(예: 회비납부의무)를 총칭하는 개념이다. 권리로서의 사원권은 공익권(共益權)과 자익권(自益權)으로 구분된다. 전자는 사단의 관리 및 운영에 참가하는 것을 내용으로 하는 권리이다(예: 결의권, 소수사원권, 감독권 등). 후자는 사원 자신의 개인적 이익의 향유를 내용으로 하는 권리이다(예: 법인의 설비를 이용할 수 있는 권리).

영리법인과 달리 비영리법인에서는 사원 각각의 인적 요소가 중요성을 가지는 경우가 많다. 이를 고려하여 민법은 사단법인 사원의 지위는 양도 또는 상속의 대상이 되지 않는 것으로 규정한다(제56조). 그러나 이는 임의규정으로 정관에 다른 규정이 있으면 그에 따른다.[18)]

Ⅴ. 법인의 능력과 활동

1. 법인의 목적과 권리능력의 범위

1.171 법인에 권리능력이 자연인의 그것과 동일할 수는 없다. 법인의 권리능력 제한은 다음 세 유형으로 구분할 수 있다.

ⅰ **본질에 의한 제한**　법인은 그 본질상 자연인을 전제로 하는 권리(예: 생명권, 친족권, 정조권 등)를 향유할 수 없다. 그러나 법인은 인격권의 일종인 명예에 관한 권리의 주체가 될 수 있다.[19)]

ⅱ **법률에 의한 제한**　법인의 권리능력은 법률규정에 의해서도 제한된다.

---

18) 대법원 1992. 4. 14. 선고 91다26850 판결; 대법원 1997. 9. 26. 선고 95다6205 판결 등 참조.
19) 대법원 1965. 11. 30. 선고 65다1707 판결; 대법원 1997. 10. 24. 선고 96다17851 판결 등 참조.

청산법인의 권리능력은 청산의 목적 내에서만 인정된다든가(제81조), 회사는 다른 회사의 무한책임사원이 되지 못하는 것(「상법」 제173조) 등이 그 예이다.

ⅲ **목적에 의한 제한** 법인은 "정관으로 정한 목적의 범위 내"에서 권리능력을 가진다(제34조). 따라서 목적범위 외의 행위는 그 효과가 법인에 귀속하지 않는다. 여기에서의 목적은 법률이나 정관에 명시된 목적 자체에 국한되지 않고 해당 목적을 수행하는 데 직접·간접으로 필요한 행위를 모두 포함한다.[20]

2. 법인의 불법행위책임

1.172 〈1〉 개 념 대표기관이 그 직무수행과 관련하여 타인에게 손해를 가했다면 법인은 손해배상책임이 있다(제35조제1항제1문). 법인제도를 통해 사회경제활동의 영역을 넓히는 이익을 누리고 있으니 그로 인한 부작용에 대하여 책임을 져야 한다는 취지이다.

1.173 〈2〉 성립요건 성립요건은 아래와 같다.

ⅰ **대표기관의 행위일 것** 해당 행위가 대표기관[21]의 행위여야 한다. 이사 외에 임시이사(제63조), 특별대리인(제64조) 및 청산인(제82·83조)도 대표기관이므로 이들의 불법행위에 대하여도 법인이 책임을 진다.

ⅱ **직무에 관한 행위일 것** 대표기관의 가해행위가 직무와 관련된 것이어야 한다. 직무관련성 판단에 있어서 판례는 '외형이론'[22]을 채택하여, 행위의 외형상 법인의 대표자의 직무행위라고 인정할 수 있는 것이라면 설사 그것이 대표자 개인의 사리를 도모하기 위한 것이거나 혹은 법령의 규정에 위배된 것이라도 직무에 관한 행위에 해당한다고 본다.[23]

ⅲ **일반 불법행위의 요건을 갖출 것** 대표기관의 행위가 제750조의 요건을 갖추어야 한다.

---

20) 대법원 1988. 1. 19. 선고 86다카1384 판결; 대법원 2005. 5. 27. 선고 2005다480 판결 등 참조.

21) 대표기관은 그 명칭이나 직위 여하, 또는 대표자로 등기되었는지 여부를 불문하고 당해 법인을 실질적으로 운영하면서 법인을 사실상 대표하여 법인의 사무를 집행하는 사람을 포함한다(대법원 2011. 4. 28. 선고 2008다15438 판결 참조).

22) 외형이론에 대해서는 이 책 [2.294] 참조.

23) 대법원 1988. 11. 8. 선고 87다카958 판결; 대법원 1990. 3. 23. 선고 89다카555 판결 등 참조.

1.174 〈3〉 효 과 요건이 충족되면 법인은 피해자에게 손해배상을 해야 한다(제35조제1항제1문). 그리고 법인의 불법행위책임이 성립하는 경우에는 대표기관 개인의 불법행위책임(제750조)도 성립한다. 두 책임의 관계는 어떠한가? 법인이 책임을 진다고 해서 대표기관 개인이 면책되지 않는다(제35조제1항제2문). 이들 두 채무에 대하여 통설은 부진정연대채무[24]로 해석한다. 그 결과 피해자로서는 법인과 대표기관 개인 누구에게든 손해배상청구를 할 수 있다. 한편, 법인이 피해자에게 손해배상을 했다면 법인으로서는 대표기관이 선량한 관리자의 주의를 기울이지 못하여 법인에게 손해를 끼쳤다는 이유로 손해배상책임을 물을 수 있다(제61·65조). 법인과 대표기관 사이에는 위임 유사의 법률관계가 있기 때문이다.

해당 가해행위가 법인의 불법행위 요건은 충족하지 못하는 경우라도 일반 불법행위(제750조)가 성립할 수 있으며, 가해행위에 관여한 사람이 모두 연대하여 배상해야 한다(제35조제2항). 이때의 손해배상은 해당 행위가 직무범위 내인가 여부와 무관하게 인정된다.

Ⅵ. 법인의 주소

1.175 법인의 주소는 해당 법인의 주된 사무소의 소재지이다(제36조). 주된 사무소란 법인을 통제하는 수뇌부가 있는 곳이다. 법인은 주된 사무소의 소재지에서 설립등기를 함으로써 성립한다(제33조). 사무소에 관한 사항은 정관의 필요적 기재사항이며(제40조제3호, 제43조), 동시에 필요적 등기사항이다(제49조제2항제3호).

Ⅶ. 법인의 소멸

1.176 〈1〉 개 념 자연인과 달리 법인의 소멸은 단계적으로 진행된다. 즉 해산사유가 발생하면 법인은 본래의 활동을 멈추고 청산절차로 들어간다. 청산과정에 있는 법인을 '청산법인'이라고 하며, 청산이 종료하면 법인은 소멸한다. 그 과정을 요약하면 다음과 같다: ① 해산사유(제77조) 발생에 따라 해산등기(제85조) 및 해산신고(제86조); ② 현존사무의 종결(제87조제1항제1호); ③ 채권의 추심 및 채

24) 이에 대해서는 이 책 [2.120] 참조.

무의 변제(제87조제1항제2호); ④ 잔여재산의 인도(제87조제1항제3호); ⑤ 청산종결의 등기 및 신고(제94조). 이들은 모두 청산인(청산법인의 집행기관)의 사무이다.

1.177 〈2〉 해 산 법인의 해산이란 법인이 원래의 목적수행을 위한 적극적인 활동을 그치고 청산절차로 들어가는 것이다. 사단법인과 재단법인 공통의 해산사유는 다음과 같다(제77조제1항): ① 법인의 존립기간 만료; ② 법인의 목적 달성 또는 달성 불능; ③ 파산; ④ 설립허가 취소; ⑤ 기타 정관에 정한 해산사유의 발생. 사단법인 특유의 해산사유는 다음과 같다(제77조제2항): ① 사원이 없게 된 경우; ② 총회의 결의. 청산인은 취임 후 3주 내에 해산 사유 등을 등기하고(제85조제1항) 이를 주무관청에 신고해야 한다(제86조제1항).

1.178 〈3〉 청 산 청산이란 해산한 법인이 잔무를 처리하고 재산을 정리하여 권리능력을 완전히 소멸시키는 절차이다. 해산사유가 파산인 때에는 「채무자회생 및 파산에 관한 법률」에서 정하는 절차에 의하고, 해산사유가 그 밖의 것인 때에는 민법이 정하는 절차에 의한다. 청산절차에 관한 규정은 모두 제3자의 이해관계에 중대한 영향을 미치므로 강행규정으로 보아야 한다.25) 청산법인은 청산의 목적범위 내에서만 권리능력을 가진다(제81조).

청산법인의 집행기관은 청산인이다(해산사유가 파산인 경우에 집행기관은 파산관재인). 감사라든가 사원총회와 같은 다른 기관들은 그대로 유지된다. 청산인은 해산등기(제85조)·해산신고(제86조)로부터 재산의 정리(제87~92조)를 거쳐 청산등기·청산신고(제94조)에 이르기까지 법인의 소멸을 위한 모든 행위를 집행한다(제87조제2항).

파산의 경우를 제외하고 해산 당시의 이사가 청산인으로 되나, 정관 또는 총회의 결의로 달리 정하면 그에 의한다(제82조). 해산 전의 이사에 관한 규정들은 청산인에 준용된다(제96조). 정관에 의할 때 청산인이 될 사람이 없거나 청산인의 결원으로 인하여 손해가 생길 염려가 있을 때에는 법원은 직권 또는 이해관계인이나 검사의 청구에 의하여 청산인을 선임할 수 있다(제83조). 중요한 사유가 있을 때에는 법원은 직권 또는 이해관계인이나 검사의 청구에 의하여 청산인을 해임할 수 있다(제84조).

---

25) 대법원 1980. 4. 8. 선고 79다2036 판결; 대법원 1995. 2. 10. 선고 94다13473 판결 등 참조.

Ⅷ. 법인의 등기

1.179 법인의 조직과 내용을 일반에게 공시하기 위하여 법인등기제도를 두고 있다. 등기의 종류로는 설립등기(제49조: 설립허가로부터 3주 내에 목적·명칭·사무소 등을 등기), 분사무소 설치의 등기(제50조), 사무소 이전의 등기(제51조), 변경등기(제52조), 해산등기(제85조), 청산종결의 등기(제94조) 등이 있다. 이들 중 설립등기만 성립요건(따라서 등기가 없으면 법인은 설립되지 않는다)이고, 나머지는 모두 대항요건이다(제54조제1항).

Ⅸ. 법인의 감독과 벌칙

1.180 비영리법인은 설립부터 소멸까지 국가의 광범위한 감독을 받는다. 법인이 존속하는 동안에는 업무감독의 대상이 되는데 감독은 설립허가를 한 주무관청이 수행하며(제37조), 감독의 내용은 사무 및 재산상황의 검사, 설립허가의 취소 등이다(제37·38조, 제67조제3호). 해산과 청산의 감독은 법원이 수행하며(제95조), 감독의 내용은 필요한 검사와 청산인의 선임·해임이다(제95·83·84조).

법인의 이사·감사 또는 청산인이 등기사무 등 직무를 적절하게 수행하지 않으면 벌칙으로 과태료 처분을 한다(제97조).

제4장

권리의 객체

제1절 서 설

1.181 권리객체는 사람의 행위(예: 가수의 노래), 권리(예: 채권양도계약에 있어서 권리객체는 채권), 무형의 정신적 산물(예: 지식재산권), 유형의 물체(예: 토지, 냉장고), 무형의 물체(예: 전기, 가스, 열에너지) 등 다양하다. 이들 여러 권리객체 중 민법이 특별히 규율하는 것은 '물건'이다(제98~102조).

물건이란 "유체물 및 전기 기타 관리할 수 있는 자연력"이다(제98조). 즉 물건은 유체물과 아울러 무체물도 포함하며, 그 요건은 아래와 같다.

ⓘ **관리가능성** 관리가능성이란 배타적 지배가 가능하다는 것이며, 거래관념에 따라 판단한다. 유체물이라 하여 언제나 관리가능성이 있는 것도 아니며(예: 북극성은 유체물이나 현재로서는 관리가능성이 없음), 무체물이라 하여 관리가능성이 없는 것도 아니다(전기, 가스, 열에너지 등은 무체물이지만 관리가능성이 긍정됨). 과학기술과 문화의 발달에 따라 관리가능성의 범위는 확대될 수 있다.

ⓘⓘ **비인격성** 살아 있는 사람의 신체 또는 그 일부가 아니어야 한다.

보충학습 1.34 | 비인격성에 관한 쟁점

비인격성 요건과 관련하여 시체·유해가 소유권의 객체가 될 수 있는가에 대하여 학설이 대립한다. 제1설은 소유권의 객체이기는 하나 이때의 소유권은 오직 매장·제사·공양 등을 할 수 있는 권능과 의무를 내용으로 하는 특수한 소유권이라 한다. 제2설은 시체·유해에 대한 권리는 소유권이라 할 수 없으므로 관습법상의 관리권으로 이해한다. 어떤 입장이든 결론은 같다.

ⓘⓘⓘ **독립성** 존재의 일부 또는 구성부분이 아니어야 한다. 독립성의 판단은 물리적 형태에 따른 획일적 기준이 아니라 거래관념에 따른다.

1) 그 밖에 금전채권의 특수성에 대해서는 이 책 [2.75] 〈보충학습 2.15〉 참조.

보충학습 1.35 | 금전의 특수성[1)]

금전도 물건인가? 화폐도 물건의 요건을 모두 구비하고 있어 물건의 범주에 속한다. 그러나 금전은 교환의 매개물로서 지불수단의 기능, 가치척도의 기능, 가치저장의 기능을 하는 자산(assets)으로서 일반적인 물건과 달리 그 자체가 일정한 경제적 가치를 내포하고 있지 않다.[2)] 그러므로 금전은 특수한 물건이다.

금전은 물권적 청구권의 대상이 되지 않고 채권적 청구권의 대상이 될 뿐이다. B가 A의 금전 100만원을 절취한 경우 A는 B에게 채권적 청구권(불법행위 또는 부당이득)에 기하여 그 금전을 배상 또는 반환받는 것이지 물권적 청구권은 인정되지 않는다. 즉 A는 B의 절취행위로 인하여 발생한 손해 또는 손실에 해당하는 가치를 배상 또는 반환하라고 할 수 있는 것이지, A 자신이 절취당한 그 화폐 자체를 돌려달라고 요구할 수는 없다. 물권적 청구권은 그 대상이 특정되어 있음을 전제로 하는 것인데, 금전의 경우에는 그러한 특정성을 상정할 수 없으므로[3)] 물권적 청구권이 인정될 수 없다. 이러한 상황을 가리켜 "금전의 경우에는 소유와 점유가 일치한다"라고 표현하기도 한다.

제2절 부동산과 동산

Ⅰ. 개념과 구별의 실익

1.182 부동산이란 토지 및 그 정착물이고(제99조제1항), 부동산이 아닌 물건은 동산이다(제99조제2항). 부동산과 동산을 구분하는 이유는 크게 다음 두 가지이다: ① 부동산은 비교적 가치가 큰 재산이어서 거래를 보다 신중하고 안전하게 하도록 유도할 필요가 있다; ② 권리관계를 등기부와 같은 공적 장부에 기재하여 일반에게 공시하면 여러 이점이 있는데, 모든 물건을 그렇게 할 수는 없고 양적·장소적으로 제한적인 부동산만이라도 그 이상을 실현해야 한다.

부동산과 동산은 실정법상으로 여러 가지 면에서 차이가 있다. 그 중요한 것을 들면 다음과 같다: ① 공시방법에 있어서 부동산은 등기(제186조), 동산은 점

---

2) 과거 태환지폐(convertible money)와 달리 오늘날 불환지폐(unconvertible money)의 경우에는 그 자체가 아무런 상품가치도 가지고 있지 않아 명목화폐라고 부른다.

3) 앞의 사안에서 B가 A로부터 금전 100만원을 절취함으로써 그 금전은 B가 소지하고 있던 다른 금전과 혼화(이에 대해서는 이 책 [3.142] 참조)되므로 물권적 청구권의 대상을 특정할 수 없다.

유(제188조); ② 동산의 거래에 대해서는 선의취득 인정(제249조); ③ 시효취득의 요건에 차이(제245·246조); ④ 제한물권의 인정범위에 차이(예: 부동산은 질권의 대상이 되지 못함).

Ⅱ. 부 동 산

1. 토 지

1.183 일상적 의미에서 토지란 지표면을 의미한다. 그러나 법적 의미에서의 토지란 지표뿐만 아니라 지표면에 상응하는 공중과 지하까지 포함한다. 이에 따라 제212조는 "토지의 소유권은 정당한 이익 있는 범위 내에서 토지의 상하에 미친다"라고 규정한다. 토지를 구성하는 모든 요소(예: 토사·암석·지하수·동굴 등)는 토지의 구성부분으로서 당연히 해당 토지소유권의 범위에 속한다. 그러나 토지의 구성부분이라도 법률에 의하여 토지소유권의 행사가 제한되는 경우가 있다(예: 「광업법」상의 광물).

2. 토지정착물

1.184 토지정착물이란 토지에 고정되어 용이하게 이동할 수 없는 물체이다. 건물·수목·교량·송전탑 같은 것이 이에 해당한다. 토지와의 관계에서 어느 정도로 정착성을 가져야 하는가에 대한 판단은 거래관념에 의한다.

1.185 〈1〉 건 물 건물이란 토지 위에 세워진 집 따위의 인공적 구조물이다. 대부분의 법제는 "지상물은 토지에 따른다"(*superficies solo cedit*)는 원칙에 따라 건물을 토지와 독립된 물건으로 보지 않는다. 그러나 우리나라에서 건물은 토지와 독립된 부동산이다. 그러므로 토지 위에 건물이 있는 경우에 토지와 건물을 따로 처분하는 것도 가능하다. 이에 따라 「부동산등기법」은 "등기부는 토지등기부와 건물등기부로 구분한다."라고 정하고 있다(법 제14조제1항). 토지와 독립된 부동산으로서 건물이라고 하기 위해서는 어느 정도의 구조를 갖추어야 하는가? 적어도 기둥·지붕·주벽은 이루어져 있어야 한다.[4]

4) 대법원 1977. 4. 26. 선고 76다1677 판결; 대법원 1993. 4. 23. 선고 93다1527·1534 판결 등

1.186 〈2〉 수 목　수목이란 토지에 뿌리를 두고 살아 있는 목본식물을 말한다. 토지에서 분리된 나무는 동산일 뿐이다. 수목은 원칙적으로는 토지의 구성부분에 불과하나, 일정한 수목집단이 '입목' 또는 '명인방법'의 대상이 된 때에는 독립된 부동산으로 다루어진다.[5)]

보충학습 1.36 | 명인방법

명인방법이란 수목의 집단에 대하여 소유자를 제3자가 명확하게 인식할 수 있도록 일정한 표식(예: 일정한 범위의 수목집단에 철망을 치고 철망 중간에 표찰을 달아 '홍길동 소유 수목'이라고 표시)을 하는 것이다. 명인방법은 관습법상 인정되는 공시방법이다.

1.187 〈3〉 미분리과실　미분리과실이란 수목으로부터 분리되지 않은 과실이다(예: 과수의 열매 등). 수목으로부터 과실이 분리되면 이는 천연과실(제101조제1항)로서 원물인 수목과 독립된 동산이며, 과실의 수취권자에게 소유권이 귀속한다(제102조제1항). 이에 반해 미분리과실은 수목의 구성부분에 불과하다. 그러나 명인방법을 갖춘 때에는 독립된 권리객체로 인정된다.

1.188 〈4〉 농 작 물　농작물에 대해서는 특수한 이론이 있다(여기에서의 농작물은 양파, 마늘, 고추 등과 같은 1년생의 초본식물을 가리킴). 정당한 권원 없이 타인의 토지를 경작한 경우라도 그 농작물의 소유권은 경작자에게 귀속한다.[6)] 그 논거로서 판례는 농작물 재배의 경우에는 파종부터 수확까지 불과 수개월밖에 안 걸리고, 경작자의 부단한 관리가 필요하며, 그 점유가 경작자에게 귀속하고 있는 것이 비교적 명백하다는 점을 든다.

보충학습 1.37 | 농작물에 관한 판례이론 비판

서울에 사는 A는 강원도 산골 소재 甲토지의 소유자이다. A는 甲을 매수할 당시에 한

참조.

5) 이에 대해서는 이 책 [3.58]~[3.60] 참조.

6) 대법원 1963. 2. 21. 선고 62다913 판결; 대법원 1979. 8. 28. 선고 79다784 판결 등 참조.

번 방문한 것 외에 오랜 기간 방치하고 있었다. 甲토지 인근에 거주하는 B는 약 3년 전부터 A와 아무런 상의도 없이 甲토지에 감자를 심어왔다. 어느 날 甲토지를 방문한 A는 그 사실을 확인하고 B에게 감자를 제거할 것을 요구하고 있다. A의 주장은 법적으로 허용되는가?

감자와 같은 1년생의 초본농작물의 경우에 판례는, 경작자에게 토지에 대한 사용권원이 없더라도 경작자에게 농작물에 대한 소유권이 있는 것으로 본다. 그런데 정확히 말하자면, 판례이론에 의하더라도 감자에 대한 소유권이 B에게 있을 뿐 A가 자신의 토지소유권에 기하여 방해제거를 청구하는 것은 별개의 문제이다. 즉 A의 주장은 원칙적으로는 타당한 것이다. 그러나 A가 오랫동안 甲토지를 방치하고 있다가 특별한 이익도 없이 감자의 제거를 청구하는 것은 권리남용의 요건을 충족한다. 그러므로 A의 청구는 법의 조력을 얻지 못한다. A로서는 자신의 토지가 타인에 의하여 무단으로 사용되었다는 사실을 이유로 B에 대하여 부당이득의 반환(제741조) 또는 불법행위로 인한 손해배상(제750조)을 청구하는 것에 만족해야 한다. 요컨대, 판례의 결론에는 동의하나 과정은 다듬어야 하지 않을까?

Ⅲ. 동 산

1.189 우리 민법상 동산의 개념은 매우 간단하다. 부동산(즉 토지 또는 그 정착물) 외의 물건이 동산이다(제99조제2항). 전기 기타 관리할 수 있는 자연력도 동산에 속한다. 선박, 자동차, 항공기는 동산이기는 하지만 부동산과 같이 다루어진다. 즉 부동산의 등기부와 유사하게 등록부를 두어 권리관계를 공시한다.

보충학습 1.38 | 물건의 분류: 대체물 · 비대체물/특정물 · 불특정물

① **대체물 · 비대체물** 객관적 관점(즉 물건의 성질)에서 물건의 개성이 중시되는가에 따른 구별이다. 즉 동종 · 동량의 다른 물건으로 대체해도 물건의 동일성이 유지될 수 있으면 대체물(예: 곡물), 그렇지 않으면 비대체물(예: 부동산)이다. 대체물만이 소비대차계약(제598조)의 목적물이 된다는 점 등에서 구별의 실익이 있다.

② **특정물 · 불특정물** 대체물과 비대체물의 구별이 객관적 관점에서의 분류라면 특정물과 불특정물의 구별은 주관적 관점에서의 분류이다. A가 B로부터 아파트를 구입하기 위해 매매계약을 체결함에 있어서 매매목적물을 '동일한 구조와 평형의 아파트 100채 중에서 5채'라고 약정한 경우 각 아파트는 객관적으로는 비대체물이지만, A · B 사이의 계약에 있어

서 계약의 목적물은 불특정물이다. 왜냐하면 B는 A에게 동일한 종류에 속하는 아파트 5채의 소유권을 이전해주면 되기 때문이다. 특정물과 불특정물의 구별은 변제의 장소(제467조), 매도인의 담보책임(제580·581조) 등에서 실익이 있다.

제3절 주물과 종물: 종물이론

Ⅰ. 개 념

1.190 종물이론이란 어떤 물건(즉 '주물')과의 관계에서 종된 지위에 있는 물건(즉 '종물')은 주물과 법적 운명을 같이 한다는 법리이다(제100조). 가령 배와 노는 각각 주물과 종물에 해당한다. 복수의 물건이 서로 주물·종물 관계에 있다면 이들의 경제적 단일성을 유지시키는 것이 사회경제적으로 유익하다는 것이 종물이론의 취지이다.

Ⅱ. 종물이론의 적용요건

1.191 〈1〉 주물의 상용에 이바지 종물은 계속성을 띠면서 주물로 하여금 경제적 효용을 다하게 하는 것이다.[7] 그러므로 주물의 경제적 효용과 직접 관계가 없는 물건은 종물이 아니다.[8]

부동산도 종물이 될 수 있다.[9] 이는 특히 건물을 토지와 독립된 부동산으로 보는 우리 민법의 태도와 관련되는 것이다. 건물을 토지의 구성부분으로 본다면 종물은 동산에 한정되겠지만, 우리 민법에서는 그러한 제한을 둘 수 없다.

7) 대법원 1985. 3. 26. 선고 84다카269 판결; 대법원 2000. 11. 2. 선고 2000마3530 결정 등 참조.

8) 대법원 1985. 3. 26. 선고 84다카269 판결: 호텔의 각 방실에 시설된 텔레비전, 전화기 등은 호텔 각 방실 자체의 경제적 효용에 직접 이바지하는 것이 아니므로 각 방실에 대한 종물이 아니다.

9) 대법원 1993. 2. 12. 선고 92도3234 판결: 횟집으로 사용할 점포 건물에 거의 붙여서 횟감용 생선을 보관하기 위하여 신축한 수족관 건물은 위 점포건물의 종물이다.

1.192 **〈2〉 주물에 부속** 종물은 주물에 부속된 것이어야 한다. '부속'이란 주물과의 관계에서 장소적 밀접성을 가지는 것이다. 장소적 밀접성을 가져야 하는 것이지 주물의 일부여서는 안 된다. 종물은 그 자체로서 독립적으로 물건의 요건을 갖추고 있어야 한다.

1.193 **〈3〉 주물과 소유자 동일** 다음과 같은 예를 들어 생각해 보자: 甲물건은 계속적으로 乙물건의 경제적 효용에 이바지하고 있다; 그런데 甲은 P의 소유이고 乙은 Q의 소유이다. 이 경우에 甲을 乙의 종물로 보고 종물이론을 적용한다면, 가령 Q가 乙에 대한 소유권을 R에게 이전한 경우 乙과 함께 甲에 대한 소유권도 R에게 이전하게 되는데, 이는 甲의 소유권자인 P의 권리를 침해하는 것이다. 이와 같은 이유로 주물과 종물은 동일한 소유자에게 속하는 것이어야 한다.

Ⅲ. 종물이론의 효과

1.194 종물은 주물과 법률적·경제적 운명을 같이 한다(제100조제2항). 그러므로 주물에 대한 소유권의 양도나 물권의 설정 및 매매·임대차 등은 종물에도 효력을 미친다. 주물 위에 설정된 저당권의 효력은 종물에도 미친다는 규정(제358조)은 특별한 규정이기보다는 종물이론의 연장이다.[10] 제100조제2항은 강행규정이 아니다. 그러므로 당사자 간에 특약이 있다면 종물이론은 적용되지 않는다.[11]

보충학습 1.39 | 종물이론의 유추

종물이론은 물건과 물건 사이에서 인정되는 법리이다. 그러나 권리와 권리 사이에도 종물이론을 유추적용한다. 원본채권과 이자채권은 서로 주종의 관계에 있는데, 원본채권이 양도되면 이자채권도 함께 양도된다는 것과 같은 것이 그 예이다.

종물이론이 유추되는 대표적인 것으로 지상권에 기하여 타인의 토지 위에 건물을 소유하는 사람이 건물에 대하여 저당권을 설정한 경우에 건물에 대한 저당권의 효력이 그 건물의 소유를 내용으로 하는 지상권에 미치는 경우를 들 수 있다. 건물에 대한 저당권이 실행

10) 대법원 1994. 6. 10. 선고 94다11606 판결 참조.

11) 대법원 1978. 12. 26. 선고 78다2028 판결; 대법원 2012. 1. 26. 선고 2009다76546 판결 등 참조.

12) 대법원 1996. 4. 26. 선고 95다52864 판결; 대법원 2013. 9. 12. 선고 2013다43345 판결 등 참조.

되어 경락인이 그 건물의 소유권을 취득하면 건물을 경락받은 후에 건물을 철거한다는 조건으로 경매된 것과 같은 특별한 사정이 없는 한, 경락인은 종물이론에 따라 건물 소유를 위한 지상권도 취득한다.12)

제4절 원물과 과실

Ⅰ. 원물과 과실의 개념

1.195 과실이란 일정한 물건으로부터 발생한 수익이며, 과실을 발생시킨 물건이 원물이다. 우리 민법은 물건의 과실만을 인정하며, 권리로부터 발생한 수익(예: 주식의 배당금, 특허권의 사용대가)은 과실에 속하지 않는다.

Ⅱ. 과실의 종류

1.196 〈1〉 **천연과실** 천연과실이란 원물의 경제적 용법(경제적 용도)에 따라 산출된 물건이다(제101조제1항). 동물의 새끼, 유실수에서 나온 열매, 닭이 낳은 계란, 젖소에서 나온 우유 등이 천연과실에 해당한다.

1.197 〈2〉 **법정과실** 법정과실은 물건의 사용대가로 받는 금전 기타의 물건이다(제101조제2항). 임대차계약에서 물건 사용의 대가로 받는 차임, 금전소비대차에서 금전 사용의 대가로 지불되는 이자 등이 법정과실이다. 법정과실은 타인으로 하여금 일정기간 물건을 사용하게 하고 나중에 그 물건 자체(예: 임대차의 경우) 또는 그 물건과 동종·동질·동량의 물건(예: 소비대차의 경우)을 반환받는 법률관계에서 발생한다.

Ⅲ. 과실의 귀속

1.198 민법은 천연과실과 법정과실로 구분하여 과실의 귀속에 관한 질서를 정하고 있다(제102조).

ⓘ **천연과실의 귀속** 천연과실은 과실이 원물로부터 분리되는 시점을 기준으로 원물의 수익권자에게 귀속한다(제102조제1항). 천연과실은 원물로부터 발생한 수익에 해당하기 때문이다. 소유권자가 원물을 점유하고 있다면 과실수취권은 소유자에게 귀속할 것이다(제211조: 소유권은 소유물의 사용·수익·처분의 권능 포함). 소유권자가 아닌 사람에게 수익권(예: 지상권, 임차권)이 이전되었다면 소유권자가 아닌 수익권자(예: 지상권자, 임차인)에게 귀속한다.

보충학습 1.40 | 천연과실 귀속의 구체적 내용

천연과실은 원물로부터 발생한 수익이므로 과실은 원물에 대한 수익권자에게 귀속한다. 제1차적인 수익권자는 소유자이지만(제211조) 여기에 그치지 않는다. 민법은 선의의 점유자(제201조), 지상권자(제279조), 전세권자(제303조), 유치권자(제323조), 질권자(제343조), 저당권자(제359조), 매도인(제587조), 사용차주(제609조), 임차인(제618조), 친권자(제923조), 수유자(제1079조) 등도 과실수취권자로 규정한다. 그런데 과실수취권의 구체적 내용은 유형별로 차이가 있음에 유의해야 한다. 원물의 소유자·선의의 점유자·지상권자·전세권자·사용차주·임차인 등의 권리는 과실의 소유권 자체임에 반해, 유치권자·질권자·저당권자의 과실에 대한 권리는 과실에 대한 소유권 자체가 아니라 과실의 교환가치이다(유치물, 질물 또는 저당물로부터 발생한 과실에 대한 소유권은 이들 담보물의 소유권자에게 귀속하는 것이 원칙임).

ⓘⓘ **법정과실의 귀속** 법정과실은 수취할 권리의 '존속기간일수'의 비율로 취득한다(제102조제2항).

보충학습 1.41 | 제102조제2항의 의미

A는 자기 소유의 PC를 B와의 임대차계약에 따라 B에게 인도하여 현재 B가 점유하고 있다. 임차기간은 90일로 하였고 차임은 임차기간 만료일에 30만원을 지급하기로 하였다.

임대차계약의 존속기간 중 1/3이 경과한 시점에서 PC를 B의 점유상태에 놓아둔 채 A는 이 임차물에 대하여 K와 매매계약을 체결하고 이를 목적물반환청구권의 양도[13]의 방법으로 K에게 인도하였다. 그리고 이와 동시에 임대인으로서의 지위도 승계하였다.

이 경우에 임차인 B가 임대차계약에 기하여 지급해야 하는 차임은 PC로부터 발생하는 법정과실이다. 또한 임대차계약이 존속하는 중에 PC에 대한 소유자 및 임대인이 A에서 K로 변경되었다. 이 경우에 차임에 대한 권리, 즉 법정과실에 대한 수취권은 PC에 대한 소유자 및 임대인으로서의 법적 지위가 존속하는 날수의 비율로 A와 K에게 귀속되는 것이다. PC에 대한 소유자 및 임대인으로서의 법적 지위가 A에서 K로 변경된 시점이 임대차계약의 존속기간 중 1/3이 경과한 때였다. 그러므로 30만원의 법정과실은 A와 K에게 각각 1/3(즉 10만원), 2/3(즉 20만원)씩 귀속하게 된다.

13) 이 개념에 대해서는 이 책 [3.50] 참조.

제5장

기 간

Ⅰ. 의 미

1.199 기간은 독립적으로 법률요건이 되지는 않지만 다른 법률사실과 결합하여 법률요건을 구성한다(예: 성년기, 실종기간, 제척기간, 소멸시효, 취득시효 등).

Ⅱ. 기간의 계산

1. 이원주의

1.200 기간계산의 방법은 크게 두 가지이다: ① 자연적 계산법(순간으로부터 시작하여 순간까지 계산하는 방법); ② 역법적 계산법(달력에 따라 계산하는 방법). 민법은 두 가지를 병행하고 있다. 단위가 짧은 경우(기간을 시·분·초로 정한 경우)에는 자연적 계산법을, 비교적 단위가 긴 경우(기간을 일·주·월·년으로 정한 경우)에는 역법적 계산법을 사용한다.

2. 기간을 시·분·초로 정한 경우

1.201 기산점은 언제인가? 기간을 시·분·초로 정한 때에는 즉시로부터 기산한다(제156조). 만료점에 대하여 민법의 규정은 없다. 그러나 기산점과 마찬가지로 정해진 시·분·초가 종료한 때를 만료점으로 보아야 할 것이다. 7시 30분부터 3시간이라고 하면 10시 30분이다.

3. 기간을 일·주·월·년으로 정한 경우

1.202 **〈1〉 기 산 점** 원칙과 예외로 나누어 살펴본다.

ⓘ **원 칙** 기간을 일·주·월·년으로 한 경우 기산점은 초일을 산입하지 않는다(제157조 본문). 예컨대, "1월 5일 15시부터 5일"이라고 하면, 초일인 1월 5일은 산입하지 않고 다음날(1월 6일) 0시를 기산점으로 한다.

ⓘⓘ **예 외** 위 원칙에는 예외가 있다.

ⓐ 기간이 0시부터 시작하는 경우(예: "매월 1일부터 5일간") 이때에는 초일을

산입한다(제157조 단서). 초일이 온전히 1일(즉 24시간)을 채우는 경우이므로 초일을 기산점으로 하는 것이다.

ⓑ 연령계산의 경우 연령계산에서는 출생일을 산입한다(제158조).

1.203 〈2〉 **만 료 점** 기간의 단위를 일·주·월·년으로 정한 경우 만료점은 기간의 마지막 날이 종료한 때(즉 기간의 마지막 날의 24시)이다(제159조). "7월 1일 15시부터 5일간"이라고 하면 5일의 기간이 만료하는 시점은 7월 6일 15시가 아니라 7월 6일이 종료하는 시각인 7월 6일 24시인 것이다. 따라서 기간의 단위를 일·주·월·년으로 정했다면 그 기간의 만료점은 항상 어느 날이 끝나는 24시가 된다.

달력에 의한 계산에 있어서 민법은 몇 가지 세부적인 사항을 규정하고 있다.

ⓘ 기간의 단위가 주·월·년으로 정해진 때에는 날의 수로 환산하지 않고 달력에 따라서 계산한다(제160조제1항). 즉 기간의 단위를 월로 한 경우에 1달이 31일이든 28일이든 모두 1개월로 계산한다. 또한 1년이 365일이든 366일이든 모두 1년이다. 제160조제1항은 월 또는 연의 날짜 수가 다르다는 것을 염두에 둔 것이다. 그런데 '주'(週)는 예외 없이 모두 7일이므로 이 규정에 주를 포함시킨 것은 잘못이다.

ⓘⓘ 주·월·년의 처음으로부터 기간을 기산하지 않는 때에는 최후의 주·월·년에서 그 기산일에 해당하는 날의 전일(前日)을 만료점으로 한다(제160조제2항). "주, 월 또는 연의 처음으로부터 기간을 기산하지 아니하는 때"라는 것은, 예를 들면 기산점이 3월 1일이며, 그때로부터 1월의 기간이라는 식으로 기간이 정해진 때가 아닌 경우를 말한다. 기산점이 3월 1일 0시이고 그때로부터 1월이라고 하면 기간만료일은 3월 31일 24시가 된다. 제160조제2항은 이를테면 이런 의미이다. 2024년 9월 15일 15시로부터 3년이라고 하면, 기산일은 '9월 16일'이므로 3년 후의 달력에서 기산일에 해당하는 날짜인 '9월 16일'의 전날인 9월 15일 24시를 만료점으로 한다는 것이다.

ⓘⓘⓘ 기간의 단위를 월 또는 연으로 정한 경우에 최종의 달에 해당일이 없을 수도 있다. 예컨대, 윤년의 2월 29일 15시에 지금부터 1년 후라고 하면 기간의 만료점은 다음 해 2월 29일 24시인데, 다음 해에는 그 날짜가 없다. 1월 30일 15시에 지금부터 1달 후라고 하면 기간의 만료점은 2월 30일 24시인데, 그런

날짜가 없다. 이와 같은 경우에는 그 달의 말일 24시를 만료점으로 한다(제160조 제3항).

ⓘⓥ 만료점이 토요일 또는 공휴일인 때에는 그 다음날 24시를 만료점으로 한다(제161조). 만료점이 토요일 또는 공휴일인 때에는 여러 분야의 사무가 정상적으로 운영되지 않는다는 점을 고려한 것이다.

Ⅲ. 기간의 역산

1.204 일정한 시점으로부터 거꾸로 기간을 계산해야 하는 경우(예: "총회의 소집은 1주간 전에…"(제71조), "소멸시효의 기간 만료 전 6월 내…" 등)에 대해서는 민법에 규정이 없다. 그런데 이 경우에도 민법의 규정이 준용된다(통설). 사단법인의 사원총회의 소집통지의 발송기간(제71조)을 예로 들어 본다. 사원총회 일시가 5월 10일 14시라고 한다면, 기산점은 그 전날인 5월 9일 24시가 되고 만료점은 그로부터 역으로 1주(7일)를 거슬러 올라간 5월 3일 0시이다. 그러므로 늦어도 5월 2일 24시까지는 사원총회의 소집통지를 발송해야 한다.

제6장

소멸시효

제 1 절 서 설

Ⅰ. 개념과 존재이유

1.205 시효제도란 일정한 사실상태가 오래 계속된 경우에 그것이 진실한 실체관계와 합치하는가 여부를 불문하고 사실상태 그대로 권리관계를 확정하는 제도이다. 시효제도에는 취득시효제도와 소멸시효제도가 있다. 전자에서는 시간의 경과로 권리를 취득하며, 후자에서는 시간의 경과로 권리를 잃는다. 민법은, 전자는 물권 편, 후자는 총칙 편에서 규정한다.

시효기간 경과만으로 권리를 잃는다는 결과는 권리보호의 관념에 부합하지 않는 것처럼 보인다. 소멸시효를 인정하는 이유는 무엇인가? 통설은 소멸시효의 존재이유로 다음 세 가지를 든다: ① 거래의 안전 및 사회질서의 유지라는 공익적 측면; ② 증명곤란으로부터의 구제; ③ 권리행사의 태만에 대한 제재. 판례도 통설과 같은 입장이다.[1)] 이들 각각의 구체적 내용을 살펴보자.

①은, 일정한 사실상태가 있으면 그것을 기초로 거래관계가 쌓이게 되는데 현재상태가 법적으로 정당하지 않다는 이유로 사실상태를 뒤집게 되면 거래안전을 해치게 된다는 것이다. ②는, 오랜 시간의 경과로 권리관계를 증명할 수 있는 증거가 없어지기 쉬운데, 이때에는 구체적 증거보다는 현재의 사실상태에 따르는 것이 오히려 진실한 법률관계에 부합할 개연성이 크다는 것이다. ③은, 오랫동안 자기의 권리를 행사하지 않는 자는 '권리 위에 잠자는 자'이므로 보호할 필요가 없다는 것이다.

시효제도는 오랜 시간 진화를 거쳐 현재에 이른 것으로 그 존재이유를 일원적으로 설명하기는 쉽지 않다. 소멸시효의 존재이유를 다원적으로 설명하는 통설의 태도를 수긍할 수 있다. 그러나 통설의 설명 중 ③은 적절하지 않은 것 같다. 권리자가 권리를 행사하지 않고 있다는 사실을 권리박탈 사유로 삼을 수는

---

1) 대법원 1976. 11. 6. 선고 76다148 판결: "시효제도는 일정기간 계속된 사회질서를 유지하고 시간의 경과로 인하여 곤란하게 되는 증거보전으로부터의 구제 내지는 자기 권리를 행사하지 않고 소위 권리 위에 잠자는 자는 법적 보호에서 이를 제외하기 위하여 규정된 제도라 할 것이다."

없는 일이기 때문이다. ③은 존재이유라기보다는 시효로 인하여 권리가 소멸하는 사실에 대한 설명에 불과한 것이다. ②는 타당한 설명이다. 그런데 '증명곤란으로부터의 구제'는 결국 '진정한 권리자의 보호'와 같은 취지이며, 사실 시효제도의 제1차적 존재이유는 '진정한 권리자의 보호'라는 점에 유의할 필요가 있다. 요컨대, 소멸시효제도의 존재이유는 다음 두 가지로 정리하고자 한다: ① 진정한 권리관계의 보호; ② 거래안전의 유지.

보충학습 1.42 | 소멸시효가 작용하는 두 상황

P는 Q에게 금전을 대여해 주고 차용증서를 받아 두었다. 다음 두 상황을 상정해 보자

❶ **상황①** Q가 며칠 후에 대여금을 반환하였고 영수증도 받았다. 10년 이상 흐른 후 P가 차용증서를 제시하면서 대여금의 반환을 요구한다. Q는 영수증을 찾을 수 없다.

❷ **상황②** P는 Q가 대여금을 반환할 것을 잠자코 기다려 왔으나 대여금을 반환하지 않았다. 그렇게 10년 이상 흐른 후 P가 차용증서를 제시하면서 대여금의 반환을 요구한다.

상황①이든 상황②이든 간에 P는 Q에게 더 이상 대여금의 반환을 주장할 수 없다. Q에 대한 P의 권리의 소멸시효기간은 10년이기 때문이다(제162조제1항). 기간의 경과로 P의 권리가 소멸된 것으로 보게 되면 "P는 Q에 대하여 어떠한 권리도 없다"라는 사실에 기초하여 형성된 거래관계는 어떠한 손상도 입지 않는다. 즉 상황①과 상황②의 양자에 있어서 거래의 안전이 유지된다. 그런데 시효기간의 경과에 따라 P의 권리가 소멸된다면, 상황①은 진정한 권리관계에 합치하는 것이지만 상황②는 그렇지 않다. 상황②에서는 시효제도에 따라 의무자가 부당하게 의무를 면하는 결과가 된다. 이는 시효제도가 하나의 법제도이며 법제도의 획일성에 따른 결과 이해할 수밖에 없다.

상황①과 상황② 모두가 시효제도의 적용대상이라는 사실은, 시효제도의 존재이유를 '거래안전의 유지' 또는 '진정한 권리관계의 보호' 중 어느 하나만을 택하여 일원적으로 설명할 수 없는 요인이라 할 수 있다.

Ⅱ. 유사제도와의 구별

1.206 **〈1〉 제척기간** 제척기간이란 권리관계의 유동성을 제거하기 위하여 일정한 권리에 대하여 법률이 정하고 있는 권리의 행사기간이다(예: 제146조). 기간의 경과로 권리가 소멸한다는 점에서 제척기간은 소멸시효와 공통점을 가진다. 그러나 양자 사이에 차이가 있다: ① 소멸시효는 '진정한 권리관계의 보호'라는

측면이 있으나, 제척기간은 이러한 면이 없고 법률관계의 조속한 안정을 목적으로 한다; ② 소멸시효가 완성되면 기산점으로 소급하여 권리가 소멸되지만(제167조), 제척기간에는 소급효가 없다; ③ 제척기간에는 시효기간에서와 달리 중단·정지제도가 없다;[2] ④ 소멸시효에 있어서는 시효완성 후의 시효이익 포기제도가 있으나, 제척기간에는 시효이익의 포기에 대응하는 개념이 있을 수 없다(문제의 권리는 제척기간의 만료로 인하여 당연히 소멸하기 때문). 이처럼 두 제도는 별개의 제도이므로 제척기간이 있더라도 소멸시효의 적용이 배제되지 않는다.[3]

제척기간과 시효기간의 판별기준은 원칙적으로 법규의 문언에 의한다(통설). 즉 문언이 '소멸시효로 인하여', '소멸시효가 완성한다' 등이면 시효기간이고, 그 외는 제척기간으로 해석한다(민법 제정시에 입법자는 두 제도의 문언에 특히 유의하였음). 한편 권리의 성질상 제척기간인 경우도 있다. 형성권에 붙은 권리행사기간이 대표적 예이다.

1.207 〈2〉 **권리실효** 권리실효는 신의칙(제2조)의 파생원칙인 실효의 원칙[4]이 적용된 결과이다. 권리실효는 구체적 사정에 따라 판단하는 것으로서 기간을 일률적으로 특정할 수 없다.

제2절 시효소멸의 요건

Ⅰ. 소멸시효 대상적격

1.208 소멸시효의 대상은 재산권이다. 가족권·인격권과 같은 비재산적 권리는 소멸시효의 대상이 아니다. 소멸시효의 대상으로서 가장 전형적인 재산권은 채권이다(제162조제1항). 관련 문제를 검토해 본다.

---

2) 대법원 2003. 1. 10. 선고 2000다26425 판결은 제척기간에 있어서는 소멸시효와 같이 기간의 중단이 있을 수 없다고 한다.

3) 대법원 2012. 11. 15. 선고 2011다56491 판결 참조.

4) 이에 대해서는 이 책 [1.21] 참조.

ⓘ **소 유 권** 소유권도 재산권이지만 소멸시효의 대상이 되지 않는다(제162조제2항). 소유권의 항구성이다. 소유권 자체뿐만 아니라 소유권을 전제로 한 부수적 권리(예: 소유권에 기한 물권적 청구권) 또한 소멸시효의 대상이 아니다.

ⓘⓘ **점유권 또는 유치권** 점유권 또는 유치권은 소멸시효가 문제될 여지가 없다. 이들 권리는 점유라는 사실상태가 있어야 인정되며, 점유를 상실하면 소멸하기 때문이다.

ⓘⓘⓘ **담보물권** 담보물권(질권·저당권)은 그 자체가 독립적으로 시효로 소멸하지 않는다. 담보물권도 물권이기 때문에 20년의 시효(제162조제2항)로 소멸하는 것 아닌가? 그렇지 않다. 담보물권은 피담보채권과의 관계에서 부종성[5]을 가지는데, 채권은 10년의 시효로 소멸하기 때문이다(제162조제1항).

ⓘⓥ **용익물권** 지상권과 지역권은 소멸시효의 대상이 될 수 있다. 그러나 전세권은 20년의 시효로 소멸할 가능성이 없다. 전세권의 존속기간은 10년을 넘지 못하기 때문이다(제312조제1항).

ⓥ **항 변 권** 항변권(예: 동시이행의 항변권, 보증인의 최고·검색의 항변권)은 그 기초가 되는 권리에 수반되어 존재한다. 그러므로 항변권만이 독립하여 소멸시효에 걸리지는 않는다.

Ⅱ. 권리의 불행사

1.209 권리가 시효로 소멸하기 위해서는 그 권리를 행사할 수 있었음에도 불구하고 행사하지 않았어야 한다. 이에 따라 민법은 "소멸시효는 권리를 행사할 수 있는 때로부터 진행한다"라고 규정한다(제166조제1항). 즉 권리를 행사하는 데에 일정한 장애가 있다면 소멸시효는 개시되지 않는다. 여기에서 말하는 장애는 법률상의 장애만을 의미한다. 그러므로 사실상의 장애 및 주관적 사유(예: 권리자의 법률지식의 부족, 권리자가 어떤 사실을 알지 못한 사정)는 소멸시효의 개시에 영향을 주지 않는 것이 원칙이다.[6]

---

5) 담보물권이 피담보채권의 존재를 전제로 하여서만 존재하는 성질을 말한다. 예컨대, 대여금채권을 피담보채권으로 하여 저당권이 설정된 경우에 대여금채권이 존재하지 않거나 소멸한 때에는 담보물권도 소멸한다. 이에 대해서는 이 책 [3.191] 참조.

6) 대법원 1965. 6. 22. 선고 65다775 판결; 대법원 2023. 12. 21. 선고 2023다260088 판결 등 참조.

보충학습 1.43 | 제766조제1항의 예외성

불법행위로 인한 손해배상청구권의 소멸시효 기산점은 다음 두 가지이다: ① 피해자나 그 법정대리인이 손해 및 가해자를 안 때(제766조제1항); ② 불법행위가 있은 때(제766조제2항). ①의 경우에 시효기간은 3년이고 ②의 경우에는 10년이다. 제766조제1항이 시효기간의 기산점을 일정한 사실을 안 때로 설정한 것은 시효기간의 기산점에 관한 원칙에 대한 중대한 예외이다.

Ⅲ. 시효기간의 경과

1.210 소멸시효기간은 권리에 따라 20, 10, 3 또는 1년이다.

1.211 **〈1〉 원　　칙**　원칙적인 소멸시효기간은 10년과 20년이다. 채권은 10년(제162조제1항), 소유권과 채권을 제외한 나머지 권리는 20년의 기간으로 시효가 완성된다(제162조제2항). 상사채권의 일반소멸시효기간은 5년이나(「상법」 제64조 본문), 다른 법령에 이보다 단기의 시효가 있는 때에는 그에 따른다(「상법」 제64조 단서).

1.212 **〈2〉 단기소멸시효**　시효기간이 3년(제163조) 또는 1년(제164조)인 것을 단기소멸시효라 한다. 단기소멸시효를 규정한 이유는 무엇인가?

이에 대하여 종래 학설은 다음과 같이 설명한다: ① 제163조와 제164조의 채권은 일상 빈번하게 생기는 데다 금액도 많지 않은 것이 일반적이고, 또 수령증서도 교부되지 않는 일이 많고, 또한 교부되어도 그다지 오랫동안 보존되지 않는 것이 보통이므로, 단기의 소멸시효에 의하여 법률관계를 신속히 확정하여 분쟁을 억제하려는 이유에서이다; ② 제163조와 제164조의 채권은 짧은 기간의 만족을 줄 뿐, 그 결과가 오래 지속되지 않는 것이어서 다른 채권에 비해 더욱 신속히 결제되는 것이 바람직하다는 이유에서이다.

위 설명은 설득력이 없다. 단기소멸시효를 둔 이유는, 해당 채권은 단기간에 결제되는 것이 보통이라는 거래현실을 반영한 것으로 변제의 추정에 근거한다고 보아야 한다. 예컨대, 변호사의 고객에 대한 채권은 3년의 단기시효에 걸리는데(제163조제5호), 변호사가 3년 동안 고객에 대하여 아무런 조치를 취하지 않았다면 이는 고객이 이미 변제하였기 때문일 것으로 보는 것이다. 음식점 주인이 손님에 대하여 가지는 채권은 1년의 단기시효에 걸리는데(제164조제1호), 음식점 주인이 1년 동안 고객에 대하여 아무런 조치를 취하지 않았다면 이는 손님이 이미 변제했기 때문일 것으로 보는 것이다.

제3절 시효소멸의 장애: 중단과 정지

Ⅰ. 소멸시효의 중단

1. 의 미

1.213 소멸시효의 중단이란 일정한 사유(즉 '중단사유')가 있게 되면 이미 경과한 시효기간을 산입하지 않고, 그 사유가 종료된 때로부터 다시 진행하는 것이다(제178조제1항). 권리자가 진실한 권리관계를 주장한다든가 의무자가 의무를 승인하는 등의 사정이 있다면 시효제도를 그대로 관철할 수 있는 기초가 상실되는 것으로 보아야 한다. 제168조는 중단사유를 다음과 같이 정하고 있다: ① 청구; ② 압류·가압류·가처분; ③ 승인. ①과 ②는 권리자가 권리를 주장하는 행위이며, ③은 의무자가 스스로 의무를 승인하는 행위이다.

2. 민법의 규율구조

1.214 소멸시효의 중단에 관하여 민법은 11개의 조문을 두고 있다(제168~178조). 민법규정의 구조를 정리하면 아래와 같다.

ⅰ 제168·169·178조 시효의 중단사유·시효중단의 효력·중단 후의 시효진행에 관한 것으로 시효중단에 관한 일반사항을 정한다.

ⅱ 제170~177조 이들 8개 규정은 각 중단사유에 따른 구체적 사항을 규율하고 있다. 제168조제1호의 '청구'에 해당하는 것으로 다음 6가지를 규정하고 있다: ① 재판상 청구(제170조); ② 파산절차참가(제171조); ③ 지급명령의 신청(제172조); ④ 화해를 위한 소환(제173조제1문); ⑤ 임의출석(173조제2문); ⑥ 최고(제174

조). 제168조제2호의 '압류·가압류·가처분'에 대해서는 제175조 및 제176조가 규정한다. 제168조제3호의 '승인'에 대해서는 제177조가 규정한다.

보충학습 1.44 | 집행권원, 강제집행, 집행보전절차(가압류, 가처분)

❶ **집행권원** 집행권원이란 강제집행을 할 수 있는 권리를 인정해 주는 공적인 문서이다. 집행권원의 대표적인 것으로 "피고는 원고에게 천만원의 금원을 지급하라"라는 식의 이행명령이 기재된 확정된 승소판결을 들 수 있다. 그 외에 가집행선고가 붙은 미확정판결, 인낙조서, 화해조서, 조정조서, 지급명령, 공정증서 등이 있다. 한편, 집행권원에 따른 집행력의 현존 또는 집행력의 내용을 공증하기 위하여 법원사무관 등이 집행권원의 정본 말미에 부기하는 공증문서를 집행문이라 한다. 확정판결 등의 집행권원에 "위 정본은 피고 ○○○에 대한 강제집행을 실시하기 위하여 원고 ○○○에게 부여한다"라는 취지를 기재하고 법원사무관 등이 기명날인하는 것이 집행문 부여이다. 집행문은 집행권원을 가지고 제1심법원이나 공증인사무소에 신청하면 간단히 처리해 준다.

❷ **강제집행** 강제집행이란 재판 및 이에 준하는 절차를 통하여 일정한 사람에게 권리가 있음이 확정되었음에도 불구하고 의무자가 자신의 의무를 임의로 이행하지 않는 경우에 국가가 강제적으로 권리내용을 실현시켜 주는 절차이다.

❸ **집행보전절차(가압류, 가처분)** 집행권원을 취득하기까지 상당한 시일이 걸리는 것이 보통인데, 만일 권리자가 강제집행에 착수하기 전에 의무자가 강제집행의 대상이 될 재산을 숨기거나 처분하여 버리면 권리자의 강제적 권리실현은 불가능하다. 권리자로서는 이러한 위험에서 벗어나 권리 또는 법률관계에 관한 확정판결의 강제집행을 보전하기 위한 조치가 필요하다. 보통 집행보전절차라 하면 가압류와 가처분을 의미한다. 가압류는 금전채권이나 금전으로 환산할 수 있는 채권에 대하여 동산 또는 부동산에 대한 강제집행을 보전하기 위하여 그 재산을 임시로 압류하는 처분이다(「민사집행법」 제276조). 가처분은 금전채권 외에 특정물의 급부·인도를 보전하기 위하여 처분하지 못하도록 하거나 혹은 다툼이 있는 권리관계에 대하여 임시의 지위를 정하기 위한 처분이다(「민사집행법」 제300조).

3. 시효중단의 효과

1.215 시효중단사유가 있게 되면 그때까지 경과한 기간은 산입하지 않고 중단사유가 종료하는 때부터 새로이 시효기간이 진행된다(제178조제1항). 시효기간이 다시 진행되는 시점은 중단사유에 따라 다르다. 중단사유가 재판상의 청구인 때에는 재판이 확정된 때에 다시 시효기간이 진행된다(제178조제2항). 파산절차참가의 경우에는 파산절차가 종료된 때로부터, 지급명령신청의 경우에는 지급명령이 확

정된 때로부터, 압류·가압류·가처분의 경우에는 그 절차가 종료한 때로부터, 중단사유가 승인인 때에는 권리자가 승인을 인지한 때(즉 승인의 의사가 권리자에게 도달한 때)로부터 다시 시효가 진행된다.

시효중단의 효력은 당사자 및 그 승계인 사이에만 미친다(제169조).[7] 시효중단은 상대적 효력을 가진다. 여기에서 '당사자'란 시효중단에 관여한 사람이지,[8] 시효의 대상인 권리관계의 당사자가 아니라는 점에 유의해야 한다(예: B의 채권자 A가 사망하여 X·Y가 A의 채권을 공동으로 상속했는데 X만이 B에게 중단행위를 했다면 Y에게는 중단의 효력이 미치지 않음).

보충학습 1.45 | 소멸시효의 중단과 최고

A는 2022년 5월 1일 B에게 1억원의 금전을 대여하면서 대여금 반환일자를 2024년 5월 1일 15시로 약정하였다. 반환일자에 B가 대여금을 반환하지 않자 A는 B에게 채무이행을 독촉하는 편지를 보냈는데, 이는 2024년 6월 15일 15시 B에게 도달하였다. 독촉에도 불구하고 B가 채무이행을 하지 않은 채 7개월이 흘렀는데, 그동안 A는 특별한 조치 없이 기다렸을 뿐이다. 이 경우에 A의 채권에 대한 소멸시효가 완성되는 시점은 언제인가?

A의 B에 대한 권리는 10년의 기간으로 시효기간이 완성된다(제162조제1항). 일반적인 경우라면 A의 권리는 2024년 5월 2일 0시로부터 기산하여 10년 후인 2034년 5월 1일 24시 소멸시효가 완성된다. 그런데 이 사안에서는 A가 B에게 발송한 편지를 고려해야 한다. 왜냐하면 이는 시효중단사유인 최고에 해당하기 때문이다(제174조). 이 최고가 유효한 중단사유라면 채무자에게 최고가 도달한 시점으로부터 다시 시효기간을 계산해야 한다. 최고도 중단사유이기는 하나 그 효력은 미약하여, 최고를 한 때로부터 6개월 안에 재판상의 청구와 같은 조치를 취한 때에 한하여 최고의 시점에 시효중단이 있게 된다(제174조). 사안에서 2024년 6월 16일 0시로부터 6개월 후인 12월 15일 24시까지 A는 아무런 조치도 취하지 않았다. 사안에서의 최고는 시효중단의 효력이 없고, 따라서 A의 채권은 2024년 5월 2일 0시로부터 기산하여 10년 후인 2034년 5월 1일 24시 소멸시효가 완성된다.

7) 이 원칙과 달리 정책적 이유로 시효중단에 절대적 효력이 인정되는 경우가 있다(예: 제416·440조 등).

8) 대법원 1979. 6. 26. 선고 79다639 판결 등 참조.

Ⅱ. 소멸시효의 정지

1. 의 미

1.216 소멸시효의 정지란 시효중단 행위를 하기 곤란한 사유가 있는 경우에 일정 기간 시효진행을 멈추었다가 다시 진행하는 것이다. 제179조부터 제182조는 시효 완성 무렵 정지사유가 존재하는 경우에 시효완성을 유예하는 방식이다. 시효중단에서는 이미 경과한 기간을 무(無)로 돌리고 새로 시효가 진행되지만, 시효정지에서는 정지사유가 존재하는 동안 시효진행을 멈추었다가 다시 진행된다.

2. 정지사유

1.217 소멸시효는 최소한 권리자가 권리를 행사할 수 있음을 전제로 한다. 소멸시효의 기산점을 권리자가 "권리를 행사할 수 있는 때"(제166조제1항)로 정하고 있는 이유이다. 민법이 정하는 정지사유를 본다.

ⅰ 소멸시효의 기간만료 전 6개월 내에 제한능력자에게 법정대리인이 없는 때에는 그가 능력자가 되거나 법정대리인이 취임한 때로부터 6개월 내에는 시효가 완성하지 않는다(제179조). 제한능력자는 시효관리를 제대로 할 수 없음을 고려한 규정이다.

ⅱ 재산을 관리하는 부모 또는 후견인에 대한 제한능력자의 권리(예: 제한능력자가 후견인에 대하여 채권을 보유한 경우)는 그가 능력자가 되거나 후임의 법정대리인이 취임한 때로부터 6개월 내에는 소멸시효가 완성하지 않는다(제180조제1항). 부모·후견인과 제한능력자 간 이해충돌로 인해 시효관리를 제대로 할 수 없음을 고려한 규정이다.

ⅲ 부부의 일방의 타방에 대한 권리는 혼인관계가 종료한 때로부터 6개월 내에는 소멸시효가 완성하지 않는다(제180조제2항). 부부 일방이 타방에게 권리가 있더라도 부부관계의 특성상 재판상 청구 등과 같은 시효중단 행위를 하기가 어렵다는 점을 고려한 것이다.

ⅳ 상속재산에 속한 권리(예: 피상속인이 권리자인 경우로서 A가 B의 채권자인데 A가 사망한 경우)나 상속재산에 대한 권리(예: 피상속인이 의무자인 경우로서 A가 B에게 채무가

있는데 A가 사망한 경우)는 상속인의 확정, 관리인의 선임 또는 파산선고가 있은 때로부터 6개월 내에는 소멸시효가 완성하지 않는다(제181조). 상속재산을 제대로 정리할 시간이 필요하다는 점을 고려한 것이다.

ⓥ 천재 기타 사변으로 인하여 소멸시효를 중단할 수 없을 때에는 그 사유가 종료한 때로부터 1개월 내에는 시효가 완성하지 않는다(제182조).

정지사유 발생 이후 그 해소시점까지 기간의 장단은 문제되지 않는다. 가령 시효기간 만료 3개월 전에 제한능력자에게 법정대리인이 없게 되었는데 그로부터 1년 후에야 법정대리인이 취임했다면 그때로부터 6개월 후에 시효가 완성된다(제179조). 아내가 남편에게 돈을 빌려주고 시효기간(10년)을 훨씬 넘어 30년간 부부관계를 유지하다가 이혼했다면 그때로부터 6개월 후에야 시효가 완성된다(제180조).

보충학습 1.46 | 시효정지에 관한 사례

❶ **제179조** A(제한능력자)가 B에 대하여 채권(시효기간: 10년)을 보유하고 있다. 시효기산일로부터 3년이 된 때에 A의 법정대리인이 사망했고 그로부터 3개월이 지나서야 법정대리인이 새로 취임했다. 이 사안에서는 시효정지가 작용하지 않고 10년으로 시효기간이 만료한다. 정지사유가 소멸시효의 기간만료 전 6개월의 기간에 걸쳐있지 않다면 제179조가 적용되지 않기 때문이다.

❷ **제180조제1항** A(제한능력자)가 후견인(B)에 대하여 채권(시효기간: 10년)을 보유하고 있는데, 시효기산일로부터 3년이 되는 날에 A가 능력자가 되었다. 이 경우에는 그로부터 6개월이 경과하더라도 시효완성일에 미치지 못하고, 따라서 제180조제1항이 작용할 여지가 없다.

제4절 시효완성의 효과

1.218 **〈1〉 권리의 소멸** 소멸시효가 완성되면 권리자는 더 이상 그 권리를 주장할 수 없다. 주된 권리의 소멸시효가 완성되면 종된 권리에 효력이 미친다(제183조).

1.219 〈2〉 **소멸시효의 소급효** 소멸시효가 완성되면 기산일에 소급하여 권리가 소멸한다(제167조). 이는 이미 진행된 사실상태 그 자체를 소급적으로 보호하자는 취지이다. 소멸시효의 소급적 효력에 따라 채무자는 시효기산일 이후의 이자지급, 지연배상 등의 의무도 부담하지 않는다.

1.220 〈3〉 **시효이익의 포기** 소멸시효가 완성되기 전에 미리 시효이익을 포기하는 것(즉 사전포기)은 허용되지 않는다(제184조제1항). 시효이익의 사전포기를 허용하는 것은 시효제도 자체를 무의미하게 하는 것인데, 시효제도는 개인의 의사에 따라 적용되거나 적용되지 않을 제도가 아니기 때문이다. 그러나 소멸시효 완성 후 시효이익을 포기하는 것(즉 사후포기)은 허용된다(제184조제1항의 반대해석). 시효이익의 향수 여부는 개인의 개별적 이익에 관한 것이기 때문이다.

1.221 〈4〉 **시효에 관한 합의** 소멸시효의 배제·연장·가중과 같이 시효완성을 어렵게 하는 당사자 간의 특약은 무효이다(제184조제2항 전단). 그러나 소멸시효의 단축·경감을 내용으로 하는 합의는 유효하다(제184조제2항 후단). 이는 "의무를 부담하는 사람에게 유리하게"(*in favorem debitoris*)[9]의 법언에 따른 것이다.

9) 이에 대해서는 이 책 [1.136]도 참조.

제2편

채 권

제1장

총 설

2.1 「민법」 제3편(채권)은 크게 총칙(제1장)과 각칙(계약, 사무관리, 부당이득, 불법행위: 제2~5장)으로 구성되어 있다. 그리고 각칙의 4개 장은 다시 계약(제2장)과 비계약(제3~5장)으로 구분된다.

「민법」 제3편의 체계는 채권관계를 그 발생원인을 기준으로 계약과 비계약으로 구분한 것으로, 이는 로마법 이래 가장 보편적인 분류이다. 계약에 기한 채권관계를 약정채권관계(법률행위에 의한 채권관계), 기타의 채권관계를 법정채권관계(법률행위에 의하지 않은 채권관계)라고 한다. 법률행위 중 가장 큰 비중을 차지하는 것이 계약이고 보면, 「민법」 제3편의 체계는 법률행위와 비법률행위의 구분[1)]을 잘 보여주고 있다.

1) 이에 대해서는 이 책 [1.40] 참조.

제2장

채권총칙

제 1 절 채권의 효력

2.2 채권의 본질적 효력으로 본원적 효력과 강제력을 든다. 본원적 효력이란 채권자가 채무자에게 급부의 이행을 청구하고(청구력), 이에 응하여 채무자가 이행한 급부의 결과를 보유하는 효력(급부보유력)이다. 채무자가 임의이행을 하지 않으면 어떻게 되는가? 이 경우에 채권의 실현을 보장하기 위하여 강제력이 인정된다. 채무불이행에 대한 제재(예: 강제이행 또는 손해배상 등)는 채권의 강제력의 표현이다. 채권의 강제력은 '소구가능성'(법원에 소를 제기할 수 있음)과 '집행가능성'(채무자의 재산에서 강제집행을 할 수 있음)의 두 요소를 포함한다.

채권은 본원적 효력과 강제력을 모두 가지는 것이 원칙이다. 그런데 강제력이 불완전한 채권이 있는데, 이를 '불완전채무'라고 한다. 강제력 중 소구가능성이 없는 것을 자연채무(예: 채무자가 이행한 급부를 수령하면 정당한 것으로 부당이득이 아니지만, 채무자가 이행을 하지 않아도 법원에 소를 제기할 수는 없는 채무), 소구가능성은 있으나 강제집행이 배제되는 채권을 책임없는 채무(예: 채권자·채무자 간에 강제집행을 하지 않는다는 특약을 한 경우)라고 한다.

Ⅰ. 채무불이행의 의미

1. 기본관념

2.3 '채무불이행'의 문자적인 뜻은 채무를 이행하지 않는 것이지만 그 의미에 관한 논의는 꽤 복잡하다. 채무불이행의 개념에 대하여 제390조는 "채무자가 채무의 내용에 좇은 이행을 하지 아니한 때"에 채권자가 손해배상을 청구할 수 있다고 규정한다. 제390조의 문언에 의한다면 채무불이행은 "채무의 내용－현재상태>0"로 표시할 수 있다. 그런데 전통적 학설은 채무불이행의 개념을 유형으로 구분하여 파악한다.

2. 채무불이행의 유형

(1) 이행지체와 이행불능

1) 대표 유형으로서의 이행지체·이행불능

2.4 채무불이행의 대표 유형은 이행지체·이행불능이다. 우리 민법이 여러 곳에서 이행지체·이행불능을 언급하는 이유이다.

2) 이행지체의 요건

2.5 이행지체란 채무의 이행기가 도래했고 이행이 가능함에도 불구하고 아직 이행되고 있지 않은 상태이다. 이행지체의 요건을 본다.

ⅰ **이행이 가능할 것** 이행기에 이행이 가능해야 한다.

ⅱ **이행기에 이행행위가 없을 것** 이행기에 이행행위가 없어야 한다. 이행지체를 판단하는 기준에 대해서는 제387조가 정하고 있다. 제387조는 '기한'이라는 용어를 사용하고 있으나 이는 부관[1]이 아닌 이행기를 의미한다.

ⓐ 확정기한부채무: 이행기가 확정된 경우에는 약정한 날의 다음 날부터 지체가 된다(제387조제1항제1문). 이행기가 8월 10일이라면 그날까지 이행하지 않으면 이행지체가 된다.

ⓑ 불확정기한부채무: 이행기가 불확정적인 때에는(예: 8월 1일 이후 서울 고려대학교에 처음으로 비가 내릴 때를 이행기로 약정한 경우) 채무자가 그 기한이 도래하였음을 안 다음 날부터 지체가 된다(제387조제1항제2문).[2]

ⓒ 기한이 없는 채무: 채무자는 채권자에 의한 이행의 청구를 받은 다음 날부터 지체가 된다(제387조제2항).

지체의 판단기준은 위와 같으나, 만약 채무자가 담보를 손상시키는 등 기한의 이익의 상실사유(제388조)가 발생하면 지체 시점이 앞당겨진다.

ⅲ **위법성·귀책사유의 문제** 종래 학설은 이행지체의 요건으로 위법성과 귀책사유를 포함시킨다. 그러나 정확하게 말하자면 위법성과 귀책사유는 이행지체 자체의 요건은 아니며, 이행지체에 대한 제재수단 중 위법성과 귀책사유를 요건으로 하는 것(예: 손해배상책임)의 요건이라는 점에 유의할 필요가 있다.

---

1) 이에 대해서는 이 책 [1.124], [1.131] 참조.

2) 대법원 2005. 10. 7. 선고 2005다38546 판결 참조.

3) 이행불능의 요건

2.6 이행불능이란 채무의 내용에 합치하는 결과를 실현하는 것이 불가능한 상태이다. 여기에서의 불능은 채권 성립시에서는 가능했던 급부가 후발적으로 불능으로 된 경우이다.[3] 불능은 거래관념에 따라 판단되는 상대적 개념이다. 이행불능의 판단은 거래통념에 의한다. 물리적 불능에 한하지 않고 일반 거래실정에서 이행하는 것이 극히 곤란한 사정이 있다든가,[4] 일부가 불능이어서 나머지 부분만으로는 계약의 목적을 달성할 수 없는 경우도 불능이다.[5] 이행불능의 판단시점은 원칙적으로 이행기를 기준으로 하나, 이행기 이전에도 불능이 확정적이면 이행불능이 될 수 있다.

위법성과 귀책사유 문제는 이행지체에서 설명한 것과 같다.[6] 즉 위법성과 귀책사유는 이행불능 자체의 요건은 아니다.

(2) 불완전이행

2.7 〈1〉 의 미 매도인이 매수인에게 말 사료로 옥수수를 인도했는데, 그 속에 다른 열매가 포함되어 있었고 그 사료를 먹은 말이 죽었다고 가정해 보자. 이 사안은 이행지체·이행불능으로 포섭하기에 적절하지 않다. 채무자가 의무를 미이행한 것이 아니라 채무자의 적극적인 이행행위가 있었으나 그것이 불완전했기 때문이다. 이행지체·이행불능 외에 불완전이행을 고려하는 배경이다.

2.8 〈2〉 유 래 독일민법전(1900년 시행)은 '채무불이행'이라는 포괄적 개념을 사용하지 않고 이행불능과 이행지체의 두 유형을 규정하였다. 그런데 이것들로는 모든 상황을 포섭할 수 없어 학설은 제3의 유형으로 '불완전이행'의 개념을 고안하기에 이르렀다. 불완전이행론은 그 포섭범위가 계속 확대되어 갔는데, 이는 이행불능·이행지체가 포섭할 수 없는 다양한 사안들을 불완전이행에 의지할 수밖에 없었기 때문이다. 그런데 개정 독일민법전(2002년 시행)은 채무불이행의 관념에 대하여 포괄적 일반주의의 형식에 따라 '의무위반'(Pflichtverletzung: 제280조제1항)의 개념으로 대체하는 입법적 결단을 했다.

---

3) 채권 성립시부터 불능(원시적 불능)에 대해서는 이 책 [2.150] 이하 참조.
4) 대법원 1994. 5. 10. 선고 93다37977 판결; 대법원 1995. 5. 28. 선고 94다42020 판결 등 참조.
5) 대법원 1995. 7. 28. 선고 95다5929 판결 등 참조.
6) 이에 대해서는 이 책 [2.5] 참조.

2.9 〈3〉 평　　가　　우리 민법학은 오랜 기간 독일의 불완전이행론을 수용하여 채무불이행의 개념을 한정적 3유형론(이행불능, 이행지체, 불완전이행)으로 설정했다. 불완전이행론은 독일민법전의 입법상의 흠결에 기인한 것이었다. 그런데 제390조는 일반조항주의를 취하고 있어 독일과는 상황이 다르다. 독일에서 입법흠결을 보완하기 위해 등장한 불완전이행론을 수입하면서 그 근거로 제390조를 드는 것은 넌센스가 아닐까? 게다가 이제 독일에서조차 불완전이행론은 막을 내렸다. 채무불이행론에서 중요한 것은 채무불이행의 유형이 아니라 채무내용에 합치하지 않는 채무자측의 일정한 작위 또는 부작위가 있었고, 그로 인하여 채권자에게 손해가 발생했다는 점에 있다. 앞으로의 논의는 채무불이행의 유형이 아니라 실제적 중요성을 가지는 사항으로 그 중심이 옮겨져야 할 것이다.

Ⅱ. 채무불이행에 대한 제재

2.10 채무불이행에 대한 제재는 다음 두 유형으로 분류할 수 있다: ① 채권관계의 존재를 전제로 한 제재(예: 강제이행, 손해배상, 대상청구권); ② 채권관계의 파기를 내용으로 하는 제재(예: 해제).

채무불이행에 대한 제재의 핵심이 채권자의 권리 보호에 있음은 물론이다. 그런데 채무자의 인격적 자유를 심각하게 침해하면서까지 채권자를 보호할 것은 아니다. 채무불이행에 대한 제재의 목적은 채권자의 권리 보호이며, 그 한계는 채무자의 인격적 자유의 존중이다.

보충학습 2.1 | "누구도 타인에게 특정 행위를 강제할 수 없다"

"누구도 타인에게 특정 행위를 강제할 수 없다"(*Nemo praecise cogi potest ad facum*)는 법언이 있다. 이는 "말을 물가에 끌고 갈 수는 있지만, 물을 마시게 할 수는 없다"(You can lead a horse to water, but you can't make him drink)라는 영국의 속담과 통하는 것이다. 비교법적으로 보면, 코먼로는 위 법언에 충실한 법제로 볼 수 있다. 코먼로에서 채무불이행에 대한 제재는 원칙적으로 금전배상(pecuniary damages)이며 채무자에게 특정 행위를 강제하는 것(specific performance)은 극히 예외적인 경우에 한한다.

우리 민법에서도 위 법리에 근거한 해석론 또는 조문을 발견할 수 있다. 강제이행에 있어서 직접강제가 불가한 경우에 한하여 대체집행, 대체집행이 불가한 경우에 한하여 간접강제를 할 수 있다는 해석론, 간접강제도 불가한 때에는 이제 더 이상 강제이행은 불가하고 손해배상에 의할 수밖에 없다는 해석론, 손해배상의 방법에서 금전배상주의의 원칙을 정하는 제394조와 같은 것이 그 예이다.

1. 강제이행

(1) 개 념

2.11 강제이행('현실적 이행의 강제'라고도 함)이란 채무자에 의한 임의이행이 없는 경우에 국가(법원)의 권력을 빌어 채권의 내용을 강제적으로 실현하는 것이다. 강제이행을 청구하기 위해서는 채권자에게 그 자격이 있다는 사실이 확정되어야 하는데, 강제집행의 권리를 인정하는 공적인 문서를 집행권원이라고 한다.[7)]

강제이행은 이행이 가능한 상황을 전제하는 것이어서 이행불능의 경우에는 손해배상 또는 해제 등과 같은 제도에 의할 수밖에 없다. 강제이행은 이행기에 채무자가 임의로 이행하지 않음을 증명하는 것으로 족하며, 채무자의 귀책사유는 요건이 아니다. 강제이행은 채무자에게 법적 의무를 그대로 이행하라는 것이지 채무불이행에 대하여 무슨 책임을 지라는 것이 아니기 때문이다.

강제이행의 방법으로 직접강제·대체집행·간접강제가 있다.

(2) 종 류

2.12 **〈1〉 직접강제** 채무자의 의사와 무관하게 국가기관이 채무의 내용을 그대로 실현하는 것이다. A에게 동산인도 채무를 지고 있는 B가 임의이행을 하지 않는 경우에, A가 집행권원을 받아 강제로 해당 동산에 대한 점유를 이전받는 것이 그 예이다. 제389조제1항의 '강제이행'은 직접강제를 의미한다.

2.13 **〈2〉 대체집행** 원래는 채무자가 해야 할 급부를 채권자 자신 또는 제3자가 실행하고 그에 소요된 비용을 채무자에게 부담시키는 방식이다(제389조제2항). 대체집행은 급부가 누구에 의하여 행해지든 상관없는 경우, 즉 급부가 대체성을 띠는 경우에만 가능하다. 예컨대, 시설물 건축을 내용으로 하는 채무를 부

7) 집행권원의 개념에 대해서는 이 책 [1.214] 〈보충학습 1.44〉 참조.

제 2 편 채 권

담하는 사람이 임의이행을 하지 않는 경우에 대체집행이 이루어질 수 있다.

2.14 〈3〉 간접강제 임의이행을 하지 않는 채무자에 대하여 금전(채무를 이행할 때까지 하루에 ○○원의 벌금을 부과) 또는 신체자유(채무를 이행할 때까지 구금)를 압박하여 급부내용을 실현하도록 간접적으로 강제하는 방식이다(「민사집행법」 제261조). 간접강제는 강제이행 중 가장 최후의 수단이다. 간접강제는 채무자의 의사에 반하여 그에게 특정 행위를 강제하는 것으로 채무자의 인격적 자유에 대한 제한이 가장 우려되는 방식이기 때문이다.

(3) 강제이행의 순서

2.15 강제이행의 순서에 관한 명문규정은 없다. 그러나 대체집행은 직접강제가 불가한 경우에, 간접강제는 대체집행이 불가한 경우에 가능하다는 데에 이견이 없다. 이는 "누구도 타인에게 특정 행위를 강제할 수 없다"는 법리에 기초한 것이다.[8] 한편, 채무의 성질상 직접강제와 대체집행이 불가하다고 하여 언제나 간접강제가 허용되는 것은 아니다. 간접강제가 채무자의 인격적 자유를 본질적으로 침해한다면(예: 채무가 예술작품의 창작인 경우) 간접강제도 허용되지 않으며, 이때에는 다른 방식(예: 손해배상)의 구제에 의해야 한다.

(4) 강제이행과 손해배상의 관계

2.16 강제이행을 실현했더라도 그와 별도로 손해배상을 청구할 수 있다(제389조제4항). 강제이행으로 원래의 채권이 실현되더라도 손해가 남을 수 있기 때문이다(예: 이행기가 지나 채권이 실현됨으로 인해 발생한 손해에 대한 배상, 즉 지연배상).

2. 책임법적 제재: 손해배상

(1) 의 의

2.17 채무자가 채무의 내용에 좇은 이행을 하지 아니한 때에는 채권자는 손해배상을 청구할 수 있다(제390조 본문). 채무불이행에 대한 제재 중 가장 일반적이며 적용범위가 넓은 것이 바로 책임법적 제재(즉 손해배상)이다. 민법은 손해배상에 관하여 많은 조문을 배정하고 있는 이유이다. 채무불이행으로 인한 손해배상에 관한 주요 규정(제393·394·396·399조)은 불법행위로 인한 손해배상에 준용된다(제763조).

8) 이에 대해서는 이 책 [2.10] 〈보충학습 2.1〉 참조.

(2) 요 건

2.18 채무불이행으로 인한 손해배상의 요건은 다음과 같다: ① 손해의 발생; ② 귀책사유; ③ 위법성; ④ 인과관계.

1) 손해의 발생

2.19 〈1〉 개 념 손해가 없다면 배상의 문제가 발생할 여지가 없으므로 '손해의 발생'은 민사책임 성립을 위한 제1차적 요건이다. 손해란 가해행위가 없었다면 있었어야 할 상태와 가해행위로 인하여 발생한 현재의 이익 상태 사이의 차이이다(이른바 '차액설').

손해의 발생에 대한 증명책임은 채권자에게 있다. 그러므로 채권자가 손해의 발생 사실에 대하여 주장·증명하지 않으면 변론주의의 원칙상 법원은 손해액을 산정할 수 없다.[9] 다만, 금전채무 불이행의 경우에는 손해의 증명을 요하지 않는다(제397조제2항).[10] 금전채무의 불이행은 당연히 손해(이행기 이후로부터 이자 손해가 발생하는 것으로 간주함)를 발생시키는 것으로 보는 것이다.

2.20 〈2〉 손해의 종류 손해에 관한 주요 분류를 살펴본다.

ⓘ 재산적 손해/비재산적 손해 채무불이행으로 인한 손해는 재산적 손해가 일반적이다. 비재산적 손해 중에서 정신적 손해에 대한 배상을 위자료라 한다. 제390조의 손해배상에 위자료도 포함되는가? 불법행위책임(제751·752조 등)과 달리 채무불이행에서는 명문규정이 없으나 통설·판례는 채무불이행에서도 위자료를 인정하는 입장이다.[11] 다만, 채무불이행으로 고통은 보통 재산적 손해에 대한 배상으로 회복되는 것이므로 정신적 손해배상이 인정되기 위해서는 재산적 손해의 배상만으로는 회복될 수 없는 정신적 고통을 입었다는 특별한 사정이 있고, 채무자가 그 사정을 알았거나 알 수 있었어야 한다는 입장이다.[12] 즉 정신적 손해는 제393조제2항이 정하는 특별손해이다.[13]

---

9) 대법원 2000. 2. 11. 선고 99다49644 판결 등 참조.
10) 금전채무의 특수성에 대해서는 이 책 [2.75] 〈보충학습 2.15〉 참조.
11) 대법원 1993. 11. 9. 선고 93다19115 판결; 대법원 2022. 7. 14. 선고 2022다222881 판결 등 참조.
12) 대법원 2004. 11. 12. 선고 2002다53865 판결 등 참조.
13) 이에 대해서는 이 책 [2.27] 참조.

보충학습 2.2 | 코먼로에서 계약위반으로 인한 정신상의 손해에 대한 배상

코먼로에서 계약위반으로 인하여 채권자가 정신적 충격(emotional distress)을 받은 경우, 그에 대한 손해배상을 청구할 수 있는가? 불법행위로 인한 손해배상(torts)과 달리 계약위반의 경우에는 정신상의 손해배상을 인정하지 않는 것이 원칙이다. 불법행위에 있어서 피해자가 입은 손해는 예기치 않은 것이어서 정신상의 손해배상을 인정할 여지가 있다. 그러나 계약관계에서는 타방이 계약을 위반할 수도 있다는 사실을 염두에 둔 관계이다. 즉 계약위반으로 인하여 피해자에게 정신상의 고통이 있더라도 그것은 그가 감수해야 할 영역으로 보는 것이다.

ⓘⓘ 적극적 손해/소극적 손해　적극적 손해(*damnum emergens*)란 기존 이익의 멸실 또는 감소이고, 소극적 손해(*lucrum cessans*)란 장래에 있어서 이익의 획득이 방해됨으로써 입는 손실이다(소극적 손해는 일실손해라고도 함). 일반적으로 손해라 하면 이 두 가지를 모두 포함한다.

2) 귀책사유

2.21 〈1〉 개　념　우리 민법은 대륙법의 전통에 따라 채무불이행으로 인한 손해배상에 있어서 과실책임주의를 취하고 있다(제390조 단서). 귀책사유에 대한 증명책임은 채무자에게 있다.

보충학습 2.3 | 계약위반으로 인한 손해배상에 있어서 귀책사유에 관한 비교법

코먼로에 있어서 계약상의 의무는 절대적인 것으로서 면책사유(예: 불가항력)가 없는 한, 손해배상의 책임이 발생한다. 코먼로의 계약책임은 특별한 면책사유가 있는 경우에만 면책된다는 의미에서 '면책주의', 과실이 없어도 책임을 진다는 의미에서 '엄격책임'(strict liability)이라고 한다. 즉 코먼로에서 귀책사유는 계약위반으로 인한 손해배상청구권의 성립요건이 아니다.

2.22 〈2〉 귀책사유의 가중·경감　귀책요건을 가중·경감할 수 있는가? 사적자치의 원칙상 가능하다.

명문규정으로 귀책요건을 경감하는 경우가 있다. 무상임치에 관한 제695조가 그 예이다.[14] 증여·사용대차와 같은 무상계약의 경우에 채무자는 고의 또는

14) 이에 대해서는 이 책 [2.233] 참조.

중과실의 경우에만 책임을 지도록 한 법제도 있다. 우리 민법에는 그와 같은 규정이 없으나, 제2조를 매개로 제695조의 취지를 다른 무상계약에 유추적용할 수 있을 것이다.

귀책요건이 가중되는 경우도 있는데, 이행지체 중에 생긴 손해에 대해서 채무자는 무과실책임을 진다(제392조).

보충학습 2.4 | 추상적 과실과 구체적 과실

추상적 과실은 사회평균인을, 구체적 과실은 행위자 개인을 주의의무의 기준으로 하여 과실 유무를 판단한다. '사회평균인'이란 단순히 추상적인 일반인이 아니라 과실 판단의 대상인 사람과 같은 업무·직무에 종사하는 사람을 뜻한다.[15] 추상적 과실 기준에 의하게 되면 만약 행위자가 그와 동일한 업무·직무에 종사하는 사람보다 인식능력이 떨어지더라도 과실이 있다고 판단할 것이다. 반대로 동일한 업무·직무에 종사하는 사람보다 인식능력이 높더라도 과실이 없다고 판단할 것이다. 이와 같이 추상적 과실 기준에서는 구체적 개인과 과실 기준 사이에 틈이 있게 된다.

그런데 구체적 과실은 과실 판단의 대상인 사람 그 자신을 기준으로 과실 여부를 판단하므로 그러한 틈이 존재하지 않는다. 동일한 업무·직무에 종사하는 사람보다 인식능력이 떨어지는 사람에게는 추상적 과실 기준보다 구체적 과실이 책임을 경감하는 결과가 된다. 반면, 동일한 업무와 직무에 종사하는 사람보다 인식능력이 높은 사람에게는 추상적 과실보다 구체적 과실이 그의 책임을 가중하는 결과가 된다. 그럼에도 불구하고 구체적 과실 기준에 의하게 되면 그의 인식능력을 넘는 기준을 적용받지는 않는다. 이런 이유에서 구체적 과실은 추상적 과실보다 책임을 경감하는 것으로 설명한다.

2.23 **〈3〉 법정대리인·이행보조자의 귀책사유** 채무자의 법정대리인이 채무자를 위하여 이행하거나 채무자가 타인을 사용하여 이행하는 경우에 법정대리인 또는 피용자의 고의·과실은 채무자의 고의·과실로 본다(제391조). 타인의 서비스로 채무자 본인이 이익을 얻는다면 그로부터 발생하는 불이익도 본인에게 귀속시켜야 한다는 것이 그 근거이다.

3) 위 법 성

2.24 위법한 행위로 인하여 발생한 손해를 전보하는 것을 '배상'이라 하며, 이는 적법한 원인으로 인하여 발생한 손해를 전보하는 '보상'(예: 제216조제2항)과 구별

15) 대법원 1987. 1. 20. 선고 86다카14691 판결; 대법원 2001. 1. 19. 선고 2000다12532 판결 등 참조.

된다. 불법행위책임 분야에서는 위법성과 관련하여 매우 복잡한 논의가 있다.[16)] 그러나 채무불이행책임에서의 위법성 판단은 상대적으로 간단하다. 계약은 당사자 사이에서 곧 법을 대신하는 것이므로(이는 사적자치의 원칙의 표현임), 채무불이행은 특별한 사정(가령 유치권, 동시이행관계 등과 같은 위법성 조각사유)이 없는 한 위법한 행위이다.

4) 인과관계

2.25 가해행위(즉 채무불이행)와 손해 사이에 인과관계가 있어야 한다. 여기에서의 인과관계는 의학적·자연과학적 시각이 아니라 사회적·법적 인과관계이므로 반드시 자연과학적 방법으로 증명되어야 할 것은 아니다.[17)]

(3) 효과: 손해의 배상

1) 손해배상의 방법

2.26 손해배상의 방법으로 우리 민법은 금전배상주의를 원칙으로 하면서 예외적으로 다른 의사표시가 있으면 금전배상 외의 손해배상도 가능하다고 규정한다(제394조). 금전배상주의는 "누구도 타인에게 특정 행위를 강제할 수 없다"는 법리를 그 근거로 한다.[18)] 당사자 간의 합의로 금전배상 외의 배상이 가능함은 물론이나, 합의가 없는 경우에도 가능하다고 해석할 여지가 있다. 금전배상주의는 채무자의 인격적 자유의 존중에 근거하는 것이므로 그 취지에 어긋나지 않는 한도 내에서는 금전배상 외의 손해배상이 허용될 수 있기 때문이다.[19)]

2) 손해배상의 범위

2.27 채무불이행의 결과는 연쇄의 고리를 따라 무한으로 확대될 수 있다. 채무자의 손해배상책임을 합리적인 범위로 조정할 필요가 있다.

손해배상의 범위에 관하여 제393조는 다음과 같이 규정한다: ① 채무불이행으로 인한 손해배상은 통상의 손해를 그 한도로 한다(제1항); ② 특별한 사정으로 인한 손해는 채무자가 그 사정을 알았거나 알 수 있었을 때에 한하여 배상의 책

16) 이에 대해서는 이 책 [2.280] 참조.

17) 대법원 2000. 3. 28. 선고 99다67147 판결 등 참조.

18) 이에 대해서는 이 책 [2.10] 〈보충학습 2.1〉 참조.

19) 특정물채권의 목적물로부터 발생한 천연과실의 귀속(이 책 [2.72] 참조), 제3자의 임차권침해에 대한 방해배제청구(이 책 [2.53] 〈보충학습 2.11〉 참조) 등에서 금전배상이 아닌 손해배상의 예를 볼 수 있다.

임이 있다(제2항). 제1항은 통상의 경험칙상 통상인이 예견할 수 있는 것이어서 당연히 배상범위에 포함되는 손해(통상손해)를, 제2항은 통상인의 경험칙을 벗어난 것이어서 당연히 배상범위에 포함되지는 않고 채무자가 그것을 예견했거나 예견할 수 있었던 경우에 한하여 배상범위에 포함되는 손해(특별손해)를 규정하고 있다.

보충학습 2.5 | 제393조의 입법계통

우리 민법은 프랑스민법전의 영향 아래 형성된 영국의 판례(1854년 Hadley vs. Baxendale) 이론을 수용한 일본민법(제416조)을 모범으로 하여 제393조를 규정하였다. 제393조제1항과 제2항은 각각 Hadley v. Baxendale 판례가 제시하고 있는 제1원칙(계약위반으로부터 사물의 통상적 경과에 따라 발생하는 손해는 배상범위에 포함된다)과 제2원칙(합리적으로 볼 때 당사자가 계약체결시에 계약위반의 개연적 결과로 예견할 수 있었다고 생각되는 손해는 배상범위에 포함된다)을 반영한 것이다. 제1항의 손해는 사물의 통상적 경과에 따라 발생하는 결과이므로 상대방에 의하여 당연히 예견된 것으로 간주된다. 제2항의 손해는 사물의 통상적 경과를 벗어난 특별한 사정으로 인하여 발생하는 결과이므로 그것을 예견했거나 예견할 수 있었던 경우에 한하여 손해배상의 범위에 포함될 수 있다. 제1항이든 제2항이든 '예견'이라는 개념을 중심으로, 제1항은 마땅히 예견했어야 하는 경우를, 제2항은 실제로 예견했거나 예견할 수 있었던 경우를 정하고 있는 것이다.

3) 손해배상액의 산정

2.28 제393조에 따라 손해배상의 범위를 판단했다면 그 다음으로 배상액을 산정하는 작업이 필요하다. 손해배상액 산정에 관한 주요 이슈를 살펴본다.

2.29 〈1〉 **지연배상액과 전보배상액** 쉽게 말해 지연배상과 전보배상은 각각 이행지체와 이행불능에 대한 배상 형태이다. 그리고 지연배상은 원채무의 이행을 전제로 한다. 그런데 이행지체의 경우 채권자가 상당한 기간을 정하여 이행을 최고하여도 그 기간 내에 이행하지 않거나 지체 후의 이행이 채권자에게 이익이 없는 때에는 채권자는 수령을 거절하고 이행에 갈음한 손해배상(즉 전보배상)을 청구할 수 있다(제395조).[20] 민법은 이때의 이행지체를 이행불능과 같은 것으

20) 여기에서의 최고는 상황전환효 최고(이에 대해서는 이 책 [1.17] 〈보충학습 1.2〉 참조)에 해당한다.

로 보는 것이다.

보충학습 2.6 | 전보배상액의 계산

A(매도인)와 B(매수인)는 3월 1일 甲토지에 대하여 매매대금 3,000만원으로 계약을 체결하면서 5월 1일 각자의 채무를 동시에 이행하기로 합의하였다. 그런데 4월 1일 C가 나타나 甲토지를 3,500만원에 매수하겠다고 제안하자 A는 다시 C와 매매계약을 체결하면서 5월 1일 각자의 채무를 동시에 이행하기로 합의하였다. 5월 1일 A와 C는 각각 자신의 채무를 이행했다. B가 A에게 손해배상을 청구할 때 그 금액은 얼마인가?

B·C와 이중계약을 체결한 A가 C에게 채무를 이행했으므로 B에 대해서는 채무불이행책임을 져야 한다. 구체적인 배상액은 얼마인가? 전보배상액은 채무불이행 당시의 시가에서 A·B간 매매계약에서 정한 매매대금을 뺀 금액이다. 채무불이행 당시의 시가가 3,000만원을 넘는다면 B는 A에게 그 차액에 대하여 배상청구를 할 수 있다. 그러나 만약 채무불이행 당시의 시가가 3,000만원 이하라면 손해배상을 청구할 수 없다. 손해가 존재하지 않기 때문이다.

2.30 **〈2〉 이득공제** 이득공제란 채무불이행으로 인하여 채권자에게 손해가 발생한 반면 동시에 이로 인하여 이익도 발생한 경우에 손해배상액의 산정에 있어서 그 이익을 공제하는 것이다. 명문규정은 없으나 손해의 개념으로부터 당연히 도출되는 개념으로 이해한다. 가령 채무자가 물건인도 채무를 이행하지 않아 채권자가 손해를 입었으나 동시에 그 물건을 보관하는 데 드는 비용을 지출할 필요가 없게 되었으므로 그 절약한 비용을 손해배상액에서 공제하게 된다.[21)]

2.31 **〈3〉 과실상계** 과실상계란 손해의 발생에 대하여 피해자에게도 과실이 있는 경우에 그것을 참작하는 것이다(제396조). 1,000만원의 손해가 발생했는데 피해자에게도 그 손해발생에 30%의 과실이 있다면 이를 고려하여 배상액은 700만원이 된다. 만약 이득공제와 과실상계 사유가 병존한다면 과실상계 후에 이득공제를 한다.[22)]

2.32 **〈4〉 중간이자의 공제** 채무불이행으로 인하여 장래 얻을 수 있는 이익

21) 대법원 2002. 5. 10. 선고 2000다37296·37302 판결 참조.
22) 대법원 1981. 6. 9. 선고 80다3277 판결; 대법원 2010. 2. 25. 선고 2009다87621 판결 등 참조.

을 상실한 경우에 현재 시점에서 배상액을 일시금으로 지급할 때에는 장래의 취득예정액에서 그 사이의 중간이자를 공제해야 한다. 그렇지 않으면 채권자에게 부당한 이득이 되기 때문이다. 중간이자 공제의 방식으로는 단리계산법(Hoffmann식)과 복리계산법(Leibniz식)이 있다. 일반적으로 판례는 단리계산법에 따르면서도[23] 법원의 자유로운 판단에 따라 복리계산법도 허용된다는[24] 입장이다.

4) 손해배상액의 예정

2.33 손해배상액의 예정이란 채무불이행의 경우에 지급해야 할 배상액을 미리 약정하는 것이다(제398조제1항). 채무불이행을 이유로 채권자가 손해배상을 받기 위해서는 손해액을 주장·증명해야 하는데, 그 과정에서 자신의 노하우 또는 영업비밀이 드러난다든가 손해액의 증명에 어려움을 겪는 등의 불편함을 겪을 수 있다. 손해배상액의 예정을 한다면 그러한 불편을 피할 수 있다. 손해배상의 예정이 있다면 채권자는 예정배상액만을 청구할 수 있으며, 이는 실손해가 예정배상액을 초과하더라도 마찬가지이다.[25] 이런 이유로 예정배상액을 과다하게 약정하는 경우가 발생하게 되는데, 예정배상액이 과다한 때에는 법원은 직권으로 감액할 수 있다(제398조제2항).

손해배상액의 예정과 구별해야 할 것으로 위약벌이 있다. 위약벌은 채무불이행 자체에 대한 벌금이다. 위약벌은 손해배상의 의미를 포함하지 않으므로, 채권자는 채무자에게 손해배상을 받고 그와 별도로 위약벌로 약정한 금액을 청구할 수 있다.

손해배상액의 예정 또는 위약벌과 같이 채무불이행에 대비하여 이루어진 약정을 총칭하여 위약금 약정이라 한다. 위약금 약정의 구체적 성질이 증명되지 않을 때에는 손해배상액의 예정으로 추정한다(제398조제4항).

23) 대법원 1965. 9. 25. 선고 65다1534 판결 참조.
24) 대법원 1983. 6. 28. 선고 83다191 판결 참조.
25) 대법원 1993. 4. 23. 선고 92다41719 판결; 대법원 2010. 7. 15. 선고 2010다10382 판결 등 참조.

보충학습 2.7 | 손해배상액의 예정에 관한 학설 논쟁

손해배상액의 예정에 관한 학설 논쟁으로 두 가지를 검토한다.

① 손해배상액의 예정이 있다면 손해발생에 대한 증명은 요구되지 않는가(제1설)? 구체적인 액수를 증명할 필요는 없지만 그래도 손해가 있다는 사실은 증명해야 하는가(제2설)? 손해배상액의 예정은 손해에 대한 증명을 피하고자 하는 것인데, 이에 반하여 증명을 요구하는 것은 당사자의 의사에 반한다. 제1설이 타당하다.[26)]

② 채무자의 귀책사유가 있는 경우에 한하여 채무자가 예정배상액을 지급해야 하는가? 손해배상액의 예정은 귀책사유 유무에 관하여 일체의 분쟁을 피하려는 취지이므로 귀책사유에 대한 증명은 불필요하다는 학설도 있다. 그러나 그리 볼 것은 아니다. 궁극적으로는 의사해석의 문제일 것이나, 일반적으로 손해배상액의 예정이 있다고 하여 채무자가 위험을 인수한 것으로(과실 없이도 책임을 진다는 의사) 해석하는 것은 무리이므로 채무자의 귀책사유에 대한 증명은 필요하다 할 것이다.[27)]

5) 손해배상자의 대위

2.34 A·B 간의 임치계약에 따라 A가 B 소유의 甲물건을 보관하던 중 C가 甲을 훔쳐갔다. 이 사고에는 A의 과실도 개재된 것으로 판명되었다. B는 A에게 손해배상을 청구하여 甲의 시가에 해당하는 금액을 배상받았다. 이와 같이 채권자(B)가 그 채권의 목적인 물건 또는 권리의 가액 전부를 손해배상으로 받은 때에는 채무자(A)는 그 물건 또는 권리에 관하여 당연히 채권자를 대위한다(제399조). 즉 손해배상을 한 A가 종전의 B의 甲에 대한 지위(즉 소유자)를 대위하여 甲에 대한 소유권을 취득한다. 이를 손해배상자의 대위라 한다. 손해배상채권자가 이중이득을 취하는 것을 방지하기 위한 것이다.

3. 대상청구권

2.35 대상청구권이란 원래의 급부가 후발적 불능인 경우에 이행을 불능하게 한 사정의 결과로 채무자가 대상(代償: 이행불능의 대가로 취득한 이익)을 취득했다면 채권자가 채무자에게 그것의 양도를 청구하는 권리이다. 이행불능에 대하여 채무자에게 귀책사유가 있든 없든 인정된다. 명문규정은 없으나 이를 인정하는 데에

26) 대법원 1975. 3. 25. 선고 74다296 판결; 대법원 2000. 12. 8. 선고 2000다50350 판결 등 참조.
27) 대법원 2007. 12. 27. 선고 2006다9408 판결; 대법원 2010. 2. 25. 선고 2009다83797 판결 등 참조.

학설·판례상 이견이 없다. A가 자기 소유의 甲물건에 대하여 B와 매매계약을 체결했는데 제3자 C의 과실로 甲이 멸실되었다면 A는 C에게 불법행위에 기한 손해배상청구권(제750조)을 취득한다(C는 과실로 타인의 소유권을 침해했으므로). 이때 B는 A에게 A의 C에 대한 손해배상청구권(즉 '代償')의 양도를 청구할 수 있다. 대상청구권은 채권관계의 존속을 전제로 하는 제재로서 대상청구권을 행사하는 사람은 그의 채무도 이행해야 한다. 채권자는 채무자에게 대상의 양도를 청구하는 것이지(즉 대상청구권은 채권적 청구권) 대상 자체가 채권자에게 귀속되는 것은 아니다.[28]

4. 계약의 파기: 해제·해지

(1) 의 미

2.36 〈1〉 개 념 강제이행·손해배상·대상청구권 등은 채권관계의 존속을 전제로 한 제재이다. 이와 달리 해제·해지는 해당 계약을 파기하는 방법으로 계약을 위반한 채무자를 제재하는 것이다. 해제는 일시적 계약(예: 매매계약)의 위반시에 계약을 소급적으로 파기하는 것임에 반해, 해지는 계속적 계약(예: 임대차계약)관계에서 일부는 정상적으로 이행되었고 특정 시점 이후부터 계약위반이 있는 경우에, 정상적으로 이행된 부분은 그대로 두고 계약위반 시점 이후부터 장래에 향하여 계약관계를 파기하는 것이다.

계약의 해제·해지는 계약의 구속력을 부정함으로써 채권자가 계약으로부터 해방되어 다른 사람과 계약관계를 형성할 수 있도록 한다. 해제·해지는 계약의 구속력과 거래의 자유 사이의 타협점에 위치하는 것으로 계약위반의 정도가 중대한 경우에 한하여 인정된다.

해제·해지는 특히 쌍무계약에서 의미를 가진다. 편무계약에서는 일방만이 채무를 부담하고 상대방에게는 반대급부의무가 없으므로 해제·해지의 핵심특질(즉 채권자가 계약관계로부터 해방)이 발현되지 않기 때문이다.

2.37 〈2〉 해제·해지권의 법적 성질 해제·해지권은 상대방에 대한 의사표시로 행사한다(제543조제1항). 우리 민법은 해제·해지권을 형성권으로 정하고 있다(제543조제1항). 해제·해지의 의사표시는 철회할 수 없다(제543조제2항). 이는 형성권

28) 대법원 1996. 10. 29. 선고 95다56910 판결; 대법원 2012. 6. 28. 선고 2010다71431 판결 등 참조.

의 일반적 특질의 반영이다. 해제·해지는 계약을 처분하는 일이므로 해제·해지권은 계약당사자(또는 그 지위를 승계한 사람)와 같이 해당 계약의 처분권자에게 속한다.

해제·해지권의 성질로서 불가분성도 유의해야 한다. 당사자의 일방 또는 쌍방이 복수인 경우에는 계약의 해제·해지는 그 전원으로부터 또는 그 전원에 대하여 행사한다(제547조제1항). 이는 이론적인 이유보다는 현실적 이유에 근거한다. 즉 다수당사자가 관련되어 있는 계약에서 누구와의 관계에서는 계약이 해제·해지되고, 또 누구와의 관계에서는 계약관계가 존속함으로써 발생하는 법률관계의 복잡성을 피하기 위한 것이다.[29]

2.38 **〈3〉 유사개념과의 구별** 제543조 이하의 해제·해지는 주로 법정해제·법정해지에 관한 것이다. 계약위반이 있는 경우에 그 상대방에게 법률상 인정되는 권리라는 의미이다. 법정해제·법정해지와 구별되는 개념을 보기로 한다.

ⓘ **합의해제·해지** 계약위반과 무관하게 계약당사자의 합의에 따라 계약관계를 해소하는 것이다. 명문규정은 없으나 사적자치의 원칙상 유효하다.[30]

ⓘⓘ **실권약관** 계약체결과 동시에 또는 계약체결 후의 특약으로 "당사자 중 1인이 위약할 때에는 그 계약은 무효로 한다(또는 자동적으로 해제·해지된다)"라는 내용의 약정이다.[31]

ⓘⓘⓘ **약정에 의한 해제·해지권의 유보** 당사자 간의 합의에 의하여 일방에게 일방적 의사표시로 계약을 해제·해지할 수 있는 권한을 주는 것이다. 이는 일방적 의사표시에 의한 해제·해지라는 점에서 법정해제·해지와 유사하나, 채무불이행을 요건으로 하지 않는다는 점에서 차이가 있다.

(2) 해 제

1) 해제권의 발생

2.39 해제는 계약의 구속력을 부정하는 제재이므로 해제권은 계약위반의 정도가 중대한 때에 발생한다. 현행법상 해제는 유책적 계약위반에 대한 제재이므로 다음에서 설명하는 해제사유는 귀책사유를 전제로 하는 것이다.

---

29) 대법원 2013. 11. 28. 선고 2013다22812 판결; 대법원 2022. 7. 14. 선고 2021다294674 판결 등 참조.

30) 대법원 2003. 2. 11. 선고 2002다62333 판결 등 참조.

31) 대법원 1994. 9. 9. 선고 94다8600 판결; 대법원 2010. 7. 22. 선고 2010다1456 판결 등 참조.

2.40 〈1〉 이행불능 이행불능은 중대한 계약위반의 전형이다. 이행불능이 되면 더 이상 계약의 목적을 달성할 수 없으므로 채권자는 즉시 계약을 해제할 수 있다(제546조).

2.41 〈2〉 이행지체 이행지체가 있다고 해서 언제나 계약의 목적을 달성할 수 없는 것은 아니다. 그런데 만약 채권자가 이행지체로 인하여 계약의 목적을 달성할 수 없다는 사실을 증명한다면 이행지체도 해제사유가 될 수 있다. 이행지체의 경우에 해제를 위하여 채권자가 언제나 그와 같은 증명을 해야 하는가?

ⓘ **일반적인 이행지체**(제544조) 당사자 일방이 그 채무를 이행하지 아니하는 때에는 상대방은 상당한 기간을 정하여 그 이행을 최고하고, 그 기간 내에 이행하지 아니한 때에는 계약을 해제할 수 있다. 상당기간 내에 이행하지 않으면 계약의 목적을 달성할 수 없는 것으로 간주하는 것이다(제544조 본문).[32] 이는 독일민법에서 유래하는 법기술(Nachfrist)로서 채권자의 증명책임을 완화해 주는 기능을 한다. 그런데 채무자가 미리 이행하지 아니할 의사를 표시한 경우에도 최고를 해야 해제권을 취득하는가? 이 경우에 최고는 무용한 일이므로 민법은 최고를 요하지 않는다고 정하고 있다(제544조 단서).[33]

ⓘⓘ **정기행위의 이행지체**(제545조) 초대장의 제작·인쇄의 일을 맡은 사람이 행사일까지도 채무를 이행하지 못한 경우를 생각해 보자. 이때의 이행지체는 이행불능과 달리 볼 이유가 없다. 정기행위(계약의 성질 또는 당사자의 의사표시에 의하여 일정한 시일 또는 일정한 기간 내에 이행하지 않으면 계약의 목적을 달성할 수 없는 경우)에 있어서 당사자 일방이 그 시기에 이행하지 않으면 상대방은 최고 없이 즉시 계약을 해제할 수 있다(제545조).

2.42 〈3〉 기타의 채무불이행 민법이 해제권의 발생원인으로 이행불능과 이행지체를 규정하고 있기는 하나, 해제사유가 이 두 가지로 한정되는 것은 아니다. 계약해제에 있어서 이행불능·이행지체와 같은 유형 그 자체보다는 채무자의 채

---

32) 여기에서의 최고는 상황전환효 최고(이에 대해서는 이 책 [1.17] 〈보충학습 1.2〉 참조)에 해당한다.

33) 이행기 전에 채무자가 계약을 이행하지 않을 의사를 명백히 표시한 경우에도 채권자는 최고 없이 채무자의 이행거절을 이유로 계약을 해제할 수 있다(대법원 2005. 8. 19. 선고 2004다53173 판결; 대법원 2023. 9. 27. 선고 2023다240817 판결).

무불이행이 계약의 구속력을 부정할 만한 정도인가 여부가 중요하기 때문이다. 계약위반이 구속력을 부정할 만한 정도라면 즉시 해제권을 취득하며(즉 이행불능에 준함), 그 정도에 이르지 못한 정도라면 최고 절차를 거쳐 해제권을 취득할 것이다(즉 이행지체에 준함).

2) 해제권의 소멸

2.43 해제권은 형성권이므로 형성권의 일반적 소멸사유로 소멸한다. 그 외에 민법은 해제권에 특유한 소멸사유를 정하고 있다.

ⓘ **최고와 상당기간의 경과**(제552조) 해제권 행사의 기간을 정하지 않은 경우에 채무자가 해제권자에게 상당한 기간을 정하여 해제권 행사 여부의 확답을 최고하고, 그 기간 내에 해제의 통지를 받지 못한 때에는 해제권은 소멸한다. 이 최고권은 형성권자의 상대방이 처한 법적 불안정을 완화하기 위한 것이다.[34)]

ⓘⓘ **채무이행으로 수령한 목적물의 반환과 배치되는 행위**(제553조) 채권자가 채무자로부터 수령한 목적물의 반환과 배치되는 행위(훼손, 반환불가, 다른 종류의 물건으로 변경)를 한 때에도 해제권을 행사할 수 없다. 이와 같은 행위는 해제권의 묵시적 포기로 이해할 수 있을 것이다.

3) 해제의 효과

2.44 〈1〉 **원상회복 등** 계약당사자 일방이 계약을 해제하면 각 당사자는 계약이 없었더라면 있었어야 할 상태(원상: *statuo quo ante*)로 회복할 의무를 진다(제548조제1항 본문). 이 원상회복의무는 서로 동시이행관계에 있다(제549조). 반환할 것이 금전인 때에는 금전을 받은 날로부터 이자를 지급해야 한다(제548조제2항). 원상회복의 방법은 원물반환이 원칙이며(즉 계약의 이행으로 수령한 물건 자체의 반환), 원물반환이 불가능할 때에는 가액반환을 해야 한다.

계약의 해제·해지는 손해배상에 영향을 미치지 않는다(제551조). 해제로 인한 원상회복에도 불구하고 손해가 남을 수 있다는 점을 고려한 것이다.

34) 여기에서의 최고는 상황전환효 최고(이에 대해서는 이 책 [1.17] 〈보충학습 1.2〉 참조)에 해당한다.

보충학습 2.8 | 제548조제2항이 정하는 '이자'의 의미

제548조제2항은 반환할 금전에는 그 받은 날로부터 이자를 가할 것을 정하고 있다. 여기에서의 '이자'의 성격은 무엇인가? 여기에서의 금전은 원물반환이 불가능한 경우의 가액반환을 의미하는 것이 아니라 계약의 이행으로 수령한 금전을 말하는 것이다. 가령 A(매도인)와 B(매수인) 사이의 매매계약에서 B는 A에게 매매대금 채무를 완전히 이행했는데 A가 계약을 위반하여 B가 계약을 해제했다면 A는 B로부터 받은 금전을 반환해야 한다(제548조제1항 본문). 제548조제2항이 정하는 금전의 반환은 원상회복의 성질을 가지는 것이며 반환의무의 이행지체로 인한 것이 아니므로, 부동산매매계약이 해제된 경우 매도인의 매매대금반환의무와 매수인의 소유권이전등기 말소등기절차 이행의무가 동시이행의 관계에 있는지 여부와는 관계없이[35] 매도인이 반환해야 할 매매대금에 대하여는 그 받은 날로부터 법정이율인 연 5푼의 비율에 의한 법정이자를 부가하여 지급해야 한다.[36]

2.45 **〈2〉 제3자 보호** 해제에 따라 원상회복을 한다면 해제의 의사표시가 있기 전 그 계약으로부터 발생한 법률효과를 기초로 새로운 권리를 취득한 사람의 권리를 해할 수 있다. 이를 고려하여 민법은 제3자 보호규정을 마련하고 있다(제548조제1항 단서). 여기서 제3자란 해제된 계약으로부터 생긴 법률적 효과를 기초로 하여 새로운 이해관계를 가졌을 뿐 아니라 등기·인도 등으로 완전한 권리를 취득한 사람을 의미한다.[37]

2.46 **〈3〉 이론구성** 해제의 효과에 관한 이론구성에 관하여 학설은 직접효과설(해제에 의하여 계약관계 소급적 소멸)과 청산관계설(해제에 의하여 계약관계가 소급적으로 소멸하지 않고 양당사자는 계약관계를 청산하기 위한 새로운 관계로 들어감)이 대립한다. 직접효과설은 비소급효를 본질로 하는 해지와 해제의 차이를 명백하게 한다는 장점이 있으나, 해제와 손해배상의 병존을 규정하는 제551조를 설명하기 어렵다는 약점(손해배상은 계약관계의 존재를 전제하므로)이 있다. 청산관계설은 제551조를 설명하기는 편리하나 해제와 해지의 구별이 모호하게 된다. 청산관계설은 민법규정

35) 여기에서 두 의무가 동시이행관계에 있는지를 언급하는 이유는, 만약 이행지체로 인한 배상으로 본다면 그 성질은 손해배상이라는 결과가 되는데, 손해배상은 위법성을 요건으로 하며 위법성 판단에 있어서 상대방이 동시이행항변권을 가지는가 여부는 결정적인 요인이기 때문이다. 상대방이 이행을 지체하고 있더라도 동시이행의 항변권을 행사할 수 있는 상태라면 위법성이 인정되지 않아 손해배상을 청구할 수 없다. 이에 대해서는 이 책 [2.155] 참조.

36) 대법원 1996. 4. 12. 선고 95다28892 판결.

37) 대법원 2014. 2. 13. 선고 2011다64782 판결; 대법원 2014. 12. 11. 선고 2013다14569 판결 등 참조.

에 부합하지 않는다. 해지의 비소급효를 정하는 제550조는 해제의 소급효를 내포하는 규정으로 보는 것이 합당할 것이다. 또한, 청산관계설에서 보면 제548조 제1항 단서는 주의적 규정에 불과하게 된다(왜냐하면 해제에 소급효가 없다고 하면 해제로 인하여 제3자의 권리를 침해할 가능성이 없기 때문). 직접효과설이 타당하다고 생각한다. 해제에 의하여 소급적으로 소멸하는 것은 계약에서 정해진 원채무일 뿐이며, 채무불이행으로 인하여 야기된 손해와 그 배상은 해제와 별개의 문제로 관념한다면 해제에 의한 계약관계의 소급적 소멸에도 불구하고 손해배상을 청구할 수 있다는 논리에 특별한 어려움이 없지 않을까?

보충학습 2.9 | 해제의 효과에 관한 직접효과설 · 간접효과설

A(매도인)와 B(매수인) 사이에 甲부동산에 대하여 매매계약이 체결되었다. A가 먼저 이행하기로 약정함에 따라 A는 자신의 채무(이전등기 및 점유이전)를 모두 이행하였다. 그런데 B는 이행기에 매매대금을 지급하지 않은 채 甲에 대하여 C와 매매계약을 체결하고 C에게 이전등기까지 해주었다. A는 B와의 계약을 해제하여 甲에 대한 등기를 회복할 수 있을까?

금전채무자 B는 이행지체의 형태로 계약을 위반하고 있다. A는 B에게 상당기간의 최고를 하고 그 기간 내에도 이행하지 않으면 계약을 해제할 수 있다(제544조). 문제는 해제의 구체적인 효과인데, 이에 대해서는 직접효과설이 타당하다. 직접효과설은 다시 채권적 효과설과 물권적 효과설로 구분되는데 전자는 물권행위 무인론, 후자는 물권행위 유인론을 전제로 한다.[38)]

❶ **채권적 효과설** 해제의 효력은 채권행위에 한정되며 물권행위(이행행위)에는 영향을 미치지 않는다(물권행위 무인론의 논리). 그러므로 해제에도 불구하고 A는 B로부터 C에게 이루어진 이행행위의 효력을 부정할 수 없다(즉 C는 甲에 대한 소유권 보유). B는 甲 자체를 반환할 수 없으므로 그 가액을 반환해야 한다.

❷ **물권적 효과설** 해제에 의하여 채권행위가 실효됨에 따라 물권행위(이행행위)도 소급적으로 실효된다(물권행위 유인론의 논리). 논리적으로 보면, 甲에 대한 소유권은 해제로 인하여 즉시 A에게 복귀(C 명의의 등기는 무효)한다고 보아야 한다. 그런데 거래안전을 위한 특별규정(제548조제1항 단서)에 의하여 A는 소유권을 회복할 수 없고 B에게 가액반환을 받는 것에 만족해야 한다.

어느 학설에 의하든 결과에는 차이가 없다. 그런데 우리 민법에서 물권행위의 무인론(보다 근본적으로는 물권행위의 개념 자체)을 인정할 수 있는지 의문이다.[39)] 그리고 만약 채권

38) 물권행위 무인론·유인론에 관해서는 이 책 [3.18]~[3.20] 참조.
39) 이에 대해서는 이 책 [3.17], [3.20] 참조.

적 효과설에 의하게 되면 제548조제1항 단서는 무의미한 규정으로 전락한다(그 규정이 없어도 제3자는 보호되기 때문). 현행민법의 해석론으로서는 물권적 효과설이 타당하다고 본다. 판례도 같은 입장이다.[40]

(3) 해 지

2.47 우리 민법은 해제와 병렬적으로 해지를 규정하고 있다. 해제권과 마찬가지로 해지권도 형성권으로서(제543조), 불가분성을 보유하며(제547조), 손해배상청구권에 영향을 미치지 않는다(제551조). 해지의 비소급효에 대해서도 명문으로 규정한다(제550조). 해지권의 발생원인은 다음과 같이 분류할 수 있다.

2.48 **〈1〉 계속적 계약에서 의무위반 일반** 사용차주의 의무위반(제610조제1~3항), 임차인의 의무위반(제654조), 임차인의 의사에 반하는 임대인의 보존행위(제625조), 임차인의 차임 연체가 2기의 차임액에 달한 경우(제640조), 노무자의 동의없이 사용자가 노무제공채권을 제3자에게 양도한 경우(제657조제1항), 사용자가 노무자에게 약정하지 않은 노무를 요구하는 경우(제658조제1항) 등이 이에 해당한다.

2.49 **〈2〉 계속적 계약 특유의 해지사유** 계속적 계약관계의 특성에 기한 해지는 다시 두 가지로 구분할 수 있다.

ⓘ **기간을 정하지 않은 계속적 계약관계에서 해지의 자유** 기간을 정하지 않은 계속적 계약은 당사자의 자유를 부당하게 제한할 수 있으므로[41] 해지의 자유가 인정된다(예: 제635·660·699조 등). 해지의 효력은 일정 기간 경과 후 발생하는 경우(예: 제635·660조)와 즉시 발생하는 경우(예: 제699조)가 있다.

ⓘⓘ **계속적 계약에 있어서 부득이한 사유로 인한 해지** 부득이한 사유로 인하여 더 이상 계약관계에 구속력을 인정할 근거가 없는 경우이다(예: 제661·698조 등).

---

40) 대법원 1977. 5. 24. 선고 75다1394 판결; 대법원 1982. 7. 27. 선고 80다2968 판결 등 참조.
41) 이에 대해서는 이 책 [2.142] 〈보충학습 2.28〉 참조.

Ⅲ. 채권자지체

2.50 〈1〉 개 념 채무자가 성실한 이행행위를 하더라도 채권자가 이를 수령하지 않는다면 채무자는 채무로부터 벗어날 수 없다. 이와 관련하여 민법은 채권자지체를 규정하고 있다. 채권자지체는 수령을 지체한 채권자를 제재하기 위한 제도라기보다는 성실한 채무자를 보호하기 위한 제도라는 점에 유의해야 한다.

보충학습 2.10 | 채권자지체의 법적 성질에 관한 관점의 전환

채권자지체의 법적 성질에 관한 학설은 다음과 같다.

❶ **채무불이행책임설** 채권자와 채무자는 채권의 실현을 위하여 서로 협력하는 관계이다. 채권자에게도 급부수령의무가 있으며 이를 위반하면 채무불이행책임을 지는데, 채권자지체는 이를 규정한 것이다. 이와 같이 채권자지체는 채무불이행에 대한 제재이므로 그 효과는 제401조부터 제403조 등 민법이 채권자지체의 효과로 정하는 사항 외에 손해배상, 해제권 등도 포함된다.

❷ **법정책임설** 채권자에게 급부수령의무는 없으므로 채권자지체는 공평관념에 기하여 법률상 특별히 인정한 제도이다. 그러므로 그 효과는 제401조부터 제403조 등 민법이 채권자지체의 효과로 정하는 사항으로 한정된다.

채무불이행책임설이 채무자 보호에 더 충실한 것 같지만, 꼭 그렇지도 않다. 채무불이행책임설은 채권자지체의 성립요건으로 채권자의 귀책사유를 요구하게 되어, 만약 채권자의 귀책사유가 없다면 제401조부터 제403조 등 민법이 명문으로 정하는 효과도 주장할 수 없기 때문이다. 한편, 법정책임설과 같이 채권자에게는 수령의무가 없다고 단언할 것도 아니다. 채권관계의 내용에 따라서는 채권자에게 수령의무가 있다고 해석해야 할 경우가 있기 때문이다. 채권자지체의 법적 성질에 관해서는 관점의 전환이 필요하다.

❸ **관점의 전환** 종래 학설의 기본관점은 수령을 지체한 채권자에게 어떤 불이익을 부과할 것인가에 있었다. 그런데 채권자지체의 핵심은 채권자를 제재하는 것이 아니라 성실한 채무자를 보호하기 위한 것이다. 성실한 채무자를 보호함으로써 반사적으로 채권자에게 불이익이 갈 수도 있지만, 그것은 채권자지체의 본질과는 무관한 것이다.

❹ **수령의무 위반에 대한 제재** 채권자에게 수령의무가 인정되며 그 의무를 위반하면 채권자는 그에 대하여 채무불이행책임을 져야 한다. 그런데 이것은 채권자지체의 문제가 아니라 채무불이행의 문제에 속하는 것이다.

2.51 〈2〉 요 건 채권자지체의 요건은 다음과 같다.

ⓘ **채무자에 의한 변제의 제공**[42] 채권자지체의 핵심요건이다. 채권자지체는 성실하게 이행행위를 한 채무자를 보호하는 제도이기 때문이다.

ⓘⓘ **채권자의 수령거절 또는 수령불능** 채권자지체가 성립하기 위해서는 채무자가 변제의 제공을 했으나 채권자가 급부를 수령하지 않아 채무로부터 벗어나지 못하는 상황이어야 한다. 그러므로 만약 채권자의 수령행위 없이 채무자의 이행행위만으로 채무가 소멸되는 경우라면 채권자지체가 문제되지 않는다.

ⓘⓘⓘ **채권자의 귀책사유(?)** 채무불이행책임설은 채권자의 귀책사유를 요구한다. 그러나 이 견해는 적절하지 않다. 다만, 채무의 내용상 채권자에게 수령의무가 인정되는 때에는 채권자 측의 채무불이행이 문제될 수 있으며(예: 손해배상), 채권자에게 채무불이행책임을 묻기 위해서는 그의 귀책사유가 요구될 것이다. 그런데 이것은 채권자지체의 문제가 아니다.

2.52 〈3〉 효 과 채권자지체의 효과는 다음과 같다.

ⓘ **채무자의 주의의무 경감** 채권자지체 중에는 채무자는 고의 또는 중대한 과실이 있는 때에만 채무불이행으로 인한 책임을 진다(제401조).

ⓘⓘ **이자지급 의무 면제** 채권자지체 중에는 이자있는 채권이라도 채무자는 이자를 지급할 의무가 없다(제402조).

ⓘⓘⓘ **비용의 채권자 부담** 채권자지체로 인하여 그 목적물의 보관 또는 변제의 비용이 증가된 때에는 그 증가액은 채권자의 부담으로 한다(제403조).

위의 효과 외에 공탁권 발생(제487조),[43] 대가위험의 채권자부담(제538조제1항 후단)[44]도 채권자지체의 효과에 해당한다.

Ⅳ. 제3자에 의한 채권침해

2.53 가수 A는 X방송사와의 계약에 따라 방송국에서 노래를 불러야 하는데 B가 A를 감금하는 바람에 X에게 채무를 이행하지 못한 경우에 B의 행위는 A에 대하여 불법행위(제750조)를 구성한다. 한편, B(A·X 간의 채권관계에서 제3자)가 X의 채권을 침해하는

42) 변제의 제공에 대해서는 이 책 [2.88]~[2.90] 참조.

43) 이에 대해서는 이 책 [2.96] 참조.

44) 이에 대해서는 이 책 [2.158] 참조.

행위가 불법행위의 요건을 갖춘다면 X는 B에게 손해배상을 청구할 수 있다.

제3자의 채권침해의 불법행위 성립요건[45]을 검토함에 있어서 유의해야 할 것은 위법성 요건이다. 절대성·배타성을 가지는 물권은 그 침해 자체가 위법성을 띠지만, 상대성·비배타성을 가지는 채권은 사정이 다르다. 채권이 이미 존재함을 알고 그와 동일한 내용의 채권관계를 설정하여 타인의 채권을 침해하더라도 그것만으로는 위법성이 인정되지는 않는다.[46] 채권자평등의 원칙에 따라 복수의 채권자는 서로 경쟁관계에 있기 때문이다. 물론 일정한 수준을 넘으면(즉 선량한 풍속 또는 사회질서에 반하는 행위: 제103조) 위법성이 인정될 것이다.[47]

보충학습 2.11 | 제3자에 의한 채권침해와 방해제거청구

A는 B 소유의 토지를 임차하였는데(등기는 하지 않았음), C가 그 토지에 공작물을 건축하였다. 이때 A가 C에게 방해배제를 청구할 수 있는가? A가 C에게 제750조에 기하여 금전배상을 청구할 수 있다는 점에 대해서는 이견이 없다. A가 B(해당 토지의 소유자)를 대위하여(즉 채권자대위권[48]을 행사하여) C에게 방해배제를 청구할 수 있다는 점에 대해서도 이견이 없다. 문제는, A가 자기 고유의 지위에서 C에게 해당 토지 위에 건축한 공작물의 제거를 청구할 수 있는가에 있다. 이에 대하여 통설·판례[49]는, 임차권이 등기되어 대항력을 갖춘 경우에 한하여 방해배제청구를 할 수 있다는 입장이다. 통설·판례는 방해제거청구권을 물권(당연히 대항력이 인정되는 권리)에 특유한 것으로 인식하고, 채권은 대항력을 가지는 경우에 한하여 그 침해에 대하여 방해제거청구권을 인정하자는 것이다.

채권의 대항력 여부를 기준으로 방해제거청구권 인정 여부를 판단하는 통설·판례의 타당성에 의문이다. 그 논리대로라면 대항력을 구비할 방법이 없는 채권에 대한 제3자의 침해의 경우에는 방해배제청구가 원천적으로 불가할 것이기 때문이다. 제3자의 채권침해에 대한 방해제거청구를 불법행위법의 차원에서 해결하는 것이 어떨까? 제3자에 의한 채권침해는 불법행위가 될 수 있고, 불법행위의 효과는 손해배상이며, 손해배상은 금전배상이 원칙이지만(제394조 후단), 금전배상의 원칙의 근본취지(손해배상채무자의 인격적 자유의 존중[50])에 반하지 않는다면 원물배상도 가능하다.

이러한 시각에서 보면, C의 행위는 A에 대하여 제3자에 의한 채권침해로서 불법행위를

45) 불법행위의 성립요건에 대해서는 이 책 [2.278] 이하 참조.
46) 대법원 2001. 5. 8. 선고 99다38699 판결 참조.
47) 대법원 2006. 12. 7. 선고 2005다21029 판결 참조.
48) 이에 대해서는 이 책 [2.56] 〈보충학습 2.12〉 참조.
49) 대법원 1977. 12. 13. 선고 77다115 판결 참조.
50) 이에 대해서는 이 책 [2.10] 〈보충학습 2.1〉 참조.

구성하여 C는 A에게 손해배상책임이 있는데, 손해배상의 방법을 금전배상이 아닌 원물배상(방해제거청구)의 방법으로 하는 것이 가능하다.

V. 책임재산의 보전

2.54 채권의 효력은 종국에 가서는 채무자의 일반재산(즉 책임재산)에 의하여 담보되므로 채권자는 채무자의 책임재산에 대하여 중요한 이해관계를 가진다. 그러나 채무자가 그의 재산을 어떻게 운용할 것인가는 그의 자유에 속하는 것으로 채권자가 간섭할 수 없는 것이 원칙이다. 그런데 민법은 이에 대한 예외를 규정하는데, 채권자대위권과 채권자취소권이 그것이다. 다만, 이들 권리를 행사하더라도 채권자가 직접 만족을 얻는 것은 아니고, 그 효과는 채무자의 책임재산으로 귀속한다. 이들 제도가 채권자평등의 원칙에서 벗어나는 것은 아니기 때문이다.

1. 채권자대위권

(1) 개 념

2.55 A가 B의 채권자이고 B는 C의 채권자인데, B가 C에 대하여 채권을 행사하지 않는 경우에 A가 B를 대위하여 B의 C에 대한 채권을 행사하고, 이에 따라 C가 B에게 채무를 이행하면 B의 책임재산이 보강되어 A의 B에 대한 채권이 그만큼 실효성을 가지게 될 것이다. 채권자대위권이란 채권자가 자기의 채권을 보전하기 위하여 자기의 채무자의 채무자(제3채무자)에 대하여 채무자의 권리를 대위하여 행사하는 권리이다(제404조제1항 본문).

(2) 요 건

1) 실질적 요건

2.56 **〈1〉 채권자 측의 요건** 채권자 측의 요건은 다음 두 가지이다: ① 채권자의 채권보전의 필요성(제404조제1항 본문); ② 채권자의 채권의 이행기 도래.

ⓘ **대위채권자의 채권보전의 필요성** 이 요건에 관해서는 채무자의 무자력과의 관계에서 논의가 분분하므로 판례이론에 따라 설명한다. 보전하려는 채권(즉 피보전채권)이 처음부터 금전채권이거나 또는 채무불이행으로 인하여 궁극에

가서는 금전채권으로 되는 경우에는 채무자의 자력이 피보전채권을 변제하기에 불충분할 때에 한하여 채권자대위권을 인정한다(즉 채무자의 무자력이 채권자대위권의 행사 요건).[51] 그 외의 경우에는 채무자의 무자력이 채권자대위권의 요건이 아니다(학설은 이를 '채권자대위권의 전용'이라고 함).

보충학습 2.12 | 채권자대위권 전용의 예

채권자대위권의 전용(채무자의 무자력과 무관하게 채권자대위권 인정)의 대표적인 예는 다음과 같다.

❶ **이전등기청구권의 대위행사** A 소유 부동산이 B, C에게 전매되었으나 등기부상의 명의인은 여전히 A인 경우, C는 B의 A에 대한 부동산등기청구권을 대위하여 행사할 수 있다.[52]

❷ **임차인에 의한 임대인(소유자)의 방해배제청구권의 대위행사** 제3자가 임차지에 불법 침입한 경우에 임차인은 임대인(소유자)을 대위하여 방해배제청구를 할 수 있다.[53]

최근 대법원은 위의 경우 외에도 채권자대위권 전용을 확대하여 인정하는 경향을 보인다. 대법원은 전용을 인정하는 일반기준으로서, 채권자가 보전하려는 권리와 대위하여 행사하려는 채무자의 권리가 밀접하게 관련되어 있고, 채권자가 채무자의 권리를 대위하여 행사하지 않으면 자기 채권의 완전한 만족을 얻을 수 없게 될 위험이 있어 채무자의 권리를 대위하여 행사하는 것이 자기 채권의 현실적 이행을 유효·적절하게 확보하기 위하여 필요하며, 채권자대위권의 행사가 채무자의 자유로운 재산관리행위에 대한 부당한 간섭이 된다는 등의 특별한 사정이 없을 것을 든다.[54]

ⓘⓘ **대위채권자의 채권의 이행기 도래** 이행기 전에는 채권자가 채권을 행사할 수 없는 것이므로 채권자대위권도 행사할 수 없는 것이 원칙이다(제404조제2항 본문). 그러나 민법은 예외 상황(법원의 허가, 보존행위)을 인정하고 있다(제404조제2항 단서).

2.57 **〈2〉 채무자 측의 요건**(채무자의 권리불행사) 채무자가 스스로 권리를 행사하고 있음에도 불구하고 채권자대위를 인정하면 채무자에 대하여 부당한 간섭

51) 대법원 1993. 10. 8. 선고 93다28867 판결 등 참조.
52) 대법원 1969. 10. 28. 선고 69다1351 판결 참조.
53) 대법원 1980. 7. 8. 선고 79다1928 판결 등 참조.
54) 대법원 2001. 5. 8. 선고 99다38699 판결; 대법원 2014. 12. 11. 선고 2013다71784 판결 참조.

이 되므로 이를 허용할 수 없다.[55] 명문규정은 없으나 제도의 취지상 당연한 요건이다.

2.58 **〈3〉 채권자대위권의 객체** 채무자의 제3채무자에 대한 권리가 유효하게 존재하고 채무자가 그 권리를 행사할 수 있는 상태에 있어야 한다.[56] 채권자대위권의 객체가 될 수 없는 주요한 경우는 다음과 같다.

ⓘ **일신전속권**(제404조제1항 단서) 일신전속권(인격권·가족권 등과 같이 특정인만이 향유·행사할 수 있는 권리)의 행사 여부는 원권리자인 채무자의 자유의사에 맡겨야 하기 때문이다.[57]

ⓘⓘ **압류가 금지되는 채권**(「민사집행법」 제246조, 「근로기준법」 제86조, 「공무원연금법」 제32조 등) 압류가 금지되는 권리는 채권의 공동담보로 하지 못하기 때문이다.

2) 형식적 요건: 대위권의 행사

2.59 **〈1〉 대위권 행사의 방법** 채권자는 자기의 이름으로 채권자대위권을 행사한다. 또한, 대위행사에 있어서 채무자의 동의나 지시를 받을 필요가 없다. 채권자취소권과 달리 재판상으로 행사해야 할 필요도 없다.

2.60 **〈2〉 대위권 행사의 통지** 채권자가 보존행위 외의 대위권을 행사한 때에는 이 사실을 채무자에게 통지해야 한다(제405조제1항). 해당 재산의 원칙적 운용권자인 채무자에 대한 최소한의 이익 보장이다. 채무자가 통지를 받은 후에는 그 권리를 처분하여도 이로써 채권자에게 대항하지 못한다(제405조제2항). 가령 A는 B에게, B는 C에게 채권이 있는데, A가 C에게 채권자대위권을 행사하고 그 사실을 B에게 통지했다면 그 후에 B가 C에게 채무면제를 하더라도 A와의 관계에서는 B의 C에 대한 채권이 여전히 존속하는 것으로 보게 된다.

(3) 효 과

2.61 채권자대위권을 행사하면 그 효과는 직접 채무자에게 귀속한다. 그리하여 대위행사의 결과는 채무자의 모든 채권자를 위한 공동담보(즉 책임재산)를 구성한다. 채권자대위권이 채권자의 고유 권리이기는 하나, 이는 채무자의 제3채무자

---

55) 대법원 1979. 3. 27. 선고 78다2342 판결 참조.
56) 대법원 1982. 8. 24. 선고 82다283 판결; 대법원 1991. 3. 27. 선고 90다17552 판결 등 참조.
57) 대법원 2010. 5. 27. 선고 2009다93992 판결 참조.

에 대한 권리를 대위하여 행사하는 데 불과하므로 채권자는 대위행사시 제3채무자에 대하여 채무자에게 이행행위를 하도록 청구함이 원칙이다.

2. 채권자취소권

(1) 개 념

2.62 A에 대하여 금전채무를 부담하는 B가 자기의 유일한 재산인 甲토지에 대한 소유권을 아들 C에게 무상으로 이전했다고 가정해 보자. 이를 그대로 인정하면 A의 채권은 공허한 권리이다. 일정한 경우에 A가 B·C 간의 양도행위의 효력을 부인하고 그 재산을 B의 책임재산으로 회복시키는 권리가 인정된다(제406조제1항 본문). 이것이 채권자취소권이다(사안에서 A를 취소채권자, B를 채무자, C를 수익자, B·C간의 법률행위를 사해행위라고 한다).

채권자취소권은 이미 이루어진 법률행위의 효력을 부인한다는 점에서 채권자대위권보다 더 심각하게 채무자의 재산운용권에 간섭하는 권리이다. 이런 이유에서 채권자취소권은 재판상 행사하도록 하며, 제척기간(채권자가 취소원인을 안 날로부터 1년, 법률행위가 있은 날로부터 5년: 제406조제2항)을 두고 있다.

(2) 요 건

2.63 **〈1〉 피보전채권의 존재** 피보전채권(취소채권자의 채무자에 대한 채권)이 유효하게 성립하고 있어야 한다. 피보전채권의 요건에 관하여 중요한 사항을 들어본다.

ⅰ **피보전채권의 성립 시기** 취소채권자의 채권은 취소대상인 사해행위 전에 발생한 것이어야 한다.[58] 채권자는 채권발생 당시의 채무자의 자력을 신용의 기초로 하기 때문이다.

ⅱ **특정물채권의 보전을 위한 채권자취소권** 채권자취소권은 사해행위를 취소하여 채무자의 재산을 원상회복시킴으로써 취소채권자를 포함한 모든 채권자를 위하여 채무자의 책임재산을 보전하는 권리이다. 그러므로 특정물채권을 보전하기 위하여 채권자취소권을 행사하는 것은 허용되지 않는다.[59] 채권자취소권

---

58) 대법원 2009. 9. 24. 선고 2009다37107 판결 등 참조.
59) 대법원 1999. 4. 27. 선고 98다56690 판결 등 참조.

에서 피보전채권은 불특정물채권(특히 금전채권)이다.

2.64 〈2〉 **채권자를 해하는 법률행위**(사해행위) 채권자취소권의 대상은 재산권을 목적으로 한 법률행위로서, 특히 채권자를 해하는 법률행위(사해행위)이다(제406조제1항 본문). 채권자를 해한다는 것은 해당 행위로 인해 채무자의 일반재산이 감소함으로써 채권자에게 완전한 변제를 못하게 되는 것이다.[60] 이와 관련하여 유의해야 할 사항은 다음과 같다.

ⓘ **채무자의 행위** 채무자의 행위만이 취소 대상이다. 가령 채무자를 위하여 자기의 부동산 위에 저당권을 설정하기로 한 사람이 해당 부동산을 제3자에게 양도하더라도 그 행위에 대하여 채권자취소권을 행사할 수는 없다.

ⓘⓘ **재산권을 목적으로 한 법률행위** 채권자취소권은 채무자의 책임재산을 보전하는 제도이므로 취소권의 객체는 직접 채무자의 일반재산을 구성하는 권리에 관한 것이어야 한다(매매, 증여, 대물변제, 저당권의 설정 등).[61] 따라서 간접적으로는 재산상의 이익에 관계되는 것이지만 그 행사를 채무자의 자유에 맡겨야 하는 행위는 취소의 대상이 되지 않는다(예: 혼인, 입양, 상속의 포기·승인 등).[62] 다만, 부부의 합의이혼시 행한 재산분할은 취소의 대상이 된다(제839조의3 제1항).

2.65 〈3〉 **악의**(사해의사) 채권자취소권을 위한 주관적 요건이다. 사해의사란 해당 행위가 공동담보의 부족을 초래한다는 사실을 인식하는 것이다.[63] 사해의사는 채무자와 수익자(또는 전득자) 모두에게 요구된다.

(3) 행 사

2.66 채권자는 사해행위의 취소와 원상회복을 청구할 수 있다. 채권자는 채권자취소권을 자기의 이름으로 재판상 행사한다. 채권자취소소송의 피고는 수익자(또는 전득자)이며 채무자는 피고적격이 없다.

(4) 효 과

2.67 〈1〉 **채무자의 일반재산에 귀속** 채권자취소권 행사의 효과는 모든 채권자의 이익을 위하여 효력이 있다(제407조). 즉 채권자취소권의 효력으로서 채무자

60) 대법원 1962. 1. 15. 선고 62다634 판결; 대법원 1982. 5. 25. 선고 80다1403 판결 등 참조.
61) 대법원 2010. 7. 15. 선고 2007다21245 판결; 대법원 2013. 5. 31. 선고 2012마712 결정 등 참조.
62) 대법원 2011. 6. 9. 선고 2011다29307 판결 등 참조.
63) 대법원 1995. 6. 9. 선고 94다32580 판결 등 참조.

의 책임재산이 증가하는 것이지, 채권자취소권을 행사한 채권자에게 직접적 이익을 주는 것이 아니다. 이는 채권자평등의 원칙의 표현이다. 채권자는 채권자취소권을 행사하여 채무자의 책임재산을 확보한 후에, 회복된 재산에 대하여 채무자로부터 임의변제를 받거나, 임의변제가 없다면 다시 이행청구소송을 제기하여 집행권원을 얻어 강제집행을 해야 한다.

2.68 **〈2〉 상대적 효력** A의 채무자인 B가 자기 소유의 甲토지에 대하여 증여계약(사해행위)에 기해 C에게 소유권 이전등기를 했는데, A가 C를 상대로 채권자취소소송에서 승소했다고 가정해 보자. 채권자취소의 효력은 상대적인 것으로 채권자취소소송의 당사자(A·C) 사이에만 미칠 뿐 다른 법률관계에는 영향이 없다(즉 A를 제외한 모든 사람들과의 관계에서 甲의 소유자는 C). A의 승소에 따라 甲에 대한 소유명의는 B에게 회복되어 A는 甲으로부터 변제를 받을 수 있다. A가 변제를 받고 남은 재산은 C에게 반환해야 한다. 그리고 C로서는 자기 소유물이 B의 A에 대한 채무의 변제에 활용된 결과가 되므로 그 부분에 대해서 B를 상대로 내부적 청산(예: 부당이득)을 할 수 있다.

제2절 채권의 목적

2.69 채권의 목적이란 채권자가 채무자에 대하여 청구할 수 있는 일정한 행위이며, 보통 '급부'라고 한다(민법은 '급부'라는 용어 대신 '급여'라고 표현함).

금전으로 가액을 산정할 수 없는 것이라도 채권의 목적으로 할 수 있다(제373조). 이 규정은 채권의 목적인 급부가 재산적 가치를 보유한 것이어야 하는가에 대한 입법적 결단(의용민법 시대에 학설 다툼이 있었음)으로서, 재산적 가치가 없는 급부도 채권의 목적이 될 수 있음을 소극적으로 밝히는 규정이다.

Ⅰ. 특정물채권

2.70 〈1〉 개 념 특정물채권이란 급부가 특정물의 인도인 채권이다. 특정물의 인도란 구체적으로 특정되어 있는 물건의 점유를 이전하는 것이다. 종류채권[64]이나 선택채권[65]과 같은 불특정물채권에서 목적물이 특정된 때에도 특정 이후부터는 특정물채권의 법리가 적용된다. 채무의 이행장소에 관한 일반원칙은 지참채무(즉 채무자가 채권자의 주소에 가서 이행해야 함: 제467조제2항)이나, 특정물채권은 채권 성립시에 그 특정물이 있던 장소가 이행지이다(제467조제1항).

2.71 〈2〉 특정물채무자의 목적물 보존의무 특정물채무자는 그 물건을 인도할 때까지 선량한 관리자의 주의로 보존해야 한다(제374조). 즉 채무자의 과실로 특정물이 멸실·훼손되면 그에 대하여 책임을 진다(제390조). 선관주의 의무의 존속기간은 채무의 이행기까지가 아니라 채무자가 채권자에게 실제로 특정물을 인도할 때까지이다. 특정물채무자가 선관주의 의무를 다했는데도(즉 과실없이) 목적물이 멸실·훼손되었다면 그 현상대로 인도할 수 있으며, 이때에는 채무불이행책임을 지지 않는다. 이를 '현상인도의 원칙'이라 한다.[66]

2.72 〈3〉 특정물채권의 목적물로부터 발생한 천연과실의 귀속 특정물채권의 목적물로부터 발생한 천연과실은 누구의 소유인가? 종래의 통설은, 이행기까지 발생한 과실은 채무자에게, 이행기 이후에 발생한 과실은 채권자에게 귀속한다는 입장이다. 적절하지 않은 견해로 본다. 왜냐하면 과실 귀속 문제는 물권질서에 관한 것인데, 채무의 이행기는 물권질서에 영향을 주지 못하기 때문이다. 이행기를 기준으로 과실 귀속을 판단할 것은 아니다. 천연과실의 귀속권자는 천연과실이 원물로부터 분리되는 시점에서 원물에 대한 수익권자(제102조제1항)이다. 과실은 원물로부터 발생한 수익이기 때문이다.

---

64) 이에 대해서는 이 책 [2.73] 이하 참조.
65) 이에 대해서는 이 책 [2.78] 이하 참조.
66) 이에 대해서는 이 책 [2.86] 참조.

보충학습 2.13 | 특정물채권의 목적물로부터 발생한 천연과실의 귀속

A는 B에게 돼지 1마리를 매도하는 계약을 체결했다. B는 매매대금을 완납했는데 A는 이행기가 지나도록 채무(돼지의 인도)를 이행하지 않고 있던 중 돼지가 새끼(천연과실)를 낳았다. 새끼 돼지는 누구의 소유인가? 종래 통설은 B가 새끼 돼지의 소유자고 할 것이다. 새끼돼지가 이행기 후에 산출되었기 때문이다.

그러나 이행기는 과실의 귀속권 판단 기준이 될 수 없다. 돼지를 아직 인도하지 않은 이상 A는 돼지의 소유자이며(제188조제1항) 동시에 수익권자이다. 그러므로 새끼 돼지의 소유자는 A라고 할 수밖에 없다. 다만, A가 이행기에 B에게 돼지를 인도했더라면 B는 돼지의 소유자(수익권자)로서 새끼 돼지에 대한 소유자가 되었을 것인데, A의 채무불이행으로 인해 그 이익을 상실했다는 점에 주목할 필요가 있다. B는 그 이익 상실 부분(새끼 돼지의 시가 상당액)에 대하여 A에게 손해배상을 청구할 수 있다. 만약 B의 손해배상청구에 대하여 A가 새끼 돼지를 모두 인도했다면 원물배상의 형태로 손해배상을 한 것이다(제394조 전단).

Ⅱ. 종류채권

2.73 〈1〉 개 념 종류채권이란 채권의 목적물이 종류와 수량에 의해서만 정해져 있는 채권이다(예: 무연휘발유 100리터의 인도를 요구할 수 있는 채권). 종류채권의 특수한 형태로서 한정종류채권이 있다. "K창고에 보관된 사과 100kg"과 같이 종류의 범위가 한정된 경우이다.[67] 종류채권의 목적물의 품질에 관하여 당사자 간에 약정이 있다면 물론 그에 의하겠지만, 약정이 없는 때에는 중등품질의 물건으로 이행한다(제375조제1항).

2.74 〈2〉 특 정 특정이란 종류채무의 이행을 위하여 해당 종류의 물건 중에서 일정한 물건을 채권의 목적물로 확정하는 것이다. 특정이 되면 종류채권은 특정물채권으로 전환되어 그때부터 채무자는 선관주의의무를 부담한다(제374조). 특정이 되기 전에는 거래계에 해당 종류물이 고갈되지 않는 한 채무자는 그 물건을 계속 조달할 의무를 진다(즉 물건에 대한 위험을 채무자가 부담함). 이러한 상황을 가리켜 "종류물은 소멸하지 않는다"(*Genera non pereunt*)라고 말한다.

특정의 방법에 관하여 당사자 사이에 합의가 있다면 물론 그에 따른다. 합

67) 한정종류채권과 선택채권의 구별에 대해서는 이 책 [2.78] 참조.

의가 없는 때에는 제375조제2항에 의하는데, 이 규정은 특정의 방법으로 다음 두 가지를 정하고 있다: ① 채무자가 이행에 필요한 행위를 완료한 때; ② 채권자의 동의를 얻어 이행할 물건을 지정한 때.

ⓘ **채무자가 이행에 필요한 행위를 완료한 때**(제375조제2항 전단) "채무자가 이행에 필요한 행위를 완료"한다는 것은 '변제제공'을 의미한다.[68] 변제제공의 방법은 변제의 장소에 따라 그 시기 및 방법에 차이가 있다.

ⓐ 지참채무(채무자가 목적물을 채권자의 현주소(또는 현영업소)까지 지참하여 이행해야 하는 채무): 특별한 사정이 없다면 지참채무가 원칙이며(제467조제2항), 따라서 채무자가 채권자의 주소에 가서 변제제공을 함으로써 특정이 된다.

ⓑ 추심채무(채권자가 채무자의 주소에 와서 변제를 수령해야 하는 채무): 약정에 의하여 추심채무로 하는 것도 가능하다. 이때에는 목적물을 분리하여 채권자가 이를 수령할 수 있는 상태를 완료한 후 이 사실을 채권자에게 통지하는 것으로 변제제공이 되며(제460조 단서), 그때에 목적물이 특정된다.

ⓒ 송부채무(채무자가 채권자의 주소 또는 제3지에 우편, 운송수단 등을 통하여 발송하면 되는 채무): 약정에 의하여 송부채무로 하는 것도 가능하다. 송부채무에 있어서 채무자는 목적지에 목적물을 발송함으로써 변제제공이 되고, 그때에 목적물이 특정된다.

ⓘⓘ **채권자의 동의를 얻어 이행할 물건을 지정한 때**(제375조제2항 후단) "채권자의 동의를 얻어 이행할 물건을 지정"한다는 것은 당사자 간의 합의에 의하여 채무자에게 지정권이 주어져 있고, 이에 따라 채무자가 계약에서 정해진 수량을 분리해 놓는 것이다.

보충학습 2.14 | 변제제공의 시점과 특정의 시점은 동일한가?

제375조제2항 전단에 의한 특정의 경우에는 변제제공의 시점과 특정의 시점이 동일하다. 그러나 제375조제2항 후단에 의한 특정의 경우에는 변제제공의 시점과 특정의 시점이 동일하지 않다. 경우를 나누어 살펴보자.

❶ **채무자에게 지정권이 있으며 지참채무인 경우** 채무자가 지정권을 행사하여 물건을 분리

68) 변제제공의 방법과 효과에 대해서는 이 책 [2.89], [2.90] 참조.

함으로써 특정이 되나, 그 목적물을 채권자의 현주소(또는 현영업소)에 가지고 가서 인도해야 변제제공이 된다.

❷ **채무자에게 지정권이 있으며 추심채무인 경우** 채무자가 지정권을 행사하여 물건을 분리함으로써 특정이 되나, 변제준비의 완료를 채권자에게 통지하고 수령을 최고해야(제460조 단서) 변제제공이 된다.

❸ **채무자에게 지정권이 있으며 송부채무인 경우** 채무자가 지정권을 행사하여 물건을 분리함으로써 특정이 되나, 목적물을 발송해야 변제제공이 된다.

Ⅲ. 금전채권

2.75 금전채권이란 금전의 지급을 목적으로 하는 채권이다. 애초에는 금전채권이 아니지만 채무불이행에 따라 손해배상청구권이 성립하면 금전채권으로 된다(제394조). 금전채권도 종류채권의 일종이지만 금전채권만의 독특한 성질이 두드러진다.

보충학습 2.15 | 금전채권의 특수성69)

① 금전채무에서는 이행불능이 없고 이행지체만이 문제된다. 예를 들어, A가 5월 10일에 B에게 100만원을 지급해야 할 채무가 있는데 이행기에 지급을 위하여 그 금전을 B에게 가지고 가다가 강풍으로 금전이 모두 날아갔더라도, 다시 준비하여 지연이자와 함께 100만원을 지급해야 한다. 금전이라는 종류물은 그 성질상 거래계에서 고갈될 수 없는 것이기 때문이다.

② 금전채무의 불이행을 이유로 한 손해배상청구에서는 손해의 증명을 요하지 않는다(제397조제2항 전단). 책임법의 일반원칙은 손해배상을 받기 위해서 손해가 발생했음을 증명해야 하는데, 금전채무에 있어서는 손해의 증명이 필요하지 않다. 금전채무의 불이행은 당연히 이자에 해당하는 손해를 발생시킨다는 관념의 표현이다.

③ 금전채무자가 자신의 채무불이행에 과실이 없음을 주장하더라도 손해배상책임을 면할 수 없다(제397조제2항 후단). 책임법의 일반원칙과 달리 금전채무의 불이행에서는 채무자에게 귀책사유가 요구되지 않는다. 금전채무에서 채무자의 주관적 지급불능은 면책사유가 아니기 때문이다.

---

69) 금전의 특수성에 대해서는 이 책 [1.181] 〈보충학습 1.35〉도 참조.

금전채권은 금액에 의미를 두는 것이지(금액채권) 통화의 종류에는 특별한 의미가 없다. 즉 금전채권은 원칙적으로 금액채권이다. 그런데 일정한 종류의 통화로 지급하기로 하는 것도 가능하다(예: 5만원권 지폐로 1억원). 이러한 금전채권을 금종채권이라 한다. 금종채권이라도 중심은 금액에 있는 것이므로(즉 상대적 금종채권), 해당 통화가 변제기에 강제통용력을 잃은 때에는 채무자는 다른 통화로 변제해야 한다(제376조). 이와 달리 절대적 금종채권이라면 해당 통화가 변제기에 강제통용력을 잃더라도 그 통화로 지급하면 된다. 절대적 금종채권은 금전채권이라기보다는 일반적인 종류채권이기 때문이다.

외화채권에 대해서도 금액채권의 성질이 그대로 인정된다(제377조). 채무자는 지급할 때(즉 현실로 이행할 때)에 있어서의 이행지의 환금시가에 의하여 우리나라 통화로 변제(이를 '대용급부권'이라 함)할 수 있으며(제378조), 채권자도 채무자에게 외화채권을 우리나라 통화로 환산하여 청구할 수 있다.[70]

Ⅳ. 이자채권

2.76 〈1〉 개 념 이자란 금전 기타 대체물의 사용대가이며, 원본액과 사용기간에 비례하여 산정되는 금전 기타 대체물로서 법정과실의 일종이다. 이자채권은 이자의 지급을 목적으로 하는 채권이다. 이자채권은 원본의 반환을 청구하는 채권(원본채권)을 전제로 한다. 이자채권은 종류채권의 일종이며, 이자가 금전이라면 금전채권이다. 이자는 이율에 의하여 산정된다. 당사자 간에 이율에 관한 약정이 있다면 그에 의하고(약정이율), 약정이 없다면 법정이율이 적용된다. 법정이율은 민사에서는 연 5푼(제379조), 상사에서는 연 6푼(「상법」 제54조)이다. 법정이율은 금전채무의 불이행으로 인한 손해배상(지연배상)액의 산정에도 적용된다(제397조제1항).

2.77 〈2〉 이자의 제한(「이자제한법」) 과도한 이자는 사회불안 요소이다. 그리하여 1962년 「이자제한법」을 제정·시행하다가 1998년 IMF 구제금융을 계기로 폐지되었다. 그 후 2007년 「이자제한법」을 다시 제정·시행하고 있다.

---

70) 대법원 1991. 3. 12. 선고 90다2147 전원합의체판결 참조.

ⓘ **적용범위** 금전의 소비대차에 적용된다(법 제2조제1항). 모든 종류의 대차에 적용하는 것은 지나친 규제라는 점을 염두에 둔 것이다.

ⓙ **최고이자율** 최고이자율은 대통령령으로 정한다(법 제2조제1항, 「이자제한법 제2조제1항의 최고이자율에 관한 규정」). 최고이자율을 초과하는 부분은 무효이다(법 제2조제3항).[71]

ⓚ **임의로 지급된 제한초과이자에 대한 처리** 채무자가 최고이자율을 초과하는 이자를 임의로 지급한 경우에 초과부분은 원본에 충당되고, 원본이 소멸한 때에는 그 반환을 청구할 수 있다(법 제2조제4항).

보충학습 2.16 | 임의로 지급된 제한초과이자의 원본충당과 반환

A가 B로부터 1년간 연이율 50%로 1,000만원의 금전을 차용했는데, 1년 후에 이자의 명목으로 500만원을 지급하고 원본 명목으로는 200만원이 모자라는 800만원만 지급했다고 가정해 보자.

최고이자율을 연 25%라고 한다면 A가 B에게 이자 명목으로 지급한 500만원 중 250만원은 원본에 충당된다. 이 250만원은 원본을 소멸시키고도 50만원이 남는데 이는 B가 A에게 반환해야 한다. 구 「이자제한법」은 이 부분에 대한 규율이 없어서 임의로 지급된 제한초과이자는 원본충당[72]이 불가하고 불법원인급여(제746조)[73]에 해당되어 반환청구도 불가하다는 시각이 있었는데, 현행 「이자제한법」은 이를 명문으로 해결했다.

ⓛ **선 이 자** 금전소비대차에 있어서 선이자를 사전 공제한 경우에 그 공제액이 채무자가 실제 수령한 금액을 원본으로 하여 최고이자율에 따라 계산한 금액을 초과하는 때에는 그 초과부분은 원본에 충당한 것으로 본다(법 제3조).

보충학습 2.17 | 선이자 공제에 대한 규제

A가 B로부터 1년간 연이율 50%로 1,000만원의 금전을 차용하고자 소비대차계약을 체결했는데, B는 이자로 500만원을 미리 공제하고 A에게 500만원만 지급했다고 가정해 보

71) 대법원 2007. 2. 15. 선고 2004다50426 전원합의체판결 참조.
72) 변제충당에 대해서는 이 책 [2.91], [2.92] 참조.
73) 이에 대해서는 이 책 [2.272], [2.273] 참조.

자. 원본은 A와 B가 약정한 1,000만원이 아니라 A가 실제로 수령한 500만원이며, 이를 기준으로 계산한 제한이자(연 25%로 가정함)는 125만원이다. 그리하여 A가 B에게 반환해야 할 금액은 625만원이다.

ⓥ **간주이자** 채권자가 받는 원본 외의 금전은 예금(禮金), 할인금, 수수료, 공제금, 체당금(替當金: 금전소비대차에 의하지 않고 널리 타인을 위하여 출연하는 금전) 등 명칭 여하를 불문하고 이자로 간주한다(법 제4조). 이는 명칭을 달리하여 「이자제한법」을 회피하는 것을 제어하기 위한 것이다.

Ⅴ. 선택채권

2.78 〈1〉 개 념 선택채권이란 여러 개의 서로 다른 개성을 가진 급부가 선택적으로 채권의 목적인 경우이다. 선택채권은 당사자 사이의 약정 또는 법률규정(예: 제135조제1항, 제203조제2항, 제443조)에 의하여 발생한다.

선택채권과 구별해야 할 것으로 한정종류채권이 있다. 한정된 범위의 물건들이 각자 개성을 가지고 있는 경우에는 선택채권, 목적물의 범위에만 중점이 있고 물건의 개성이 중요성을 띠지 않은 경우에는 한정종류채권으로 볼 수 있다. "특정 지역의 토지 1000㎡ 중 100㎡"라고 하면 보통 선택채권으로 해석하는 것이 타당할 것이다. 1000㎡ 중 100㎡의 각 부분은 개성을 가지는 것이 보통이기 때문이다. 선택채권과 한정종류채권은 특정의 방법에 차이가 있으므로 구별의 실익이 있다.

2.79 〈2〉 특 정 선택채권의 특정 방법은 다음 두 가지이다: ① 선택에 의한 특정; ② 급부불능에 의한 특정.

ⓘ **선택에 의한 특정** 주요 사항을 살펴본다.

ⓐ 선 택 권: 선택이란 여러 개의 급부 중에서 하나의 급부를 선정하는 행위로서 당사자 간의 약정 또는 법률규정으로 달리 정한 바가 없다면 채무자에게 있다(제380조). 선택은 선택권자의 일방적 의사표시로 하며(제382·383조), 선택권이 행사되면 법률관계가 변동(목적물의 특정)되므로 형성권의 일종이다.

ⓑ 선택권의 이전: 선택권자가 선택권을 행사하지 않으면 채권관계가 청산되지 못한다. 민법이 선택권의 이전을 규정하는 이유이다.[74] 채권자·채무자 중 일방에 선택권이 있는 경우에는 선택권을 가지지 않은 일방이 상당기간을 정하여 선택권 행사를 최고하고, 그 기간 내에 선택권을 행사하지 않으면 상대방에게 선택권이 이전된다(제381조). 제3자에게 선택권이 있는데 그가 선택할 수 없을 때에는 선택권은 채무자에게 이전된다(제384조제1항). 제3자가 선택을 하지 않으면 채권자 또는 채무자는 상당기간을 정하여 선택권의 행사를 최고하고, 그 기간 내에 선택권을 행사하지 않으면 채무자에게 선택권이 이전된다(제384조제2항).

ⓒ 선택의 효과(소급효): 선택권의 행사에 따라 채권의 목적은 선택의 대상 중 하나로 특정된다. 선택권을 행사하면 선택채권은 특정채권으로 되는가? 꼭 그렇지는 않다. 만약 선택채권의 대상이 A종류채권과 B종류채권이었다면 선택의 결과 그 중 하나의 종류채권으로 특정되고, 이행을 위해서는 다시 종류채권의 특정과정을 거쳐야 한다. 선택의 효력은 선택채권이 발생한 때에 소급한다(386조 본문). 특정물 甲·乙 중 하나를 인도해야 하는 선택채권이고, 선택권이 채권자에게 있다고 가정해 보자. 채무자는 채권자가 甲을 선택할 것으로 예상하고 乙을 함부로 보관했는데, 예상과 달리 채권자가 乙을 선택했다면 채무자는 선관주의의무 위반에 대한 책임을 져야 한다(제374조). 선택권 행사에는 소급효가 있으므로 채권관계의 목적물은 계약성립시부터 乙이었던 것으로 보아야 하기 때문이다.

보충학습 2.18 | 제386조 단서의 부적절성

제386조 단서는, 선택의 소급효는 제3자의 권리를 해하지 못한다고 규정하고 있다. 이 규정은 의용민법을 부적절하게 계승한 것이다. 물권변동에서 의사주의를 채택한 의용민법에서는 선택의 소급효로 제3자의 권리를 해할 가능성이 있었으나, 형식주의를 채택한 현행법에서 제386조 단서는 불필요하다.

선택채권의 성립 후 선택으로 특정될 때까지 사이에 선택된 목적물에 관하여 제3자가 권리를 가지게 된 경우를 살펴보자.

❶ **제3자의 권리가 물권인 경우** 채권자의 권리가 소급한다고 해도 제3자의 물권에는 영

74) 여기에서의 최고는 상황전환효 최고(이에 대해서는 이 책 [1.17] 〈보충학습 1.2〉 참조)에 해당한다.

향이 없다. 왜냐하면 채권자의 그 물건에 대한 권리는 채권에 불과하므로 해당 물건에 대하여 물권을 취득한 제3자를 침해할 가능성이 없기 때문이다(의사주의 하에서는 사정이 다르다. 왜냐하면 선택의 효력이 소급하면 채권자는 채권성립시부터 그 물건에 대하여 물권자의 지위에 서기 때문이다).

❷ **제3자의 권리가 채권인 경우** 채권의 본질상 그 성립의 선후에 따른 효력상의 차이가 없으므로 선택의 효과가 소급하더라도 제3자의 권리를 해하는 것이 아니다.

ⅱ 급부불능에 의한 특정 선택의 대상인 여러 급부 중에 원시적 또는 후발적으로 불능인 것이 있으면 채권은 나머지 급부에 대하여만 성립한다(제385조 제1항). 그러나 이행불능이 선택권이 없는 사람의 과실로 인한 것인 때에는 선택권에 영향을 미치지 않는다(제385조제2항). 즉 선택권자는 불능으로 된 급부를 선택할 수도 있는데, 이렇게 되면 채무자는 손해배상을 해야 한다.

제3절 채권의 소멸

2.80 채권도 권리의 일종이므로 권리의 일반적 소멸원인(예: 소멸시효, 취소, 해제조건의 성취 등)에 의하여 소멸한다. 그런데 민법은 "채권의 소멸"(제460~507조)이라는 독립 절을 두어 7개의 채권소멸 사유를 규정하고 있다. 채권자에게 만족을 주는 사유(변제, 대물변제, 공탁, 상계)와 채권자의 만족과 무관한 사유(경개, 면제, 혼동)로 구분하여 설명한다.

Ⅰ. 채권자에게 만족을 주는 소멸사유

1. 변 제

(1) 의 의

2.81 변제는 채무의 내용을 실현하는 행위이다. 차용금을 갚는 것도, 채무의 목적물인 물건을 인도하는 것도, 채무의 내용인 서비스를 제공하는 것도 모두 변

제이다.

변제의 장소는 채무의 성질 또는 당사자의 의사로 정해진다. 이 기준으로 정해지지 않으면 특정물의 인도는 채권성립 당시에 그 물건이 있었던 장소(제467조제1항), 그 외의 채무는 채권자의 현주소(또는 현영업소)가 에서 변제해야 한다(제467조제2항: 지참채무의 원칙). 지참채무의 원칙은 변제비용의 채무자부담 원칙(제473조)과 같은 맥락이다.

변제의 시기는 이행기를 의미한다. 변제는 이행기에 하면 되지만, 당사자의 특별한 의사표시가 없으면 변제기 전의 변제도 유효하다(제468조 본문). 그러나 변제기 전의 변제로 상대방이 입은 손해는 배상해야 한다(제468조 단서).[75]

(2) 변제의 당사자

1) 변 제 자

2.82 변제자는 통상 채무자이나 제3자의 변제도 원칙적으로 유효하다. 그러나 채무의 성질 또는 당사자의 의사표시로 채무자가 직접 변제해야 할 채무를 제3자가 변제하면 유효한 변제가 아니다(제469조제1항 단서). 제3자의 변제가 유효한 경우라도 이해관계 없는 제3자(보증인·물상보증인 등은 이해관계 있는 제3자)는 채무자의 의사에 반하여 변제하지 못한다(제469조제2항). 이는 "누구도 자신의 의사에 의하지 않고는 손실은 물론 이익도 강제당하지 않는다"(어떤 사람에게 일정한 이익을 주고 그것을 기화로 나중에 그 사람의 인격적 자유를 억압할 수 있는 염려가 있기 때문임)는 관념을 반영한 것이다. 제3자가 유효한 변제를 했다면 채권은 만족되어 소멸한다. 그러나 채무자는 해방되지 못하고 제3자(변제자)에게 구상채무를 부담하게 된다.

2) 변제수령자

2.83 〈1〉 일반원칙 변제수령권은 변제를 유효하게 수령할 수 있는 법적 지위이다. 변제수령권자가 아닌 사람에게 변제를 했다면 변제수령권자에게 다시 변제해야 한다. 물론 앞서 이루어진 변제에 대하여 부당이득반환청구를 할 수 있으나, 그 반환채권의 실현에 대한 위험은 변제자에게 있다(즉 변제수령자가 무자력이라면 부당이득반환채권은 무의미함).

변제수령권한은 채권자에게 있는 것이 원칙이다. 그러나 채권자라도 변제수

75) 기한의 이익에 대한 제153조와의 비교를 위하여 이 책 [1.136] 참조.

령권한이 없는 경우가 있고, 또 그 반대로 채권자가 아니면서 변제수령권한이 인정되는 경우도 있다.

2.84 **〈2〉 변제수령권한이 없는 채권자** 채권이 압류(또는 가압류)된 채권자(「민사집행법」 제227조, 제296조제3항), 채권에 질권이 설정된 채권자(제352~354조) 등이 그 예이다. 이들은 자신의 채권에 대한 처분권을 제한당한 사람들이다.

2.85 **〈3〉 채권자가 아니면서 변제수령권한이 인정되는 사람** 실체적으로 변제수령권한이 없지만 마치 수령권자와 같은 외관을 갖춘 사람을 '표현수령권자'라고 한다.

ⓘ **채권의 준점유자**(제470조) 거래관념상 진정한 채권자라고 신뢰할 만한 외관을 갖춘 사람이다(예: 예금통장·인장을 소지하고 비밀번호를 알고 있는 사람).

ⓘⓘ **영수증소지자**(제471조) 영수증은 변제의 수령을 증명하는 문서이다. 영수증은 변제수령권한을 가진 사람이 소지하는 것이 통례일 것이다.

변제자가 선의·무과실로 표현수령권자에게 변제를 했다면 유효한 변제가 된다. 그러므로 진정한 채권자는 다시 채무의 변제를 요구할 수 없고, 변제를 실제로 수령한 표현수령권자에게 부당이득반환채권을 행사하여 자기의 권리를 회복해야 한다. 표현수령권자가 수령물을 진정한 채권자에게 반환하면 다행이지만, 그가 무자력이라면 그 위험은 진정한 채권자의 부담으로 돌아간다.

ⓘⓘⓘ **증권적 채권증서의 소지인** 증권적 채권(지시채권, 무기명채권, 지명소지인출급채권)의 증서(즉 증권)의 소지인에 대한 변제는, 그 소지인이 진정한 권리자가 아니라도 변제자가 악의 또는 중과실이 아닌 한 유효하다(제514·518·524·525조). 증권적 채권의 유통과 거래의 안전을 위하여 증권적 채권의 소지인을 두텁게 보호하는 것이다.

(3) 변제의 목적물

2.86 **〈1〉 특정물채무의 경우**(현상인도의 원칙) 특정물의 인도가 채권의 목적인 때에는, 채무자는 이행기의 현상대로 그 물건을 인도해야 한다(제462조: 현상인도의 원칙). 제462조는 제374조[76]와 밀접하게 연관지어 이해해야 한다. 특정물채무자는 목적물을 선량한 관리자의 주의로 보관하다가 채권자에게 인도해야 하며, 채

76) 제374조에 대해서는 이 책 [2.71] 참조.

무자가 주의의무를 다했다면 비록 목적물이 변질·훼손되더라도 그것을 인도함으로써 면책된다.

2.87 〈2〉 **불특정물채무의 경우** 주요 이슈를 중심으로 살펴본다.

ⅰ **타인 소유의 물건으로 한 변제** 채무의 변제로 타인의 물건을 인도한 채무자는 다시 유효한 변제를 하지 않으면 그 물건의 반환을 청구하지 못한다(제463조). 이 규정은 채무자가 다시 유효한 변제를 할 수 있음을 전제한 것이어서 불특정물채무에 적용되는 것이다. 특정물채무는 유효한 변제를 재차 할 수 없기 때문이다. 또한 이 규정은 채무자가 그 물건의 반환을 청구할 수 없다는 것이지 다른 사람(예: 해당 물건의 소유자)이 반환을 청구할 수 없다는 것은 아니다.[77]

ⅱ **양도능력 없는 소유자에 의한 물건인도** 양도할 능력이 없는 소유자(예: 제한능력자)가 변제로 물건을 인도한 후 그 변제가 취소된 때에도 다시 유효한 변제를 하지 않으면 그 물건의 반환을 청구하지 못한다(제464조). 이 규정 역시 채무자가 다시 유효한 변제를 할 수 있음을 전제한 것이므로 불특정물채무에 적용된다.

(4) 변제의 제공

2.88 〈1〉 **개 념** 채무 중에는 채무자의 이행행위만으로 변제의 결과를 가져오는 경우(예: 부작위채무, 의사표시를 해야 할 채무)와 채권자의 수령 등 일정한 협력이 있어야만 변제의 결과를 가져오는 경우가 있다. 전자와 달리 후자에서는 채권자가 협력하지 않으면 채무자는 변제를 완료할 수 없고, 따라서 채무를 소멸시킬 수 없다. 성실한 채무자를 보호하기 위한 조치가 필요하다. 변제제공이란 채무자가 채무이행을 위하여 필요한 행위를 완료하는 것을 말한다. 채무자의 변제제공에 대하여 채권자의 협력이 없다면 채무가 소멸되지는 않지만, 채무자는 최소한 채무불이행책임을 지지 않는다(제461조).

2.89 〈2〉 **변제제공의 방법** 변제제공의 방법은 현실제공이 원칙이다(제460조 본문). 금전채무자가 금전을 지참하여 채권자의 주소지에 간다든가, 부동산매도인이 이전등기에 필요한 서류를 갖추고 등기소 기타 약속장소에 출두하는 것이 그 예이다.

---

77) 대법원 1993. 6. 8. 선고 93다14998 판결 참조.

구두제공만으로 변제제공으로 인정되는 예외가 있다(제460조 단서). 채권자가 수령을 거절하거나 채무이행을 위하여 채권자의 행위가 선행되어야 하는 경우(예: 채권자가 공급하는 재료를 가공해야 할 채무)가 그러하다. 이때에도 현실제공을 요구하는 것은 불공평하므로 채무자의 행위 수준을 낮춘 것이다. 한편, 채권자의 수령거절의 의사가 완강하다면 구두제공조차 요구되지 않는다.[78]

2.90 **〈3〉 변제제공의 효과** 변제제공의 핵심효과는 채무자가 채무불이행책임으로부터 해방된다는 것이다(제461조). 변제제공으로 채무가 소멸되지는 않지만 성실한 변제자에게 위법성을 인정할 수는 없기 때문이다. 그 외에도 채무자의 변제제공에 따라 상대방은 채권자지체에 빠지며(제400조), 채무자는 변제공탁을 할 수 있다(제487조). 그리고 쌍무계약의 경우에 변제제공을 한 당사자의 상대방은 동시이행의 항변권을 상실한다.[79]

(5) 변제의 충당

2.91 **〈1〉 개 념** B에 대하여 300만원(이율: 연 20%)과 200만원(무이자)의 대여금채무가 있는 A가 B에게 400만원을 변제했다고 가정해 보자. 400만원은 A의 B에 대한 채무를 모두 소멸시키기에 부족한 액수이다. 400만원이 어떤 채무에 충당되는가에 따라 이해관계에 중대한 영향을 준다. 변제충당은 채무자가 동일한 채권자에 대하여 다수의 채무를 부담한 경우(제476조)에 문제된다. 1개의 채무를 위하여 다수의 급부를 해야 하는 경우에 변제로서 제공한 급부가 채무 전부를 소멸시키기에 부족한 때도 변제충당에 관한 규정이 준용된다(부족변제의 충당: 제478조).

2.92 **〈2〉 변제충당의 방법** 변제충당은 1차적으로는 당사자 사이의 합의에 의하여 결정한다(합의변제충당).[80] 합의가 없는 경우를 대비하여 민법은 지정변제충당 및 법정변제충당을 규정한다.

ⓘ **지정변제충당** 지정권자의 지정에 의하여 이루어지는 변제충당이다. 1차적 지정권자는 변제자이다(제476조제1항). 변제자가 지정을 하지 않을 때에는

78) 대법원 1976. 11. 9. 선고 76다2218 판결; 대법원 1981. 11. 24. 선고 81다633 판결 등 참조.
79) 이에 대해서는 이 책 [2.154] 〈보충학습 2.33〉 참조.
80) 대법원 1987. 3. 24. 선고 84다카1324 판결; 대법원 2010. 3. 10. 선고 2009마1942 결정 등 참조.

변제수령자가 변제 수령시에 지정할 수 있다(제476조제2항 본문). 변제수령자가 변제충당의 의사표시를 하더라도 이에 대하여 변제자가 즉시 이의를 제기하면 변제수령자의 변제충당은 효력이 없으며(제476조제2항 단서), 이때에는 법정변제충당에 의한다.

ⓘⓘ **법정변제충당** 지정변제충당이 없거나 혹은 변제수령자의 지정충당에 관하여 채무자가 이의를 제기하면 법정변제충당에 의한다. 제477조는 법정변제충당의 구체적인 방법을 정하고 있다.

(6) 변제자대위: 변제에 의한 대위

2.93 〈1〉 **개념과 유형** 변제자대위란 채무자가 아닌 제3자(보증인 포함) 또는 공동채무자(예: 연대채무자)가 변제한 경우에 구상권의 범위 내에서 종래 채권자에게 귀속했던 채권 및 담보에 관한 권리가 변제자에게 이전되는 것이다. 변제자대위는 변제자의 구상권을 보장하기 위한 제도이다. 변제자대위는 다음 두 유형으로 구분된다.

ⓘ **법정대위** 변제에 정당한 이익이 있는 사람(예: 변제를 하지 않으면 불이익을 입는 사람으로서 물상보증인, 저당부동산의 제3취득자 등)은 변제로 당연히 채권자를 대위한다(제481조).

ⓘⓘ **임의대위** 변제에 정당한 이익이 없는 사람은 당연대위는 아니고 채권자의 승낙(채권 및 담보의 이전에 관한 동의)을 얻어 채권자를 대위할 수 있다(제480조제1항). 이때에는 채권양도의 대항요건에 관한 규정(제450~452조)[81]이 준용된다(종전 채권자는 채권양도인, 변제자는 채권양수인에 준하는 것으로 봄).

2.94 〈2〉 **효 과** 관련 당사자별로 살펴본다.

ⓘ **대위변제자와 채무자 사이의 관계** 변제자대위의 목적은 변제자의 구상권 확보이다. 그러므로 변제자대위는 변제자의 출재를 한도로 구상권의 범위 내에서만 허용된다(제482조제1항). 변제자대위에 의하여 채권자의 채권, 그에 부수하는 권리(예: 채권자취소권, 채권자대위권 등) 및 담보에 관한 권리(예: 보증채무 등 인적 담보, 저당권 등 물적 담보)가 변제자에게 이전된다. 변제자는 채무자에 대하여 구상권(자기 고유의 지위)을 행사하든 변제자대위(종전 채권자의 지위)를 주장하든 선택할 수

81) 이에 대해서는 이 책 [2.106]~[2.108] 참조.

있다.82)

ⓘⓘ **대위변제자와 채권자 사이의 관계** 채권 전부의 대위변제를 받은 채권자는 그 채권에 관한 증서 및 점유한 담보물을 대위자에게 교부하여야 한다(제484조제1항). 채권 일부에 대한 대위변제의 경우에 채권자는 채권증서에 대위 사실을 기입하고 자기가 점유한 담보물의 보존에 관하여 대위자의 감독을 받아야 한다(제484조제2항).

ⓘⓘⓘ **복수 대위변제자 상호간의 관계** A의 B에 대한 채권(채권액: 1,000)을 담보하기 위하여 C는 보증인이 되었고, D는 자기 소유 토지(가액: 1,000)에 저당권을 설정했다고 가정해 보자. 만약 C가 A에게 1,000을 변제한 경우 C는 A를 대위하여 D의 소유물에 대한 저당권을 실행하여 1,000의 만족을 얻을 수 있을까? 이를 허용한다면 D는 다시 A를 대위하여 C에게 보증채무의 이행을 청구할 수 있을까? 이를 긍정하면 대위의 순환이 일어나고, 부정하면 먼저 변제한 C에게 유리한 상황이 된다(물론 C는 채무자 B에게 구상권이 있지만 그가 무자력이라면 그 리스크를 혼자서 부담). 정책적 시각에서 C·D 사이의 이해관계를 조정할 필요가 있음을 알 수 있다. 이 사안에 대하여 민법은, C는 D에 대하여 500을 한도로 A를 대위할 수 있다고 규정한다(제482조제2항제5호제1문). 이러한 상황을 포함하여 민법은 복수의 대위변제자 사이의 관계에 대하여 유형별로 규정한다(제482조제2항제1~5호). 제482조제2항은 복수의 대위변제자 상호간의 관계에 관한 것일 뿐이어서, 변제자가 변제자대위로써 만족을 얻지 못한 부분은 채무자에게 구상할 수 있다(문제는 채무자가 무자력인 경우인데 민법은 위 사안에서 C와 D가 B의 무자력에 대한 리스크를 균분 부담하라는 취지임).

2. 대물변제

2.95 채무자가 본래의 급부에 대신하여 다른 급부를 제공하고 채권자가 이를 본래의 급부를 대신하는 것으로 승낙하면서 수령하면(1억원의 금전채무를 지는 채무자가 채권자의 승낙을 얻어 1억원 대신에 특정 토지에 대한 소유권을 이전) 변제와 같은 효력이 있다(제466조). 대물변제와 구별되는 것으로 대물변제의 예약이 있다. 대물변

82) 대법원 1997. 5. 30. 선고 97다1556 판결 등 참조.

제의 예약이란 대물변제를 성립시킬 의무를 미리 약정하는 것이다. A가 B에게 1,000만원을 대여해 주면서 "만약 B가 A에게 대여금을 반환하지 못하면 금전 대신 B 소유의 토지(시가 1,500만원)에 대한 소유권을 A에게 이전하겠다"와 같은 약정이 그것이다. 대물변제의 예약만으로는 원래의 채무가 소멸되지 않는다는 점에서 현실적으로 대물급부가 이루어져 채권이 소멸하는 대물변제와 구별된다.

3. 공 탁

2.96 채무자가 변제제공을 하면 채무불이행책임을 지지는 않지만(제461조), 그렇다고 채무를 면하는 것은 아니다. 공탁은 채권자가 변제를 수령하지 않거나 수령할 수 없는 경우에 변제자가 채권자를 위하여 변제의 목적물(금전, 유가증권 기타의 물건)을 공탁소에 인도하여 채무를 면하는 것이다(제487조). 공탁의 당사자는 공탁자(채무자)와 공탁소이며, 공탁소는 각 지방법원에 둔다. 피공탁자(즉 채권자)는 공탁물출급청구권을 행사하여 공탁물을 수령한다.

공탁에 의하여 채무는 소멸되지만 채권은 채권자가 공탁물을 인수받아 만족을 얻은 후에야 소멸한다. 채무가 소멸하므로 담보권도 소멸하고 이자도 정지된다. 변제에 있어서는 채무와 채권의 소멸 시점이 동일하나, 공탁의 경우에는 양 시점이 동일하지 않다.

4. 상 계

2.97 〈1〉 개 념 상계란 채권관계의 당사자 쌍방이 서로 같은 종류의 채무를 지는 경우에 각 채무를 대등액의 한도에서 소멸시키는 것이다(제492조제1항). 상계는 상대방에 대한 의사표시로 한다(상계의 의사표시의 법적 성질은 형성권: 제493조제1항). A가 B에게 2,000만원의 채무를, B는 A에게 3,000만원의 채무를 지고 있는데, A가 B에게 상계를 하면 A의 B에 대한 채무는 소멸하고, B의 A에 대한 채무는 1,000만원으로 된다. 상계의 의사표시를 하는 사람의 채권을 자동채권, 그 상대방의 채권을 수동채권이라 한다.

2.98 〈2〉 요 건 상계를 위해서 서로 대립하는 두 채권이 갖추어야 할 요

건이 있는데, 이를 '상계적상'이라고 한다(제492조제1항).

ⅰ **상호대립적 채권의 존재** 당사자들은 서로 상대방에 대하여 채권을 가지고 있어야 한다.

ⅱ **양 채권의 동종성** 양 채권의 내용이 동일해야 한다. 그러므로 상계는 금전채권 또는 대체적 급부를 내용으로 하는 채권 사이에서 가능하다.

ⅲ **양 채무의 변제기 도래** 이 요건이 없다면 당사자에게 변제기 전의 변제를 강요하는 결과가 될 것이다. 그러나 수동채권의 변제기 도래는 상계에 장애가 되지 않는다. 채무자(상계의 의사표시를 하는 사람은 수동채권의 채무자)는 변제기 전의 변제를 할 수 있기 때문이다(제468조).

2.99 **〈3〉 상계가 허용되지 않는 경우** 상계가 허용되지 않는 경우가 있다.

ⅰ **채무의 성질에 의한 상계 금지** 양 채권이 서로 현실이행을 해야만 채권의 목적을 달성할 수 있는 경우(예: 양당사자가 서로 밭을 매주기로 하는 채무), 자동채권에 최고검색의 항변권 또는 동시이행의 항변권이 붙어있는 경우(만약 항변권이 붙어있는 채권을 자동채권으로 하여 다른 채무와의 상계를 허용하면 상대방의 항변권을 박탈하는 결과가 됨),[83] 채권자가 자동채권을 자유로이 처분할 수 없는 경우(예: 자동채권이 압류된 경우, 자동채권에 질권이 설정된 경우) 등이 그 예이다.

ⅱ **당사자의 의사표시에 의한 상계 금지** 상계는 당사자의 의사로 상계를 금지할 수 있다(제492조제2항 본문).

ⅲ **법률규정에 의한 상계 금지** 고의의 불법행위로 인한 수동채권(제496조: 채무자의 무자력 등의 이유로 변제받을 수 없게 된 채권자가 채무자에게 불법행위를 하는 것을 저지하기 위한 조치), 압류금지(「민사집행법」 제246조제1항)의 수동채권(제497조: 수동채권의 현실적 이행을 확보해 주기 위한 조치), 지급금지의 수동채권(제498조: 압류·가압류와 같은 지급금지명령을 확보한 채권자를 보호하기 위한 조치).

2.100 **〈4〉 효 과** 상계는 소급효가 있다(제493조제2항). 그러므로 상계의 의사표시를 하면 상계적상 이후부터 이자가 발생하지 않는다. 그리고 상계에는 변제충당에 관한 규정이 준용된다(제499조).

---

83) 대법원 2014. 4. 30. 선고 2010다11323 판결 등 참조.

Ⅱ. 채권자의 만족과 무관한 소멸사유

1. 경 개

2.101 경개란 채무의 중요부분을 변경함으로써 신채무를 성립시키는 동시에 구채무를 소멸시키는 계약이다(제500조). 경개는 구채무를 소멸시킨다는 점에서 구채무가 존속하는 대물변제예약[84]과 구별된다. 경개에 있어서 구채무의 소멸은 신채무의 원인행위이다(즉 구채무가 소멸하기 때문에 신채무가 성립하는 것이다). 그러므로 구채무가 소멸하지 않으면 신채무는 성립하지 않으며, 신채무가 성립하지 않으면 구채무는 소멸하지 않는다(제504조).[85] 경개가 유효하게 성립하면 구채무와 신채무 사이에는 동일성이 인정되지 않는다. 그러므로 구채무에 붙어있던 담보권도 경개와 함께 소멸하는 것이 원칙이지만, 민법은 거래의 편의를 위해 특별규정을 두고 있다(제505조).

채권관계를 '법의 사슬'로 관념하고 채권자 또는 채무자의 변경은 채권의 동일성을 상실한다고 보아 채권양도 또는 채무인수 제도를 두지 않았던 로마시대에는 경개가 거래에서 중요한 역할을 했다.[86] 그러나 채권양도 또는 채무인수가 승인된 근대법에서 경개는 예외적인 제도로 전락했다.

보충학습 2.19 | 경개의 주요 유형

① **채무자변경으로 인한 경개** 이 유형의 경개가 채권자·구채무자·신채무자의 3면계약으로 이루어질 수 있음은 물론이다. 채권자와 신채무자 사이의 계약으로도 채무자변경이 가능하나(제501조 본문), 구채무자의 의사에 반하여 경개계약을 할 수는 없다(제501조 단서). 이는 제469조제2항과 같은 취지이다.[87]

② **채권자변경으로 인한 경개** 이 유형의 경개는 채권양도와 달리 신구채권자와 채무자간의 3면계약에 의하는 것으로 해석한다. 그러나 채권양도와의 유사한 기능을 고려하여 채권양도에 관한 일부 규정을 준용한다(제502·503조).

84) 이에 대해서는 이 책 [2.95] 참조.

85) 대법원 2011. 6. 24. 선고 2011다11009 판결 참조.

86) 이에 대해서는 이 책 [2.104] 참조.

87) 이에 대해서는 이 책 [2.82] 참조.

2. 면 제

2.102 채권자와 채무자의 계약으로 채무를 소멸시키는 것도 가능하나(사적자치의 원칙), 민법이 정하는 면제는 채권자의 단독행위로 채무를 소멸시키는 것이다(제506조 본문). 그러나 정당한 이익을 가진 제3자에게는 면제로써 대항하지 못한다(제506조 단서).

3. 혼 동

2.103 일정한 사유로 채권과 채무가 동일인에게 귀속되면 원칙적으로 채권이 소멸한다(제507조 본문: 가령 채권자가 채무자를 상속한다든가 또는 그 반대). 그러나 채권이 제3자의 권리의 목적인 때에는 소멸하지 않는다(제507조 단서). 이는 타인의 권리를 임의로 간섭할 수 없다는 취지로, 권리관계의 일반원칙상 당연한 것이다.

제 4 절 채권·채무의 이전

2.104 로마법에서는 채권을 '법의 사슬'(*iuris vinculum*)이라 하여 채권 또는 채무가 동일성을 유지한 채 그 귀속주체가 변경될 수 있다는 관념이 없었다.[88] 채권양도·채무인수는 채권이 동일성을 유지하면서 채권자 또는 채무자가 변경되는 것으로 근대적인 제도에 해당한다.

채권양도의 기능은 무엇인가? 채권이 실현되기 위해서는 이행기가 도래하여 실제로 이행되어야 한다. 만약 이행기 전에 채권자가 채권의 유동화(쉽게 말해 현금화)를 원하고 채권실현에 대한 위험을 피하고자 한다면 해당 채권을 타인에게 양도하고 그 대가를 받으면 될 것이다. 채권의 양수인은 일반적으로 채권액보다 적은 금액을 지급하고(이것을 '채권할인'이라고 함) 채권을 양수할 것이다. 채권할인의 이유는 이자와 채권실현에 대한 위험으로 인한 비용에서 찾을 수 있다.

---

88) 그런 이유로 채권자변경에 의한 경개, 채무자변경에 의한 경개가 중요한 기능을 담당했다(이에 대해서는 이 책 [2.101] 참조).

채무인수의 기능은 무엇인가? A가 B 소유의 甲부동산(시가 3억원)을 매수하려는데 마침 甲에 대하여 K은행이 매우 좋은 조건으로 B에게 2억원을 대출하고 저당권을 설정했다고 가정해 보자. A가 B의 K은행에 대한 채무를 인수한다면 현금 1억원으로 甲의 소유자가 될 수 있다.

민법은 채권양도를 지명채권(제3편 제1장 제4절: 제449~452조)과 증권적 채권(제3편 제1장 제7~8절: 제508~526조)으로 구분하여 규율한다. 채무인수에 대해서는 지명채권의 양도 직후에 규율한다(제3편 제1장 제5절; 제453~459조).

Ⅰ. 채권양도

1. 지명채권의 양도

(1) 지명채권의 양도성

2.105 지명채권이란 채권자가 특정되어 있는 채권이다. 민법에서 보통 채권이라 하면 지명채권을 가리킨다. 증권적 채권과 달리 지명채권은 채권의 성립·행사·양도에 증서(즉 증권)의 작성·교부 등이 요구되지 않는다.

민법은 "채권은 양도할 수 있다"(제449조제1항 본문)라고 하여 지명채권의 양도성의 원칙을 선언하고 있다. 그러나 양도성을 본질로 하는 증권적 채권과 달리 지명채권의 양도성에는 상당한 제한이 따른다. 지명채권은 그 성질이 허락하지 않는 경우(제449조제1항 단서: 위임계약 등과 같이 채권자의 변경으로 인해 채권의 동일성이 깨지는 경우), 당사자 사이의 특약이 있는 경우(제449조제2항 본문) 또는 법률이 특별히 정하는 경우에는 양도가 제한된다. 민법 또는 기타 특별법에서는 일정한 채권이 반드시 원래의 채권자에게 귀속되고 또한 그가 채권의 수혜자가 되어야 한다는 취지에서 채권양도를 금지(예: 제979조의 부양청구권, 특별법에 의한 연금청구권)한다. 채권양도를 제한하는 당사자의 약정은 선의의 제3자에게 대항하지 못한다(제449조제2항 단서).

(2) 지명채권 양도의 대항요건

2.106 채권양도계약의 당사자는 양도인(원채권자)과 양수인(신채권자)이다. 그러므로 이 계약에 개입하지 않은 채무자 또는 제3자는 채권양도로 인하여 불측의 손해

를 입을 수 있다. 채무자가 채권양도 사실을 모르고 구채권자에게 변제를 한다든가(논리적으로는 구채권자는 채권자가 아니므로 채무자는 신채권자에게 다시 변제를 하고 구채권자에게 부당이득반환청구를 해야 함) 혹은 이미 채권을 양도한 사람이 다시 다른 사람에게 채권을 양도(논리적으로는 두 번째 양도계약은 무효이므로 채권을 양수할 수 없음) 하는 것이 그 예이다.

이에 관하여 민법은 다음과 같이 규정한다: ① 지명채권의 양도는 양도인이 채무자에게 통지하거나 채무자가 승낙하지 않으면 채무자 기타 제3자에게 대항하지 못한다(채무자에 대한 대항요건: 제450조제1항); ② 채무자가 아닌 제3자에게 채권양도로 대항하기 위해서는 통지나 승낙을 확정일자 있는 증서로 해야 한다(제3자에 대한 대항요건: 제450조제2항).

2.107 **〈1〉 채무자에 대한 대항요건** 채무자에 대한 대항요건은 양도의 통지 또는 승낙이다. 통지는 해당 채권을 다른 사람에게 양도했음을 알리는 것으로 양도인이 채무자에게 해야 한다. 양수인을 통지권자로 하지 않은 이유는 양수받은 사실이 없으면서 허위로 자신이 채권양수인이라고 통지할 위험이 있기 때문이다. 승낙은 채무자가 채권양도 사실을 인식하고 있음을 양도인 또는 양수인에게 알리는 행위이다(즉 채권양도 자체에 대한 승낙이 아님).

통지 또는 승낙이 있게 되면 양수인은 채무자에게 채권양도 사실을 가지고 대항할 수 있다. 즉 채무자에 대하여 채권을 행사할 수 있다.

보충학습 2.20 | 통지와 승낙의 부수적 효력

❶ **통지의 부수적 효력** 채권양도의 통지는 채무자에 대한 대항 외에 다음과 같은 부수적 효력을 발생시킨다.

ⓐ **채무자의 양수인에 대한 대항** 양도인이 통지만을 한 때에는 채무자는 그 통지를 받은 때까지 양도인에게 생긴 사유를 가지고 양수인에게 대항할 수 있다(제451조제2항). 따라서 가령 채무자는 양수인에게 변제 기타의 사유로 채권의 전부 또는 일부가 소멸하였다는 항변을 할 수 있다.

ⓑ **채무자의 양도인에 대한 대항** 양도인이 채무자에게 채권양도를 통지한 때에는 아직 양도하지 아니하였거나 그 양도가 무효인 경우에도 선의인 채무자는 양수인에게 대항할 수 있는 사유로 양도인에게 대항할 수 있다(제452조제1항). 따라서 선의의 채무자는 그가 표

현양수인에게 한 변제 기타의 면책행위를 유효한 것으로 주장할 수 있다.[89]

❷ **승낙의 부수적 효력** 채권양도의 승낙은 채무자에 대한 대항 외에 다음과 같은 부수적 효력을 발생시킨다(채무자가 승낙을 할 때 이의를 보류했는가 여부에 따라 차이).

ⓐ **이의를 보류한 승낙** 채무자가 채권양도를 승낙함에 있어서 양도인과의 관계에서 항변사유를 보유하고 있음을 밝히면서 하는 승낙이다. 이의를 보류한 승낙에 대하여 민법은 특별한 규정을 두지 않고 있다. 이는 통지와 동일한 효력이 있다는 의미이다.

ⓑ **이의를 보류하지 않은 승낙** 채무자가 채권양도를 승낙함에 있어서 양도인과의 관계에서 항변사유를 보유하고 있음을 밝히지 않고 단순하게 승낙하는 것이다. 이 경우에는 양수인을 두텁게 보호한다. 단순승낙을 한 채무자는 양도인에게 대항할 수 있는 사유로써 양수인에게 대항하지 못한다(제451조제1항 본문). 채무자의 적극적인 행위(승낙)가 양수인에게 신뢰를 조성했다면 이에 대하여 책임을 져야 한다는 의미로서 신의칙(모순행위금지의 원칙)의 반영이다. 양수인은 채무자에 의한 이의가능성이 완전히 배제된 채권을 취득하며, 채무자가 대항하지 못함으로 인하여 발생한 불이익은 양도인과의 사이에서 조정된다(제451조제1항 단서).

2.108 **〈2〉 채무자가 아닌 제3자에 대한 대항요건** 채권자가 자신의 채권을 이중으로 양도하고 채무자에게 통지했다면 두 양수인 중 누가 진정한 채권자인가? 채무자는 누구에게 변제를 해야 하는가? 이것이 채무자 외의 제3자에 대한 대항요건의 문제이다. 여기에서 제3자란 해당 채권에 관하여 양수인의 지위와 양립할 수 없는 법률상의 지위를 취득한 사람(예: 채권의 이중양수인, 채권의 질권자, 채권을 압류 또는 가압류한 양도인의 채권자 등)이다.

물권의 경우에는 공시방법(등기 또는 인도)으로 우열을 가릴 수 있지만 지명채권은 공시방법이 없다. 민법은 채권양도의 제3자에 대한 대항요건 또한 통지 또는 승낙으로 하면서, 다만 확정일자 있는 증서를 요구하고 있다(제450조제2항). 가령 채권의 이중양수인이 있다면 확정일자 있는 통지·승낙을 먼저 받은 사람이 우선하게 된다.

확정일자란 증서에 대하여 그 작성 일자에 관한 완전한 증거가 될 수 있는 것으로 인정되는 날짜로서 당사자가 나중에 변경하는 것이 불가능한 것을 가리킨다.[90] 공정증서에 기입된 날짜, 내용증명우편의 날짜 같은 것이 그 예이다.

---

89) 이러한 법리는 표현수령권자에 대한 변제(이 책 [2.85] 참조)와 유사한 것이다.

90) 대법원 1988. 4. 12. 선고 87다카2429 판결; 대법원 2000. 4. 11. 선고 2000다2627 판결 등 참조.

2. 증권적 채권의 양도

2.109 증권적 채권이란 채권의 성립·존속·양도·행사 등을 위하여 증서(즉 증권)의 작성·교부가 요구되는 채권이다. 증권적 채권은 양도성을 핵심으로 하며, 채권자 결정 방법에 따라 지시채권, 무기명채권, 지명소지인출급채권 등이 있다.

ⓘ **지시채권의 양도** 지시채권이란 특정인 또는 그가 지시하는 사람에게 변제해야 하는 증권적 채권이다(예: 어음, 화물상환증, 창고증권, 선하증권). 지시채권의 양도는 배서와 교부에 의한다(제508조). 배서란 증권에 양도인과 양수인의 성명을 기입하고 그들 사이에 양도행위가 이루어졌음을 기재하는 것이다.

ⓘⓘ **무기명채권의 양도** 무기명채권이란 증서에 특정인의 이름을 기재하지 않고 그 증권의 소지인에게 변제해야 하는 증권적 채권이다(예: 백화점상품권, 연극표, 무기명사채, 무기명주식, 무기명수표). 무기명채권은 양수인에게 증권을 단순히 교부함으로써 양도의 효력이 발생한다(제523조). 지시채권에 관한 규정 중 배서를 제외한 사항(제514~522조)은 무기명채권에 준용된다(제524조).

ⓘⓘⓘ **지명소지인출급채권의 양도** 지명소지인출급채권이란 말 그대로 증서에 기재된 특정인(지명) 또는 증서의 소지인에게 변제할 것(증권소지인출급)을 부기한 증권적 채권이다. 증서의 소지인에게 변제해도 된다는 점에서 무기명채권과 같다. 따라서 지명소지인출급채권은 무기명채권과 동일하게 취급한다(제525조).

Ⅱ. 채무인수

1. 개 념

2.110 민법은 채권의 양도성(제449조제1항)과 함께 채무의 이전성을 규정하고 있다(제453조제1항). 채무인수에 따라 구채무자는 채무를 면하고 신채무자만이 채무를 부담한다는 점에서 채무자변경에 의한 경개와 유사하다. 그러나 경개와 달리 채무인수에서는 채무의 동일성이 유지된다. 제458조(채무인수인은 전채무자의 채권자에 대한 항변사유로 대항할 수 있음)는 채무인수에 있어서 채무의 동일성 유지를 반영한 규정이다.

보충학습 2.21 | 제459조의 의미

채무인수의 본질(특히 채무의 동일성 유지)로 일관한다면 채무인수가 있더라도 채무뿐만 아니라 그에 부수된 사항(예: 담보, 보증 등)도 모두 그대로 인수인에게 이전되어야 한다. 그것이 동일성 유지의 핵심이기 때문이다. 그러나 제459조는, 전채무자의 채무에 대한 보증이나 제3자가 제공한 담보는 보증인이나 제3자의 승낙이 없는 한 채무인수로 인하여 소멸한다고 하여 채무의 동일성 유지와 어긋나는 태도를 취하고 있다. 이는 구채무를 위하여 담보를 제공한 사람을 보호하기 위한 것으로 타인의 채무이행을 위한 약정은 인적요소(채무자가 누구인가 하는 것이 중요함)가 중시되는 계속적 법률관계라는 점을 고려한 것으로 이해할 수 있다.

2. 채무인수의 당사자

2.111 몇 개의 유형으로 구분하여 살펴본다.

ⓘ **채권자·채무자·인수인** 이들 3자간의 약정에 의하여 채무인수가 이루어질 수 있음은 당연하다. 당연하기에 민법이 명문규정을 두지 않은 것이다.

ⓘⓘ **채권자·인수인** 채무인수로 인하여 이해관계에 큰 변화를 겪는 사람은 채권자(채무인수로 채무자가 변경되고 그에 따라 책임재산이 달라지기 때문)와 인수인(없던 채무를 새로 부담하기 때문)이다. 이해관계의 핵심 당사자가 인수계약을 유효하게 체결할 수 있다는 것은 이론상 별다른 문제가 없다(제453조제1항). 다만, 고려할 사항은 "누구도 자신의 의사에 의하지 않고는 손실은 물론 이익도 강제당하지 않는다"는 원칙이다. 제453조제2항은 이를 반영한 것으로 제469조제2항과 같은 맥락이다.[91]

ⓘⓘⓘ **채무자·인수인** 채무자·인수인 사이의 계약에 의한 채무인수는 채권자의 승낙에 의하여 효력이 생긴다(제454조제1항). 아울러 민법은 당사자 간의 이해관계 조정을 위한 규정을 두고 있다(제455~457조).

3. 채무인수와 유사한 제도

2.112 채무인수와 유사하지만 구별해야 할 제도를 살펴본다.

91) 이에 대해서는 이 책 [2.82] 참조.

ⓘ **병존적 채무인수** 병존적 채무인수는 원채무자의 채무가 소멸하지 않고 제3자가 새로이 동일한 내용의 채무를 부담함으로써, 결국 채무자가 하나 추가되는 경우이다. 이는 채권자의 입장에서 보면 인적 담보의 의미를 가지게 된다. 병존적 채무인수와 구별하기 위하여 원래 의미의 채무인수를 면책적 채무인수로 부르기도 한다. 면책적 채무인수인지 병존적 채무인수인지가 분명하지 않은 때에는 병존적 채무인수로 보아야 한다.[92]

ⓘⓘ **이행인수** 이행인수란 인수인이 채무자의 채무를 이행할 것을 약정하는 채무자와 인수인 사이의 계약이다. 이행인수가 있더라도 채무자의 변경은 없다. 이행인수인이 채권자에게 이행하지 않더라도 채권자가 직접 이행청구를 할 수는 없으며, 다만 채무자가 인수인에게 채무불이행책임을 물을 수 있을 뿐이다.

ⓘⓘⓘ **계약인수** 채권양도, 채무인수가 채권 또는 채무의 단편적 이전인 것과 달리, 계약인수는 계약당사자로서의 지위(채권자로서의 지위와 채무자로서의 지위)의 포괄적 승계를 내용으로 하는 계약이다. 명문규정은 없으나 사적자치의 원칙상 인정된다.[93] 계약인수는 주로 계속적 계약관계(예: 임대차)에서 이루어지며, 계약인수가 있게 되면 양도인은 계약관계에서 벗어난다.

제 5 절 다수당사자의 채권관계

2.113 다수당사자의 채권관계란 하나의 급부에 관하여 채권자 또는 채무자의 일방 또는 쌍방이 2인 이상인 경우이다. 다수당사자의 채권관계는 하나의 급부를 목적으로 하지만, 채권자 또는 채무자의 수만큼의 채권관계가 성립한다. 예컨대, 채권자가 A·B이고 채무자가 X·Y·Z인 다수당사자의 채권관계라면 6개(A-X, A-Y, A-Z, B-X, B-Y, B-Z)의 채권관계가 성립한다. "급부는 하나, 관계는 다수"(Objet unique, mais plusieurs liens)로 표현할 수 있다.

다수당사자의 채권관계의 핵심 법률관계는 다음과 같다(사례: 채권자 A, 채무자

---

92) 대법원 2012. 1. 12. 선고 2011다76099 판결 참조.

93) 대법원 1982. 10. 26. 선고 82다카508 판결; 대법원 1987. 9. 8. 선고 85다카733·734 판결 참조.

X·Y, 채권액 200).

ⓘ **대외적 효력** 채권자 측과 채무자 측 사이의 법률관계로서 이는 다시 다음 두 가지로 나누어 생각할 수 있다: ① 이행청구나 변제가 어떻게 행해지는가(가령 A가 X·Y에게 각각 100을 청구할 수 있는지, 아니면 X·Y 각각에게 200을 청구할 수 있는지); ② 복수주체 중 1인에게 생긴 사유가 다른 사람에게 어떤 영향을 미치는가(가령 A가 X에게 채무면제의 의사표시를 하면 그 효력이 Y에게도 미치는지).

ⓘⓘ **대내적 효력** 다수인 채권자 상호간 또는 채무자 상호간의 법률관계이다. 가령 X가 A에게 200을 변제한 경우에 채무자 X·Y의 내부관계는 어떻게 정리되어야 하는가의 문제이다.

다수당사자의 채권관계로 민법은 분할채권·채무, 불가분채권·채무, 연대채무, 보증채무를 규정하고 있다(제408조 이하). 이 중에서 불가분채무, 연대채무, 보증채무는 채권담보의 기능을 한다(인적 담보).

Ⅰ. 분할채권·채무

2.114 다수당사자의 채권관계는 특별한 사정이 없는 한 분할채권(채권자가 복수인 경우)·분할채무(채무자가 복수인 경우)이다(제408조). 이러한 입법주의를 '분할주의'라고 한다. 제408조는 형식적으로는 다수당사자의 채권관계의 1유형인 분할채권과 분할채무를 규정한 것이지만, 실질적으로는 다수당사자의 원칙적 유형을 규정한 것이다.

분할채권·채무의 효력을 본다.

ⓘ **대외적 효력** 분할채권자는 자기의 채권액 이상을 채무자에게 청구할 수 없으며, 분할채무자는 자기가 부담하는 비율 이상의 채무를 이행할 필요가 없다. 각 채권자의 채권 또는 각 채무자의 채무는 사실상 각각 독립한 채권·채무이다. 그러므로 1인의 채권자 또는 채무자에게 생긴 사유(예: 채무불이행, 경개, 면제, 혼동, 시효 등)는 다른 채권자 또는 채무자에게 아무런 영향이 없다.

ⓘⓘ **대내적 효력** 분할채권·채무에 있어서 공동채권자·공동채무자는 서로 독립된 채권자·채무자이다. 즉 공동채권자 또는 공동채무자 사이에 특별한 내부관계가 없다. 그러므로 가령 분할채무자 중의 1인이 다른 분할채무자의 채

무를 변제했다면 이는 제3자에 의한 변제(제469조)이다.

Ⅱ. 불가분채권·채무

1. 개 념

2.115 불가분채권·채무의 개념을 사례를 들어 설명한다.

• A·B·C가 공동으로 X로부터 자동차를 매수한 경우(사안①): A·B·C의 X에 대한 채권은 불가분채권이다.

• P·Q·R이 공유하는 토지를 Y에게 매도한 경우(사안②): P·Q·R의 Y에 대한 채무는 불가분채무이다.

사안①에서 A·B·C의 채권과 사안②에서 P·Q·R의 채무는 그 성질상 나눌 수 없는 것으로 각각 불가분채권, 불가분채무이다(성질에 의한 불가분채권·채무).

한편, 사안①에서 A·B·C의 X에 대한 채무(금전채무) 및 사안②에서 P·Q·R의 Y에 대한 채권(금전채권)은 다수당사자의 채권관계 중 어떤 유형일까? 다수당사자의 채권관계이면서 다른 특별한 사정이 없으므로 분할채권·채무로 해석할 수 있다(제408조). 그런데 이들 금전채권·채무라도 당사자의 의사표시에 의하여 불가분으로 할 수 있다(의사표시에 의한 불가분채권·채무). 급부가 성질상 불가분인 경우 외에 의사표시에 의한 불가분채권·채무를 인정하는 이유는 무엇일까? 이행청구나 채무이행의 편의(이는 불가분채권, 불가분채무 모두에 해당하는 사항) 또는 채권담보의 기능(이는 불가분채무에 해당하는 사항)에서 그 이유를 찾을 수 있다.

불가분채권·채무가 가분채권·채무로 변경된 때에는 분할채권·채무로 변경된다(제412조). 예컨대, 불가분채무가 이행불능이 되어 손해배상채무로 전환되었다면 이때의 손해배상채무는 분할채무로서 각 채무자는 자기의 부담부분만을 이행하면 된다. 다수당사자의 채권관계에서의 원칙인 분할주의(제408조)에서 그 근거를 찾을 수 있다.

2. 불가분채권

2.116 〈1〉 대외적 효력 각 채권자는 모든 채권자를 위하여 채무자에게 이행

청구를 할 수 있고, 채무자는 모든 채권자를 위하여 각 채권자에게 이행할 수 있다(제409조).

채권자 중 1인의 행위나 1인에 관한 사항 중 이행청구 또는 이행은 다른 채권자에게도 효력이 있다(절대적 효력). 또한 이행청구 또는 이행을 전제로 하는 사항(예: 이행지체, 채권자지체)도 모든 채권자에게 효력이 있다고 해석된다. 그러나 그 외의 사항은 다른 채권자에게 영향을 미치지 않는다(제410조제1항). 즉 상대적 효력에 그친다. 가령 불가분채권자 중 1인과 채무자 사이에 경개·면제가 있더라도 다른 채권자는 전부의 이행을 청구할 수 있다.

보충학습 2.22 | 불가분채권자 1인이 행한 면제의 효력

A·B·C가 공동으로 자동차를 구입하기 위해 X와 매매계약을 체결하여 불가분채권이 성립했다고 가정해 보자. 불가분채권자 중 A가 X에게 채무면제를 한다면 그 효과는 A와 X 사이에서만 발생하고 B·C에게는 영향이 없다(상대적 효력). 그러므로 B·C는 X에게 원래의 급부를 청구할 수 있다.

그렇다면 A의 X에 대한 채무면제는 구체적으로 어떤 효과로 나타나는가? X가 B에게 채무를 이행한다면 X는 면책되고, X는 만약 면제를 하지 않았다면 A에게 귀속했을 이익에 대하여 A를 상대로 부당이득반환청구를 할 수 있다. A의 X에 대한 면제는 최소한 A·X 간에는 효력이 있기 때문이다. 그리하여 논리적으로는 X가 B에게 변제를 하면 B는 A·B·C 사이의 내부관계에 따라 이익을 나누고, X는 A를 상대로 그에게 분급된 이익에 대하여 반환청구를 해야 한다. 그런데 민법은 A에게 분급될 이익을 변제를 받은 B가 직접 X에게 상환하도록 한다(제410조제2항). 법률관계를 간략하게 하기 위한 조치로 볼 수 있다.

2.117 〈2〉 **대내적 효력** 불가분채권자의 내부관계에 대해서는 민법이 정하는 바가 없다. 당사자 사이에 특별한 약정이 없다면 급부이익은 균등한 비율로 분배하는 것으로 해석하는 것이 합리적일 것이다.

3. 불가분채무

2.118 〈1〉 **대외적 효력** 불가분채무의 대외적 효력에 대하여 민법은 불가분채권(제410조) 및 연대채무(제413~415조, 제422조)에 관한 규정을 준용한다(제411조).

유의할 것은 불가분채무자 1인에게 생긴 사유의 효력에 관해서 연대채무관련 규정(제416~423조)을 그대로 준용하지 않는다는 점이다. 그 결과 불가분채무는 연대채무에 비하여 절대적 효력사유의 범위가 좁으며, 따라서 연대채무보다 채권담보의 기능이 더 강하다.

2.119 **〈2〉 대내적 효력** 불가분채무의 대내적 효력에 대하여 민법은 불가분채권(제410조) 및 연대채무(제424~427조)에 관한 규정을 폭넓게 준용한다(제411조).

Ⅲ. 연대채무

1. 개 념

2.120 연대채무에서는 수인의 채무자가 각자 채무 전부를 이행할 의무를 지고, 채무자 1인의 이행으로 다른 채무자도 의무를 면하게 된다(제413조). 연대채무는 당사자 간의 약정 또는 법률규정(예: 제616·654·832조 등)에 의해 발생한다.

채권자는 연대채무자 중 누구에게나 전부의 이행을 청구할 수 있으므로 연대채무는 채권담보의 기능을 한다. 책임재산의 수를 늘리는 방법으로 채권을 담보하는 제도(인적 담보)의 전형은 보증채무이다. 그런데 연대채무가 보증채무보다 담보적 기능이 더 강하다. 가령 주채무가 무효 또는 취소되면 보증채무도 실효되지만(부종성), 연대채무에서는 어느 연대채무자에 대한 법률행위의 무효·취소는 다른 연대채무자에게 영향이 없다(제415조).

연대채무와 구별되는 것으로 부진정연대채무가 있다. 하나의 동일한 급부(예: 손해배상)에 관하여 복수의 채무자가 각자 독립해서 그 전부를 급부할 의무를 부담하는 채권관계로 정의한다.[94] 연대채무와 달리 부진정연대채무에서는 채권자에게 만족을 주는 변제(또는 이에 준하는 사유) 외에는 채무자 1인에게 발생한 사유가 다른 채무자에게 영향을 주지 않는다. 그 결과 연대채무보다 채권자의 권리가 더 강하다. 부진정연대채무는 복수의 채무자가 손해배상을 하는 경우에 주로 성립한다(예: 법인의 손해배상채무와 이사 개인의 손해배상채무 상호간(제35조), 공동불법행위 가해자들의 손해배상채무 상호간(제760조)).

---

94) 대법원 2006. 9. 8. 선고 2004다55230 판결 등 참조.

2. 대외적 효력

(1) 연대채무의 이행

2.121 채권자는 어느 연대채무자에 대하여 또는 동시나 순차로 모든 연대채무자에 대하여 채무의 전부나 일부의 이행을 청구할 수 있다(제414조). 예컨대, A·B·C 3인이 X에 대하여 300만원의 연대채무를 부담한다면, X는 A·B·C 중 누구에게든 300만원 청구할 수도 있고, 동시 또는 순차로 가령 A에게 200만원, B에게 60만원, C에게 40만원을 청구할 수도 있다.

(2) 연대채무자 1인에게 생긴 사유의 효력

1) 절대적 효력

2.122 연대채무는 복수의 채무로서 각각의 채무는 서로 독립적이어서 채권의 목적 실현(예: 변제) 외에 채무자 1인에게 발생한 사유는 다른 채무자에게 영향이 없는 것이 논리이다. 그러나 이렇게 순수논리를 채택한 법제는 없다. 절대적 효력사유는 법제마다 차이가 있는데, 우리 민법은 절대적 효력사유로서 7가지(제416~422조)를 규정한다. 명문규정은 없으나 채권자에게 만족을 주는 사유(예: 변제, 대물변제)는 당연히 절대적 효력을 가진다. 절대적 효력사유의 범위가 넓을수록 채권담보의 기능은 약해진다.

민법이 규정하는 절대적 효력사유에는 다음 두 가지 유형이 있다: ① 일체형 절대적 효력사유(연대채무자 1인에게 발생한 사유가 다른 연대채무자에게 그대로 효력을 미치는 경우); ② 부담부분형 절대적 효력사유(연대채무자 1인에게 발생한 사유가 그 연대채무자의 부담부분의 범위 내에서만 다른 연대채무자에게 효력을 미치는 경우).

일체형 절대적 효력사유로 민법이 정하는 것은 이행의 청구(제416조), 경개(제417조), 상계(제418조), 채권자지체(제422조)이다.

보충학습 2.23 | 상계의 절대효

A·B·C가 X에 대하여 300만원의 연대채무를 부담하는데(부담부분은 균등) A가 X에 대한 120만원의 반대채권으로 상계를 하면 B·C에게도 영향을 미쳐 결국 A·B·C는 180만원의 연대채무를 부담하게 된다(제418조제1항). A는 자신의 출재로 다른 연대채무자들을 면책시켰으므로 B·C에게 각각 40만원씩 구상할 수 있다.

B 또는 C가 A의 X에 대한 반대채권을 가지고 상계할 수 있는가? 타인의 재산권을 행사한다는 점에서 법리상의 문제가 있기는 하나 민법은 A의 부담부분의 범위 내에서 상계할 수 있도록 하고 있다(제418조제2항). 부담부분이 동일하다면 B 또는 C는 100만원의 범위 내에서 A의 X에 대한 반대채권을 가지고 상계할 수 있다. 제418조제2항은 법률관계를 간략하게 처리하기 위한 특별규정으로 이해해야 한다.

부담부분형 절대적 효력사유로 민법이 정하는 것은 면제(제419조), 혼동(제420조), 소멸시효의 완성(제421조)이다.

보충학습 2.24 | 면제의 절대효

A·B·C 3인이 X에 대하여 300만원의 연대채무를 부담하는데(부담부분 균등) X가 A에게 채무면제를 하면 이는 A의 부담부분의 한도(즉 100만원)에서 B·C에게도 효력이 미쳐 B·C의 채무액은 200만원으로 감축된다.

A는 채무를 완전히 면하는가? 이에 대하여 일부 학설은, A가 채무를 완전히 면하지는 않고 B·C와 마찬가지로 200만원에 대하여 연대채무를 부담한다고 주장한다. 그러나 이는 찬성하기 곤란하다. X가 A에게 면제의 의사표시를 했다면 최소한 A·X 간에는 그 효과가 온전히 나타나야 할 것이기 때문이다. 따라서 A는 채무를 면하고 B·C만이 200만원의 연대채무를 부담한다고 해석해야 한다.

A가 채무면제를 받아 B·C의 채무액이 100만원 감소하기는 했으나 A가 B·C에게 구상할 수는 없다. 구상요건의 하나인 출재가 없기 때문이다.

2) 상대적 효력

2.123 연대채무의 본질상 또는 법률규정에 의하여 절대적 효력사유로 인정되는 것 외에는 어느 연대채무자에 관한 사항은 다른 연대채무자에게 효력이 없다(제423조). 제423조는 연대채무가 복수의 채무이며 각 채무는 서로 독립성을 가진다는 것을 보여준다.

3. 대내적 효력: 구상관계

(1) 구상의 요건

2.124 어느 연대채무자가 변제 기타 자기의 출재로 공동면책이 된 때에는 다른 연

대채무자의 부담부분에 대하여 구상권을 행사할 수 있다(제425조제1항). 부담부분에 관하여 특약이 없다면 균등한 것으로 추정한다(제424조). 구상의 범위에는 면책일 이후의 법정이자 및 피할 수 없는 비용 기타 손해배상을 포함한다(제425조제2항). 구상권이 발생하기 위한 요건은 다음과 같다.

ⓘ **공동면책** 연대채무자 중의 1인이 모든 채무자를 위하여 채무를 소멸시키거나 또는 감소시켜야 한다.

ⓘⓘ **자기의 출재** 연대채무자 중의 1인이 출재를 해야 한다. 출재에 의하지 않은 면책(예: 채무면제, 시효의 완성 등)은 구상권을 발생시키지 않는다. 구상권의 본질은 부당이득반환채권이며 부당이득이 성립하기 위해서는 이득과 손실이 존재해야 하는데,[95] 출재가 없다면 손실이 없기 때문이다. 자신의 부담부분 이상을 출재해야 구상권이 발생하는가? 부담부분은 고정액이 아니라 비율의 개념이므로 부담부분에 미달하는 출재가 있더라도 구상권이 발생한다.

(2) 구상권의 제한

2.125 어느 연대채무자가 공동면책을 위하여 출재를 할 때에는 사전 또는 사후에 면책행위 사실을 통지해야 한다(제426조). 통지는 구상권의 발생요건은 아니지만 이를 게을리하면 구상권 행사상 불이익이 있다.[96] A·B·C 3인이 X에 대하여 300만원의 연대채무를 부담하는 사안을 들어 설명한다(부담부분 균등).

2.126 **〈1〉 사전통지를 게을리한 경우**(제426조제1항) A가 B·C에게 사전통지를 하지 않고 300만원을 변제했는데, A의 변제 전 X가 B에게 100만원의 채무를 면제했다면 B는 이 사실로써 A에게 대항할 수 있다. 즉 B는 A의 구상권 행사에 응하지 않을 수 있다. 이렇게 되면 A는 B에게는 구상할 수 없고 X에 대하여 부당이득반환청구를 하여 100만원을 회수해야 한다. X가 A에게 100만원을 반환하면 다행이지만 A는 X의 무자력에 대한 위험을 부담하게 된다.

만약 B가 X에 대하여 200만원의 반대채권이 있는데, A가 사전통지 없이 X에게 300만원을 변제하고 B·C에게 각각 100만원을 구상한다면 B는 그의 부담부분인 100만원에 관하여 A에게 상계로써 대항할 수 있다. 그리하여 A는 B에게

95) 이에 대해서는 이 책 [2.264] 및 [2.265] 참조.

96) 이 통지의무는 책무(책무에 대해서는 이 책 [2.146] 〈보충학습 2.30〉 참조)에 해당한다.

는 구상권을 행사하지 못하고 B의 X에 대한 채권은 B의 부담부분의 한도(100)에서 A에게 이전되어 A는 X에게 100만원을 청구할 수 있다. X가 A에게 100만원을 지급하면 다행이지만 A는 X의 무자력에 대한 위험을 부담하게 된다.

제426조제1항은 채권자에 대하여 항변사유를 보유한 채무자가 그것을 주장하는 기회를 잃지 않도록 하기 위한 것이다.

2.127 **〈2〉 사후통지를 게을리한 경우**(제426조제2항) A가 X에게 300만원을 변제하고 B·C에게 사후통지를 하지 않았는데 그 사실을 모르고 B가 X에게 다시 300만원을 변제했다면 B는 자기 변제의 유효를 주장할 수 있다.

B가 변제의 유효를 주장할 수 있다는 것은 무슨 의미인가? 논리로만 본다면 다음과 같다: ① 제1변제(A의 변제)가 유효하고 제2변제(B의 변제)는 비채변제로서 B가 X에게 부당이득반환청구권을 행사하여 회수해야 한다; ② 만약 X가 무자력이라면 B의 X에 대한 채권은 무의미하고 오히려 A에게 100만원의 구상채무를 이행해야 한다. 그런데 제426조제2항을 적용하게 되면, 오히려 A가 X에게 부당이득반환청구권을 행사하여 300만원을 회수하고, B는 A·C에게 100만원을 구상할 수 있다. 즉 사후통지를 게을리한 A가 채권자 X의 무자력에 대한 위험을 부담하게 된다.

(3) 상환무능력과 무자력위험의 분담

2.128 A·B·C 3인이 X에 대하여 300만원의 연대채무를 부담하고 있다고 가정해 보자(부담부분 균등). A가 300만원을 변제한 경우 원칙대로 한다면 A가 B·C에게 각각 100만원을 구상하는데, B가 무자력이라면 B의 부담부분인 100만원은 A와 C가 분담한다(제427조제1항 본문). 즉 A와 C가 각각 150(100은 자기 고유의 부담부분, 50은 B의 부담부분 분담액)만원씩 부담한다. 그러나 구상권자에게 과실이 있었던 경우(예: A가 구상권의 행사를 게을리하던 중에 B가 무자력)에는 다른 연대채무자에 대하여 분담을 주장하지 못한다(제427조 1항 단서). 즉 C에 대하여 B의 부담부분의 분담을 주장하지 못하므로 결국 A는 300만원의 채무 중 200만원을 부담하는 결과가 된다.

(4) 연대의 면제와 구상권

연대의 면제란 채권자가 특정 연대채무자에게 그의 부담부분만 이행하도록 하는 것이다. 위의 사례에서 X가 B의 부담부분을 분담할 C에게 연대의 면제를 했다면 C가 분담할 50만원은 채권자 X의 부담으로 된다. 따라서 300만원 전액을 변제한 A는 C에게 100만원, 채권자 X에게 50만원을 구상할 수 있다.

Ⅳ. 보증채무

1. 개 념

2.129 보증채무란 주채무자가 채무를 이행하지 않는 경우에 보증인이 이행해야 할 채무이다. 앞서 본 다수당사자의 채권관계에서는 다수의 채권자들 또는 채무자들이 서로 동등한 지위에 있지만, 주채무자와 보증채무자의 관계는 그렇지 않다. 엄밀하게 보면 보증채무는 다수당사자의 채권관계로 볼 수 없다.

보증채무는 주채무와 별개의 독립된 채무이다(독립성). 보증채무는 주채무의 성립·존속·소멸 등에 종속된다(부종성).[97] 쉽게 말해 보증채무는 주채무와 운명을 같이 한다. 보증인의 보증범위는 보증계약 당사자 간의 의사표시에 의하여 정해지며, 특별한 약정이 없다면 보증채무는 주채무의 이자, 위약금, 손해배상 기타 주채무에 종속한 채무를 포함한다(제429조제1항). 그리고 보증인의 부담이 주채무의 목적이나 형태보다 중한 때에는 주채무의 한도로 감축한다(제430조).

2. 성 립

2.130 보증채무는 보증계약에 의하여 성립하며, 그 당사자는 채권자와 보증인이다(주채무자는 보증계약의 당사자가 아님). 보증계약은 주채무자의 부탁에 의하여 체결되는 것이 보통이나 부탁의 유무는 보증계약의 효력에는 영향이 없고, 다만 구상권의 범위에 영향을 줄 뿐이다(제441조 참조).

경솔한 보증계약은 개인적으로나 사회적으로 심각한 문제가 될 수 있다. 이런 점을 고려하여 민법은 보증계약을 서면으로 체결하도록 규정한다(제428조의2 제1항). 보증채무의 내용을 보증인에게 불리하게 변경하는 때에도 서면에 의해야

97) 그러므로 보증인의 출연행위 당시에는 주채무가 유효하게 존속했지만 그 후 주계약이 해제되어 소급적으로 소멸하면 보증채무도 소급적으로 소멸한다(대법원 2004. 12. 24. 선고 2004다20265 판결 참조).

한다(제428조의2 제2항).

3. 대외적 효력

(1) 보증인과 채권자 간의 법률관계

2.131 〈1〉 **채권자의 권리** 주채무와 보증채무의 이행기가 모두 도래한 때에는 채권자는 주채무자와 보증인에 대하여 동시에 또는 순차로 이행청구를 할 수 있다. 즉 보증인이 주채무자에게 먼저 이행을 청구해야 하는 것은 아니다.

2.132 〈2〉 **채권자의 통지의무** 민법은 채권자의 정보제공의무 내지 통지의무를 규정한다. 채권자가 보증계약을 체결할 때 보증계약의 체결 여부 또는 그 내용에 영향을 미칠 수 있는 주채무자의 채무 관련 신용정보를 보유하고 있거나 알고 있는 경우에는 보증인에게 그 정보를 알려야 한다(제436조의2 제1항). 채권자는 보증계약을 체결한 후에 주채무자에게 발생한 주요사실도 보증인에게 알려야 한다(제436조의2 제2항). 채권자는 보증인의 청구가 있으면 주채무의 내용 및 그 이행 여부를 알려야 한다(제436조의2 제3항). 채권자가 이들 의무를 위반하여 보증인에게 손해를 입힌 때에는, 법원은 그 내용과 정도 등을 고려하여 보증채무를 감경하거나 면제할 수 있다(제436조의2 제4항).

2.133 〈3〉 **보증인의 권리** 두 부류로 구분하여 설명한다.

ⅰ **부종성에 기한 권리** 보증인은 주채무자가 채권자에 대하여 가지는 항변권을 행사하여 채권자에게 대항할 수 있다(제433조제1항). 그리하여 보증인은 주채무의 부존재 또는 소멸을 주장하거나 동시이행의 항변권을 주장할 수 있다. 주채무자가 항변을 포기해도 보증인에게는 효력이 없다(제433조제2항).

ⅱ **보충성에 기한 권리** 채권자가 보증인에게 채무의 이행을 청구한 경우에 보증인은 주채무자에게 변제자력이 있다는 사실 및 그 집행이 용이한 것을 증명하여 먼저 주채무자에게 청구할 것과 그 재산에 대하여 집행할 것을 항변할 수 있다(제437조). 이를 최고·검색의 항변권이라고 한다. 보증인이 최고·검색의 항변을 했음에도 불구하고 채권자의 해태로 인하여 채무자로부터 전부나 일부의 변제를 받지 못한 경우에는 채권자가 해태하지 않았으면 변제받았을 한도에

서 보증인은 그 의무를 면한다(제438조).

(2) 주채무자 또는 보증인에게 생긴 사유의 효력

2.134 주채무자에게 생긴 사유는 원칙적으로 보증인에게 효력이 있다(즉 절대적 효력). 이는 보증채무의 부종성에서 도출되는 결과이다. 반면, 채권자에게 만족을 주는 사유(예: 변제, 대물변제 등) 외에는 채권자와 보증인 사이에서 발생한 사유는 채권자와 주채무자의 관계에 아무 영향이 없다.

4. 대내적 효력: 구상관계

2.135 **〈1〉 구상권의 요건과 행사** 보증인이 보증채무를 이행하여 주채무가 소멸하면 주채무자에 대하여 구상권이 있다. 그런데 이 구상권이 실제적 효용을 가지는 경우는 많지 않다. 최고·검색의 항변권까지 행사했음에도 불구하고 보증채무를 이행했다면 주채무자에게 자력이 없는 것이 현실이기 때문이다. 구상권의 범위는 주채무자의 부탁으로 보증인이 되었는가 여부에 따라 차이가 있다: 수탁보증인의 경우에는 연대채무에 관한 제425조제2항을 준용하고(제441조제2항), 부탁없는 보증인의 경우에는 보증채무 이행 당시 주채무자가 이익을 받은 한도에서 구상하며(제444조제1항), 주채무자의 의사에 반하여 보증인의 경우에는 주채무자에게 현존하는 이익의 한도에서 구상한다(제444조제2항).

구상권은 보증인이 자기의 출재로 주채무를 소멸하게 한 후에 행사하는 것이 원칙(사후구상의 원칙)이다. 그런데 특별한 경우에는 수탁보증인에게 사전구상을 허용한다(제442·443조). 수탁보증인의 구상권 보호를 위한 특별규정이다.

2.136 **〈2〉 구상권의 제한** 보증인이 주채무자에게 통지하지 않고 변제 기타 자기의 출재로 주채무를 소멸하게 한 경우에 주채무자가 채권자에게 대항할 수 있는 사유가 있었을 때에는 이 사유로 보증인에게 대항할 수 있고, 그 대항사유가 상계라면 상계로 소멸할 채권은 보증인에게 이전된다(제445조제1항). 보증인이 변제 기타 자기의 출재로 면책되었음을 주채무자에게 통지하지 아니한 경우에 주채무자가 선의로 채권자에게 변제 기타 유상의 면책행위를 한 때에는 주채무자는 자기의 면책행위의 유효를 주장할 수 있다(제445조제2항). 제445조의 규범구조는 연대채무에 관한 제426조와 동일하며, 채무자의 부탁으로 보증인이 되었는

가 여부와 무관하게 공통적으로 적용된다.

한편, 수탁보증인에게만 적용되는 규정이 있다. 주채무자가 자기의 행위로 면책하였음을 그 부탁으로 보증인이 된 사람에게 통지하지 않았는데 보증인이 선의로 채권자에게 변제 기타 유상의 면책행위를 했다면 보증인은 자기의 면책행위의 유효를 주장할 수 있다(제446조).

보충학습 2.25 | 연대채무·불가분채무의 보증인의 구상권

A·B·C가 X에 대하여 300만원의 연대채무를 부담하고(부담부분은 균등) Y가 A를 위하여 채권자 X와 보증계약을 체결한 후 Y가 X에게 300백만원을 이행했다고 가정해 보자. 이때 Y의 구상권은 어떻게 되는가? 원칙대로라면 Y가 A에게 300만원을 구상하고 A는 B·C에게 각각 100만원을 구상해야 한다. 이러한 구상 외에 민법은 Y가 직접 B·C에게 각각 100만원씩 구상할 수 있도록 한다(제447조). 이에 따라 Y의 선택 폭이 넓어져 Y의 구상채권의 효력이 강화된다. A가 무자력이 되더라도 B와 C에게는 각각 100만원씩 구상할 수 있기 때문이다.

5. 보증의 특수형태

2.137 보증의 특수형태 중 주요한 것을 살펴본다.

ⓘ 연대보증 연대보증이란 보증인이 주채무자와 연대하여 채무의 이행을 담보하는 형태의 보증이다. 연대보증채무도 보증채무이므로 주채무와의 관계에서 부종성이 인정된다. 그러나 연대보증인은 주채무와 연대하여 채무를 부담하는 것이어서 보충성에 기한 권리(최고·검색의 항변권)를 행사할 수 없다.

ⓘⓘ 공동보증 공동보증은 보증인이 2인 이상인 경우이다. 공동보증의 형태는 다음과 같다: ① 복수의 보증인이 보통의 보증인인 경우(복수의 보증인들이 분할채무자); ② 복수의 보증인이 연대보증인인 경우; ③ 복수의 보증인이 보증연대인인 경우(복수의 보증인들이 보증채무에 관하여 연대채무자). 공동보증인의 채무내용은 유형에 따라 다르다. 위 ①의 공동보증인들은 주채무를 균등하게 나눈 액에 관하여 보증채무를 부담하는데, 이를 '분별의 이익'이라 한다(제439조). 이는 다수당사자 채권관계의 일반원칙(제408조, 분할주의)의 반영이다. 그런데 위 ②·③ 및 주

채무가 불가분채무인 경우에는 분별의 이익이 없다(제448조제2항). 즉 공동보증인들은 주채무 전부를 이행해야 한다(제439조). 공동보증인 사이에 분별의 이익 인정 여부에 따라 구상의 범위가 달라진다. 분별의 이익이 인정되는 때에는 부탁 없는 보증인에 준하고(제448조제1항), 분별의 이익이 인정되지 않는 때에는 연대채무자에 준한다(제448조제2항).

ⅲ **계속적 보증** 계속적 보증이란 계속적 채권관계에서 발생하는 불확정채무를 보증하는 것이다. 계속적 보증은 근보증과 신원보증을 포함하는 개념이다.

ⓐ 근보증: 신용보증이라고도 한다. 계속적 거래관계(예: 당좌대월계약, 어음할인계약, 신용카드거래계약 등)로부터 발생하는 장래의 불확정채권을 담보하는 보증형태이다. 근보증은 보증인에게 과중한 부담을 지우는 경우가 많아 보증인 보호의 필요성이 크다. 민법은 근보증에서 채무의 최고액을 서면으로 특정하도록 하고, 채무 최고액을 서면으로 특정하지 않은 근보증계약은 무효로 규정한다(제428조의3).

ⓑ 신원보증: 신원보증이란 고용관계에서 피용자가 업무수행 과정에서 책임 있는 사유로 사용자에게 손해를 입힌 경우에 배상채무를 부담하는 것이다(「신원보증법」 제2조). 신원보증인에게 과중한 부담을 지우는 경우가 많아 문제점으로 지적되었다. 「신원보증법」은 보증기간을 2년을 한도로 하고(법 제3조) 피용자의 고의 또는 중과실로 인한 손해에 대해서만(법 제6조제1항) 신원보증인이 책임을 지도록 규정한다.

제3장

계 약

제 1 절 계약총론

Ⅰ. 계약의 의미

2.138 계약이란 두 개 이상의 의사표시로 구성되는 법률행위이다. 계약은 법률행위 중 가장 중요한 비중을 차지한다.

계약은 당사자가 개별적으로 체결하는 것이 일반적이다. 그런데 일방(사업자)이 계약 내용을 미리 준비해 두었다가 그것으로써 다수의 사람과 계약을 체결하는 경우도 있다(예: 보험계약). 이를 '부합계약'이라고 하며, 이때 사업자가 준비한 약관이 '보통거래약관'이다. 보통거래약관에 의한 계약은 효율적이라는 장점도 있지만, 사업자에게만 유리한 경우도 있게 되는데, 이는 공정한 거래질서를 해치는 것이다. 이를 규제하기 위하여 「약관의 규제에 관한 법률」이 있다.

제 2 편 채권

Ⅱ. 계약의 분류

2.139 **〈1〉 전형계약/비전형계약** 전형계약이란 「민법」 제3편 제2장 제2절 이하가 규정하는 15개의 계약이다. 전형계약이 아닌 것을 비전형계약이라 한다. 계약자유의 원칙의 결과 계약의 종류는 무수한데, 그 중 빈번하게 이용되는 계약들을 전형계약으로 정한 것이다.

전형계약은 비전형계약의 해석에 있어서 규준을 제공한다. 예컨대, 정확하게 임대차계약으로 볼 수는 없지만 계약의 내용이 일정 기간 타인의 물건을 유상으로 빌려 쓰는 법률관계라면 임대차에 관한 규정을 유추적용할 수 있을 것이다. 즉 전형계약은 비전형계약에서 문제된 법률문제 해결의 실마리를 제공한다.

2.140 **〈2〉 낙성계약/요물계약** 낙성계약은 당사자의 합의만으로 성립하는 계약이며, 요물계약은 합의 외에 물건의 인도와 같은 현실적인 급부행위가 있어야 성립하는 계약이다. 전형계약 중 현상광고("잃어버린 강아지를 찾아오는 사람에게 100만원을 지급하겠다"고 제안한다면 이것은 청약에 해당하고, 강아지를 실제로 찾아 청약자에게 인도

하는 행위는 승낙에 해당함)[1]가 유일한 요물계약이다.

2.141 〈3〉 **쌍무계약/편무계약, 유상계약/무상계약** 쌍무계약과 편무계약의 구별은 계약 성립 이후에 계약의 효력으로서 당사자 쌍방이 채무를 부담하는가 여부이다. 쌍방이 채무를 부담하면 쌍무계약, 일방만이 채무를 부담하면 편무계약이다. 쌍무계약·편무계약의 구분과 유사하지만 구별해야 할 것으로 유상계약·무상계약이 있다. 유상계약·무상계약의 구분은 경제관념이 반영된 것으로 계약 성립 이전·이후의 전 과정(쌍무·편무의 구별은 계약 성립 이후의 시점에서 판단한다는 점에서 차이)에서 이루어진 출연관계를 기준으로 한다. 양당사자가 모두 출연을 하면 유상계약, 일방만이 출연을 한다든가 혹은 당사자 누구도 출연을 하지 않는다면 무상계약이다.

쌍무·편무와 유상·무상은 개념상 구별되는 것이며 실제상으로도 차이를 가진다. 예컨대, 동시이행관계는 쌍무계약에서,[2] 담보책임은 유상계약에서 문제되는 것이다.

보충학습 2.26 | 계약의 쌍무성·편무성과 유상성·무상성의 구별

① "모든 쌍무계약은 유상계약이다" 이 명제는 거짓이다. 대부분의 쌍무계약은 유상계약이지만 무상계약인 경우도 있기 때문이다. 경제적 가치가 없는 급부도 계약의 목적이 될 수 있는데(제373조), 계약 성립 이후에 계약의 효력으로서 계약당사자 쌍방이 경제적 가치가 없는 급부를 이행할 채무를 부담한다면 이 계약은 쌍무계약이지만 무상계약이다.

② "모든 유상계약은 쌍무계약이다" 이 명제도 거짓이다. 대부분의 유상계약은 쌍무계약이지만 편무계약인 경우도 있기 때문이다. 현상광고가 좋은 예이다. 현상광고가 유효하게 성립했다면 그것은 유상계약이다. 계약당사자의 쌍방이 모두 출연을 하기 때문이다. 그러나 현상광고는 편무계약이다. 계약 성립 이후에는 광고자만이 이행의무(즉 보수지급의무)를 부담하기 때문이다.

---

1) 이에 대해서는 이 책 [2.226] 참조.

2) 쌍무계약으로 분류해야 하지만 동시이행관계가 성립할 수 없는 경우가 있는데 사용대차가 그 예이다. 동시이행관계는 쌍무계약에서 인정되는 것이지만, 동시이행관계가 성립하지 않는다 하여 편무계약이라고 말할 것은 아니다.

보충학습 2.27 | 사용대차계약의 쌍무성·편무성과 유상성·무상성

종래 학설은 사용대차계약을 편무계약이며 무상계약이라고 설명한다. 과연 그럴까?

사용대차를 요물계약으로 구성하는 의용민법의 시각에서는 사용대차는 편무계약이며 무상계약이다. 사용대주가 물건을 사용차주에게 인도함으로써 계약이 성립하고, 성립 이후에는 사용대주는 채무를 부담하지 않고 사용차주만이 채무를 부담하기에 편무계약이다. 그리고 사용대주는 사용료를 받지 않고 물건을 빌려주는 것이기에(즉 사용대주만이 출연) 무상계약이다.

그러나 사용대차를 낙성계약으로 구성하는 우리 민법은 의용민법과 사정이 다르다. 무상계약이라는 점에서는 차이가 없지만 우리 민법에서 사용대차는 편무계약으로 보기 어렵다. 사용대주와 사용차주의 합의만으로 계약이 성립하고, 계약 성립 이후에 사용대주와 사용차주는 서로 채무를 부담하기 때문이다(대주는 물건인도 채무, 차주는 물건반환 채무). 사용대차의 특성상 쌍무계약의 특성인 동시이행관계가 성립하지는 않지만, 그렇다고 편무계약으로 볼 것은 아니다.

2.142 〈4〉 일시적 계약/계속적 계약 시간적 계속성을 갖는 채무를 발생시키는 계약(예: 임대차, 임치, 고용, 조합 등)을 계속적 계약, 채무의 실현이 일시적 급부에 의하여 이루어지는 계약(예: 증여, 매매, 교환 등)을 일시적 계약이라고 한다. 계속적 계약은 다음과 같은 특성을 가진다.

ⓘ 인적 요소의 중요성 계속적 계약은 계약당사자의 인적 요소(누가 계약당사자인가)가 계약내용의 중요부분에 해당하는 경우가 많다. 그리하여 가령 계약당사자 일방의 파산 또는 사망이 계약관계에 영향을 미친다(제614·663·690조 등 참조).

ⓘⓘ 해제가 아닌 해지 계약위반을 이유로 계약을 파기하는 경우에 해제가 아닌 해지가 고려된다. 해제와 달리 해지는 장래에 대하여만 효력이 있다(제550조). 계약관계가 아직 이행상태의 단계에 들어가기 전이라면 해제를 해야 할 것이나 그 후에는 해지만이 고려된다.[3]

ⓘⓘⓘ 존속기간의 문제 계속적 계약에서는 계약의 존속기간이 중요한 법적 관심사이다. 계약의 존속기간을 직접적으로 규율한다든가(예: 제619조), 존속기간의 약정이 없거나 지나치게 장기인 경우에 계약체결 후 상당한 기간이 경과했다면 당사자 쌍방에게 해지의 자유를 인정하는 경우(예: 제635·659·660·689·716조)

3) 대법원 1994. 11. 22. 선고 93다61321 판결 등 참조.

등이 그 예이다.

보충학습 2.28 | 계속적 계약의 임의해지

계약은 구속력을 가지는데, 계약에 의하여 구속되는 기간에 약정이 없거나 지나치게 장기인 경우에는 계약의 내용이 당사자의 의사의 자유를 본질적으로 침해할 우려가 있다. 이런 이유에서 특별한 사유가 없더라도 당사자에게 해지권을 인정하는데 이를 '임의해지권'이라 한다.

일방이 상대방에게 해지의 의사표시를 한 경우에 해지의 효과가 발생하는 시기는 해지의 의사표시 후 일정한 기간이 경과한 후에 효력을 발생하는 경우(예: 제635·660조)와 즉시 효력을 발생하는 경우(예: 제689조)로 구분된다. 전자는 상대방에게 새로운 계약을 준비하는 등의 기간을 부여하기 위한 것이다.

ⅳ **사정변경의 고려** 　계약 성립 이후 급부가 실현되는 중에 예기치 못한 사정변경이 발생하고, 이에 따라 만약 계약의 내용을 그대로 유지한다면 극히 불공평한 결과를 초래하는 경우가 있다. 그리하여 계속적 계약에서는 사정변경에 따라 계약내용의 변동(변경 또는 소멸)을 인정하는 규정 또는 법이론(예: 사정변경의 원칙)[4]이 빈번하게 고려된다.

2.143 〈5〉 **요식계약/불요식계약** 　일정한 형식에 따라 계약을 체결해야 유효한 계약을 요식계약, 그렇지 않은 계약을 불요식계약이라 한다. 현행민법의 15개 전형계약은 모두 불요식계약이다. 이것은 계약자유의 원칙과 관련된다.

Ⅲ. 계약의 성립

1. 계약성립의 모습

(1) 계약성립의 원칙적 모습

2.144 〈1〉 **합 의** 　계약성립의 원칙적 모습은 청약과 이에 부합하는 승낙이다. 청약과 승낙이 합치한 상태를 합의라고 한다. 합의는 객관적 합치(계약당사

4) 이에 대해서는 이 책 [1.22] 참조.

자가 서로 주고받은 의사표시 내용의 일치)와 주관적 합치(예: A가 B에게 청약을 했는데 B가 아닌 C가 같은 조건으로 승낙하더라도 계약은 성립하지 못함)를 포함한다. 청약과 승낙이 합치되지 않은 경우를 불합의(dissent)라 하며, 이때에는 계약이 성립하지 않는다.

보충학습 2.29 | 불합의의 유형

불합의에는 다음 두 가지 유형이 있다.

① **의식적 불합의** 계약당사자가 의사표시의 불일치를 알고 있는 경우이다(예: 청약에 조건을 붙이거나 수정제안을 하는 경우). 이때에는 뒤의 의사표시를 새로운 청약으로 본다(제534조).

② **무의식적 불합의** 계약당사자 쌍방 또는 일방이 의사표시의 불일치를 의식하지 못한 경우이다(예: 모두 과일상인인 A와 B가 사과 100상자의 가격에 대하여 합의를 하면서 서로 매도청약의 의사를 가지고 있었는데, 두 사람 모두 상대방이 매수의사를 가지고 있는 것으로 알고 있었던 경우). 무의식적 불합의는 착오와 구별된다. 무의식적 불합의는 두 개의 의사표시 사이에 불일치가 있는 경우이나 착오는 하나의 의사표시의 성립과정에서 의사와 표시 사이에 불일치가 있는 경우이기 때문이다. 착오에서는 그것이 법률행위의 중요부분에 관한 것인 때에 한하여 취소할 수 있으나 무의식적 불합의에서는 중요부분이 아니라도 계약은 처음부터 성립하지 않는다.

2.145 〈2〉 청 약 청약은 그에 대응하는 승낙만 있으면 곧 계약이 성립될 수 있어야 하므로 내용이 확정성을 가져야 한다. 청약은 청약의 유인과 구별된다. 청약의 유인이란 상대방으로 하여금 청약을 하도록 유인하는 행위이다(예: 구인광고, 물품판매광고, 상품목록의 배부). 청약과 청약의 유인의 구별은 의사표시 해석의 문제이다.

2.146 〈3〉 승 낙 승낙은 청약을 무조건적으로 수락하는 것이어야 한다. 승낙자가 청약에 대하여 조건을 붙이거나 변경을 가하여 수락한 때에는 원래 청약에 대한 거절과 동시에 새로운 청약을 한 것으로 간주된다(제534조). 이는 계약경제를 고려한 조치이다. 만약 제534조가 없다면 청약자는 승낙자가 제안한 것과 동일한 청약을 반복해야 할 것이다.

승낙은 청약이 효력을 보유하는 기간(승낙기간)에 이루어져야 유효하다. 승낙기간에 관한 주요 사항을 정리하면 다음과 같다.

ⅰ **승낙기간이 정해져 있는 경우**(제528조제1항) 승낙기간 내에 승낙이 청약자에게 도달해야 계약이 성립한다.

ⅱ **승낙기간이 정해져 있지 않은 경우**(제529조) 상당한 기간 내에 승낙이 청약자에게 도달해야 계약이 성립한다.

승낙이 승낙기간 후에 청약자에게 도달하면 어떻게 되는가? 승낙기간이 정해져 있든 없든 연착된 승낙은 새로운 청약으로 본다(제530조). 이 규정도 제534조와 마찬가지로 계약경제를 고려한 것이다. 만약 연착된 승낙을 전혀 고려하지 않는다면 청약자는 동일한 청약을 다시 반복해야 하기 때문이다. 한편, 승낙기간이 정해져 있는 경우에 관해서는 특칙이 있는데, 그 내용은 다음과 같다.

ⅰ 승낙의 통지가 승낙기간 후에 도달했지만, 보통이라면 승낙기간 내에 도달할 수 있었던 것일 때에는 청약자는 지체없이 상대방에게 그 연착의 통지를 해야 한다(제528조제2항 본문). 그러나 그 도달 전에 이미 지연의 통지를 발송한 때에는 그렇지 않다(제528조제2항 단서).

ⅱ 청약자가 연착의 통지를 하지 않은 때에는 승낙의 통지는 연착되지 아니한 것으로 본다(제528조제3항). 즉 계약이 성립한다.

보충학습 2.30 | 제528조제2항과 제3항의 의미와 책무의 개념

10월 5일 A(서울 거주)가 B(부산 거주)에게 승낙기간(10월 15일)을 정해 청약을 했다. 10월 10일 B는 A에게 빠른우편으로 승낙의 통지를 발송했다. 그런데 승낙이 A에게 도달한 것은 승낙기간이 지난 10월 17일이었다. 통상적이라면 B의 승낙은 승낙기간(10월 15일)까지 도달했어야 하는데 2일이나 지나 도착했다. 이때 A가 B에게 지체없이 연착의 통지를 하면(제528조제2항 본문) 계약이 성립하지 않는다. 그러나 A가 B에게 연착의 통지를 하지 않으면 계약이 성립한다(제528조제3항).

제528조제2·3항은 연착에 대한 위험을 원칙적으로는 승낙자에게 부담시키면서 청약자에게는 연착의 통지를 해주어야 할 신의칙상의 책무(Obliegenheit)를 부과한 것이다. 책무란 간접의무라고도 하는데, 제528조제2·3항 외에 증여자의 하자고지의무(제559조), 사용대주의 하자고지의무(제612조) 등도 이에 해당한다. 책무는 이를 위반해도 상대방이 소송에 의하여 강제하거나 손해배상청구가 필연적인 것은 아니며, 다만 법률이 정하는 일정한 불이익이 따른다. 제528조제2·3항에 있어서 책무위반에 대한 불이익은 계약의 성립이다.

2.147 〈4〉 격지자 간 계약의 성립시기 의사표시의 효력발생에 관한 일반원칙은 도달주의이다(제111조제1항). 이에 따른다면 계약은 승낙이 청약자에게 도달한 때에 성립해야 한다. 그런데 제531조는 격지자 간의 계약은 승낙의 통지를 발송한 때에 성립한다고 규정한다. 격지자 간의 계약이란 대화자 간 계약에 대응하는 것으로 계약당사자가 장소적으로 떨어져 있는 경우이다. 격지자 여부는 장소적인 개념이라기보다는 시간적 개념이다.[5] 제531조는 도달주의 원칙에 대한 중대한 예외이다. 제531조를 도달주의 원칙과 조화시키기 위하여 여러 학설이 있지만 근본적인 해결(민법 개정)이 필요하다.

보충학습 2.31 | 제531조의 입법태도에 대한 비판

이 조문의 취지에 대해서 계약성립의 시점을 앞당기기 위한 것이라든가, 승낙자가 승낙의 통지를 발송한 직후에 안심하고 계약이행의 준비를 할 수 있도록 하기 위한 것이라는 등의 견해가 제시되고 있다. 이들 견해의 적절성에 대해서는 의문이다. 도달주의의 원칙(제111조제1항, 제528·529조)에서 볼 때 제531조는 매우 이질적인 조문으로 볼 수밖에 없다. 앞으로 민법개정을 통해 삭제하는 것이 타당할 것이다.

(2) 계약성립의 특수한 모습

2.148 〈1〉 의사실현 청약자의 의사표시나 관습에 의하여 승낙의 통지가 필요하지 않은 때에는 승낙의 의사표시로 인정되는 사실이 있는 때에 계약이 성립한다(제532조). 매도청약과 동시에 물건을 보내면서 "이 물건을 사용하면 승낙으로 간주한다"고 말했는데 상대방이 그것을 사용했다면 이는 승낙의 의사표시로 인정되는 사실에 해당하여 계약이 성립한다.

2.149 〈2〉 교차청약 A가 B에게 甲을 100만원에 매도하겠다는 청약의 의사표시를 하고, B도 A의 청약과 관계없이 A에게 甲을 100만원에 매수하겠다는 청약의 의사표시를 했다. 이 경우 청약과 그에 대응한 승낙은 없고 청약만 두 개가 있지만 그 내용은 동일하다. 청약이 상호 교차된 때에는 양 청약이 상대방에게 도달한 때(즉 뒤의 청약이 상대방에게 도달한 때)에 계약이 성립한다(제533조).

---

5) 이에 대해서는 이 책 [1.40] 〈보충학습 1.5〉 참조.

2. 계약체결상의 과실

2.150 〈1〉 개 념 원시적 불능(예: 이미 멸실된 동산을 목적물로 한 매매계약)인 급부를 목적으로 계약이 체결된 경우에 그 불능을 알았거나 알 수 있었을 사람은 상대방에게 손해배상을 해야 한다(제535조). 제535조는 독일에서 형성된 계약체결상의 과실(*culpa in contrahendo*) 이론의 일부를 명문화한 것으로 이에 관해 복잡한 논의가 있으나, 여기에서는 제535조에 한정하여 설명한다.

2.151 〈2〉 제535조의 적용요건 제535조의 적용요건은 다음과 같다.

ⓘ **계약체결 정황** 양당사자 사이에 계약체결로 인정될 수 있는 객관적인 정황이 있어야 한다.

ⓘⓘ **원시적 불능** 급부가 원시적 불능이어야 한다. 여기에서의 불능은 원시적 불능 중 객관적 불능(예: 목적물의 부존재)을 의미한다. 주관적 불능(예: 타인 소유물매매)의 경우에는 계약이 유효하게 성립하고 다만 채무불이행 또는 담보책임의 문제로 해결된다.

ⓘⓘⓘ **악의 또는 과실** 계약교섭 당시에 당사자의 일방이 그 불능을 알았거나 알 수 있었어야 한다. 즉 일방당사자의 악의 또는 과실이 요구된다.

ⓘⓥ **손해의 발생과 인과관계** 상대방에게 손해가 발생하고, 손해발생과 악의·과실 사이에 인과관계가 있어야 한다. 이 요건은 책임이론상 당연한 요건이다.

ⓥ **피해자의 선의·무과실** 일반적인 책임에 있어서 피해자의 악의·과실은 가해자의 면책사유는 아니고 경우에 따라 과실상계사유가 될 뿐이다. 그런데 여기에서는 피해자의 선의·무과실이 손해배상청구권의 성립요건이다.

2.152 〈3〉 제535조의 효과 배상해야 할 손해는, 피해자인 당사자가 목적의 불능을 알았더라면 지출하지 않았을 비용 또는 기타의 손해(즉 신뢰이익)이다. 그리고 배상액은 계약이 유효하여 제대로 이행되었다면 상대방에게 생길 이익(즉 이행이익)을 넘지 못한다. A는 B로부터 고가구를 구입하기 위하여 매매계약을 체결했는데 그 가구는 처음부터 존재하지 않았다(즉 원시적 불능). A는 고가구 구입에 맞춰 실내 인테리어를 정비하기 위하여 1,000만원을 지출했다. 그런데 A가 해당 계약으로부터 얻는 이행이익(예: 이행기의 고가구의 시가와 매매가액 사이의 차액)[6]

이 500만원이라면 A가 B에게 손해배상을 청구하더라도 배상액은 500만원을 한도로 한다.

Ⅳ. 쌍무계약의 일반적 효력

2.153 쌍무계약에서 계약당사자는 서로가 채무자로서 이들의 채무는 상호의존관계로 나타난다. 이를 '견련성'(상호 의존성)이라 하며, 다음 세 가지 모습으로 나타난다: ① 성립상의 견련성(일방의 채무가 성립하지 않으면 대가관계에 있는 채무도 성립하지 않음); ② 이행상의 견련성(일방이 채무를 이행하지 않으면 상대방도 채무이행을 거부할 수 있음); ③ 존속상의 견련성(일방의 채무가 소멸하면 상대방의 채무도 소멸함). 민법이 규정하는 동시이행의 항변권(제536조)과 위험부담(제537조)은 각각 쌍무계약에서의 이행상의 견련성과 존속상의 견련성을 표현한 것이다.

보충학습 2.32 | 성립상의 견련성의 작용

A(매도인)와 B(매수인)는 甲을 목적물로 하여 매매계약을 체결하였는데, 계약성립 당시에 이미 甲이 멸실되어 원시적 불능이었다. 이 경우에 A·B의 각 채무(① A의 B에 대한 소유권이전채무, ② B의 A에 대한 금전지급채무)는 어떠한가? 이 두 채무 중 원시적 불능은 ①에 한정된다. 금전채무는 불능이 없기 때문이다.[7] A의 채무가 원시적 불능임에 따라 A·B 간의 계약이 무효가 되는 논리과정은 다음과 같다: "불능은 채무를 발생시키지 않는다"(*impossibilium nulla obligatio*)라는 원칙에 의하여 ①은 실효된다; ①이 실효되면 쌍무계약의 특성인 성립상의 견련성으로 인하여 ②도 실효된다; 계약관계의 내용을 이루는 두 채무가 모두 실효되므로 A·B간의 계약은 무효이다.

편무계약(예: 증여계약)의 경우에는 어떠한가? 여기에서는 당사자 일방만이 채무를 부담하며, 이 채무가 원시적으로 불능이라면 "불능은 채무를 발생시키지 않는다"라는 원칙에 의하여 해당 채무가 실효되며, 따라서 계약이 무효로 된다.

---

6) 이에 대해서는 이 책 [2.29] 〈보충학습 2.6〉 참조.

7) 이에 대해서는 이 책 [2.75] 〈보충학습 2.15〉 참조.

1. 이행상의 견련성: 동시이행관계

(1) 동시이행의 항변권

2.154 쌍무계약의 일방당사자는 상대방이 변제제공을 할 때까지 자기의 채무이행을 거절할 수 있다(제536조제1항 본문). 이것이 동시이행의 항변권이다. 동시이행의 항변권은 연기적 항변권이다.

보충학습 2.33 | 동시이행의 항변권의 딜레마

쌍무계약의 당사자 쌍방은 각각 동시이행의 항변권을 행사할 수 있다. 쌍방이 동시이행의 항변권을 주장하다 보면 쌍무계약은 영영 이행될 수 없는 것 아닌가? 약간 엉뚱한 생각이지만 논리적으로 가능한 추론이다. 동시이행의 항변권은 다른 각도에서 이해할 필요가 있다. 동시이행의 항변권 문제는 변제의 제공[8]과 긴밀하게 연관지어 이해해야 한다. 동시이행의 항변권은 상대방이 변제제공을 하지 않고 이행청구를 하는 경우에 행사할 수 있는 것이다. 상대방이 이미 변제를 했거나 혹은 변제제공을 하면서 이행청구를 하는 상황이라면 동시이행의 항변권을 행사할 여지가 없다. 즉 상대방의 동시이행의 항변권을 무력화시키고자 한다면 변제제공을 하면 된다.

(2) 이행상의 견련성의 다른 발현 모습

2.155 쌍무계약의 이행상의 견련성은 동시이행의 항변권 외에 다른 모습으로도 발현된다. 동시이행의 항변권과 달리 아래 두 경우는 적극적으로 행사해야 인정되는 것이 아니라 동시이행관계에 있다는 상황만으로 족하다.

ⓘ **이행지체책임 저지효** 동시이행의 항변권을 행사할 수 있는 상태에 있다면 이행지체책임(예: 지연배상)을 지지 않는다. 쌍무계약의 당사자 모두 변제제공을 하지 않은 상태로 변제기가 지났다면 쌍방 모두 이행지체 상태이다. 그러나 그 이행지체에 위법성이 없으므로 지연배상책임(지연배상은 위법성을 요건으로 하므로)을 지지 않는다. 그러나 일방이 변제제공을 했다면 그 이후로는 상대방의 이행지체는 위법성이 인정되어 지연배상을 해야 한다.

ⓘⓘ **상계 금지효** A(매도인)와 B(매수인)가 매매계약을 체결했는데(매매대금: 100만원), 이 매매계약 전에 A가 B로부터 소비대차계약에 의해 100만원을 빌렸다

8) 이에 대해서는 이 책 [2.88] 이하 참조.

고 가정해 보자. A·B 간의 모든 채무가 이행기에 있다고 할 때 A가 B에 대한 100만원의 매매대금채권을 자동채권으로 상계를 할 수 있는가? 불가하다. 매매계약에 기한 A의 B에 대한 채권과 B의 A에 대한 채권은 동시이행관계에 있는데, 만약 A의 상계를 허용하게 되면 B의 권리(즉 항변권을 행사할 수 있는 권리)를 박탈하는 결과가 되기 때문이다(그러므로 B가 상계하는 것은 허용됨).

(3) 동시이행 항변권의 행사요건

2.156 동시이행상의 항변권을 행사하기 위한 요건은 다음과 같다.

ⓘ **상호대가관계에 있는 채무의 존재** 상호대가관계에 있는 채무가 동일한 계약으로부터 발생된 것이어야 한다. 한편 동시이행관계는 채권관계의 상환적 청산이 요구되는 경우에 널리 유추된다(예: 무효에 따른 상호반환의무).[9)]

ⓘⓘ **쌍방의 채무의 변제기 도래** 상호대가관계에 있는 채무가 모두 변제기에 있어야 한다. 약정 또는 법률규정(제633·656·665·686·701조)에 의하여 선이행의무를 부담하는 사람은 이행상의 견련성을 주장하지 못한다. 그런데 이 원칙에는 중대한 예외가 있다. 선이행의무자라도 상대방에게 채무이행이 곤란한 현저한 사유(상대방의 신용불안이나 재산상태의 악화 등의 사정으로 반대급부를 받을 수 없는 사정변경이 생기고 이로 인하여 당초의 계약내용에 따른 선이행의무를 이행하도록 하는 것이 공평과 신의칙에 반하게 되는 경우)가 있을 때에는 동시이행의 항변권을 행사할 수 있다(제536조제2항).[10)] 이른바 '불안의 항변권'이다.

ⓘⓘⓘ **상대방에 의한 변제 또는 변제제공이 없을 것** 상대방이 자신의 채무를 변제하거나 변제제공을 하면 이행상의 견련성을 주장할 수 없다.

2. 존속상의 견련성: 대가위험부담

2.157 **〈1〉 개 념** A(매도인)와 B(매수인) 사이에 매매계약이 체결된 후 A·B 누구에게도 책임없는 사유로 목적물이 멸실되었다면 A는 채무를 면한다. 그렇다면 B의 채무(B의 A에 대한 채무는 금전채무로서 여전히 이행이 가능함)의 운명은 어떠한가? 쌍무계약에서 일방의 채무가 쌍방 누구에게도 책임없는 사유로 불능으로 된

9) 대법원 1976. 4. 27. 선고 75다1241 판결; 대법원 2001. 7. 10. 선고 2001다3764 판결 등 참조.
10) 대법원 2012. 3. 29. 선고 2011다93025 판결; 대법원 2023. 12. 7. 선고 2023다269139 판결 등 참조.

경우에 상대방의 채무(즉 불능으로 된 채무와 대가관계에 있는 채무)의 운명을 대가위험이라고 한다. 민법은 A가 B에게 이행을 청구하지 못한다(제537조)고 규정한다. 불능이 된 급부를 기준으로 할 때 채무자인 A가 대가위험을 부담한다는 의미에서 이를 '채무자위험부담주의'라 한다.

대가위험부담 상황이 발생하면 두 당사자는 더 이상 이행할 필요가 없으며, 이행한 것이 있으면(예: 계약금의 지급) 상대방에게 반환해야 한다. 그러나 만약 채권자가 대상청구권을 행사하면 그 또한 자신의 채무를 이행해야 한다.[11)]

보충학습 2.34 | 채권자위험부담주의? 소유자위험부담주의?

A(매도인)와 B(매수인) 사이에 특정 동산 甲을 목적물로 매매계약이 체결된 후 불가항력으로 甲이 멸실된 경우에 제537조에 의하면 B도 금전채무를 면한다. 그런데 같은 상황에 대한 일본이나 프랑스 민법의 태도는 정반대이다. 즉 A는 채무를 면하지만 B는 금전채무를 이행해야 한다. 일부 학설은 이런 상황을 가리켜서 채권자위험부담주의라고 한다. 그러나 이런 시각은 정확하지 않은 것이다.

이 문제는 물권변동에 관한 입법주의를 염두에 두면서 살펴야 한다. 프랑스나 일본은 특정물매매계약이 성립하면 매매목적물에 대한 소유권이 즉시 매수인에게 이전된다(이른바 의사주의). 매도인의 목적물 인도의무는 타인 소유물을 관리하다가 반환하는 관계에서의 의무와 유사한 것이다. 프랑스나 일본에서 B가 위험을 부담하는 것은 채권자의 지위에서라기보다는 오히려 甲동산의 소유자의 지위에서 위험을 부담한다고 말하는 것이 정확하다.

2.158 **〈2〉 채권자의 귀책사유로 인한 이행불능** 이행불능이 채권자의 귀책사유로 인한 것이라면 채무자는 상대방에게 이행을 청구할 수 있다(제538조제1항제1문). 사실 이 규정은 위험의 문제는 아니다. 위험 상황은 양당사자 누구에게도 귀책사유가 없는 상황을 전제로 한 것이기 때문이다.

채권자지체 중에 당사자 쌍방의 책임없는 사유로 이행불능이 된 때에도 채무자는 상대방에게 이행을 청구할 수 있다(제538조제1항제2문). 민법은 채권자지체의 효과로서 대가위험의 이전을 규정하고 있다.

위의 경우에 채무자가 이행청구를 할 수는 있지만, 채무자가 채무를 면함으로써 얻은 이익(예: 채무자가 부담했어야 할 교통비, 재료비)은 채권자에게 상환해야 한

11) 이에 대해서는 이 책 [2.35] 참조.

다(제538조제2항). 채무자에게 부당한 이득이 귀속되지 않도록 하기 위함이다.

Ⅴ. 제3자를 위한 계약

2.159 A(매도인)와 B(매수인) 사이에 매매계약이 체결되었는데(매매대금: 100만원) B는 C에게 소비대차에 기한 100만원의 채권이 있다. 통상적으로는 B가 C로부터 100만원을 받아 이를 A에게 지급할 것이다. 그런데 B·C 간에 C가 직접 A에게 100만원을 지급하기로 합의하였다면 B·C 간에 제3자를 위한 계약이 체결된 것이다(제539조제1항). 학설은 C를 낙약자, B를 요약자, A를 수익자라고 부른다. 제3자를 위한 계약체결의 당사자는 요약자와 낙약자이다(A·B의 관계를 대가관계 또는 원인관계, B·C의 관계를 기본관계 또는 보상관계, A·C의 관계를 수익관계라 함).

보충학습 2.35 | 제3자를 위한 계약의 요건 및 특징

제3자가 이행한다고 해서 모두 제3자를 위한 계약은 아니다. 제3자를 위한 계약이 되기 위해서는 다음 두 가지 요건이 필요하다.

① 수익자가 낙약자에게 직접 급부를 청구할 수 있어야 한다. 이 요건으로 인해 이행인수[12]는 제3자를 위한 계약이 아니다. 이행인수는 인수인과 채무자 간에 인수인이 채무자의 채무를 부담하는 것을 내용으로 하는 계약일 뿐 제3자인 채권자가 직접 채권을 취득하는 것은 아니기 때문이다.

② 수익자가 전에는 없던 새로운 채권을 취득해야 한다. 면책적 채무인수[13]는 제3자를 위한 계약이 아니다. 왜냐하면 채권자로 하여금 새로운 채권을 취득하게 하는 것이 아니기 때문이다(면책적 채무인수는 채무의 동일성을 유지한 채 채무자만 변경되는 것임). 반면에 병존적 채무인수는 제3자를 위한 계약으로 볼 수 있다. 왜냐하면 채권자가 새로운 채권(채무자의 증가)을 취득하기 때문이다.

수익자의 권리는 그가 낙약자에게 수익의 의사를 표시한 때에 생긴다(제539조제2항). 수익자의 권리가 발생한 후에는 당사자(즉 요약자와 낙약자)는 이를 변경 또는 소멸시키지 못한다(제541조). 민법은 수익자의 의사에 따라 법률관계가 변동

---

12) 이에 대해서는 이 책 [2.112] 참조.
13) 이에 대해서는 이 책 [2.110] 참조.

된다는 점을 고려하여 낙약자에게 최고권을 부여하고 있다. 즉 낙약자는 상당한 기간을 정하여 수익 여부의 확답을 수익자에게 최고할 수 있으며, 낙약자가 그 기간 내에 확답을 받지 못한 때에는 수익을 거절한 것으로 본다(제540조).14) 낙약자는 요약자와의 제3자를 위한 계약에 기한 항변으로 수익자에게 대항할 수 있다(제542조).

제2절 계약각론

Ⅰ. 증 여

2.160 〈1〉 개 념 증여는 당사자 일방이 무상으로 재산을 상대방에 수여하는 의사를 표시하고 상대방이 이를 승낙함으로써 성립하는 계약이다(제554조). 증여는 무상·낙성·편무계약이다. 우리 민법상 증여는 불요식계약이나, 증여가 서면에 의한 것인가 여부에 따라 효력에서 차이가 있다(제555조 참조).

특수한 증여로는 다음과 같은 것이 있다.

ⅰ **사인증여** 증여자의 사망시에 효력이 발생하는 증여이다. 사인증여는 계약이기는 하나 그 기능은 유증과 유사하여 유증에 관한 규정을 준용한다(제562조). 사인증여에 제1108조제1항(유언자의 유언철회의 자유)도 준용할 것인가? 사인증여가 계약(계약에서는 당사자 일방이 임의로 의사표시를 철회할 수 없음)이라는 점에 집착하기보다는 그 실질에 무게를 두어 증여자의 의사를 최대한 존중할 필요가 있으므로 준용함이 타당할 것이다.15)

ⅱ **정기증여** 증여자의 수증자에 대한 급부가 회귀적으로 이루어지는 증여이다. 정기증여는 증여자 또는 수증자의 사망으로 인하여 그 효력을 잃는다(제560조). 정기증여는 인적 요소가 강하다는 점을 고려한 것이다.

ⅲ **부담부증여** 수증자에게 일정한 부담을 지우는 증여이다(예: A는 B에게

14) 여기에서의 최고는 상황전환효 최고(이에 대해서는 이 책 [1.17] 〈보충학습 1.2〉 참조)에 해당한다.

15) 대법원 2022. 7. 28. 선고 2017다245330 판결 참조.

甲토지를 증여하고 B는 A를 부양하기로 합의). 부담부증여에는 부담의 한도에서 쌍무계약 및 유상계약에 관한 규정이 준용된다(제559조제2항, 제561조). 그리하여 가령 부담부증여에서 수증자가 부담을 이행하지 않으면 증여자는 계약을 해제하여 원상회복을 할 수 있다(제548조). 즉 이때에는 제558조가 적용되지 않는다.[16)]

2.161 〈2〉 효 력 증여는 매매, 교환과 더불어 재산권이전형계약(물권의 이전 등 재산권의 처분이 이루어짐)에 속한다. 증여는 무상계약이므로 증여자는 유상계약에서 인정되는 담보책임을 지지 않는다(제559조제1항 본문). 그러나 증여자가 증여의 목적인 물건 또는 권리의 하자나 흠결을 알고 수증자에게 고지하지 않은 때에는 그에 대하여 책임을 진다(제559조제1항 단서). 형식으로는 담보책임에 관한 규정이나, 정확하게 말하자면 악의의 증여자에게 부과되는 일종의 민사벌이다.

2.162 〈3〉 해 제 증여에 특유한 해제사유는 다음과 같다.

ⅰ **서면에 의하지 않은 증여의 해제** 서면에 의하지 않은 증여는 각 당사자가 해제할 수 있다(제555조). 증여자가 경솔하게 무상으로 재산을 처분하는 것을 예방하고 당사자의 의사를 명확하게 하여 분쟁을 피하려는 취지이다.[17)]

ⅱ **수증자의 망은행위와 증여의 해제** 수증자가 망은행위(예: 증여자 또는 그 배우자나 직계혈족에 대한 범죄행위)를 한 때에는 증여자는 증여를 해제할 수 있다(제556조제1항). 이 해제권은 해제원인이 있음을 안 날로부터 6개월을 경과하거나 증여자가 수증자에 대하여 용서의 의사를 표시한 때에는 소멸한다(제556조제2항).

ⅲ **증여자의 재산상태 변경과 증여의 해제** 증여계약 후에 증여자의 재산상태가 현저히 변경되고 그 이행이 생계에 중대한 영향을 미칠 경우에는 증여자는 증여를 해제할 수 있다(제557조).

위의 세 해제는 이미 이행한 부분에는 영향을 미치지 않는다(제558조). 그러나 입법론적 시각에서 이 규정의 타당성에 의문이 든다.

16) 대법원 2007. 7. 26. 선고 2007다24602 판결 등 참조.
17) 대법원 1988. 9. 27. 선고 86다카2634 판결; 대법원 2022. 9. 29. 선고 2021다299976 판결 등 참조.

보충학습 2.36 | 제558조의 입법상의 오류

제558조는 입법과정의 오류에 기인한 것으로서 앞으로 개정되어야 한다.

의용민법에는 현행민법 제555조에 해당하는 규정만 있었을 뿐이며 제556조와 제557조는 현행민법에서 신설한 것이다. 의용민법은 현행민법 제555조와 제558조를 동일 조문(의용민법 제550조)의 본문과 단서의 형식으로 규정하였. 현행민법은 제556조와 제557조를 신설하면서 의용민법 제550조 단서를 독립시켜 모든 해제에 적용되는 제558조로 구성하였다. 이미 이행한 부분에 대하여 증여해제의 효력을 제한하는 규정은 서면에 의한 증여의 해제(제555조)와 증여자의 재산상태 변경과 증여의 해제(제557조)에는 타당성이 있으나 제556조의 해제와는 전혀 어울리지 않는 것이다. 이러한 지적은 민법 제정 당시에도 있었다.[18] 제558조는 비교법적으로도 유례가 없는 것으로 개정되어야 한다.

Ⅱ. 매 매

1. 개 념

2.163 매매는 당사자 일방이 재산권을 상대방에게 이전하고 상대방이 그 대금을 지급할 것을 약정함으로써 성립하는 계약이다(제563조). 매매는 유상·낙성·쌍무계약이다. 매매에 관한 규정은 다른 유상계약에 준용된다(제567조).

매매계약에서 매도인의 채무는 물건 또는 권리를 이전하는 것이며, 매수인의 채무는 언제나 금전채무이다(제568조). 매도인은 이행기까지 물건 또는 권리를 매수인에게 이전하면 되므로 매매계약 당시에는 해당 물건 또는 권리에 대한 처분권이 없어도 무방하다(제569조).

2. 성립에 관한 법률문제

2.164 **〈1〉 매매의 예약** 매매계약의 체결이 강제되는 경우도 있으며, 여기에는 법률규정에 의한 강제(제283조제2항, 제644·645·647조)와 예약에 의한 강제가 있다. 예약은 본계약을 체결하기 위한 상황이 성숙되지 않은 경우에 사정을 관찰한 후 본계약을 체결하고자 할 때 활용된다.

ⓘ **편무예약/쌍무예약** 일방이 본계약 체결을 위해 청약을 하면 타방은

18) 명순구, 『실록 대한민국 민법 3』, 법문사, 2010, 388·392쪽 참조.

이에 대하여 승낙할 의무를 부담하는 내용의 합의이다. 편무예약은 당사자 일방만이 청약할 수 있고 타방은 승낙의무만을 부담하는 경우이며, 쌍무예약은 쌍방이 모두 청약할 수 있고 서로 승낙의무를 부담하는 경우이다. 만약 일방의 청약에 대하여 상대방이 승낙하지 않으면 법원에 의사표시를 대신할 재판을 청구할 수 있다(제389조제2항).

ⅱ **일방예약/쌍방예약** 이 구별에는 예약완결권이 개재되어 있다. 예약완결권이란 일방적인 의사표시로 계약을 성립시키는 권리이다. 예약완결권은 일방의 의사표시로 법률관계가 변동되는 것으로(계약의 성립) 형성권의 일종이다(제564조제2항과 제3항은 통상 형성권에 부수하는 법기술[19]). 일방만이 예약완결권을 가지면 일방예약(제564조제1항), 쌍방 모두 가지면 쌍방예약이다.

보충학습 2.37 | 일방예약의 채권담보 기능

A가 B에게 1억원을 대여해 주었다. 이때 B 소유의 시가 2억원 상당의 甲부동산을 목적물로 하면서 매매대금을 1억원, 매수인을 A, 예약완결권자를 A로 하는 매매의 일방예약을 체결했다고 가정해 보자. 만약 B가 1억원의 대여금채무를 이행하지 않으면 A는 예약완결권을 행사할 것이고, 예약완결권을 행사하면 그것만으로 A·B 간에 甲부동산을 목적으로 하는 매매계약이 성립한다. 이때 매수인 A의 매매대금채무는 대여금채무와 상계하는 방법으로 진행된다. 이 거래의 과정을 보면 B 소유의 甲부동산은 A의 B에 대한 대여금채권의 담보 역할을 하게 된다. 특히 A는 자신의 채권액을 훨씬 상회하는 목적물에 대한 소유권을 취득할 수도 있다. 이런 불공정한 거래를 제어하기 위하여 「가등기담보 등에 관한 법률」이 제정·시행되고 있다.[20]

2.165 〈2〉 계 약 금 계약금이란 계약체결과 관련하여 계약당사자의 일방이 타방에게 교부하는 금전 또는 유가물이다. A(매도인)와 B(매수인)가 매매계약을 체결하면서(매매대금: 1억원) B가 A에게 1,000만원을 지급하는 것이 그 예이다. 계약금은 증약금(계약의 성립을 증명하는 기능), 위약금(제398조 참조), 해약금(계약해제권을 유보하는 기능)의 기능을 할 수 있다. 계약금은 최소한 증약금의 기능을 한다. 계약금이 당연히 위약금[21]의 기능을 하지는 않으나 약정에 의하여 위약금의 기능을

19) 이에 대해서는 이 책 [1.17] 〈보충학습 1.2〉 참조.
20) 이에 대해서는 이 책 [3.261] 참조.
21) 이에 대해서는 이 책 [2.33] 참조.

할 수 있음은 물론이다.[22]

계약금은 해약금으로 추정한다(제565조제1항). 그리하여 위 사안에서 B는 1,000만원을 포기하고, A는 그 배액을 B에게 상환함으로써 자유롭게 계약을 해제할 수 있다. 즉 해약금이란 자유로운 해제권의 가격이다. 해약금에 의한 해제는 당사자 일방이 이행에 착수[23]할 때까지를 그 시한으로 하며, 당사자 중 어느 일방이 이행에 착수한 후에는 해약금에 의한 해제는 불가하다(제565조제1항). 해약금에 의한 해제는 채무불이행과는 전혀 무관한 제도이다. 그러므로 해약금에 의한 해제에서는 손해배상이 문제되지 않는다(제565조제2항).

2.166 **〈3〉 매매계약의 비용부담** 매매계약에 관한 비용(예: 목적물의 측량비용, 계약서작성비용)은 당사자 쌍방이 균분하여 부담한다(제566조). 이 규정은 물론 임의규정이다. 매매계약의 비용은 매매계약 자체에 소요되는 비용으로서 변제비용(운송비와 같이 변제를 위하여 필요한 비용)과는 구별된다. 변제비용은 채무자가 부담하는 것이 원칙이다(지참채무의 원칙[24]).

3. 효 력

(1) 매도인에 대한 효력

1) 재산권이전의무

2.167 **〈1〉 주된 의무** 매도인의 재산권이전의무(제568조제1항)의 구체적 내용은 매매의 대상에 따라 다르다. 가령 부동산물권(소유권, 지상권, 지역권, 전세권 등)의 이전이라면 등기에 필요한 서류의 교부 및 점유의 이전 등이 될 것이고, 지식재산권의 이전이라면 등록 등에 필요한 서류의 교부 등이 될 것이며, 채권의 이전이라면 채무자에 대한 통지 등 양수인이 대항력을 갖출 수 있도록 하는 일이 될 것이다.

---

22) 계약금이 위약금의 기능을 하는 경우 위 사례에서 만약 A가 채무불이행을 하면 자신이 받은 계약금의 배액(2,000만원)을 B에게 위약금으로 주고, B가 채무불이행을 하면 자신이 A에게 지급한 계약금을 위약금 명목으로 몰수당하게 된다.

23) 이행의 착수는 객관적으로 외부에서 인식할 수 있을 정도로 채무의 이행행위의 일부를 행하거나 또는 이행을 하기 위하여 필요한 전제행위를 하는 것이며, 단순히 이행의 준비만으로는 부족하다(대법원 1994. 11. 11. 선고 94다17659 판결 참조).

24) 이에 대해서는 이 책 [2.81] 참조.

2.168 〈2〉 과실의 귀속과 대금의 이자 A(매도인)와 B(매수인)가 甲물건을 목적으로 매매계약을 체결했는데, 그 목적물로부터 발생한 과실은 누구에게 귀속하는가? 이에 대하여 민법은 "매매계약 있은 후에도 인도하지 아니한 목적물로부터 생긴 과실은 매도인에게 속한다"(제587조제1문)고 규정한다. 즉 인도를 기준으로 과실귀속을 판단한다. 이 규정은 과실귀속의 일반원칙(제102조)[25]과 일치하지 않는다. 이에 대하여 통설·판례는 매매목적물로부터 발생한 과실에 관한 복잡한 법률관계를 간명하게 하기 위한 특별규정으로 이해한다. 그런데 다른 유상계약에 준용되는(제567조) 정도의 무게를 가지는 매매계약에 관한 규정을 단순히 특별규정으로 볼 수 있을까?

보충학습 2.38 | 제587조제1문의 입법론적 문제점

제587조제1문은 의용민법 제575조제1항과 동일한 내용이다. 물권변동에 관하여 의사주의를 채택한 의용민법에서는 제575조제1항이 특별한 의미를 갖는다. 왜냐하면 의사주의를 그대로 관철하면 매매계약의 효력으로 목적물에 대한 소유권은 매수인에게 이전되지만 목적물로부터 발생한 과실의 소유권은 원물의 소유권과 무관하게 인도시점을 기준으로 결정되기 때문이다.

그런데 물권변동에 관하여 형식주의를 채택한 우리 민법에서는 상황이 다르다. 우선, 동산매매에서는 매도인이 매수인에게 목적물을 인도하면 매수인은 원물에 대한 소유자로서 당연히 과실수취권을 가지게 되어 제587조제1문은 당연한 규정이 된다. 다음으로, 부동산매매의 경우를 본다. 제587조제1문에 따르면, 매도인이 매수인에게 이전등기를 했더라도 인도를 하지 않았다면 해당 부동산으로부터 발생한 과실은 매도인에게 속하게 된다. 결국 제587조제1문은 동산에 관해서는 당연한 규정, 부동산에 관하여는 부적절한 규정이다.

한편, 매수인은 목적물을 인도받은 날로부터 대금의 이자를 지급해야 한다(제587조제2문). 그리하여 매수인은 대금채무의 이행기가 이미 지났더라도 매도인이 목적물을 인도하고 있지 않는 한 이자를 지급할 의무가 없다. 이 규정에 대하여 통설은, 매매계약에서의 특칙으로서 목적물을 인도할 때까지 매도인은 그 목적물에서 생기는 과실을 수취할 수 있다는 제1문과 표리관계에 있는 것으로 양

25) 이에 대해서는 이 책 [1.198] 참조.

당사자 간의 이익균형을 위한 것이라고 설명한다. 그런데 제587조제2문도 그 이론적 타당성에 의문이 든다.

보충학습 2.39 | 제587조제2문의 입법론적 문제점

문제의 소재를 명확히 하기 위해 여기에서의 '이자'의 의미를 생각해 본다. 제587조제2문의 '이자'는 지연배상의 본질을 가지는 것이다.26) 그렇다면 배상책임의 판단을 위한 기준시점을 이행기로 해야 할 것인데, 제587조제2문은 금전채무자인 매수인이 지체책임을 지는 기준시점을 "매도인으로부터 목적물을 인도받은 때"로 규정하고 있다. 이 규정은 매도인의 목적물인도의무와 매수인의 대금지급의무의 동시이행관계를 염두에 두고 지연이자에 관한 문제를 규율하고 있는 것이다. 즉 매도인이 의무를 이행하지 않으면 매수인이 이행기에 대금을 지급하지 않더라도 지연배상책임을 부담하지 않는다는 관념을 담고 있다.27)

이 관념이 잘못된 것은 아니다. 문제는 제587조제2문의 문언이 부적절하다는 데에 있다. 동산매매에서 제587조제2문은 당연한 규정이다. 매도인의 동산소유권 이전채무는 해당 동산의 인도로 이행하는 것이기 때문이다. 한편, 부동산매매에서 제587조제2문은 부적절하다. 부동산의 인도만으로는 매도인의 재산권이전의무를 이행했다고 볼 수 없기 때문이다. 부동산매매계약에서 매도인은 부동산의 인도 외에 등기이전의무까지 이행해야 한다. 제587조제1문과 마찬가지로 제2문도 동산에 관해서는 당연한 규정, 부동산에 관하여는 타당하지 않은 규정이다.

2) 담보책임

(가) 의 의

2.169 담보책임이란 매매계약의 목적인 물건 또는 권리에 흠결이 있는 경우에 매도인이 부담하는 책임이다. 담보책임은 유상계약에서 양 급부 사이의 등가성을 유지시켜 주기 위한 특별한 제도로서28) 반대급부의 한도에서 절대책임(즉 무과실책임)을 지는 것이다. 매도인만이 담보책임을 지도록 한 이유는 무엇인가? 매수인의 채무는 금전채무로서 해당 금액을 지급하는 것이므로 물건 또는 권리의 흠결이라는 것을 생각할 수 없기 때문이다.

---

26) 대법원 1981. 5. 26. 선고 80다211 판결; 대법원 1995. 6. 30. 선고 95다14190 판결 등 참조.

27) 대법원 1998. 3. 13. 선고 97다54604·54611 판결; 대법원 2024. 2. 29. 선고 2023다289720 판결 등 참조.

28) 대법원 1992. 12. 22. 선고 92다30580 판결 참조.

(나) 담보책임의 내용

2.170 〈1〉 권리흠결에 대한 담보책임 이에 해당하는 담보책임을 유형별로 살펴본다.

ⅰ 권리의 전부가 타인에게 속한 경우 타인소유물 매매에서 매도인이 이행기에 매수인에게 소유권을 이전하지 못하면 매수인은, 선의인 때에는 해제와 함께 손해배상청구권을, 악의인 때에는 해제권을 행사할 수 있다(제570조). 악의의 매수인에게 해제권을 인정하는 이유는, 매수인이 악의라도 그가 추탈위험(권리를 취득하지 못할 위험)을 인수한 것으로 볼 수는 없기 때문이다. 그리고 악의의 매수인에게 손해배상청구권을 인정하지 않는 이유는, 이때의 매수인은 손해 내지 위험을 인수한 것으로 보아야 하기 때문이다.

보충학습 2.40 | 선의의 매도인의 권리(제571조)

甲토지가 등기부상으로는 A의 명의이지만 사실은 특별법에 의하여 이미 국유화되었는데 A가 이 사실을 모르고 B와 매매계약을 체결했다고 가정해 보자. 이러한 경우에 민법은 선의의 매도인을 배려하는 규정을 두고 있다.

❶ **매도인이 그 권리가 타인에게 속한다는 사실에 대하여 선의인 경우** 매수인에게 권리를 이전할 수 없을 때에는 매도인은 손해를 배상하고 계약을 해제할 수 있다(제571조제1항).

❷ **매도인은 선의이나 매수인이 그 권리가 타인에게 속한다는 사실에 대하여 악의인 경우** 매도인은 손해배상 없이 계약을 해제할 수 있다(제571조제2항). 매수인이 악의인 경우에 손해배상을 허용하지 않는 이유는, 이때의 매수인은 손해를 인수한 것으로 보아야 하기 때문이다.

제571조는 매도인의 담보책임과 함께 규정되어 있으나 담보책임과는 무관한 것이다.

ⅱ 권리의 일부가 타인에게 속한 경우 공유자 중 1인이 공유물 전부를 목적물로 매매계약을 체결했다고 가정해 보자. 매도인이 이행기에 소유권을 완전히 이전하지 못하면 매수인은, 선의인 때에는 이전불능부분의 비율에 따른 대금감액청구권(제572조제1항), 잔존한 부분만으로는 매수인이 매수하지 않았을 것이라면 해제권(제572조제2항) 및 손해배상청구권(제572조제3항)을 행사할 수 있다. 한편, 악의의 매수인은 이전불능부분의 비율에 따른 대금감액청구권만을 가진다(제572조제1항). 매수인의 선의·악의를 불문하고 대금감액청구권을 인정하는 이유는,

제570조가 선의·악의를 불문하고 해제권을 인정하는 이유와 동일하다. 악의의 매수인에게 손해배상청구권을 인정하지 않는 이유도 제570조가 악의의 매수인에게 손해배상청구권을 인정하지 않는 이유와 동일하다. 매수인의 권리는 1년 내에 행사해야 한다(제573조).

ⅲ **목적물의 수량부족·일부멸실** 권리의 일부가 타인에게 속한 경우에 관한 규정(제572·573조)은 수량을 지정한 매매의 목적물이 부족한 경우(1,000㎡의 토지를 목적물로 매매계약을 체결하면서 매매대금을 ㎡당 10만원씩 계산하여 1억원으로 약정하였는데, 사실은 900㎡에 불과한 경우)와 매매목적물의 일부가 계약 당시에 이미 멸실된 경우(나무 100그루를 목적물로 매매계약을 체결하면서 매매대금을 1그루당 10만원으로 하여 1,000만원으로 약정했는데 계약 당시에 50그루가 이미 고사한 경우)로서 매수인이 그 부족 또는 멸실에 대하여 선의인 때에 준용한다(제574조). 제574조가 적용되기 위해서는 매매당사자가 일정한 면적·용량·중량 등을 계약내용의 중요부분으로 하고 또한 매매대금도 그에 상응하여 정한 경우여야 한다.[29] 제570조와 제572조는 주관적 불능(즉 존재하기는 하나 매도인 외의 사람에게 속하는 경우)에 관한 것인데 비해 제574조는 객관적 불능에 관한 것이다. 제574조가 선의의 매수인에게만 권리를 부여하고 있는데, 이는 계약체결 당시에 객관적 일부불능(수량부족·일부멸실)에 대하여 악의라면 그로 인한 손해 내지 위험을 인수한 것으로 보아야 하기 때문이다.

ⅳ **재산권이 타인의 권리에 의하여 제한받고 있는 경우** 매매의 목적물에 지상권·지역권·전세권·질권·유치권 등의 제한물권이 설정되어 있거나(제575조제1항), 목적부동산을 위하여 있어야 할 지역권이 없거나 그 부동산에 등기된 임대차계약이 있는 경우(제575조제2항) 매도인은 담보책임을 진다. 선의의 매수인은 소유권의 제한으로 인하여 계약의 목적을 달성할 수 없는 경우에는 해제권, 그 밖의 경우에는 손해배상청구권을 행사할 수 있다. 악의의 매수인은 손해 내지 위험을 인수한 것으로 보고 선의의 매수인에게만 권리를 인정한다. 매수인은 그 사실을 안 날로부터 1년 내에 권리를 행사해야 한다(제575조제3항).

ⅴ **저당권·전세권이 행사된 경우** 매매의 목적인 부동산에 설정되어 있던 저당권 또는 전세권이 실행되어 매수인이 소유권을 취득할 수 없거나(예: 매수인이 소유권을 취득하기 전에 부동산이 경매된 경우) 또는 매수인이 소유권을 상실한 경우(예:

29) 대법원 2001. 4. 10. 선고 2001다12256 판결 등 참조.

소유권을 취득한 후 경매된 경우)에 매수인은 계약을 해제할 수 있으며 손해가 있으면 그 배상을 청구할 수 있다(제576조제1·3항).30) 악의의 매수인에게도 권리를 인정하는데, 이는 저당권·전세권이 설정되어 있더라도 그것만으로 모든 위험을 인수한 것으로 볼 수는 없기 때문이다. 제576조는 저당권의 목적이 된 지상권 또는 전세권이 매매의 목적인 경우에 준용된다(제577조).

2.171 〈2〉 물건의 하자에 대한 담보책임 하자란 매매목적물이 거래통념상 기대되는 객관적 성질·성능을 결여하거나, 당사자가 예정 또는 보증한 성질을 결여한 경우이다.31) 매입한 냉장고의 온도조절 기능이 작동되지 않는 경우, 분양받은 애완용 강아지에 질병이 있는 경우 등이 그 예이다. 민법은 특정물매매와 종류물매매로 나누어 규정하는데, 어떤 경우든 매수인은 선의·무과실이어야 한다(제580조제1항 단서, 제581조제1항). 역사적·전통적으로 제580·581조는 숨은 하자를 규율하는 것이기 때문이다. 특정물매매의 매수인은, 하자로 인하여 계약의 목적을 달성할 수 없을 때에는 해제, 기타의 경우에는 손해배상을 청구할 수 있다(제580조제1항). 종류물매매에서 특정된 물건에 하자가 있는 때에도 또한 같다(제581조제1항). 그리고 종류물매매에서는 해제 또는 손해배상을 청구하지 않고 하자 없는 물건을 요구할 수 있다(제581조제2항). 제580·581조의 경우에 매수인은 하자를 인식한 날로부터 6개월 내에 권리를 행사해야 한다(제582조).

2.172 〈3〉 채권매도인의 담보책임 채권매매의 경우에 매도인은 채권의 존재 또는 채권액에 대해서는 담보책임을 진다(제567조). 가령 채권의 전부 또는 일부가 채권매도인이 아닌 타인에게 속한 경우에는 제570조부터 제573조가 정하는 담보책임이 인정된다. 그러나 채무자에게 변제자력이 있는가에 대해서는 매도인(즉 채권양도인)이 책임을 지지 않는다. 그런데 매도인과 매수인이 채무자의 자력을 담보하는 특약을 할 수 있다. 특약이 없는 경우를 위하여 추정규정이 있다. 변제기에 도달한 채권의 매도인이 채무자의 자력을 담보했다면 매매계약 당시

30) 저당권 또는 전세권이 설정된 부동산에 대하여 매수인의 출재로 그 소유권을 보존한 때에는 매도인에 대하여 그 상환을 청구할 수 있으며(제576조제2항), 손해가 있으면 그 배상을 청구할 수 있다(제576조제3항). 이 규정은 담보책임을 정한 것이 아니라 매수인이 이해관계 있는 제3자로서 변제한 경우에 그 구상권을 정한 것이다.

31) 대법원 2000. 1. 18. 선고 98다18506 판결; 대법원 2021. 4. 8. 선고 2017다202050 판결 등 참조.

의 자력을 담보한 것으로 추정하며(제579조제1항), 변제기에 도달하지 않은 채권의 매도인이 채무자의 자력을 담보했다면 변제기의 자력을 담보한 것으로 추정한다(제579조제2항).

2.173 〈4〉 경매에서의 담보책임 강제집행 또는 담보권 실행을 위하여 국가기관에 의하여 이루어지는 경매(공경매)도 매매의 한 방식이다(경쟁체결 방식에 의한 경매). 공경매에서는 물건의 하자에 대하여 담보책임을 지지 않는다(제580조제2항). 경매의 결과를 확실하게 하기 위한 조치이다. 권리흠결에 대하여 경락인(일반 매매에서의 매수인에 해당)은 채무자(일반 매매에서의 매도인에 해당)에게 제570조부터 제577조의 규정에 따라 담보책임을 주장할 수 있다(제578조제1항). 채무자가 자력이 없는 때에는 대금의 배당을 받은 채권자가 배당받은 금액의 한도에서 책임을 진다. 경락인이 주장할 수 있는 권리는 해제 또는 대금감액(제578조제1항)이며, 손해배상청구권은 원칙적으로 인정되지 않는다. 그러나 채무자나 채권자가 권리의 흠결에 대하여 악의인 때에는 손해배상을 청구할 수 있다(제578조제3항).

(다) 담보책임의 본질

2.174 ~ 2.175 매도인은 매수인과 합의한 대로 채무를 이행해야 한다. 즉 매도인은 제한이나 부담이 없는 완전한 권리, 그리고 품질에도 하자가 없는 물건을 매수인에게 인도해야 한다. 이렇게 보면 담보책임의 본질은 채무불이행책임의 일종으로 파악하면 될 것 같다. 그런데 담보책임의 본질, 특히 특정물하자담보책임(제580조)에 관해서 매우 복잡한 학설 논쟁이 있다.

(라) 담보책임 관련 주요 이슈

2.176 ~ 2.178 〈1〉 특정물하자담보책임의 전형적 효과(해제 · 대금감액) 특정물하자담보책임은 무과실책임으로서 그 전형적 효과는 해제와 대금감액이다. 대가의 한도에서 매도인이 무과실책임을 부담하는 것이 담보책임이고 보면 그 책임의 최대한도가 해제라는 점은 수긍이 간다(대금감액은 일부해제에 해당함). 그런데 제580조는 특정물하자담보책임의 효과를 해제와 손해배상(대금감액이 아닌)으로 정하여 비교법적으로 독특한 모습이다. 손해배상은 원칙적으로 과실을 요건으로 한다는 점에서(제390조) 해석상 어려움을 수반한다. 이에 따라 제580조의 손해배상의 구체적인 의미에 대하여 매우 복잡한 학설 논쟁이 있다.

2.179 〈2〉 권리흠결에 대한 담보책임과 손해배상 권리흠결의 경우(제570조 단서, 제572조제3항, 제575조제1항제2문, 제576조제3항 등)에 매도인에게 과실이 있다면 매수인은 손해배상을 청구할 수 있다.[32] 그리고 이때의 손해배상은 이행이익의 배상으로서 그 범위는 제393조에 따라 정할 일이다.

2.180 〈3〉 담보책임과 기타 제도의 경합 담보책임은 다른 여러 제도와 얽혀 있다. 그런데 담보책임이란 유상계약에서 대가적 급부 사이의 등가성 유지를 위하여 부가적으로 마련된 제도라는 점에 유의해야 한다. 이는 담보책임 제도로 인하여 매수인에게 선택의 가능성이 축소될 수 없음을 의미한다. 가령 타인 권리의 매매에서 매도인의 귀책사유로 인하여 이행불능이 되었다면 매수인으로서는 제570조를 근거로 손해배상을 청구할 수도 있고 제390조를 근거로 손해배상을 청구할 수도 있다. 특히 매수인이 악의라면 제570조 단서에 의한 손해배상을 청구할 수는 없지만 제390조를 근거로 손해배상을 청구할 수 있다.[33]

보충학습 2.41 | 성상의 착오와 특정물하자담보책임의 관계

A(매도인)가 특정동산(甲)에 대하여 B(매수인)와 매매계약을 체결했는데, 甲에는 A와 B 누구도 알지 못한 하자가 존재하고 있었다고 가정해 보자. 이 경우에 성상의 착오로 인한 취소(제109조)와 하자담보책임(제580조)이 고려될 수 있는데, 다수설은 두 조문의 관계를 법조경합으로 파악하여 제580조만이 적용된다고 한다.

다수설대로 한다면 만약 매수인이 소송에서 성상의 착오를 주장하는 경우에 제109조의 요건을 구비했더라도 법원은 그것을 받아들이지 않는다는 것인데 이는 민사소송법의 원칙(특히 변론주의[34])에 어긋난다. 판례도 당사자가 착오취소를 주장하면 그에 대하여, 또한 하자담보책임을 주장하면 그에 대하여 적법성 여부를 판단할 뿐이다.[35] 요컨대, 제109조와 제580조는 권리경합관계에 있다고 보아야 한다.

---

32) 대법원 1970. 12. 29. 선고 70다2449 판결; 대법원 1993. 11. 23. 선고 93다37328 판결 등 참조.

33) 이에 관해서는 이 책 [2.179]와 연계하여 이해.

34) 변론주의(辯論主義)란 소송자료(사실과 증거)의 수집, 제출책임은 당사자에게 있고, 법원은 당사자가 수집하여 변론에서 제출한 소송자료만을 재판의 기초로 삼아야 한다는 원칙이다.

35) 대법원 2018. 9. 13. 선고 2015다78703 판결 참조.

(2) 매수인에 대한 효력

2.181 매수인의 채무는 금전채무이다. 그리하여 금전채무에 관한 일반규정이 적용된다(제376~379조, 제397조 등). 그 밖에 매매와 관련하여 민법은 대금지급시기(제585조), 대금지급장소(제586조), 대금지급거절권(제588조) 등을 규정한다.

4. 환 매

2.182 〈1〉 개 념 환매란 매도인이 매매계약과 동시에 매매목적물을 다시 매수할 권리(환매권)를 유보하고 일정기간 안에 환매대금(매도인이 수령한 매매대금에 매수인이 부담한 매매비용을 더한 금액)을 제공하면서 환매권을 행사하여 목적물을 다시 매수하는 것이다(제590조제1항). 환매특약이 원매매계약과 동시에 행해진 경우를 환매라 하고 기타의 경우를 '재매매의 예약'이라고 한다. 비전형담보 중 소위 매도담보는 환매 또는 재매매의 예약의 형식으로 이루어진다.36)

보충학습 2.42 | 재매매의 예약과 환매의 비교

재매매의 예약이란 목적물의 매도인이 장래 매수인으로부터 그 목적물을 다시 매수할 뜻을 정한 예약이다. 매도인이 예약완결권을 행사하면 예약완결권자를 매수인으로 하는 매매계약이 성립하게 된다. 이와 같이 재매매의 예약은 환매와 유사한 기능을 수행한다. 대부분 채권담보의 기능을 수행하는 점은 환매와 같다. 그러나 재매매의 예약은 다음과 같은 점에서 환매와 다르다: ① 성립시기에 있어서, 환매는 매매계약과 동시이나, 재매매의 예약은 제한이 없다; ② 존속기간에 있어서, 환매는 부동산에 대하여는 5년, 동산에 대하여는 3년이라는 제한이 있으나(제591조제1항) 재매매의 예약은 그러한 제한이 없다. 이와 같은 이유로 거래계에서는 환매보다 재매매의 예약이 널리 활용된다.

2.183 〈2〉 요 건 환매의 요건을 정리하면 다음과 같다.

ⓘ 목 적 물 환매의 목적물은 부동산에 한정되지 않는다(제591조제1항, 제592조 참조).

ⓘⓘ 환매특약의 시기와 등기 환매특약은 매매계약과 동시에 해야 하며, 매매계약의 종된 계약이므로 매매계약과 운명을 같이 한다. 매매의 목적물이 부동

---

36) 이에 대해서는 이 책 [3.268] 〈보충학습 3.46〉 참조.

산인 경우에 매매등기와 동시에 환매권의 보류를 등기한 때에는 제3자에 대하여 그 효력이 있다(제592조).

ⅲ **환매대금** 다른 특약이 없는 한 환매대금은 원매매대금에 원매수인이 부담한 매매비용을 더한 금액이다. 이때 목적물의 과실과 대금의 이자는 다른 특약이 없으면 상계한 것으로 본다(제590조제3항).

ⅳ **환매기간** 제591조는 환매기간을 비교적 짧게 정하고 있다(부동산 5년, 동산 3년). 이는 물건의 소유와 이용이 오랫동안 분리됨으로 인하여 발생하는 법적 불안정을 회피하기 위한 것이다.

2.184 **〈3〉 환매의 실행과 효과** 환매권자는 환매권을 환매기간 내에 행사해야 한다. 환매권의 행사는 환매의 의사표시만으로는 부족하고 환매대금을 원매수인에게 제공하면서 해야 한다(제594조제1항). 환매기간 내에 환매권을 행사하지 않은 경우에 소유권을 되찾아 올 수 있는가 여부는 해당 사안이 「가등기담보 등에 관한 법률」이 적용되는가 여부에 따라 다르다.[37]

보충학습 2.43 | 환매의 담보적 기능과 「가등기담보 등에 관한 법률」의 규제

A가 B로부터 1,000만원의 금전을 빌리기 위한 방편으로 A 소유의 부동산(시가: 3,000만원)을 B에게 매도하면서 매매대금의 명목으로 1,000만원을 받고 해당 부동산에 대해서는 B의 명의로 소유권이전등기를 했다. A가 일정한 기간(즉 환매기간) 내에 B에게 일정한 대금(즉 환매대금)을 제공하고 다시 매수하기로 하는 특약을 했다. 이 경우에 A·B 간에는 매매계약이 이루어졌으나 실질적으로는 A가 B로부터 금전을 차용하고 A 소유의 부동산은 B의 채권을 담보하는 기능을 한 것이다. A가 B로부터 매매대금 명목으로 받은 1,000만원은 차용금, 환매기간은 변제기, 환매대금은 피담보채권에 해당한다.

만약 환매기간 내에 A(즉 채무자)가 환매를 하지 않으면 어떻게 되는가? B는 그대로 해당 부동산의 소유자가 되는가? 그리된다면 B는 엄청난 폭리를 취할 수 있다. 1,000만원으로 3,000만원 상당의 부동산을 취득한 셈이 되기 때문이다. 이 문제는 해당 사안이 「가등기담보 등에 관한 법률」이 적용되는가 여부에 따라 달리 해결된다.

❶ **「가등기담보 등에 관한 법률」이 적용되지 않는 경우** 환매기간을 경과하면 환매권을 잃으므로(제594조제1항) A는 소유권을 되찾아 올 수 없다.

❷ **「가등기담보 등에 관한 법률」이 적용되는 경우** B는 비록 자기 명의로 이전등기가 되어

37) 이에 대해서는 이 책 [3.273] 참조.

있기는 하나 그대로 소유권이 인정되지는 않고 「가등기담보 등에 관한 법률」이 정하는 청산절차를 거친 후에 소유자가 될 수 있다.[38]

Ⅲ. 교 환

2.185 교환은 당사자 쌍방이 금전이 아닌 재산권을 상호 이전할 것을 내용으로 하는 계약이다(제596조). 교환계약은 불요식·낙성·유상·쌍무계약이다. 교환계약의 두 급부가 균형을 유지하지 못하는 경우에(사실 교환계약에서는 이런 상황이 흔히 발생할 수 있음) 당사자 사이에서 보충금에 관한 합의를 하게 되는데, 이 보충금에 관해서는 매매계약에서의 매매대금에 관한 규정을 준용한다(제597조).

Ⅳ. 소비대차

1. 개 념

2.186 소비대차는 일방(대주)이 금전 기타 대체물의 소유권을 상대방에게 이전할 것을 약정하고 상대방(차주)은 같은 종류·품질·수량으로 반환할 것을 내용으로 하는 계약이다(제598조). 소비대차는 차주가 해당 차용물을 소비하기 위하여 빌리는 것으로 차용물 그 자체를 반환하는 것(사용대차·임대차의 경우)이 아니라는 점에서 구별된다. 그리하여 소비대차의 목적물은 대체물이다.

소비대차는 불요식·낙성계약이다. 쌍무성과 유상성은 어떠한가? 통설은, 소비대차가 이자부이면 쌍무·유상계약이고 무이자부이면 편무·무상계약이라고 한다. 이자부 여부로 유상성을 가르는 것에 대해서는 이견이 없다. 그러나 이자부 여부는 쌍무성에는 영향을 주지 못한다고 보아야 한다. 소비대차가 낙성계약인 현행법에서 당사자 간의 합의로 계약이 성립하면 대주와 차주 모두 채무를 부담한다(소비대차를 요물계약으로 관념하던 의용민법에서는 대주가 차주에게 목적물을 인도해야 계약이 성립하고 계약성립 후에는 차주만이 반환의무를 부담하므로 편무계약).[39]

38) 이에 대해서는 이 책 [3.273] 참조.
39) 계약의 쌍무성과 낙성·요물계약의 관계에 대해서는 이 책 [2.141] 〈보충학습 2.27〉 참조.

2. 대주의 의무

2.187 〈1〉 소유권이전의무 대주에게 소유권 이전의무가 있는가? 이에 대하여 학설 다툼이 있으나 부적절하다. 이 문제에 대하여 침묵하던 의용민법(제587조)과 달리 현행 민법은 의도적으로 "소유권을 상대방에게 이전"(제598조)한다고 규정한다. 명문에 반하는 시각은 해석이 아니라 입법정책의 제안이다.

2.188 〈2〉 담보책임 이자부소비대차의 경우에 목적물에 하자가 있을 때에는 하자담보책임에 관한 규정(제580~582조)을 준용한다(제602조제1항). 이자부소비대차는 유상계약이므로 담보책임을 지는 것은 자연스러운 논리이다. 무이자부인 때에는 담보책임이 문제되지 않는다. 다만, 민법은 소비대차의 특성을 고려한 특칙을 두고 있다. 무이자부소비대차에서 차주는 하자 있는 물건의 가액으로 반환할 수 있다(제602조제2항 본문). 그러나 대주가 그 하자를 알고 차주에게 고지하지 아니한 때에는 담보책임을 지도록 한다(제602조제2항 단서). 이 규정은 제559조제1항 단서와 같은 취지로 일종의 민사벌이다.40)

3. 차주의 의무: 목적물반환의무

2.189 〈1〉 반환할 물건 일반론과 대물대차로 구분하여 설명한다.

ⅰ 일 반 론 차주는 대주로부터 받은 물건과 동종·동질·동량의 물건으로 반환한다(제598조). 차주가 동종·동질·동량의 물건을 반환할 수 없는 때에는 그때의 시가로 상환해야 한다(제604조 본문). 물론 금전소비대차의 경우에는 금전채무에 관한 규정(제376조, 제377조제2항)이 적용된다(제604조 단서).

ⅱ 대물대차 대물대차란 금전대차에 있어서 대주가 차주에게 금전을 지급하지 않고 금전에 갈음하여 유가증권 기타의 물건(예: 약속어음, 채권 등)을 인도하는 경우이다. A(차주)가 B(대주)로부터 1,000만원을 차용하는 소비대차계약을 체결했지만 B가 실제로 A에게 인도한 것은 甲물건(시가: 700만원)이고, 나중에 A는 1,000만원의 금전(경우에 따라서는 이자 부가)을 반환하는 것이다. 대물대차는 대주의 폭리수단으로 악용될 수 있다. 그리하여 민법은, 대물대차의 경우에는 금전 대신

---

40) 이에 대해서는 이 책 [2.161] 참조.

으로 받은 유가증권 기타 물건의 인도시의 가액을 차용액으로 한다고 규정한다(제606조). 이에 반하는 약정으로서 차주에 불리한 것은 효력이 없다(제608조).

2.190 **〈2〉 반환시기** 반환시기의 약정이 있다면 그에 따르며(제603조제1항), 약정이 없을 때에는 대주는 상당한 기간을 정하여 반환을 최고해야 한다(제603조제2항 본문). 상당한 기간이 지나면 차주는 이행지체에 빠진다. 그러나 차주는 언제든지 반환할 수 있다(제603조제2항 단서). 차주는 기한의 이익을 포기할 수 있기 때문이다.

2.191 **〈3〉 대물반환의 예약** 대물반환의 예약은 대물변제의 예약[41]의 일종으로 차주가 본래의 반환물에 대신하여 다른 급부를 할 것을 미리 대주와 약정하는 것이다. 대물반환의 예약은 주로 채권담보의 용도로 이용된다. A가 B에게 1억원을 대여해 주면서 "만약 B가 A에게 대여금을 반환하지 못하면 금전 대신 B 소유의 甲토지(대물반환의 예약 당시의 시가: 2억원)에 대한 소유권을 A에게 이전하겠다"와 같은 약정이 그것이다. 대물반환의 예약에서는 대주가 폭리를 취할 수 있다. 이 점을 고려하여 민법은 위 사안에서 대물반환의 예약 당시 甲토지의 가액이 차용액 및 이에 붙인 이자의 합산액을 넘지 못한다고 규정한다(제607조). 그리하여 가령 예약 당시 차용액이 1억원이고 이자가 2천만원이라면(차용액과 이자의 합산액이 1억 2천만원) 이는 제607조의 규제대상이 된다. 그리고 제607조에 반하는 약정으로서 차주에 불리한 것은 효력이 없다(제608조). 제607조는 「가등기담보 등에 관한 법률」이 적용되기 위한 전제이다(법 제1조 참조).[42]

4. 소비대차의 실효와 해제

2.192 **〈1〉 파산과 소비대차의 실효** 대주가 차주에게 목적물을 인도하기 전에 당사자 일방이 파산선고를 받은 때에는 소비대차는 그 효력을 잃는다(제599조).

2.193 **〈2〉 무이자부소비대차계약의 해제** 이자없는 소비대차의 당사자는 목적물의 인도 전에는 언제든지 계약을 해제할 수 있다(제601조 본문). 그러나 상대방

---

41) 이에 대해서는 이 책 [2.95] 참조.
42) 이에 관해서는 이 책 [3.261] 참조.

에게 생긴 손해가 있는 때에는 이를 배상해야 한다(제601조 단서).

Ⅴ. 사용대차

1. 개 념

2.194 사용대차는 당사자 일방이 상대방에게 무상으로 사용·수익하게 하기 위하여 목적물을 인도할 것을 약정하고 상대방은 그 물건을 반환할 것을 내용으로 하는 계약이다(제609조). 차용물 자체를 반환한다는 점에서 소비대차와 다르고, 무상이라는 점에서 임대차와 구별된다. 사용대차는 불요식·낙성계약이다. 의용민법과 달리 현행법상 사용대차는 낙성계약이다. 통설은 사용대차를 무상·편무계약이라고 한다. 사용대차가 무상계약이라는 점은 수긍할 수 있지만 편무계약이라고 할 수는 없다.[43]

2. 대주의 의무

2.195 대주의 의무는 다음과 같다.

ⓘ **목적물인도의무** 대주는 목적물을 차주에게 인도해야 한다. 그러나 임대차와 달리 사용대주에게는 차용물의 수선·보수의무는 없다.

ⓘⓘ **담보책임** 사용대차는 무상계약이므로 대주에게 담보책임이 부과되지 않는다. 사용대주에 대하여 증여자에 관한 제559조를 준용하고 있는데(제612조), 이는 담보책임이 아니라 민사벌이다(제602조제2항도 동일한 규범구조).[44]

3. 차주의 권리·의무

2.196 차주의 권리·의무를 살펴본다.

ⓘ **목적물에 대한 사용·수익권** 사용·수익의 방법은 계약내용에 의하여 정해진다. 약정이 없는 때에는 목적물의 성질에 의하여 정해진 용법으로 사용·수익한다(제610조제1항). 차주는 대주의 승낙없이 전대할 수 없다(제610조제2항). 사

43) 이에 대해서는 이 책 [2.141] 〈보충학습 2.27〉 참조.

44) 이에 대해서는 이 책 [2.188] 참조.

용대차가 당사자의 인적 요소가 중요요소라는 점을 보여주는 규정이다. 제610조제1·2항에 위반한 때에는 대주는 계약을 해지할 수 있다(제610조제3항).

ⅱ **목적물보관의무** 차주는 선량한 관리자의 주의로 목적물을 보관해야 한다(제374조). 차용물의 통상필요비는 차주의 부담이다(제611조제1항). 사용대차의 무상성을 고려한 규정이다. 통상필요비 외의 기타 비용(특별필요비, 유익비)에 대해서는 제594조제2항을 준용한다(제611조제2항).

ⅲ **목적물반환의무** 약정이 있다면 차주는 그 시기에 차용물을 반환하며(제613조제1항), 약정이 없다면 목적물의 성질에 의한 사용·수익이 종료한 때에 목적물을 반환한다(제613조제2항 본문). 그러나 목적물의 성질에 의한 사용·수익에 족한 기간이 종료한 때에는 대주는 언제든지 계약을 해지할 수 있다(제613조제2항 단서). 목적물을 반환할 때에 차주는 원상회복을 해야 하고 차용물에 부속시킨 물건은 철거할 수 있다(제615조).

ⅳ **공동차주의 연대의무** 수인이 공동으로 물건을 차용한 때에는 연대하여 의무를 부담한다(제616조).

ⅴ **손해배상·비용상환청구의 기간** 계약 또는 목적물의 성질에 위반한 사용·수익으로 인하여 생긴 손해배상의 청구와 차주가 지출한 비용의 상환청구는 대주가 목적물을 반환받은 날로부터 6개월 내에 해야 한다(제617조).

Ⅵ. 임 대 차

1. 개 념

2.197 임대차는 당사자 일방이 상대방에게 목적물을 사용·수익하게 하고 이에 대하여 상대방이 차임을 지급할 것을 내용으로 하는 계약이다(제618조). 차용물 자체를 반환하는 점에서 사용대차와 같고 소비대차와는 다르며, 유상이라는 점에서 사용대차와 구별된다. 임대차는 불요식·낙성·쌍무·유상계약이다.

임대차에서의 주요 과제 중 하나가 임차인 보호인데, 그 핵심 목록은 다음과 같다: ① 임차권에 물권 유사의 대항력 인정; ② 임차인의 투하자본 회수(임차권의 전대·양도); ③ 임차권의 존속보장; ④ 보증금 회수. ①·②·③은 모든 법제에 공통된 이슈임에 반해, ④는 보증금의 다액이거나 차임을 전세 형식으로 지급하는 관행을 가진 우리나라에 특유한 이슈이다.[45)]

보충학습 2.44 | 전세, 전세권, 채권적 전세

❶ **전세** 전세란 물건 사용료의 지급방식이 특수한 경우이다. 일반적으로 사용료는 일정한 기간(예컨대 월)을 단위로 정기적으로 지급하는 방식이지만, 전세의 경우에는 사용자가 일시에 거액의 '전세금'(목적물 가액의 약 70%)을 지급하고 사용기간이 종료하면 그것을 다시 반환받는 형식이다. 그리하여 사용기간 중에는 사용료를 주고받는 일이 일어나지 않는다. 경제적으로 보면 전세금으로부터 발생한 이자를 사용료로 대체하는 것이다. 전세는 우리나라에 특유한 제도이다.

❷ **전세권** 전세권은 사용료가 전세의 형태로 지급되는 물권이다(제303조).[46)] 가령 X가 자기 소유의 甲건물에 대하여 B에게 전세권을 설정할 수 있는데 이때 B는 A에게 전세금을 지급하게 된다. 전세권에서 물건의 사용료는 언제나 전세의 방식으로 지급되며 전세금 지급은 전세권의 성립요소이다(제303조). 전세권은 물권이므로 존속기간이 만료하면 전세권자는 전세금의 반환에 관하여 우선변제권을 가진다. 이는 전세권의 물권으로서의 성질에 기인한다.

❸ **채권적 전세** 채권관계인 임대차의 경우에도 사용료(차임)를 전세의 방식으로 할 수 있다. 임대차이면서 차임의 지급을 전세 방식으로 하게 되면 기간 만료 후에 전세금 회수가 큰 문제이다. 임대차 기간이 만료했는데 임대인이 전세금을 반환하지 않으면 임차인은 낭패를 볼 수 있다. 임차인의 전세금반환청구권은 채권으로서 우선변제권권이 인정되지 않기 때문이다. 이러한 문제를 해결하기 위해 「주택임대차보호법」과 「상가건물임대차보호법」은 일정한 요건 하에 임차인에게 임차목적물의 경매대금에 대하여 우선변제권을 인정한다.[47)]

2. 존속기간

2.198 〈1〉 기간의 약정이 있는 경우 원칙과 예외로 나누어서 설명한다.

ⓘ 원 칙 임대차계약의 존속기간은 당사자의 합의로 정할 수 있다. 민법은 임대차계약의 존속기간에 관하여 최장기의 제한도 최단기의 제한도 두고 있지

---

45) 이에 대해서는 이 책 [2.208] 〈보충학습 2.48〉 참조.

46) 전세권에 대해서는 이 책 [3.179] 이하 참조.

47) 이에 대해서는 이 책 [2.212], [2.213] 참조.

않다.[48]

ⅱ **예 외** 임대차는 처분행위가 아니어서(임대차계약 체결은 관리행위에 해당) 처분을 위한 능력 또는 권한이 없는 사람도 임대차계약을 체결할 수 있다. 그런데 이런 사람이 장기로 임대차계약을 체결하게 되면 실질적으로 처분행위를 하는 것과 유사한 결과가 된다. 이를 고려해 민법은 이들이 체결하는 임대차에 대해서는 임차물의 종류에 따라 최장기를 정하고 있다(제619조). 제619조는 처분권한은 없지만 관리권한은 있는 사람을 전제로 하며, 부재자의 재산관리인, 권한이 정해져 있지 않은 대리인(제118조) 등이 이에 해당한다.

2.199 **〈2〉 기간의 약정이 없는 경우** 임대차기간의 약정이 없는 때에는 당사자는 언제든지 계약해지의 통고를 할 수 있다(제635조제1항). 이것은 기간의 약정이 없는 계속적 계약에서 전형적으로 인정되는 규범형식이다.[49] 해지통고는 임차물의 종류 및 해지통고자에 따라 그 통고를 받은 날로부터 일정한 기간(6개월, 1개월, 5일)이 경과한 후에 효력을 발생한다(제635조제2항). 상대방에게 해지 후의 준비를 할 수 있는 기간을 부여하기 위한 것이다.

2.200 **〈3〉 기간의 갱신** 약정에 의한 갱신과 묵시의 갱신으로 구분하여 설명한다.

ⅰ **약정에 의한 갱신** 임대차기간이 만료하면 당사자는 약정으로 그 기간을 갱신할 수 있다. 처분능력 또는 권한이 없는 사람이 체결한 임대차계약도 갱신할 수 있으나, 임차물의 종류에 따라 계약기간 만료 전 일정 기간 내에 갱신해야 한다(제620조).

ⅱ **묵시의 갱신** 임대차기간이 만료한 후 임차인이 임차물의 사용·수익을 계속하는데 이에 대하여 임대인이 상당한 기간 내에 이의를 제기하지 않고 침묵했다면 전임대차와 동일한 조건으로 계약을 갱신한 것으로 본다(제639조제1항 본문). 이렇게 갱신된 임대차는 기간의 정함이 없는 임대차로서 당사자는 언제든지 해지통고를 할 수 있다(제639조제1항 단서).[50]

---

48) 민법이 최단기의 제한규정을 두지 않은 것은 입법정책상 문제라는 지적이 있다(임대차기간을 단기로 정하게 되면 임차인의 지위 불안, 잦은 차임인상 등의 요인으로 작용). 「주택임대차보호법」과 「상가건물임대차보호법」은 최단기의 제한 규정을 두고 있다(이 책 [2.212], [2.213] 참조).

49) 이에 대해서는 이 책 [2.142] 〈보충학습 2.28〉 참조.

50) 임대차의 묵시적 갱신에 관한 제639조는 고용의 묵시적 갱신에 관한 제662조와 같은 형식이다.

3. 당사자의 권리 · 의무

2.201 **〈1〉 목적물의 사용 · 수익** 임대인은 목적물을 임차인에게 인도하고 그 사용 · 수익에 필요한 상태를 유지할 의무를 부담한다(제618 · 623조). 임대인이 임대물의 보존에 필요한 행위를 하는 때에는 임차인은 이를 거절하지 못한다(제624조). 그런데 보존행위가 임차인의 의사에 반하고 이로 인해 임차의 목적을 달성할 수 없는 때에는 임차인은 계약을 해지할 수 있다(제625조).

2.202 **〈2〉 차임의 지급** 임차인은 차임지급의무를 진다(제618조). 임대차와 같은 계속적 계약은 계약 존속기간 중에 사정의 변화가 생길 가능성이 많다. 이에 따라 민법은 다음과 같은 제도를 규정한다.

ⅰ **차임감액청구권 · 해지권** 임차물의 일부가 임차인의 과실없이 멸실 기타 사유로 인하여 사용 · 수익할 수 없을 때에는 임차인은 그 부분의 비율로 차임감액을 청구할 수 있다(제627조제1항). 만약 잔존부분으로 임차의 목적을 달성할 수 없다면 임차인은 계약을 해지할 수 있다(제627조제2항).

ⅱ **차임증감청구권** 임대물에 대한 공과부담의 증감 기타 경제사정의 변동으로 인하여 약정한 차임이 상당하지 아니하게 된 때에는 임대인 또는 임차인은 장래에 대한 차임의 증액 또는 감액을 청구할 수 있다(제628조).

민법은 임대인의 차임채권을 확보해 주기 위하여 다음과 같이 법정담보물권을 규정한다.

ⅰ **임차지의 부속물 · 과실 등에 대한 법정질권** 토지임대인이 임대차에 관한 채권(예: 차임채권)을 보전하기 위하여 임차지에 부속되거나(예: 관개설비) 함께 사용되고 있는 임차인 소유의 동산(예: 농기계)을 압류한 때에는 질권과 동일한 효력이 있다(제648조).

ⅱ **임차지 위의 건물에 대한 법정저당권** 토지임대차에서 임대인이 변제기를 경과한 최후 2년의 차임채권을 보전하기 위하여 그 지상에 있는 임차인 소유의 건물을 압류한 때에는 저당권과 동일한 효력이 있다(제649조).

ⅲ **임차건물 등의 부속물에 대한 법정질권** 건물 기타 공작물의 임대차에서 임대인이 임대차에 관한 채권을 보전하기 위하여 그 건물 기타 공작물에 부속된

임차인 소유의 동산을 압류한 때에는 질권과 동일한 효력이 있다(제650조).

2.203 **〈3〉 담보책임** 임대차는 유상계약이므로 매매계약의 담보책임에 관한 규정이 준용된다(제567조).

2.204 **〈4〉 임차권의 대항력** 임차권은 채권이므로 임차인은 임차권을 가지고 제3자에게 대항할 수 없다. 그런데 민법은 부동산임차권에 대하여 대항력을 인정하는 규정을 두고 있다.

ⓘ **부동산임대차의 등기** 부동산임대차를 등기하면 그때부터 제3자에 대하여 효력이 생긴다(제621조). 주택에 대하여 제621조에 의한 임대차등기가 이루어진 때에는 「주택임대차보호법」이 인정하는 대항력과 우선변제권에 관한 규정이 준용된다(법 제3조의4).

ⓘⓘ **건물등기 있는 토지임대차의 대항력** 건물의 소유를 목적으로 한 토지임차인이 토지임대차의 등기를 하지 않고 그 지상건물을 등기한 때에는 토지임대차를 가지고 제3자에게 대항할 수 있다(제622조제1항). 건물이 임대차기간 만료 전에 멸실 또는 폐허로 된 때에는 대항력을 잃는다(제622조제2항). 가령 건물을 신축할 목적으로 토지임대차계약을 체결한 후 계획대로 그 토지 위에 건물을 신축하여 임차인이 자신 명의로 보존등기를 했다면 임차인은 건물이 존속할 때까지 자신의 토지임차권을 가지고 제3자에게 대항할 수 있다. 즉 토지소유권이 변동되더라도 새로운 토지소유자가 건물의 철거를 주장할 수 없다.

2.205 **〈5〉 비용상환청구권** 임차인이 임차물을 사용·수익하는 과정에서 임차물의 유지 또는 개선을 위하여 비용을 지출할 수 있다. 이 비용에 대하여 임차인은 비용상환청구권을 행사할 수 있다.

보충학습 2.45 | 비용상환청구권의 의미와 법적 규율

❶ **개념** 물건의 소유자가 해당 물건의 보존 또는 개량을 위하여 비용을 지출하면 그것은 특별한 법률문제를 발생시키지 않는다. 그런데 소유자가 아닌 사람이 물건의 보존 또는 개량을 위하여 비용을 지출하면 얘기가 달라진다. 비용지출은 소유자가 아닌 사람이 했지

만 그로 인한 이익은 소유자에게 귀속하기 때문이다. 원래는 소유자가 지출했어야 할 비용을 다른 사람이 지출함으로써 소유자는 비용을 절약한 것이므로 그 부분은 부당이득에 해당하여 반환청구의 대상이 된다(제741조). 이것이 비용상환청구권으로서 그 본질은 부당이득반환청구권으로 볼 수 있다. 소유자가 아닌 사람이 일정 기간 동안 물건을 사용·수익하다가 나중에 소유자에게 반환하는 법률관계에서는 비용상환청구권이 문제된다. 비용은 크게 필요비와 유익비로 구분된다.

ⓐ **필요비** 물건의 보존을 위하여 지출한 비용으로서 이는 다시 통상필요비(예: 시간 경과에 따른 통상적 보수와 같이 물건의 보존을 위해서 통상적으로 지출해야 하는 비용)와 특별필요비(예: 번개로 인하여 파손된 물건의 수리에 지출하는 비용과 같이 특별한 사정으로 발생하는 비용)로 구분된다.

ⓑ **유익비** 물건의 보존을 넘어 그것을 개량하기 위하여 지출한 비용이다.

❷ **법적 규율** 비용상환청구권에 관한 민법의 규율구조는 대체로 다음과 같다.

ⓐ **무상용익의 경우(예: 사용대차)** 필요비 중 통상필요비는 상환청구를 할 수 없고 특별필요비와 유익비에 대해서만 상환청구를 할 수 있다.

ⓑ **유상용익의 경우(예: 임대차)** 통상필요비, 특별필요비, 유익비 모두에 대하여 상환청구를 할 수 있다.

ⓒ **유익비상환청구권의 성립요건과 행사(제203·310·325·367·626조 등 참조)** ① 유익비상환청구권이 성립하기 위해서는 용익관계 종료시에 유익비 지출의 결과가 현존해야 한다(이는 부당이득의 요건으로서의 '이득' 요건에 해당[51]); ② 유익비상환청구권자의 상대방의 선택에 따라 지출금액 또는 증가액의 상환을 청구할 수 있다(즉 선택채권); ③ 유익비상환청구권자의 상대방의 청구에 따라 법원은 유예기간을 부여할 수 있다.

임차인은 임대인에게 임차물에 지출한 필요비(통상필요비 및 특별필요비)의 상환을 청구할 수 있다(제626조제1항). 임차인이 유익비를 지출한 때에는 임대인은 임대차종료시에 그 가액의 증가가 현존한 때에 한하여 임차인의 지출한 금액이나 그 증가액을 상환해야 한다(제626조제2항 본문). 이때 법원은 임대인의 청구에 의하여 유예기간을 부여할 수 있다(제626조제2항 단서).

보충학습 2.46 | 비용상환청구권의 실효성

민법이 임차인의 비용상환청구권을 규정하고 있기는 하나 이는 강행규정이 아니다(강행

51) 이에 대해서는 이 책 [2.264] 참조.

52) 대법원 1995. 6. 30. 선고 95다12927 판결.

규정을 열거하는 제652조에서 제626조는 제외). 따라서 이와 다른 약정도 유효한데 거래계에서는 임대계약서에 유익비상환청구권 포기조항이 포함된 경우가 대부분이다. 임대차 종료시 원상회복을 하기로 하는 약정,[52] 임차인이 부착한 가건물이나 시설물을 임대인에게 증여한다는 약정,[53] 시설물이 임대인에게 귀속된다는 약정[54] 등은 모두 유익비상환청구권 포기 약정에 해당한다. 이와 같이 실제 거래계에서 임차인이 유익비를 상환받는 경우는 희소하다. 그러나 일단 유익비상환청구권이 인정되면 그 효력은 매우 강력한 것으로 볼 수 있다. 왜냐하면 임대차가 종료하더라도 임차인은 유치권을 주장하여 유익비를 상환받을 때까지 임차물의 반환을 거절할 수 있기 때문이다.

2.206 **〈6〉 토지임차인의 계약갱신청구권·지상물 매수청구권** A가 甲토지의 소유자 B와 토지임대차계약을 체결한 후 그 토지 위에 乙건물을 신축하여 건물등기부를 개설하고 보존등기를 하여 사용·수익하다가 임대차기간이 만료되었다고 가정해 보자. 사례에서 乙건물의 소유자는 여전히 A인데 임대차기간이 만료되었으므로 결국 A는 정당한 권원 없이 타인의 토지 위에 건물을 소유하고 있는 셈이다. 이 상황은 지상권이 소멸한 경우와 유사하여 제283조를 준용한다(제643조). 임차인은 임대인에게 계약의 갱신을 청구하고(제283조제1항), B가 계약갱신을 원하지 않는 때에는 A는 B에게 乙건물의 매수를 청구할 수 있다(제283조제2항). 이들 권리는 임차인의 보호를 위한 것으로 편면적 강행규정(즉 규정에 반하는 것으로 임차인에게 불리한 약정은 무효)이다(제652조). B는 A와의 임대차계약을 갱신하든지 乙건물을 매수하든지 선택해야 한다.

2.207 **〈7〉 부속물매수청구권** X가 甲건물의 소유자 Y와 건물임대차계약을 체결하여 건물을 사용·수익하던 중 Y의 동의를 얻어 자신의 비용으로 냉방기(해당 공간의 규격에 맞춰 주문 제작됨)를 구입·설치하여 사용하다가 임대차기간이 만료되었다고 가정해 보자. 이 사례에서 냉방기는 X의 소유이므로 임대차기간이 만료하면 X가 수거할 수 있다. 그런데 그 냉방기는 甲건물에 맞게 제작된 것이어서 다른 공간으로 옮기면 가치가 격감될 수 있어 냉방기를 그곳에 그대로 둘 수 있는 방안을 강구할 필요가 있다. 그리하여 민법은 X가 Y에게 냉방기의 매수를 청구

53) 대법원 1983. 5. 10. 선고 81다187 판결.
54) 대법원 1996. 8. 20. 선고 94다44705·44712 판결.

할 수 있도록 한다(제646조제1항). 임대인의 동의를 얻어 부속시킨 물건뿐만 아니라 임대인으로부터 매수한 부속물도 마찬가지이다(제646조제2항). 여기서 부속물이란 건물 자체에 부속된 물건으로서 건물의 구성부분이 되지 않는(즉 건물과는 독립된 별개의 물건) 물건으로서 임차인 소유의 물건 중 건물의 사용에 객관적 편익을 가져오는 것을 말한다.55) 부속물매수청구권도 임차인의 보호를 위한 것으로 편면적 강행규정이다(제652조).

보충학습 2.47 | 부속물매수청구권과 유익비상환청구권의 비교

부속물매수청구권과 유익비상환청구권은 다음과 같은 점에서 구별된다.

❶ **독립성 여부** 임차인이 부속시킨 시설이 임차물과의 관계에서 독립된 물건으로 인정되는가에 따라 인정되면(즉 떼어내도 물건으로서의 가치를 잃지 않는 경우) 부속물매수청구권, 그렇지 않으면(떼어내면 물건으로서의 가치를 보전하지 못하는 경우) 유익비상환청구권의 대상이 된다.

❷ **임대인의 동의 여부** 부속물매수청구권은 임대인의 동의를 받고 설치한 부속물에 대해서만 행사할 수 있으나 유익비상환청구권은 임대인의 동의와 무관하게 인정된다. 왜냐하면 유익비상환청구권은 부당이득의 본질을 가지는 것이기 때문이다.

2.208 〈8〉 보증금과 권리금 보증금이란 임대차에서 임대인의 채권(차임채권, 계약위반으로 인한 손해배상채권)을 담보하기 위하여 임차인이 임대인에게 교부하는 금전 기타 유가물이다. 월 100만원으로 5년간 건물임대차계약을 체결하면서 임차인이 3개월분의 차임에 해당하는 300만원을 보증금으로 지급했다고 가정해 보자. 임차인이 임대기간 동안 차임을 정확히 지급하였고 임차물의 관리에도 아무 문제가 없다면 임대인은 계약 종료시에 보증금 300만원을 임차인에게 반환해야 한다. 그러나 가령 임차인이 1개월분의 차임을 지급하지 않았고 임차인의 과실로 임차물이 훼손되었다면 1개월분의 차임과 수리비를 공제하고 나머지만 반환하면 된다.56)

권리금이란 임차물이 가지는 장소적 이익 등에 대한 대가로서 임차인이 임

55) 대법원 1977. 6. 7. 선고 77다50·51 판결; 대법원 1982. 1. 19. 선고 81다1001 판결 등 참조.
56) 대법원 2012. 9. 27. 선고 2012다49490 판결 등 참조.

대인에게(또는 임차권의 양수인이 양도인에게) 지급하는 금전 또는 유가물이다(예: A가 B의 건물을 임차하고 식당을 운영하다가 임차권을 C에게 양도할 때 C가 A에게 1억원의 권리금 지급). 권리금은 임차권의 양도 또는 전대차 계약시에 지급되는 것이 보통이며 임대차기간이 종료해도 임대인에게 반환청구를 하지 못한다.57)

보충학습 2.48 | 보증금에 대한 법적 규율

보증금에 관하여 민법에는 명문규정이 없다. 즉 민법은 보증금 없이 정기금(예: 월세)을 지급하는 임대차를 예정하고 있다. 그러나 사적자치의 원칙상 보증금 약정은 유효하며, 또한 보증금약정이 있는 것이 일반적이다. 임대차 종료의 경우에 임차인의 목적물반환의무와 임대인의 보증청산금(보증금 중 임차인의 채무를 청산한 나머지 금액) 반환의무는 동시이행관계이다.58)

민법과 달리 「주택임대차보호법」은 보증금 약정을 수반한 경우(예: 보증금 5억, 월세 300만원)를 전형으로 규정하면서 보증금 회수를 위하여 특유의 규정을 두고 있다(법 제3조의2, 제7·8·12조). 「주택임대차보호법」은 이 제도를 채권적 전세(미등기전세: 정기금 없이 임차인이 임대인에게 전세금만 지급하는 형식)에 준용하면서 이때 전세금은 임대차보증금으로 본다(법 제12조).

4. 임차권의 양도와 전대

2.209 〈1〉 개 념 임차권의 양도 또는 전대는 임차인이 임차물에 투하한 자본을 조기에 회수하는 수단이다. 이에 대한 각국의 입법태도는 다양한데, 우리 민법은 보수적인 입장이다. 즉 건물임차인이 소부분을 타인에게 사용하게 하는 경우(제632조) 외에는 임대인의 동의를 요구한다(제629조제1항). 임대인의 동의가 없는 임차권의 양도 또는 전대는 양도계약·전대계약의 당사자 사이에서는 유효하지만 임대인은 무단 양도·전대를 이유로 임대차계약을 해지할 수 있다(제629조제2항).

2.210 〈2〉 **임차권 양도의 권리관계** 임대인의 동의 아래 임차권의 양도가 이루어졌다면 양도인(원임차인)은 계약관계에서 벗어나고 임대인과 양수인이 계약당사

57) 대법원 2000. 4. 11. 선고 2000다4517·4524 판결; 대법원 2001. 4. 10. 선고 2000다59050 판결.
58) 대법원 1977. 9. 28. 선고 77다1241·1242 전원합의체판결.

자로 된다. 계약인수[59]의 한 형태이다.

2.211 **〈3〉 전대차의 권리관계** 임대인의 동의 아래 전대차가 이루어졌더라도 임대인과 전대인 사이의 임대차관계는 계속하여 존재하고(제630조제2항) 전대인과 전차인 사이에 새로이 전대차관계가 형성된다. 임대인과 전차인 사이에는 이론상 직접적인 계약관계가 존재하지 않는다. 그런데 민법은 정책상의 이유(전대인에게 투하자본의 조기회수를 인정하는 대신에 임대인·전차인에 대한 보호책 필요)로 특별규정을 두고 있다.

ⓘ **임대인 보호를 위한 규정** 전차인은 직접 임대인에 대하여 의무를 부담하며, 가령 전차인이 전대인에게 차임을 지급했더라도 이것을 가지고 임대인에게 대항할 수 없다(제630조제1항).[60] 임대인과 전차인 사이의 관계에도 불구하고 임대인은 전대인(원임차인)에게 원임대차계약에 따른 권리를 주장할 수 있다(제630조제2항).

보충학습 2.49 | 전대차에서 임대인의 권리행사 방법

A가 甲건물의 소유자 B와 임대차계약을 체결하고(차임: 월 200만원) 얼마 후에 B의 동의를 얻어 甲건물 전체를 C에게 전대했다고(차임: 월 250만원) 가정해 보자. 이때 B는 차임 월 200만원을 C에게 청구할 수도 있고(제630조제1항) A에게 청구할 수도 있다(제630조제2항). B가 C에게 월 250만원을 청구할 수는 없다. B의 C에 대한 권리는 B의 A에 대한 권리를 기초로 하는 것이기 때문이다.

ⓘⓘ **전차인 보호를 위한 규정** 전차인 보호를 위한 규정은 다음과 같다.

ⓐ 전차인의 권리의 불변: 임대인과 임차인의 합의로 임대차를 해지하더라도 전차인의 권리는 소멸하지 않는다(제631조).

ⓑ 해지통고의 전차인에 대한 통지: 임대차가 해지통고로 종료한 경우 임대인이 전차인에게 그 사유를 통지하지 않으면 해지로써 전차인에게 대항하지 못

59) 이에 대해서는 이 책 [2.112] 참조.

60) 그러므로 만약 전차인이 전대인에게 이미 차임을 지급했는데 전대인이 이를 임대인에게 전달하지 않았다면 전차인은 임대인에게 다시 차임을 지급하고 전대인에게 부당이득반환청구권을 행사해야 한다.

한다(제638조제1항). 원임대차가 해지통고로 종료되는 경우는 기간의 약정이 없다든가(제635조), 임대차관계의 일방에게 해지권이 유보되어 있다든가(제636조), 임차인의 파산(제637조)한 때이다. 제638조는 해지통고에 대하여만 규정하고 있으므로 즉시해지(예: 채무불이행으로 인한 해지)에는 적용되지 않는다. 임대인이 전차인에게 해지 사유를 통지하면 전차인에게도 해지의 효력이 미치며 이때에는 제635조제2항이 정하는 기간이 준용된다(제638조제2항).

ⓒ 토지임대차의 전차인의 임대청구권·매수청구권: 건물 소유, 식목 등을 목적으로 한 토지임차인이 그 임차토지를 전대한 경우에 임대차 및 전대차의 기간이 동시에 만료되고 지상물 등이 현존할 때에는 전차인은 임대인에 대하여 전전대차와 동일한 조건으로 임대할 것을 청구할 수 있다(제644조제1항). 임대인이 임대를 원하지 않을 때에는 임대인에게 지상물 등의 매수를 청구할 수 있다(제644조제2항). 제644조는 제643조와 같은 규범구조이다. 제644조는 지상권자가 지상권의 목적인 토지를 임대한 경우에 준용한다(제645조).

ⓓ 건물 등의 전차인의 부속물매수청구권: 건물 등의 임차인이 임대인의 동의를 얻어 임차물을 전대하고 전차인이 임차물 사용의 편익을 위하여 임대인의 동의를 얻어 이에 부속한 물건이 있는 때에는 전대차의 종료시에 임대인에 대하여 그 부속물의 매수를 청구할 수 있다(제647조제1항). 임대인으로부터 매수하였거나 그 동의를 얻어 임차인으로부터 매수한 부속물에 대하여도 마찬가지이다(제647조제2항). 제647조는 제646조와 같은 규범구조이다.

5. 특별법상의 임대차

(1) 「주택임대차보호법」

2.212 현행 민법의 입법자는 전세권을 물권으로 구성하여 서민들의 주거권을 보장해 주고자 했다(전세권은 물권이므로 주택 소유자가 주택의 소유권을 타인에게 양도해도 전세권자는 계속하여 그 주택에서 생활할 수 있음). 그런데 거래상황은 입법자의 의도대로 전개되지 않았다. 주택의 소유자는 전세권 설정을 기피하였고 그 결과 주택임대차는 민법의 임대차계약에 의하게 되었다. 민법상의 건물임대차에는 최단존속기간의 보장도 없고, 건물의 소유자가 변경되면 임차권을 가지고 새로운 소유

자에게 대항할 수도 없다. 게다가 임대차가 전세의 방식으로 이루어지면 임대차 종료시에 다액의 전세금을 회수하는 것도 어려운 일이다. 엄동설한에 악덕 임대인의 횡포로 전세금도 돌려받지 못하고 길바닥으로 내던져진 사람들이 적지 않았다. 이러한 사회문제를 해결하기 위하여 주택임차인 보호를 기본축으로 하는 「주택임대차보호법」이 제정되었다(1981년). 이 법률의 주요 내용을 소개한다.

ⓘ **최단기간의 제한** 주택임대차에 있어서 당사자가 존속기간을 정하지 않았거나 2년 미만으로 정한 때에는 존속기간은 2년으로 본다(법 제4조제1항). 민법과 달리 최단기의 제한을 규정한다.

ⓘⓘ **대 항 력** 주택임대차는 등기가 없어도 임차인이 주택을 인도받고 주민등록을 마치면 그 다음 날부터 제3자에게 대항할 수 있다(법 제3조제1항).

ⓘⓘⓘ **보증금의 회수** 주택임차인이 대항력을 갖추고 임대차계약서에 확정일자를 받으면 「민사집행법」에 의한 경매 또는 「국세징수법」에 의한 공매시 임차주택의 환가대금에서 후순위권리자 기타 채권자보다 우선하여 보증금의 변제를 받을 수 있다(법 제3조의2 제2항). 주택임대인이 금전을 차용하고 채권자에게 저당권을 설정해 주었더라도 만약 임대차계약서의 확정일자가 저당권등기 일자보다 앞선다면 임차주택이 경매되더라도 저당권자에 우선하여 보증금을 반환받을 수 있다.

ⓘⓥ **소액임차인의 특별보호** 보증금이 소액인 임차인의 경우 그 보증금의 일정액에 관하여 선순위 담보권자보다도 우선하여 임차주택(대지 포함) 가액의 1/2의 범위 내에서 배당을 받는다(법 제8조제1항).

ⓥ **임차인의 계약갱신청구권** 임대차기간이 끝나기 6개월 전부터 2개월 전까지의 기간에 임차인이 계약갱신을 요구할 경우 임대인은 정당한 사유(예: 임대인이 해당 주택에 실제 거주하려는 경우) 없이 거절하지 못한다(법 제6조, 제6조의3).

(2) 「상가건물임대차보호법」

2.213 상가건물의 임차인을 보호하기 위하여 「상가건물임대차보호법」이 제정되었다(2001년). 규범체계는 「주택임대차보호법」과 유사하며, 주요 내용은 다음과 같다.

ⓘ **적용범위** 대통령령이 정하는 보증금액을 초과하지 않는 상가건물의 임대차에 적용되며, 대항력 등 일부 규정은 모든 상가건물에 적용된다(법 제2조). 「주택임대차보호법」이 원칙적으로 모든 주택임대차에 적용되는 것과 차이가 있다.

ⓘⓘ 최단기간의 제한 기간의 정함이 없거나 1년 미만으로 정한 때에는 그 기간은 1년으로 간주한다(법 제9조).

ⓘⓘⓘ 대항요건 등기가 없어도 임차인이 건물의 인도와 아울러 사업자등록을 신청하면 제3자에 대하여 대항력을 취득한다(법 제3조).

ⓘⓥ 보증금의 회수 대항요건을 갖추고 관할 세무서장으로부터 임대차계약서상에 확정일자를 받은 임차인은 상가건물의 환가대금(대지 포함)에 대하여 우선변제권을 가진다(법 제5조).

ⓥ 소액임차인의 특별보호 소액임차인의 경우에는 임대건물 가액의 1/2의 범위 안에서 보증금 중 일정한 범위 안에서 최우선변제권이 인정된다(법 제14조).

ⓥⓘ 임차인의 계약갱신청구권 임차인은 10년을 넘지 않는 범위 내에서 계약갱신청구권을 가지며, 임대인은 정당한 사유(예: 임차인이 임차한 건물의 전부 또는 일부를 고의나 중대한 과실로 파손한 경우) 없이 이를 거절하지 못한다(법 제10조).

ⓥⓘⓘ 권리금의 보호 임대인은 신규임차인에 대한 권리금 회수를 방해하지 못하며 위반시 손해배상을 해야 한다(법 제10조의3, 제10조의4).

Ⅶ. 고 용

2.214 〈1〉 개 념 고용은 당사자의 일방이 상대방에 대하여 노무를 제공할 것을 약정하고 상대방이 이에 대하여 보수를 지급할 것을 약정함으로써 성립하는 계약이다(제655조). 고용은 불요식·낙성·쌍무·유상계약이다. 고용은 노무공급계약(계약의 목적이 타인 노무의 사용)에 속하는데, 노무자가 사용자의 지휘·감독에 따라 노무를 제공해야 한다는 점에서 다른 노무공급계약(도급·현상광고·위임·임치)과 구별된다.

민법의 고용에 관한 규정은 사용자와 노무자를 대등한 힘을 가진 당사자(노무자는 재주를 가진 사람, 사용자는 자본을 가진 사람)가 자유로운 합의에 의하여 계약관계를 형성한다는 것을 전제로 한다. 이런 이유로 고용에 관한 규정은 모두 임의규정이다. 그런데 사회현실은 그렇지 않다. 헌법은 근로를 인간의 존엄성에 관한 것으로 보며(헌법 제32조), 이에 따라 다양한 법률이 제정되고 이들 법률은 노동법(예: 「근로기준법」)이라는 영역을 이룬다. 민법의 고용에 관한 규정은 노동법과의 관계에서 일반법의 위치에 있으므로 노동법이 적용되지 않는 경우에 보충적으로 적용된다.

2.215 〈2〉 권리·의무 사용자와 노무자의 주요 권리·의무는 다음과 같다.

ⓘ 노무의 제공 노무자는 고용계약에서 정한 노무를 제공해야 한다. 고용계약은 계속적 계약으로서 전형적인 인적요소 고려계약이다. 즉 사용자와 노무자의 개인적 특성이 계약의 중요요소이다. 그리하여 사용자는 노무자의 동의 없이 채권을 양도할 수 없고(제657조제1항), 노무자는 사용자의 동의 없이 타인에게 자신의 의무를 대신 이행하도록 할 수 없다(제657조제2항).

ⓘⓘ 보수의 지급 고용은 유상·쌍무계약으로서 사용자는 노무제공에 대한 대가로 노무자에게 보수를 지급해야 한다(제655·656조).

2.216 〈3〉 종 료 고용의 종료사유는 다음과 같다.

ⓘ 계약기간의 만료 기간의 만료로 고용계약은 종료한다. 고용기간 만료 후 노무자가 계속하여 노무를 제공하는데 사용자가 상당한 기간 내에 이의를 하지 않으면 전과 동일한 조건으로 계약을 갱신한 것으로 본다(제662조제1항 본문). 그러나 이렇게 갱신된 고용은 기간의 정함이 없는 고용으로서 당사자는 언제든지 해지통고를 할 수 있다(제662조제1항 단서).[61]

ⓘⓘ 해 지 해지의 종류는 다음과 같다.

ⓐ 계약위반으로 인한 해지: 사용자와 노무자는 고용계약의 특성에 따라 노무를 요구하고 제공해야 하는데 이에 위반하면 상대방은 계약을 해지할 수 있다(제657조제3항, 제658조).

ⓑ 부득이한 사유: 고용기간의 약정이 있더라도 부득이한 사유가 있을 때에는 각 당사자는 계약을 해지할 수 있다(제661조 본문). 부득이한 사유란 고용계약을 존속시켜 그 이행을 강제하는 것이 사회통념상 불가능한 경우이다. 고용은 당사자 사이의 특별한 신뢰관계를 전제하므로 고용관계를 유지하는 데 필요한 신뢰관계를 파괴하거나 해치는 사실도 부득이한 사유에 포함되며, 따라서 고용계약상 의무의 중대한 위반도 부득이한 사유에 포함된다.[62] 부득이한 사유가 당

61) 고용의 묵시적 갱신에 관한 제662조는 임대차의 묵시적 갱신에 관한 제639조와 같은 형식이다.
62) 대법원 2004. 2. 27. 선고 2003다51675 판결 등 참조.

사자 일방의 과실로 인하여 생긴 때에는 상대방에 대하여 손해를 배상해야 한다(제661조 단서).

ⅲ **해지통고** 해지통고 사유로 민법은 다음 세 경우를 규정하고 있다.

ⓐ 고용기간이 장기인 경우: 고용의 약정기간이 3년을 넘거나 당사자의 일방 또는 제3자의 종신까지로 된 때에는 각 당사자는 3년을 경과한 후 언제든지 계약해지의 통고를 할 수 있다(제659조제1항). 상대방이 해지의 통고를 받은 날로부터 3개월이 경과하면 해지의 효력이 생긴다(제659조제2항).

ⓑ 고용기간의 약정이 없는 경우: 고용기간의 약정이 없는 때에는 당사자는 언제든지 계약해지의 통고를 할 수 있다(제660조제1항).[63] 상대방이 해지의 통고를 받은 날로부터 1개월이 경과하면 해지의 효력이 생긴다(제660조제2항).

ⓒ 사용자의 파산: 사용자가 파산선고를 받은 때에는 고용기간의 약정이 있는 때에도 노무자 또는 파산관재인은 계약을 해지할 수 있다(제663조제1항).

Ⅷ. 도 급

1. 개 념

2.217 도급이란 당사자 일방(수급인)이 어느 일을 완성할 것을 약정하고 상대방이 그 일의 결과에 대하여 보수를 지급할 것을 약정하는 계약이다(제664조). 도급은 불요식·낙성·쌍무·유상계약이다. 도급은 고용·현상광고·위임·임치와 함께 노무공급계약에 속하는데, 다른 노무공급계약과 비교할 때 도급의 핵심 특질은 수급인의 채무가 '일의 완성'이라는 점이다. 일을 완성하지 못하면 보수를 청구할 수 없다. 도급계약의 목적인 일은 여러 가지 공정을 포함하는 포괄적인 것일 수도 있다.[64]

도급과 관련하여 유의해야 할 개념을 살펴본다.

---

63) 그런데 제660조제1항은 임의규정이므로 해고제한의 특약이 있다면 그 적용을 배제할 수 있다(대법원 2008. 3. 14. 선고 2007다1418 판결 참조).

64) 설계시공일괄입찰(Turn-Key Base) 방식의 공사계약이 그 예이다. 이는 수급인이 도급인이 의욕하는 공사 목적물의 설치목적을 이해한 후 그 설치목적에 맞는 설계도서를 작성하고 이를 토대로 스스로 공사를 시행하며 그 성능을 보장하여 결과적으로 도급인이 의욕한 공사목적을 이루게 해야 하는 계약으로서 그 법적 성질은 도급이다(대법원 1996. 8. 23. 선고 96다16650 판결).

ⓘ **제작물공급계약** 일방이 상대방의 주문에 따라 자기 소유의 재료를 사용하여 제작한 일정한 물건을 공급하고 타방은 이에 대하여 보수를 지급할 것을 약정하는 계약이다. 제작물공급계약은 일면(물건의 제작)에서는 도급계약의 성질을, 다른 면(물건의 공급)에서는 매매계약의 성질을 가지고 있어서 그 성질 결정에 대하여 논의가 있다. 제작물이 대체물인 때에는 매매, 비대체물일 때에는 도급이라고 할 수 있다.[65] 제작물공급계약의 목적물이 대체물인 경우에는 이미 만들어져 있는 물건을 인도해도 아무 상관이 없어 매매의 성질을 가지는 것으로 볼 수 있기 때문이다.

ⓘⓘ **하 도 급** 도급은 일의 완성을 목적으로 하는 것이므로 일을 반드시 수급인 자신이 하지 않고 제3자에게 맡길 수도 있다. 도급인과 약정한 일을 위하여 수급인(원수급인)이 제3자(하수급인)와 체결하는 도급을 하도급이라 한다. 도급인과 하수급인 사이에는 직접적인 법률관계가 없으나 하수급인의 보호와 같은 정책상의 이유로 특별법을 통해 채권관계를 인정하기도 한다.[66]

2. 효 력

(1) 수급인에 대한 효력

2.218 **〈1〉 일의 완성과 완성물 인도의무** 수급인은 일을 완성하고 그 완성물을 도급인에게 인도해야 한다. 완성물 인도의무는 완성물에 대한 사실상의 점유이전과 아울러 완성물에 대한 소유권이전을 포함하는 개념이다. 완성물에 대한 소유권이 이미 도급인에게 있다면 소유권이전은 문제되지 않을 것이다. 완성물에 대한 소유권은 누가 재료의 전부 또는 주요부분을 제공했는가에 따라 달라진다.

---

65) 대법원 2006. 10. 13. 선고 2004다21862 판결 참조.

66) 「하도급거래 공정화에 관한 법률」이 그 예이다. 특별한 사정이 있을 때에는 도급인은 하수급인에게 하도급대금을 직접 지급할 수 있다(법 제14조제1항).

보충학습 2.50 | 완성물에 대한 소유권

완성물에 대한 소유권자 결정 기준에 관하여 학설상 논의가 있다. 이를 정리하면 다음과 같다.

❶ **도급인이 재료의 전부 또는 주요부분을 제공한 경우** 완성물이 동산이든 부동산이든 그 소유권은 도급인에게 귀속한다.67)

❷ **수급인이 재료의 전부 또는 주요부분을 제공한 경우** 이 경우는 다시 두 부류로 구분된다.

ⓐ **도급인을 소유자로 한다는 특약 또는 그렇게 판단할 특별한 사정이 있는 경우** 완성물이 동산인가 부동산인가를 불문하고 도급인에게 소유권이 귀속한다.68)

ⓑ **도급인을 소유자로 한다는 특약 또는 그렇게 판단할 특별한 사정이 없는 경우** 완성물이 동산이든 부동산이든 수급인에게 소유권이 귀속한다는 학설(제1설)과 동산과 부동산을 구분하여 부동산인 경우에는 도급인에게 소유권이 귀속한다는 학설(제2설)이 대립한다. 이 문제의 해결에 있어서 동산과 부동산을 차별하는 합리적인 근거를 찾을 수 없다는 점에서 제1설이 타당하다고 생각한다.

2.219 〈2〉 담보책임 도급도 유상계약이므로 매도인의 담보책임에 관한 규정을 준용할 수 있을 것 같다(제567조). 그런데 도급은 매매와 다른 특성이 있으며 이를 고려하여 민법은 수급인의 담보책임에 관하여는 특별히 규정하고 있다(제667~672조). 매매와 비교할 때 도급계약의 특수성은 무엇인가? 매매에서 목적물의 하자는 매도인의 행위에 의한 것이 아니지만, 수급인이 목적물을 제작하여 도급인에게 공급할 의무를 부담하는 도급에서 완성물에 존재하는 하자는 수급인의 행위에 기인한다는 점을 도급계약의 특수성으로 지적할 수 있다. 이에 따라 매도인의 담보책임의 주된 효과는 대금감액과 해제인 데 반해 수급인의 담보책임의 핵심은 하자보수에 있다.

ⓘ **하자보수·손해배상** 수급인의 담보책임 중 하자보수와 손해배상은 하자의 중요도와 하자보수에 드는 비용에 따라 다음과 같이 나타난다.

---

67) 판례(대법원 1962. 7. 5. 선고 4292민상876 판결; 대법원 1992. 8. 18. 선고 91다25505 판결 등)와 학설 일치.

68) 판례(대법원 1979. 6. 12. 선고 78다1992 판결; 대법원 2010. 1. 28. 선고 2009다66990 판결 등)와 학설 일치. 도급인을 소유자로 판단할 수 있는 특별한 사정으로는, 건축허가명의가 도급인 앞으로 되어 있는 경우, 도급계약의 내용에 도급인이 공사대금을 미지급한 때에는 완성된 건물로 대물변제하기로 하는 경우 등이다. 이들 사정은 완성물에 대한 소유권이 도급인에게 있음을 전제로 한 것이다.

ⓐ **하자가 중요하지 않고 하자보수에 과다한 비용이 드는 경우** 이때에는 하자보수를 청구할 수 없다(제667조제1항 단서). 건물을 신축하면서 수도관을 A회사 제품을 사용하기로 약정했으나 기능상 차이가 없는 B회사 제품을 사용하여 건물이 완성된 경우가 그 예이다. 하자가 중요하지도 않고 또한 건물이 이미 완성된 상태에서 수도관을 교체하기 위해서는 과다한 비용이 들 것이다. 도급인이 하자보수를 청구할 수 없다면 어떻게 구제를 받으라는 것인가? 손해배상으로 해결하라는 것이다. 이때에는 하자보수에 갈음하는 손해배상을 청구할 수 없고 "하자로 인한 손해"의 배상만을 청구할 수 있다.[69] "하자로 인한 손해"란 하자 없이 시공하였을 경우의 목적물의 교환가치와 하자가 있는 현재 상태에서의 교환가치의 차액이다.

ⓑ **하자가 중요하지 않고 하자보수에 과다한 비용이 들지 않는 경우** 이때에는 하자보수와 함께 손해배상을 청구할 수 있다(제667조제2항). 여기에서의 손해배상은 하자보수를 해도 남는 손해에 대한 배상이다.

ⓒ **하자가 중요한 경우** 도급인은 상당한 기간을 정하여 수급인에게 하자보수를 청구할 수 있다(제667조제1항 본문 및 단서의 반대해석). 이때에는 손해배상청구권도 인정되는데 여기에서의 손해배상은 "하자보수에 갈음하는 손해배상"(즉 하자의 보수에 필요한 비용의 배상)이다(제667조제2항). 도급인은 하자보수 또는 손해배상 중 하나를 선택할 수 있다. 이 경우는 하자보수에 과다한 비용이 드는가 여부는 도급인의 권리에 영향을 미치지 않는다.

ⅱ **해 제** 도급인이 완성된 목적물의 하자로 인하여 계약의 목적을 달성할 수 없을 때에는 계약을 해제할 수 있다(제668조 본문). 그러나 건물 기타 공작물에 관하여는 하자로 인하여 계약의 목적을 달성할 수 없더라도 해제할 수 없고(제668조 단서)[70] 하자보수 또는 손해배상으로 해결해야 한다.

ⅲ **담보책임의 경감 및 면제** 목적물의 하자가 도급인이 제공한 재료의 성질 또는 도급인의 지시에 기인한 때에는 수급인은 제667조와 제668조의 담보책임을 지지 않는다(제669조 본문). 그러나 수급인이 그 재료 또는 지시의 부적당

69) 대법원 1997. 2. 25. 선고 96다45436 판결; 대법원 2022. 7. 14. 선고 2022다222881 판결 등 참조.
70) 취지: 이 경우에 해제를 인정하면 수급인에게 과대한 손실을 주고 이미 완성된 건물을 철거하는 것은 사회경제적으로도 과대한 손실이 된다.

함을 알고 도급인에게 고지하지 아니한 때에는 예외이다(제669조 단서). 제667조와 제668조의 담보책임을 지지 않는다는 약정이 있더라도 수급인이 하자를 알고 고지하지 않은 사실에 대해서는 책임을 면하지 못한다(제672조).

ⅳ **담보책임의 존속기간** 담보책임의 존속기간은 원칙적으로 1년이다(제670조). 그런데 토지, 건물 등의 공사에 관해서는 5년 또는 10년, 목적물 멸실·훼손의 경우에는 1년으로 정하고 있다(제671조). 이들 기간은 제척기간이다.[71]

(2) 도급인에 대한 효력

2.220 **〈1〉 보수지급의무** 도급인의 보수지급은 수급인의 완성물 인도와 동시이행관계에 있다(제665조제1항 본문). 보수액 결정 방법은 보수의 총액을 미리 일정한 금액으로 정하는 정액도급과 그 대략만을 정하고 나중에 정산하는 개산도급이 있다.

2.221 **〈2〉 부동산공사 수급인의 저당권설정청구권** 부동산공사의 수급인은 보수채권을 담보하기 위하여 그 부동산(예: 건물신축 공사에서 해당 건물)에 저당권의 설정을 청구할 수 있다(제666조).

보충학습 2.51 | 저당권설정청구권(제666조)의 실효성

제666조가 부동산공사 수급인의 보수채권을 보호하기 위한 것이기는 하나 그 실효성에 대하여 학설은 회의적이다. A가 자기 소유의 토지에 건물의 신축을 내용으로 B와 도급계약을 체결하였다고 해보자. 수급인의 저당권설정청구권이 문제되는 경우는 신축건물의 소유권이 A에게 귀속하는 경우인데, 저당권을 설정하기 위해서는 우선 신축건물에 대하여 도급인 A의 명의로 소유권보존등기를 해야 하는 번거로움이 있다. 또한 저당권의 실행으로 인하여 경락인은 토지를 제외하고 건물에 대한 소유권만을 취득할 뿐이어서 쉽사리 경매가 성사될 가능성도 희박하다. 보다 결정적으로 B로서는 신축건물에 대하여 유치권을 행사하는 것이 훨씬 간편하고 효과적일 것이다.

3. 종 료

2.222 도급은 당사자가 채무를 이행함으로써 종료된다. 민법은 도급에 특유한 종

71) 대법원 2000. 6. 9. 선고 2000다15371 판결; 대법원 2010. 1. 14. 선고 2008다88368 판결 등 참조.

료사유를 규정한다.

ⓘ **완성 전의 도급인의 해제권** 수급인이 일을 완성하기 전에는 도급인은 손해를 배상하고 계약을 해제할 수 있다(제673조). 도급계약 체결 후 해당 일이 도급인에게 더 이상 필요하지 않음에도 불구하고 그 일을 완성하는 것은 무의미하며, 수급인도 손해배상을 받으면 불이익이 없다는 이유이다. 손해에는 수급인이 이미 지출한 비용(예: 재료비, 노동비용 등)뿐만 아니라 일이 완성되었더라면 수급인이 얻을 수 있었을 이익이 포함된다.

ⓘⓘ **도급인의 파산과 해제** 도급인이 파산선고를 받은 때에는 수급인 또는 파산관재인은 계약을 해제할 수 있다(제674조).

Ⅸ. 여행계약

2.223 〈1〉 개 념 여행계약은 일방(여행주최자)이 상대방(여행자)에게 운송·숙박·관광 또는 그 밖의 여행 관련 용역을 결합하여 제공하기로 약정하고 상대방이 그 대금을 지급하는 계약이다(제674조의2). 여행계약은 불요식·낙성·쌍무·유상계약이다. 여행계약에 관한 핵심규정은 모두 여행자를 위한 편면적 강행규정이다(제674조의9). 이는 민법이 여행계약을 소비자 보호의 시각에서 규율하고 있기 때문이다.

2.224 〈2〉 **담보책임** 민법은 여행계약의 특성을 고려하여 여행주최자의 담보책임을 규정하고 있다.

ⓘ **시정청구 또는 대금감액** 여행에 하자가 있는 경우에 여행자는 여행주최자에게 하자의 시정 또는 대금의 감액을 청구할 수 있다(제674조의6 제1항 본문). 다만, 그 시정에 지나치게 많은 비용이 들거나 그 밖에 시정을 합리적으로 기대할 수 없는 경우에는 시정을 청구할 수 없다(제674조의6 제1항 단서). 여행자는 시정청구, 감액청구에 갈음하여 손해배상을 청구하거나 시정청구·감액청구와 함께 손해배상을 청구할 수 있다(제674조의6 제3항).

ⓘⓘ **해 지** 여행에 중대한 하자가 있거나 혹은 그 시정이 이루어지지 아니하거나 계약의 내용에 따른 이행을 기대할 수 없는 경우에는 여행자는 계약

을 해지할 수 있다(제674조의7 제1항). 여행주최자는 계약의 해지로 인하여 필요하게 된 조치를 해야 하며, 계약상 귀환운송 의무가 있으면 여행자를 귀환운송해야 한다(제674조의7 제2항).

ⅲ **존속기간** 여행자는 여행 기간 중에도 담보책임을 묻거나 해지권을 행사할 수 있으며, 이들 권리는 계약으로 정한 여행 종료일부터 6개월 내에 행사해야 한다(제674조의8).

2.225 **〈3〉 해제·해지** 민법은 여행계약에 특유한 해제·해지를 규정하고 있다. 이들 규정은 여행자를 위한 편면적 강행규정이다(제674조의9).

ⅰ **여행 개시 전의 계약 해제** 여행자는 여행을 시작하기 전에는 언제든지 계약을 해제할 수 있으나, 상대방에게 발생한 손해는 배상해야 한다(제674조의3).

ⅱ **부득이한 사유로 인한 계약 해지** 부득이한 사유가 있는 경우에는 각 당사자는 계약을 해지할 수 있다(제674조의4 제1항). 이렇게 계약이 해지된 경우에도 계약상 귀환운송 의무가 있는 여행주최자는 여행자를 귀환운송할 의무가 있다(제674조의4 제2항).

Ⅹ. 현상광고

2.226 현상광고란 광고자가 어느 행위를 한 사람에게 일정한 보수를 지급할 의사를 표시하고, 이에 응한 사람이 그 광고에서 정한 행위를 완료함으로써 성립하는 계약이다(제675조). 현상광고는 지정행위의 완료를 목적으로 하는 점에서 도급과 유사하지만 청약을 불특정다수인에게 한다는 점에 그 특징이 있다.

현상광고를 단독행위로 이해하는 시각이 있으나 굳이 그렇게 관념해야 할 실익도 없으며, 특히 의용민법과 달리 현행 민법은 현상광고를 계약의 한 유형으로 규정하고 있다.[72] 현상광고는 15개의 전형계약 중 유일하게 요물계약이다. 현상광고는 유상계약이지만 편무계약이다.[73]

---

72) 이에 대해서는 명순구, 앞의 책, 『실록 대한민국 민법 3』, 635·636쪽 참조.

73) 이에 대해서는 이 책 [2.140], [2.141] 〈보충학습 2.26〉 참조.

XI. 위 임

2.227 〈1〉 개 념 위임이란 당사자 일방(위임인)이 상대방(수임인)에게 사무의 처리를 위탁하고 상대방이 이를 승낙함으로써 성립하는 계약이다(제680조). 위임에서 수임인은 위임인의 지휘·감독이 아니라 상당한 재량권을 가지고 사무를 수행한다는 점에서 고용과 구별되며, 일의 완성을 목적으로 하지 않는다는 점에서 도급과 구별된다. 위임은 불요식·낙성계약이다. 위임은 위임인이 보수를 지급할 의무를 지는가 여부에 따라 유상·쌍무 또는 무상·편무계약이다.

2.228 〈2〉 수임인의 의무 수임인은 위임의 목적과 사무의 특성에 따라 선량한 관리자의 주의로써 일을 해야 한다(제681조).[74] 위임계약에서 수임자의 개인적 특성은 계약의 중요요소이다. 그러므로 수임인은 위임인의 승낙 또는 부득이한 사유가 없는 한 수임사무를 제3자에게 맡길 수 없다(제682조제1항). 위임인의 승낙 또는 부득이한 사유로 수임사무를 제3자에게 맡긴 때에는, 복대리인 선임의 책임에 관한 제121조, 복대리인의 권한에 관한 제123조를 준용한다(제682조제2항).

민법은 수임인의 부수적 의무에 대하여도 규정한다. 보고의무(제683조), 취득물 인도의무(제684조제1항), 취득권리 이전의무(제684조제2항), 금전소비에 대한 책임(제685조) 등이 그것이다.

2.229 〈3〉 위임인의 의무 위임인은 다음과 같은 의무를 부담한다.

ⅰ **보수지급 의무** 제686조제1항은 "수임인은 특별한 약정이 없으면 위임인에 대하여 보수를 청구하지 못한다"라고 하여 위임의 무상성 원칙을 규정하고 있다. 그러나 위임사무가 수임인의 영업 또는 업무에 관련된 것인 때에는 무보수의 약정이 없는 한 유상위임으로 해석해야 한다.[75] 민법은 보수의 지급시기와 방법에 대해서도 규정한다(제686조제2·3항).

ⅱ **비용선급 의무** 위임사무의 처리에 비용을 요하는 때에는 위임인은 수임인의 청구에 의하여 이를 선급해야 한다(제687조).

---

74) 일반적으로 선관주의의무는 유상계약에 적용된다. 위임계약이 무상인 때에도 수임인에게 선관주의의무를 요구하는 것은 위임계약이 당사자 사이의 신뢰를 기초로 하기 때문이다.

75) 대법원 1993. 2. 12. 선고 92다42941 판결; 대법원 1993. 11. 12. 선고 93다36882 판결 등 참조.

ⅲ **비용상환의무** 수임인이 위임사무의 처리에 관하여 필요비를 지출한 때에는 위임인에 대하여 지출한 날 이후의 이자를 청구할 수 있다(제688조제1항).

ⅳ **채무대변제의무 및 담보제공의무** 수임인이 위임사무의 처리에 필요한 채무를 부담한 때에는 위임인에게 자기에 갈음하여 변제하게 할 수 있고 그 채무가 변제기에 있지 아니한 때에는 상당한 담보를 제공하게 할 수 있다(제688조제2항).

2.230 〈4〉 종 료 위임은 당사자가 채무를 이행함으로써 종료된다. 민법은 위임에 특유한 종료사유를 규정한다.

ⅰ **해지의 자유** 위임의 두드러진 특징이다. 위임은 유상이든 무상이든 당사자 쌍방의 특별한 대인적 신뢰관계를 기초로 하는 것이어서 각 당사자는 언제든지 해지할 수 있다(제689조제1항). 해지로 인하여 상대방이 손해를 입더라도 배상의무를 부담하지 않는 것이 원칙이다.[76] 다만, 상대방이 불리한 시기에 해지한 때에는 그 해지가 부득이한 사유에 의한 것이 아닌 한 손해를 배상해야 하나(제689조제2항) 그 배상의 범위는 위임이 해지되었다는 사실로부터 생기는 손해가 아니라 적당한 시기에 해지되었더라면 입지 아니하였을 손해에 한한다.[77]

ⅱ **사망·파산·성년후견개시** 위임은 당사자 일방의 사망, 파산, 성년후견개시의 심판으로 종료된다(제690조). 이는 위임계약이 당사자의 인적요소가 중요하게 고려되는 법률관계라는 점을 보여주는 것이다.

ⅲ **위임종료시의 긴급처리** 위임종료의 경우에 급박한 사정이 있는 때에는 수임인, 그 상속인이나 법정대리인은 위임인, 그 상속인이나 법정대리인이 위임사무를 처리할 수 있을 때까지 그 사무의 처리를 계속해야 하며 이 경우에는 위임의 존속과 동일한 효력이 있다(제691조).

ⅳ **위임종료의 대항요건** 위임종료의 사유는 이를 상대방에게 통지하거나 상대방이 이를 안 때가 아니면 이로써 상대방에게 대항하지 못한다(제692조).

---

76) 대법원 2005. 11. 24. 선고 2005다39136 판결 참조.

77) 대법원 2000. 6. 9. 선고 98다64202 판결 참조.

XII. 임 치

2.231 **〈1〉 개 념** 임치란 당사자 일방(임치인)이 상대방(수치인)에게 금전이나 유가증권 기타 물건의 보관을 위탁하고 상대방은 보관 후 이를 반환하는 계약이다(제693조). 임치는 노무의 제공이 물건의 보관으로 한정된다는 점에서 위임과 구별되지만, 유사점도 많아 위임에 관한 규정이 폭넓게 준용된다(제701조). 의용민법은 소비대차·사용대차와 함께 임치를 요물계약으로 구성했으나 현행 민법은 낙성계약으로 규정한다. 임치는 유상일 수도 있고 무상일 수도 있다. 쌍무성에 관해서는 유상인 때에는 쌍무, 무상인 때에는 편무라는 학설이 지배적이나, 임치를 낙성계약으로 구성하는 현행 민법에서는 임치가 무상이더라도 쌍무계약으로 보아야 한다.[78]

임치의 특수한 형태로 소비임치와 혼장임치가 있다.

ⓘ **소비임치** 임치물이 임치인의 소유이고 계약기간이 만료되면 그것을 임치인에게 반환하는 일반 임치와 달리, 소비임치란 수치인이 임치물을 소비하고 나중에 임치인에게 동질·동종·동량의 물건으로 반환하는 것이다(예: 예금계약). 소비임치는 소비대차와 유사한 면이 있다. 그리하여 소비임치에는 소비대차에 관한 규정을 준용한다(제702조 본문).

ⓘⓘ **혼장임치** 혼장임치란 수치인이 복수의 임치인으로부터 수취한 같은 종류의 물건을 혼합하여 보관했다가 반환할 때에는 임치한 물건 그 자체가 아니라 임치한 물건과 동종·동질·동량의 물건으로 반환하는 것이다. 혼장임치에서는 수치인이 맡겨진 물건을 다른 임치물과 섞어 보관할 수 있을 뿐이며 수치인에게 소유권이 이전하지는 않으므로 소비임치와 구별된다. 혼장임치는 반환방법에 있어서 일반 임치와 다를 뿐 다른 점에서는 차이가 없다.

2.232 **〈2〉 해 지** 민법은 임치의 해지에 관하여 특칙을 두고 있다.

ⓘ **기간의 약정이 있는 경우** 임치기간의 약정이 있을 때에는 수치인은 부득이한 사유없이 기간만료 전에 계약을 해지하지 못하지만 임치인은 언제든지 계약을 해지할 수 있다(제698조).

---

78) 이에 대해서는 이 책 [2.141] 〈보충학습 2.27〉 참조.

ⅱ **기간의 약정이 없는 경우** 임치기간의 약정이 없을 때에는 각 당사자는 언제든지 계약을 해지할 수 있다(제699조).

2.233 **〈3〉 수치인의 의무** 수치인의 주된 급부는 임치물의 보관과 반환이다.

ⅰ **임치물의 보관** 임치물의 보관과 관련하여 수치인에게 요구되는 주의의무의 정도는 유상이냐 무상이냐에 따라 차이가 있다. 즉 무상인 때에는 "자기재산과 동일한 주의"(제695조: 구체적 과실)를 요구한다. 유상일 때에는 일반원칙에 따라 "선량한 관리자의 주의"(제374조: 추상적 과실) 기준에 의하게 된다. 구체적 과실은 해당 사람의 책임을 경감하는 의미를 가진다.[79]

ⅱ **임치물의 반환** 임치기간이 종료하면 수치인은 임치물을 반환해야 한다. 임치물은 보관한 장소에서 반환하는 것이 원칙이다(제700조).

ⅲ **그 밖의 의무** 위임과 마찬가지로 임치계약에서도 수치인의 개인적 특성이 계약의 중요요소이다. 이에 따라 복임에 관한 제682조를 임치에 준용한다(제701조). 수치인은 임치인의 동의없이 임치물을 사용하지 못한다(제694조). 임치물에 대하여 권리를 주장하는 제3자가 수치인에 대하여 소를 제기하거나 임치물을 압류하면 수치인은 임치인에게 통지해야 한다(제696조). 수임인의 취득물 인도의무(제684조제1항), 취득권리 이전의무(제684조제2항), 금전소비에 대한 책임(제685조)도 준용된다(제701조).

2.234 **〈4〉 임치인의 의무** 임치인의 의무는 다음과 같다.

ⅰ **임치물 인도의무** 임치계약이 성립하면 임치인은 임치물의 인도의무를 부담하는가? 임치인은 언제든지 계약을 해지할 수 있으므로(제698·699조) 인도의무는 인정할 수 없다는 견해 등 여러 학설이 있다.

ⅱ **임치물의 성질·하자로 인한 손해배상 의무** 임치인은 임차물의 성질·하자로 인하여 수치인에게 발생한 손해를 배상해야 한다(제697조).

ⅲ **그 밖의 의무** 위임에 관한 보수지급 의무(제686조), 비용선급 의무(제687조), 비용상환의무(제688조제1항), 채무대변제의무 및 담보제공의무(제688조제2항)는 임치에 준용된다(제701조).

---

79) 구체적 과실을 포함하여 이에 대해서는 이 책 [2.22] 〈보충학습 2.4〉 참조.

XIII. 조 합

1. 개 념

2.235 조합이란 2인 이상이 상호 출자(금전 기타 재산 또는 노무)하여 공동으로 사업을 경영할 것을 약정하는 계약이다(제703조제1항). A·B·C가 각각 3,000만원씩 출자하여 공동으로 식당을 경영하기로 합의했다면 이들 사이에 조합계약이 성립한 것이다. 조합을 합동행위로 이해하는 학설도 있으나, 합동행위의 개념을 인정할 필요는 없다고 본다.[80] 민법도 조합을 계약의 한 유형으로 규정하고 있다. 조합은 불요식·낙성·쌍무·유상계약이다.

조합은 사단법인과 유사한 면이 있다. 양자 모두 단체로서 존재하지만 사단법인과 달리 조합에는 법인격이 인정되지 않는다. 그로 인해 다음과 같은 결과가 된다: ① 사단법인은 구성원(즉 사원)과 별개의 권리능력자이므로 사원이 1인만 남더라도 그 자체가 해산사유는 아니지만, 조합에서는 조합원이 1인으로 되면 조합관계가 종료된다.[81] ② 사단법인에서는 구성원이 아닌 법인 자체가 하나의 권리주체로서 법률관계를 형성하지만, 조합에서는 조합원 하나하나를 중심으로 법률관계를 형성한다. 조합으로 남을 것인가 아니면 주무관청의 허가를 받고 설립등기를 하여 사단법인으로 활동할 것인가는 구성원들의 선택에 달려 있다.

보충학습 2.52 | 비법인사단과 조합의 구별

사단법인과 조합의 구별은 분명하다. 사단법인이 되기 위해서는 설립등기가 있어야 하기 때문이다. 그런데 비법인사단[82]과 조합의 구별은 애매한 점이 없지 않다. 비법인사단과 조합의 구별은 단체성의 강약에 달려 있다. 아래에서 이에 관한 판례를 인용한다.

"조합은 … 어느 정도 단체성에서 오는 제약을 받게 되는 것이지만 구성원의 개인성이 강하게 드러나는 인적 결합체인 데 비하여 비법인사단은 구성원의 개인성과는 별개로 권리의무의 주체가 될 수 있는 독자적 존재로서의 단체적 조직을 가지는 특성이 있다 … 고

80) 이에 대해서는 이 책 [1.41] 〈보충학습 1.6〉 참조.

81) 대법원 1972. 12. 12. 선고 72다1651 판결; 대법원 1997. 10. 14. 선고 95다22511·22528 판결 등 참조.

82) 이에 대해서는 이 책 [1.162] 〈보충학습 1.33〉 참조.

> 유의 목적을 가지고 사단적 성격을 가지는 규약을 만들어 이에 근거하여 의사결정기관 및 집행기관인 대표자를 두는 등의 조직을 갖추고 있고, 기관의 의결이나 업무집행방법이 다수결의 원칙에 의하여 행해지며, 구성원의 가입, 탈퇴 등으로 인한 변경에 관계없이 단체 그 자체가 존속되고, 그 조직에 의하여 대표의 방법, 총회나 이사회 등의 운영, 자본의 구성, 재산의 관리 기타 단체로서의 주요사항이 확정되어 있는 경우에는 비법인사단으로서의 실체를 가진다."[83]

조합에는 법인격이 없으므로 민법은 조합원 개인을 중심으로 법률관계를 규율한다. 그런데 조합의 단체성을 전제로 한 규정도 있다는 점에 유의해야 한다. 조합재산에 대하여 독자성을 인정한다든가(제704·714·715조), 단체로서의 조합의 동일성을 유지하는 것을 전제로 조합원의 탈퇴를 인정한다든가(제716~718조), 청산절차를 정하는 규정(제721~724조)이 그 예이다. 이와 같이 민법은 조합을 복합적인 관념으로 규율하고 있다.

2. 조합의 업무집행

(1) 대내적 업무집행

2.236 **〈1〉 업무집행조합원을 정하지 않은 경우** 조합원의 과반수로써 업무집행에 관한 사항을 결정한다(제706조제2항제1문). 통상사무는 각 조합원이 단독으로 할 수 있다(제706조제3항 본문). 그러나 그 사무의 완료 전에 다른 조합원 또는 다른 업무집행자의 이의가 있다면 즉시 중지해야 한다(제706조제3항 단서).

2.237 **〈2〉 업무집행조합원을 정한 경우** 조합원의 2/3 이상의 찬성으로 업무집행조합원을 선임할 수 있다(제706조제1항). 업무집행자가 수인인 때에는 업무집행은 업무집행조합원의 과반수로써 결정한다(제706조제2항제2문). 통상사무는 각 업무집행자가 단독으로 할 수 있다(제706조제3항 본문). 그러나 그 사무의 완료 전에 다른 업무집행자의 이의가 있다면 즉시 중지해야 한다(제706조제3항 단서). 업무집행자와 다른 조합원 사이에는 위임에 관한 규정(제681~688조)이 준용된다(제707조). 업무집행자인 조합원은 정당한 사유없이 사임하지 못하며 다른 조합원의 일치

83) 대법원 1992. 7. 10. 선고 92다2431 판결.

가 아니면 해임하지 못한다(제708조). 이는 조합의 이익공동체성과 인적 요소성의 반영이다.

(2) 대외적 업무집행

2.238 조합은 법인격이 없으므로 조합의 사무와 관련하여 법률행위를 할 때에는 조합원 전원의 이름으로 해야 한다. 이것은 불편한 일이어서 실제로는 대리의 방법을 이용하는 경우가 많은데 이를 '조합대리'라고 한다. 어느 한 조합원이 한편으로는 다른 조합원을 대리하고 다른 한편으로는 자기 자신의 자격으로 제3자와 법률행위를 하는 것이다.

조합의 업무를 집행하는 조합원은 그 업무집행의 대리권이 있는 것으로 추정한다(제709조). 그리하여 업무집행자가 정해지지 않은 때에는 해당 법률행위를 하는 조합원이, 업무집행자가 정해진 때에는 그 업무집행조합원이 대리권을 가지는 것으로 추정된다.

3. 조합의 재산관계

(1) 조합재산의 귀속형태: 합유

2.239 조합은 권리능력이 없으므로 조합재산을 조합 자체의 소유로 할 수는 없고 조합원의 공동소유로 해야 할 것인데, 민법은 조합원의 조합재산에 대한 공동소유 형태를 합유로 규정한다(제704조, 제271~274조). 이는 소유권 외의 재산권에 준용된다(제278조).

2.240 **〈1〉 합유물의 처분·변경** 합유물의 처분·변경에 관하여 민법은 서로 상충되는 규정을 두고 있다.[84] 제272조는 합유물의 처분·변경에 합유자 전원의 동의를 요구하는 반면 제706조제2항은 조합원의 과반수(업무집행자가 없는 경우) 또는 업무집행자의 과반수(업무집행자가 있는 경우)로 결정하도록 규정한다. 이 두 규정을 조화하기 위하여 여러 학설이 있으나, 다음과 같이 해석하고자 한다: 제272조는 합유물의 처분·변경에 관한 일반규정이다. 따라서 일반적인 합유물의 처분·변경에는 제272조가 적용되나, 그 합유물이 조합재산일 때에는 제706조제2

84) 이 문제는 민법 입법과정에서 발생한 실책이다(명순구, 앞의 책, 『실록 대한민국 민법 3』, 696~699쪽 참조).

항이 적용된다.[85)]

2.241 〈2〉 **합유지분의 처분** 합유자는 합유자 전원의 동의없이 합유물에 대한 지분을 처분하지 못한다(제273조제1항). 합유자 전원이 동의하면 지분을 처분할 수 있는가? 이에 대해서는 학설 다툼이 있는데, 합유지분은 조합원의 지위와 불가분의 관계에 있으므로 조합원의 지위와 분리하여 합유지분만을 따로 처분할 수는 없고 탈퇴의 절차에 의하는 수밖에 없다고 본다.[86)]

(2) 조합재산의 충실화

2.242 공동사업의 경영을 위한 단체로서의 조합의 실체에 부응하기 위해 민법은 조합재산의 유지를 위한 규정을 두고 있다.

ⓘ **지분에 대한 압류의 효력** 조합원의 지분에 대한 압류는 그 조합원의 장래의 이익배당 및 지분의 반환에 관한 권리에 대하여 효력이 있다(제714조). 조합의 존속 중에 압류를 실행하게 되면 조합의 목적인 공동사업의 수행이 어렵게 된다는 점을 고려한 것이다.

ⓘⓘ **조합채무자의 상계의 금지** 조합의 채무자는 그 채무와 조합원에 대한 채권으로 상계하지 못한다(제715조). A·B·C 3인으로 구성된 조합에 대하여 100만원의 채무가 있는 X가 조합원 A에게 100만원의 채권이 있더라도 X는 상계를 할 수 없다.

(3) 조합채무에 대한 책임

2.243 조합의 채무도 모든 조합원에게 합유적으로(준합유) 귀속한다(제278조). 가령 조합이 사업의 운영을 위하여 외부로부터 금전을 빌렸다면 조합원 모두가 공동으로 채무를 부담한다(즉 조합재산으로 책임을 진다). 그런데 조합은 법인격이 없으므로 조합의 채무는 결국 조합원 개인의 채무로 된다(즉 조합원의 개인재산으로 책임을 진다). 이와 같이 조합채무에 대해서는 두 개의 책임(즉 "조합재산에 의한 공동책임"과 "개인재산에 의한 개별책임")이 병존하게 된다.

---

85) 판례도 같은 입장이다(대법원 1998. 3. 13. 선고 95다30345 판결; 대법원 2010. 4. 29. 선고 2007다18911 판결). 그런데 이런 해석이 깔끔하지는 않다. 왜냐하면 합유에 관한 제272조가 민법이 합유로 정하는 조합(제704조)에 적용되지 않아 사실상 적용의 기회를 가지지 못하기 때문이다. 이에 대해서는 이 책 [3.153] 참조.

86) 대법원 2009. 3. 12. 선고 2006다28454 판결 참조.

2.244 **〈1〉 조합재산에 의한 공동책임** 조합의 채권자는 채권 전액에 대해 변제를 청구할 수 있다. 조합원 중 어느 누가 조합에 대하여 채권을 가지는 경우에도 마찬가지이다. X가 A·B·C 3인으로 구성된 조합에 대하여 300만원의 채권이 있다면 A·B·C는 공동으로 책임을 져야 한다.

2.245 **〈2〉 개인재산에 의한 개별책임** 조합채무에 대하여 조합원이 개인재산으로 책임을 질 경우에 조합계약에서 부담비율을 정했다면 그에 따르고, 정하지 않았다면 같은 비율로 채무를 분담한다. 채무의 성질은 분할채무이다(제408조). 부담비율에 관하여 약정이 있더라도 조합채권자는 그 채권발생 당시에 조합원의 손실부담의 비율을 알지 못한 때에는 각 조합원에게 균분하여 그 권리를 행사할 수 있다(제712조). 조합원 중에 변제자력 없는 사람이 있어 변제할 수 없는 부분은 다른 조합원이 균분하여 변제한다(제713조).

(4) 이익과 손실의 분배

2.246 손익분배의 시기와 내용은 조합원 사이의 약정에 따른다. 당사자가 손익분배의 비율을 정하지 않은 때에는 각 조합원의 출자가액에 비례하여 이를 정한다(제711조제1항). 이익 또는 손실 중 어느 하나에 대하여 분배의 비율을 정한 때에는 그 비율은 이익과 손실에 공통된 것으로 추정한다(제711조제2항).

4. 조합원의 탈퇴

2.247 조합원의 탈퇴를 보는 시각으로는 종전의 조합을 해산하고 다시 조합을 결성하는 것(조합의 계약으로서의 성격을 중시하는 시각)과 조합의 동일성을 유지하는 것(조합의 단체로서의 측면을 중시하는 시각)의 두 가지를 생각할 수 있다. 민법은 후자의 입장이다.

2.248 **〈1〉 탈퇴의 종류** 탈퇴에는 임의탈퇴와 비임의탈퇴가 있다.

ⓘ **임의탈퇴** 조합의 존속기간을 정하지 않거나 조합의 존속기간이 종신으로 된 때에는 조합원은 언제든지 탈퇴할 수 있다(제716조제1항 본문). 다만, 부득이한 사유가 없는 한 조합이 불리한 시기에 탈퇴할 수는 없다(제716조제1항 단서). 조합의 존속기간을 정했더라도 부득이한 사유가 있다면 탈퇴할 수 있다(제716조

제2항).

ⓘ **비임의탈퇴** 조합원에게 사망, 파산, 성년후견의 개시 및 제명의 사유가 있게 되면 탈퇴된다(제717조). 사망, 파산, 성년후견의 개시를 탈퇴사유로 한 것은 조합계약이 당사자의 인적 요소가 강조되는 법률관계라는 사실에 기인한 것이다. 조합원의 제명은 정당한 사유가 있는 때(예: 조합원이 출자의무를 이행하지 않음[87])에 한하여 다른 조합원의 전원일치로 결정한다(제718조제1항).

2.249 **〈2〉 탈퇴의 효과** 조합원의 탈퇴가 있더라도 조합은 동일성을 유지하므로 동일성 유지에 반하는 방법(예: 탈퇴한 조합원이 조합재산의 분할을 청구함)으로 권리를 행사할 수는 없다. 이에 따라 탈퇴한 조합원의 지분을 계산하여 환급해 주게 되는데 이를 지분의 계산이라고 한다. 탈퇴 조합원은 잔존 조합원에 대하여 환급채권을 취득하고 지분 계산이 완료되면 잔존 조합원의 지분은 확대되는 결과를 가져온다. 민법은 지분계산의 방법에 대하여 규정한다(제719조).

5. 조합의 종료: 해산 · 청산

2.250 민법은 조합의 단체성을 고려하여 법인과 유사하게 해산·청산 절차를 규정한다.[88] 사단법인에서는 법인의 채권자가 사원 개인에게 책임을 물을 수 없다. 그리하여 사단법인의 해산·청산에서는 법인의 채권자 보호가 중요한 이슈이다. 그러나 조합채권자는 조합원 개인에게도 책임을 물을 수 있으므로 조합의 해산·청산은 조합원들의 재산관계를 정리하는 것이 그 목적이다.

부득이한 사유(예: 경제사정으로 인한 조합 재산상태의 악화, 영업부진 등으로 조합의 목적달성이 곤란한 경우, 조합원 간의 불화·대립으로 조합업무의 원활한 운영을 기대할 수 없는 경우[89])가 있는 때에는 각 조합원은 조합의 해산을 청구할 수 있다(제720조). 조합원 전원의 합의도 해산사유로 볼 수 있다.

조합은 청산이 완료된 때에 소멸한다. 조합이 해산한 때에는 모든 조합원이 공동으로 또는 그들이 선임한 사람(청산인)이 청산사무를 집행한다(제721조제1항).

---

87) 대법원 1997. 7. 25. 선고 96다29816 판결.

88) 법인의 해산·청산에 대해서는 이 책 [1.177], [1.178] 참조.

89) 대법원 1997. 5. 30. 선고 95다4957 판결.

조합의 청산인의 직무 및 권한에 관하여는 법인의 청산인에 관한 제87조를 준용한다(제724조제1항). 잔여재산은 각 조합원의 출자가액에 비례하여 분배한다(제724조제2항).

XIV. 종신정기금

2.251 종신정기금계약이란 당사자 일방(정기금채무자)이 자기, 상대방 또는 제3자의 사망시까지 정기적으로 금전 기타의 물건을 상대방 또는 제3자에게 지급할 것을 내용으로 하는 계약이다(제725조). 90세인 A가 자기 소유의 甲부동산(시가: 1억원)을 B에게 매도하면서 매매대금은 A의 사망시까지 1개월에 100만원씩 지급하기로 약정했다고 가정해 보자. 만약 A가 100개월을 초과하여 생존한다면 B는 시가보다 많은 금액으로 甲을 매수하는 셈이지만, 가령 A가 10개월 후에 사망했다면 B는 시가의 1/10의 가격으로 甲에 대한 소유권을 취득한다. 이와 같이 종신정기금은 사행성이 두드러진 계약이다. 종신정기금은 보험·연금 제도가 발전하기 전에 노후 생계보장의 수단으로 자주 활용되었다. 종신정기금계약은 불요식·낙성·쌍무·유상계약이다.

종신정기금계약은 일정한 원인관계(위 사안에서는 매매계약)를 기초로 그 법률관계에서 발생한 채무이행의 방법으로 이루어진다. 이런 이유에서 종신정기금계약을 유인계약이라고 한다. 따라서 원인관계에 관한 규정도 적용되고 원인관계의 무효·취소는 종신정기금의 효력에 영향을 미친다.

XV. 화 해

2.252 〈1〉 개 념 화해란 당사자가 서로 양보하여 분쟁을 끝낼 것을 내용으로 하는 계약이다(제731조). A(매도인)와 B(매수인) 사이에 매매계약이 체결되었는데 A가 B에게 1,000만원의 매매대금을 청구하자 B는 매매대금이 800만원이라고 주장한다고 가정해 보자. 이때 A·B가 서로 100만원씩 양보하여 매매대금을 900만원으로 합의하고 분쟁을 끝내는 것이 화해이다. 화해계약은 불요식·낙성·유상·쌍무계약이다. 화해는 재판에 의한 분쟁해결에서 오는 시간 낭비와 인간관계

의 파괴를 피할 수 있다는 장점을 가진다. 화해가 성립하기 위해서는 반드시 일정한 다툼이 있어야 하며 서로 양보를 해야 한다. 양보는 불이익을 의미하며 불이익이 있는지 여부는 진실한 권리관계가 아니라 당사자의 주장을 기준으로 판단한다.

2.253 〈2〉 **효 력** 화해계약에 특유한 효력을 보기로 한다.

ⓘ **창설적 효력** 화해계약에 의하여 화해 전의 권리관계는 소멸하고 그 대신 화해계약에 따른 새로운 권리관계가 발생한다(제732조). 화해의 창설적 효력은 화해의 본질 그 자체에 해당한다.

ⓘⓘ **화해와 착오** 화해계약의 체결 과정에 사기·강박이 있었다면 이는 취소사유이다. 그러나 화해계약은 착오를 이유로 취소하지 못한다(제733조 본문). 화해란 당사자가 진실에 반한다는 것을 감수하고 서로 양보하는 것인데, 나중에 밝혀진 사실이 화해의 내용과 다르다고 하여 그것을 고려할 수는 없는 일이기 때문이다.[90] 그런데 화해당사자의 자격 또는 화해의 목적인 분쟁 이외의 사항에 착오가 있는 때에는 취소를 할 수 있다(제733조 단서). "화해의 목적인 분쟁 이외의 사항"이란 분쟁의 대상이 아니라 분쟁의 전제 또는 기초가 된 사항으로서, 쌍방 당사자가 예정한 것이어서 상호 양보의 내용으로 되지 않고 다툼이 없는 사실로 양해된 사항이다.[91]

---

90) 다만, 화해계약이 사기로 인하여 이루어진 경우에는 화해의 목적인 분쟁에 관한 사항에 착오가 있더라도 제110조에 따라 계약을 취소할 수 있다(대법원 2008. 9. 11. 선고 2008다15278 판결 참조).

91) 대법원 1995. 12. 12. 선고 94다22453 판결.

제4장

법정채권

제 1 절 서 설

2.254 이 장에서는 법정채권관계(사무관리, 부당이득, 불법행위)를 살펴본다. 당사자의 의사에 의하여 성립하는 약정채권관계가 적극적인 방향에서 사전적으로 이익관계를 형성하는 기능을 한다면(계약을 체결하여 앞으로의 재산관리계획을 세우는 것을 생각해 보라), 법정채권관계는 일정한 사실로 인하여 발생된 잘못된 재산귀속관계를 사후적으로 정리하는 기능을 한다(타인의 물건을 훼손한 경우에 불법행위가 성립하여 손해배상을 하는 것은 잘못된 재산질서를 조정하기 위한 것임을 생각해 보라).

제 2 절 사무관리

Ⅰ. 의 의

2.255 사무관리란 어떤 사람(즉 관리자)이 법률상 의무 없이 타인(즉 본인)의 사무를 처리하는 행위이다(제734조제1항). A가 길에 쓰러져 있었는데 지나가던 B가 A를 택시에 태워 병원으로 이송했다면 B의 행위는 사무관리에 해당한다. B가 A를 도와주는 과정에서 비용(택시비, 의료비)을 지출했다면 B에게 비용상환청구권 등을 인정할 필요가 있다. 이때 A·B 사이의 법률관계는 당사자의 의사와 무관한 것이어서(즉 B가 채권을 취득할 목적으로 A를 도와준 것이 아님) 사무관리는 법정채권관계이다. 본인은 관리자에 대하여 보수지급의무를 지지 않으나, 보수의 명목으로 본인이 관리인에게 일정한 이익을 주었다면 그 반환청구가 부정될 가능성이 있다. 도의관념에 적합한 변제(제744조)에 해당할 수 있기 때문이다.

Ⅱ. 성립요건

2.256 사무관리의 성립요건을 살펴본다.

ⓘ **타인의 사무일 것** 자기의 사무가 아닌 타인의 사무여야 한다. 사무란 사람의 생활에 있어서 이익이 되는 모든 행위이다. 사무는 사실행위일 수도 있고(예: 타인 소유 물건을 직접 수리하는 행위) 법률행위일 수도 있다(예: 타인 소유 물건을 수리하기 위하여 도급계약을 체결하는 행위). 이 요건은 객관적인 것이어서, 가령 자기의 사무를 타인의 사무로 오신했더라도 사무관리가 될 수 없다(소위 '오신사무관리'의 문제).

ⓘⓘ **법적 의무가 없을 것** 타인의 사무를 관리하는 데 대하여 법적 의무가 없어야 한다. 이 요건 또한 객관적인 것이어서 의무가 있는데 없다고 오신했더라도 사무관리가 성립할 수 없다.

ⓘⓘⓘ **타인을 위하여 사무를 처리한다는 의사가 있을 것** 관리의 결과로 발생하는 사실상의 이익을 타인에게 귀속시키려는 의사가 있어야 한다(이를 '관리의사'라 함).

ⓘⓥ **본인의 의사에 반하거나 불리함이 명백하지 않을 것** 타인의 사무에 간섭하는 것은 위법 판단을 받을 가능성이 있다. 이 요건은 사무관리가 위법하지 않고 적법행위로 되기 위한 조건이다. 제737조 단서("관리의 계속이 본인의 의사에 반하거나 본인에게 불리함이 명백한 때에는 관리행위를 중지해야 한다")도 이 요건의 표현이다. 제739조제3항("관리자가 본인의 의사에 반하여 관리한 때에는 본인의 현존이익의 한도에서 비용상환청구권이 있다")은 본인의 의사에 반하더라도 사무관리가 성립할 수 있음을 전제하고 있다. 그런데 이 규정은 해당 사무가 본인의 의사에 반하는지가 명백하지 않은 경우이며, 본인의 의사에 명백하게 반한다면 사무관리가 성립하지 않는다.

Ⅲ. 효 과

1. 관리자의 의무

2.257 **〈1〉 관리의 방법** 관리자는 사무의 성질에 좇아 객관적으로 본인에게 가장 이익이 되는 방법으로 사무를 처리해야 한다(제734조제1항). 그런데 만약 관리자가 본인의 의사를 알거나 알 수 있을 때에는 그의 의사에 적합하도록 해야 한

다(제734조제2항). 해당 사무는 원래 본인의 사무이므로 그의 의사가 가장 중요한 것이기 때문이다.

2.258 〈2〉 손해배상 관리인이 제734조제1·2항에 위반하여 관리함으로써 본인에게 손해가 발생했다면 과실이 없더라도 관리인은 손해를 배상해야 한다(제734조제3항 본문). 손해의 발생 자체에 대하여 과실이 없더라도 관리 방법에 어긋났다는 사실을 귀책의 근거로 보는 것이다.[1)] 그러나 다음의 경우에는 관리자의 책임이 경감된다.

ⓘ **공익사무관리** 관리자가 관리 방법에 위반했더라도 그 행위가 공공의 이익에 적합한 때에는 중과실이 있을 때에만 손해배상책임을 진다(제734조제3항 단서).

ⓘⓘ **긴급사무관리** 관리자가 타인의 생명·신체·명예 또는 재산에 대한 급박한 위해를 면하게 하기 위하여 그 사무를 관리한 때에는 고의나 중과실이 없으면 이로 인한 손해를 배상할 책임이 없다(제735조).

2.259 〈3〉 기 타 그 밖에 관리인의 의무를 본다.

ⓘ **관리개시통지의무** 관리자가 관리를 개시한 때에는 지체없이 본인에게 통지해야 한다(제736조).

ⓘⓘ **관리계속의무** 관리자는 본인 등이 그 사무를 관리할 때까지 관리를 계속해야 한다(제737조 본문). 관리인이 관리행위를 개시함으로써 다른 사람이 관리할 수 있는 기회를 가져간 것이라는 점을 고려한 규정이다. 그러나 관리의 계속이 본인의 의사에 반하거나 본인에게 불리함이 명백한 때에는 관리행위를 그쳐야 한다(제737조 단서).

ⓘⓘⓘ **수임인에 준하는 의무** 위임에 관한 규정(제683~685조)은 사무관리에 준용된다(제738조).

2. 본인의 의무

2.260 〈1〉 비용상환의무 사무관리의 본인에 대한 주된 효과로서 그 내용은 다

1) 이 법기술은 제392조 본문(이행지체에 있는 채무자는 과실이 없어도 손해배상책임 부담)과 유사하다.

음과 같다.

ⓘ **필요비·유익비의 상환청구권** 관리자가 본인을 위하여 지출한 필요비·유익비의 상환을 청구할 수 있다(제739조제1항).

ⓘⓘ **채무대변제의무 및 담보제공의무** 위임에 관한 규정(제688조제2항)을 준용한다(제739조제2항).

ⓘⓘⓘ **비용상환의무 경감** 관리자가 본인의 의사에 반하여 관리한 경우에 본인의 비용상환의무는 현존이익의 한도로 경감된다(제739조제3항). 이 규정은 해당 사무가 본인의 의사에 반하는지가 명백하지 않았던 경우에 적용된다. 해당 사무가 본인의 의사에 반하는 것이 명백했다면 사무관리 자체가 성립하지 않기 때문이다.

2.261 **〈2〉 손해보상의무** 사무관리 과정에서 과실없이 손해를 입었다면 관리자는 본인의 현존이익의 한도에서 손해의 보상을 청구할 수 있다(제740조). A는 폭우로 훼손될 염려가 있는 B 소유의 주택(甲)을 긴급하게 수리하는 과정에서 부상을 당했다(A는 자신의 부상에 대하여 무과실, 치료비는 100만원). A의 노력에도 불구하고 수리 부분이 모두 빗물에 떠내려갔다면 B에게는 현존이익이 없어 A는 B에게 손해의 보상을 청구할 수 없다.

제3절 부당이득

Ⅰ. 의　의

2.262 누가 이득을 취했다면 그에 상응한 원인이 있어야 한다. 가령 A가 B로부터 100만원을 받았다면 A의 B에 대한 급부의 대가(예: A가 매매계약에서 매도인의 지위), B의 A에 대한 시혜의 의사(예: A가 증여계약에서 수증자의 지위), A·B 간의 친족관계(예: A가 부양관계에서 피부양자의 지위) 등 무슨 근거가 있어야 한다. 이득을 정당화하는 근거를 보통 '법률상의 원인'이라고 한다. 법률상의 원인이 없는 이득을 부당

이득이라고 하며 부당이득의 법률효과는 반환청구권의 발생이다(제741조: "법률상 원인 없이 타인의 재산 또는 노무로 인하여 이익을 얻고 이로 인하여 타인에게 손해를 가한 자는 그 이익을 반환하여야 한다"). 손실자와 이득자 사이의 법률관계는 당사자의 의사와 무관한 것이어서(즉 이득자는 손실자에게 반환하기 위하여 이득을 취한 것이 아님) 부당이득은 법정채권관계이다.

부당이득법은 법제마다 상당한 차이가 있으며 매우 난해한 분야이다. 부당이득법은 법률관계 당사자 간의 이익조정에 관한 최후의 법리인데,[2] 이러한 이유로 하여 부당이득법은 민법의 모든 법질서와 복잡한 관련을 가지기 때문이다.

Ⅱ. 성립요건

2.263 부당이득의 성립요건은 다음과 같다: ① 타인의 재산 또는 노무에 의하여 이익을 얻었을 것(수익); ② 타인에게 손실을 입혔을 것(손실); ③ 수익과 손실 사이에 인과관계가 있을 것(수익·손실 사이의 인과관계); ④ 법률상의 원인이 없을 것(법률상 원인의 부존재).

1. 수 익

2.264 수익은 적극적 이득(이득자의 재산의 증가)일 수도 있고 소극적 이득(당연히 발생했어야 할 재산의 감소를 면하는 경우)일 수도 있다. 채권도 물권과 마찬가지로 재산권의 하나이므로 수익이 된다.[3] 수익을 다음 두 유형으로 구분하기도 한다.

ⓘ **급부부당이득** 이득이 손실자의 의식적·목적적 행위에 의한 경우(예: 무효인 계약의 이행으로 물건을 인도한 경우)이다.

ⓘⓘ **침해부당이득** 급부부당이득 외에 재산적 이익이 재산귀속 질서(물권·채권 등)에 반하여 이루어지는 경우이다. 침해부당이득은 수익자 자신의 행위에 의하여(예: 수익자가 권원 없이 타인의 물건을 사용한 경우), 손실자의 행위에 의하여(예:

2) 예컨대, A의 행위로 인하여 B가 손해를 입었는데 A에게 과실이 없다면 B는 A에게 불법행위로 인한 손해배상을 청구할 수 없다. 그러나 만약 A의 행위가 부당이득의 요건을 충족한다면 B는 A에게 부당이득반환청구권을 행사할 수 있다. 귀책사유는 부당이득의 요건이 아니기 때문이다.

3) 대법원 1984. 2. 14. 선고 83다카1645 판결; 대법원 1995. 12. 5. 선고 95다22061 판결 등 참조.

손실자가 수익자 소유의 물건에 필요비 등의 비용을 지출한 경우[4]), 제3자의 행위에 의하여(예: A 소유의 소를 보관하는 C가 B 소유의 초지에 들어가 풀을 뜯도록 한 경우 A의 이득은 제3자 C의 행위에 의한 것) 발생할 수 있다.

2. 손　　실

2.265 부당이득이 성립하기 위해서는 손실(재산적 불이익)이 있어야 한다. 가령 A 소유의 甲토지가 주위 토지의 개발로 가치가 상승했다면 A에게 이득은 있으나 누구에게 손실은 없으므로 부당이득이 성립하지 않는다. 손실은 적극적인 것(기존 재산의 감소)과 소극적인 것(증가하였을 이익의 상실)을 모두 포함한다. 급부부당이득에서의 손실은 수익자의 이득에 의하여 반사적·자동적으로 발생한다(예: 무효인 계약의 이행으로 물건을 인도한 경우 일방의 손실은 곧 타방의 이득). 손실은 반드시 현실적일 필요는 없다. 가령 A가 놀리고 있는 땅을 B가 C에게 임대하여 차임을 취득했다면 A에게 현실적 손실은 없지만 A는 B에게 부당이득반환청구를 할 수 있다.[5] 손실은 사회통념상 손실자가 해당 재산으로부터 수익할 수 있을 것으로 예상되는 이익 상당액이다.[6]

3. 수익·손실 사이의 인과관계

2.266 급부부당이득에서는 수익과 손실이 표리일체의 관계에 있어서 수익·손실 사이의 인과관계를 쉽게 판단할 수 있다. 그런데 침해부당이득에서는 사정이 달라 인과관계의 판단이 모호한 경우도 있다. 예컨대, 소위 '편취금에 의한 변제'(A가 B의 금전을 편취하여 C에 대한 채무를 변제)의 경우가 그러하다. 판례는 소위 '사회관념상의 인과관계론'의 개념을 도입하여 B의 손실과 C의 수익 사이에 인과관계가 존재한다고 판단한다.[7]

---

4) 비용상환청구권은 부당이득의 본질을 가지는 것이다.

5) 대법원 1998. 5. 8. 선고 98다2389 판결.

6) 대법원 2014. 7. 16. 선고 2011다76402 전원합의체판결.

7) 대법원 2003. 6. 13. 선고 2003다8862 판결; 대법원 2008. 3. 13. 선고 2006다53733·53740 판결 등 참조.

보충학습 2.53 | 전용물소권(*action de in rem verso*)의 문제

전용물소권이란 계약상의 급부가 제3자의 이득으로 된 경우에 계약당사자 일방이 직접 제3자에게 부당이득반환청구권을 행사하는 것이다. 판례는 전용물소권을 인정하지 않는다.

A는 임대차계약에 의하여 B에게 甲물건을 인도하였다; B는 C와 甲의 수리를 내용으로 하는 계약을 체결하고 甲을 C에게 인도하였다; C의 수리에 의하여 甲의 가치가 증가하였다. 이 경우에 점유자 C가 소유자 A에게 제203조를 원용하여 비용상환을 청구할 수 있겠는가?

이에 대해서는 대법원은 다음과 같은 취지로 판시하고 있다: 유효한 계약에 기하여 C가 B로부터 제3자(A) 소유 물건의 점유를 이전받아 이를 수리한 결과 그 물건의 가치가 증가한 경우, B가 그 물건을 간접점유하면서 궁극적으로 자신의 계산으로 비용지출과정을 관리한 것이므로, B만이 소유자에 대한 관계에 있어서 제203조에 의한 비용상환청구권[8]을 행사할 수 있는 비용지출자라고 할 것이고, C는 그러한 비용지출자에 해당하지 않는다.[9] C는 그의 계약상대방인 B에 대하여 계약상의 반대급부를 청구하는 방식으로 법률관계를 정리해야 한다는 것이다. 만약 C가 제3자인 A에 대하여 직접 비용상환을 청구할 수 있다고 하면 자기 책임하에 체결된 계약에 따른 위험을 제3자에게 전가시키는 것이 되어 계약법의 기본원리에 반하고, C가 B의 일반채권자에 비하여 우대받는 결과가 되어 일반채권자의 이익을 해치며, A가 계약상대방인 B에 대하여 가지는 항변권 등을 침해하게 되어 부당하기 때문이다.

4. 법률상 원인의 부존재

2.267 이것은 수익을 정당화하는 원인이 존재하지 않아야 한다는 요건이다. 두 가지 유형으로 구분하여 설명해 본다.

ⓘ **급부부당이득** 이득이 손실자의 의식적·목적적 행위(즉 급부)에 의한 경우(예: 무효인 계약의 이행으로 물건을 인도한 경우)이다. 손실자가 이득자와의 사이에 이익의 근거가 되는 법률관계가 유효하게 존재한다고 믿었으나(표현적 법률관계) 실제로는 존재하는 않는 경우이다. 표현적 법률관계는 채권, 물권, 친족권(양자로서 부양하였으나 입양이 무효인 경우), 상속권, 지식재산권 등 다양하다. 불법행위(불법행위에 기하여 손해배상을 했으나 실제로는 불법행위가 아닌 경우) 또는 부당이득(부당이득으

---

8) 이에 대해서는 이 책 [3.92] 참조.

9) 대법원 2002. 8. 23. 선고 99다66564·66571 판결 등 참조.

로 반환했는데 실제로는 부당이득이 아닌 경우), 사무관리(사무관리로 생각하고 비용을 상환했으나 실제로는 사무관리가 아닌 경우)도 표현적 법률관계로 될 수 있다.

ⅱ **침해부당이득** 침해부당이득(예: 타인 소유의 건물을 무단으로 사용하는 경우)의 경우에는 표현적 법률관계가 존재하지 않는다. 여기에서 법률상의 원인이 없다는 것은 재산의 귀속이 무권리자에게 이득이 되는 방향으로 실현되는 것을 의미한다.

보충학습 2.54 | "법률상 원인의 부존재" 요건의 확장

법률상 원인이 없어야 한다는 요건은 위의 두 유형 외의 다양한 사안에서 기능한다. 앞에서 '편취금에 의한 변제'(A가 B의 금전을 편취하여 C에 대한 채무를 변제)의 경우에 '사회관념상의 인과관계론'에 따라 수익·손실 사이의 인과관계를 인정할 수 있다고 설명했다. 그런데 이 사안을 법률상 원인이 없어야 한다는 요건의 시각에서 바라보자. A가 B의 금전을 편취하여 C에게 지급한 행위는 A·C 사이에서는 A가 C에 대하여 채무를 이행한 것이다. C는 A의 채권자이므로 그의 수익은 법률상 원인이 있는 것 아닌가? 만약 그렇다면 B는 C에 대하여 부당이득반환청구를 할 수 없고 A와의 관계에서 법률관계를 정리해야 하는 것 아닌가?

이에 대하여 판례는 C가 A의 편취 사실에 대하여 악의 또는 중대한 과실이 있다면 법률상의 원인이 없는 것으로 판단하고 있다(경과실의 경우에는 법률상의 원인이 결여된 것으로 보지 않음).[10] 이와 같이 "법률상 원인의 부존재"라는 요건은 부당이득 요건 판단에 있어서 매우 광범위한 기능을 수행한다.

Ⅲ. 효　과

1. 반환의 방법

2.268 수익자가 받은 목적물 그 자체를 반환해야 한다(원물반환의 원칙). 그러나 수익자가 그 받은 목적물을 반환할 수 없을 때에는 그 가액을 반환한다(제747조제1항). 가액은 특별한 사정이 없는 한 그 목적물의 처분 당시의 대가이다.[11] 수익자가 무자력인 경우에 손실자 보호를 위한 특칙이 있다. 즉 수익자가 그 이익을 반환

10) 대법원 2003. 6. 13. 선고 2003다8862 판결.

11) 대법원 1965. 4. 27. 선고 65다181 판결; 대법원 1995. 5. 12. 선고 94다25551 판결 등 참조.

할 수 없는 경우에 수익자로부터 부당이득반환의 목적물을 무상으로 양수한 악의의 제3자는 수익자와 같은 수준에서 반환할 책임이 있다(제747조제2항). 그리하여 부당이득채권자(즉 손실자)는 직접 이득자에게 가액반환을 청구할 수도 있고 악의의 무상양수인에게 원물의 반환을 청구할 수도 있다.

2. 반환의 범위

2.269 선의의 수익자는 그 받은 이익이 현존하는 한도에서 반환책임이 있다(제748조제1항). 선의란 수익에 법률상의 원인이 없다는 것을 알지 못하는 것으로 과실의 유무는 묻지 않는다.[12] 악의의 수익자는 그 받은 이익에 이자를 붙여 반환하고 손해가 있으면 이를 배상해야 한다(제748조제2항). 수익자가 이익을 받은 후 법률상 원인 없음을 안 때에는 그때부터 악의의 수익자로서 이익반환의 책임이 있다(제749조제1항). 선의의 수익자가 패소한 때에는 그 소를 제기한 때부터 악의의 수익자로 본다(제749조제2항).

부당이득의 반환은 손실을 한도로 한다. 즉 손실이 이득보다 크다면 이득의 범위 내에서 반환하고, 손실이 이득보다 적다면 손실의 범위 내에서 반환한다. 그러므로 이득자의 비범한 재능으로 손실자의 손실을 초과하는 이득(이를 '운용이익'이라고 함)을 얻었다면 손실의 범위 내에서 반환하면 된다.[13]

Ⅳ. 부당이득에 관한 특칙

2.270 제742~746조는 부당이득에 관한 특칙을 정하고 있다. 이 중 제742~745조는 변제할 의무가 없는데 변제를 한 경우(비채변제)에 관한 것이고, 제746조는 불법원인급여에 관한 것이다.

---

12) 대법원 1993. 2. 26. 선고 92다48635·48642 판결.

13) 대법원 1995. 5. 12. 선고 94다25551 판결; 대법원 1981. 8. 11. 선고 80다2885·2886 판결 등 참조.

1. 비채변제

2.271 비채변제는 반환청구의 대상이 되는 것이 원칙이다(제741조). 그런데 민법은 반환청구가 부인되는 경우를 규정하고 있다.

ⓘ **악의의 비채변제** 채무가 없음을 알고 변제를 했다면 그 반환을 청구하지 못한다(제742조). 채무가 없음을 알면서도 자유의사로 급부를 했다면 시혜의 의사에 의한 급부로 보는 것이다. 자신에게는 채무가 없음을 알면서 타인을 위해 변제했다면 이는 제3자에 의한 변제(제469조)[14]로서 제742조의 문제와는 차이가 있다.

ⓘⓘ **변제기 전의 변제** 변제기에 있지 아니한 채무를 변제한 때에는 그 반환을 청구하지 못한다(제743조 본문). 이것은 변제기 전의 변제가 유효하다는 규정(제468조)[15]과 표리관계에 있는 규정이다. 변제기 전이라는 사실을 알면서 변제했다면 기한의 이익을 포기한 것으로 보는 것이다. 그러나 채무자가 착오로 변제한 때에는 채권자는 이로 인하여 얻은 이익을 반환해야 한다(제743조 단서).

ⓘⓘⓘ **도의관념에 적합한 비채변제** 어떤 급부가 도의관념에는 적합하더라도 법적 의무가 없는 것이라면 부당이득으로서 반환되는 것이 원칙이다. 그런데 그 반환청구를 인정하지 않는다(제744조). 이는 입법적 결단으로 도의규범이 법규범으로 유입된 예에 해당한다.

ⓘⓥ **타인채무의 변제** 채무자가 아닌 사람이 착오로 다른 사람의 채무를 변제했다면 그것은 제3자에 의한 변제(제469조)에 해당하지 않는 한 부당이득으로서 반환의 대상이 된다. 그런데 그것은 변제를 한 사람의 사정일 뿐 변제를 받은 채권자의 입장에서는 그것을 유효한 변제로 믿고 채권증서를 없애는 등의 행위를 할 수 있다. 그리하여 민법은 타인의 채무를 변제한 경우에 채권자가 선의로 증서를 훼멸하거나 담보를 포기하거나 시효로 인하여 그 채권을 잃은 때에는 변제자는 그 반환을 청구하지 못하도록 한다(제745조제1항). 물론 이때 변제자는 채무자에 대하여 구상권을 행사할 수 있다(제745조제2항).

---

14) 이에 대해서는 이 책 [2.82] 참조.
15) 이에 대해서는 이 책 [2.81] 참조.

2. 불법원인급여

2.272 〈1〉 개 념 불법원인을 내용으로 하는 법률행위에 기하여 급부가 이루어졌다면(예: 내연계약의 대가로 이익 제공) 이는 무효이고(제103조), 따라서 전형적인 급부부당이득에 해당한다. 그런데 민법은 불법의 원인으로 인한 이익의 반환을 청구하지 못한다고 규정한다(제746조는 본문). 이 규정은 불법원인급여는 법의 보호대상이 아니니 그런 행위를 하지 말라는 취지이다.

2.273 〈2〉 역기능과 그 완화책 제746조 본문의 역기능도 결코 가볍지 않다. 불법원인으로 형성된 재산관계를 고정시키는 결과가 되기 때문이다. 이러한 역기능을 완화하기 위한 노력이 있다.

ⓘ 제746조 단서 불법원인이 수익자에게만 있는 때에는 반환청구를 인정한다. 그런데 불법원인이 오직 수익자에게만 있는 경우가 그리 흔치는 않아 이 규정에는 한계가 있다.

ⓘⓘ 불법성비교이론 제746조 단서의 한계를 보충하기 위하여 나온 이론이다. 급여자에게 불법성이 있기는 하지만 그의 불법성에 비해 수익자의 불법성이 크다면 제746조 단서를 유추적용하자는 것이다.16)

제 4 절 불법행위

Ⅰ. 총 설

2.274 〈1〉 책임체계의 구조 타인에게 손해를 끼친 경우에 이를 배상하는 문제가 발생하는데, 이를 '책임'(liability, responsabilté, Haftung)이라 한다. 책임은 계약책임(계약위반으로 인하여 발생하는 손해배상)과 계약외책임(계약관계 없는 사람들 사이에서 발생하는 손해배상)의 두 유형이 있다. 계약외책임은 다시 불법행위책임과 위험책

16) 대법원 1993. 12. 10. 선고 93다12947 판결; 대법원 2007. 2. 15. 선고 2004다50426 전원합의체 판결 등 참조.

임으로 구분된다. 계약책임(제390조 이하)과 불법행위책임(제750조 이하)에 대해서는 민법이 체계적으로 규율하고 있으나 위험책임에 대해서는 특별법(예: 「원자력손해배상법」, 「자동차손해배상보장법」 등)이 규율하고 있다.

보충학습 2.55 | 책임체계의 분류

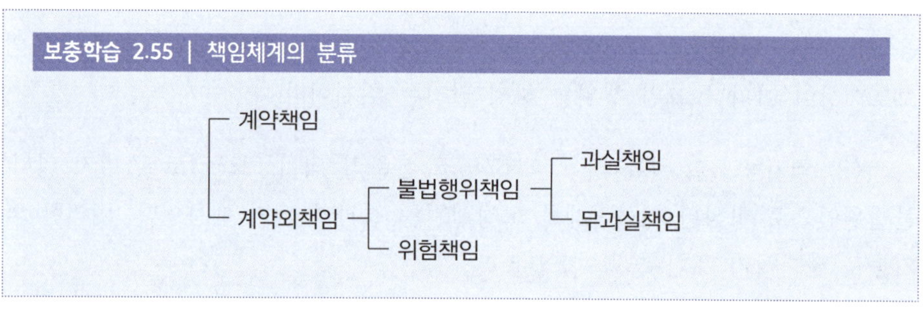

2.275 **〈2〉 계약외책임의 체계** 계약외책임 중 불법행위책임은 위법한 행위로 타인에게 손해를 끼친 경우인 데 반해, 위험책임에서는 위법성이 문제되지 않는다는 점에서 큰 차이를 가진다(위험책임에서는 귀책사유도 책임요건이 아님). 위험책임이 적용되는 위험원(예: 자동차, 비행기, 원자로 등)은 그 자체가 매우 큰 사회적 위험을 내포하고 있지만 다른 한편으로는 사회적 효용도 막대하다. 위험원을 가동·운영하는 행위는 위법행위가 아닌 적법행위이다. 그런데 해당 위험원에 잠재하던 위험이 현실화되어 타인에게 손해를 일으키면 위험원의 지배자(위험원으로부터 직접적 이익을 얻는 사람)가 책임을 지도록 한다.

불법행위책임에는 과실책임과 무과실책임이 있는데, 두 경우 모두 위법행위라는 점은 공통되지만 후자에서는 귀책사유가 요구되지 않는다. 과실책임 영역에서는 과실이 없다면 타인에게 손해를 끼치더라도 아무런 책임이 없다. 쉽게 말해, 나만 잘 하면 되는 것이다. 그런데 위험책임과 무과실책임의 영역에서는 과실없이 행동했다는 것만으로는 면책되지 않는다. 이러한 책임의 확대는 피해자 보호에는 유리하나 특히 기업에는 큰 부담으로(가령 기업에서 근로자가 근무 중 입은 손해에 대하여 경영자에게 과실이 없더라도 배상책임이 인정되므로) 작용한다. 이러한 상황을 보정하기 위해서 특별한 제도가 요구되는데, 피해자의 배상에 대비한 펀드 조성, 보험 등이 그것이다.

2.276 〈3〉 **형사책임과의 구별** 민사책임과 형사책임은 별개이다. 가령 살인행위는 민사책임(손해배상)과 동시에 형사책임(형벌)의 대상이지만, 양 책임의 성립이 언제나 일치하는 것은 아니다. 민사책임을 부담했다고 하여 형사책임을 면하는 것도 아니다.17) 민사책임은 손해가 있어야 성립하지만 형사책임은 손해가 없더라도 성립할 수 있다(예: 미수범을 처벌하는 경우). 개인의 행위에 대한 비난을 목적으로 하는 형사책임에서는 고의범만을 처벌하는 것이 원칙이나, 손해의 전보를 목적으로 하는 민사책임에서는 원칙적으로(예외로는 제765조제1항) 고의와 과실을 차별하지 않는다.

2.277 〈4〉 **논의의 체계** 아래에서는 계약외책임 중 민법이 정하는 불법행위책임을 다루기로 한다. 불법행위 책임의 원칙적인 모습으로서 제750조를 설명하고, 다른 유형의 책임(제755·756·758·759·760조)을 특수불법행위로 묶어 설명한다.

Ⅱ. 성립요건

1. 손 해

2.278 〈1〉 **손해의 발생** 피해자에게 손해가 있어야 한다. 아무리 위법·유책한 가해행위가 있더라도 손해가 없으면 민사책임은 발생하지 않는다. 손해의 발생에 대한 증명책임은 피해자가 부담한다.

2.279 〈2〉 **가해·손해 사이의 인과관계** 가해행위와 손해 사이에 인과관계가 있어야 한다. 여기에서의 인과관계는 사회적·법적 인과관계로서 반드시 자연과학적으로 명백히 증명되어야 할 것은 아니다.18)

2. 위 법 성

2.280 〈1〉 **위법성의 개념** 제750조는 불법행위 성립요건으로 위법성을 요구한

---

17) 경찰관이 범인을 제압하는 과정에서 총기를 사용하여 범인을 사망에 이르게 한 경우 형사재판에서 총기사용 행위에 대하여 무죄가 확정되더라도 이와 무관하게 민사재판에서 손해배상책임을 질 수 있다(대법원 2008. 2. 1. 선고 2006다6713 판결).

18) 대법원 1969. 9. 30. 선고 69다1130 판결; 대법원 2000. 3. 28. 선고 99다67147 판결 등 참조.

다. 불법행위책임에서의 위법성 요건은 사회구성원에게 자유롭게 행동할 수 있는 한계를 정해주는 일이다. 즉 위법하지 않은 범위 내에서는 타인에게 손해를 입히더라도 책임을 지지 않는다. 그렇다면 위법성 판단의 준거는 무엇인가? 학설상으로는 형법상의 위법성론을 차용하는 등 매우 복잡한 논의가 있다. 여기에서는 간단히, 위법성 판단의 준거에는 실정법뿐만 아니라 사회공동생활관계를 규율하는 기타 규범도 포함된다(소위 '실질적 위법성론')는 정도로 정리한다.

2.281 **〈2〉 위법성조각사유** 일정한 사유가 있으면 위법성이 인정되지 않는데 이를 위법성조각사유라고 한다.

ⓘ **정당방위** 정당방위란 타인의 불법행위에 대하여 자기 또는 제3자의 이익을 방위하기 위하여 부득이 타인에게 손해를 가하는 행위이다(제761조제1항 본문). A가 자기 집에 침입하여 흉기를 들고 달려드는 강도(B)를 때려 상처를 입히는 것이 그 예이다. A의 B에 대한 폭행은 정당방위로서 불법행위가 성립하지 않는다. 그러나 A는 B의 불법행위에 대하여 손해배상을 청구할 수 있다(제761조제1항 단서).

ⓘⓘ **긴급피난** 긴급피난이란 급박한 위난을 피하기 위하여 부득이 타인에게 손해를 가하는 행위이다. 보도를 걸어가던 A가 갑자기 차도로 돌진하는 B의 자동차를 피하기 위해 부득이 C 소유의 유리창을 깨고 가게 안으로 들어가는 것이 그 예이다. 이때 A의 C에 대한 가해행위는 위법성이 조각된다. 그러나 C는 B에 대하여 손해배상을 청구할 수 있다(제761조제2항, 제761조제1항 단서).

ⓘⓘⓘ **피해자의 승낙** 피해자의 승낙(가해행위를 용인하겠다는 의사표현)도 일반적인 위법성조각사유이다.

ⓘⓥ **정당행위** 정당행위란 법규범에 의하여 정당한 것으로 인정되는 행위이다. 의사의 치료행위, 친권자의 정당한 범위 내의 징계행위, 국제법에 따른 전쟁에서의 인명 살상행위 등이 그 예이다.

3. 귀책사유

2.282 불법행위가 성립하기 위해서는 고의 또는 과실이 있어야 한다(과실책임의 원칙). 이 원칙은 개인적 자유주의를 철학적 기초로 하며 산업화와 자본주의 발전

의 규범적 기초로 기능해 왔다. 왜냐하면 고의 또는 과실이 있는 경우에만 책임을 부담하므로 자본가 내지는 생산자의 입장에서는 비용이 그만큼 절감되는 효과를 얻기 때문이다. 귀책사유에서는 책임능력과 고의·과실이 문제된다.

2.283 〈1〉 **책임능력**(또는 불법행위능력) 자신의 행위가 비난의 대상임을 인식하는 정신능력으로서 법률행위에서 의사능력에 대응하는 개념이다. 책임능력이 없는 사람에 의한 가해행위는 불법행위가 되지 않는다. 책임능력은 사람에 따라(같은 연령이라도 책임능력의 유무가 다를 수 있음) 그리고 행위의 종류(같은 사람이라도 행위의 유형에 따라 책임능력의 유무가 다를 수 있음)에 따라 개별적으로 판단한다. 그러므로 민법은 책임능력의 기준을 획일적으로 제시하지 않는다. 다만, 연령과 심신상실이 책임능력에 영향을 준다는 점을 정하고 있다.

ⅰ **미성년자의 책임능력** 미성년자가 타인에게 손해를 가한 경우에 그 행위의 책임을 변식할 지능이 없는 때에는 배상의 책임이 없다(제753조).

ⅱ **심신상실자의 책임능력** 심신상실 중에 타인에게 손해를 가한 자는 배상의 책임이 없다(제754조 본문). 그러나 고의·과실로 인하여 심신상실을 초래한 때에는(이를 "원인에 있어서 자유로운 행위"라 함) 그러하지 아니하다(제754조 단서).

2.284 〈2〉 **고의·과실** 고의는 자신의 행위로 인하여 특정인에게 손해가 발생하리라는 것을 알면서도 행위를 감행하는 것이다. 결과 발생을 구체적으로 인식했어야 할 필요는 없으며 미필적 인식으로도 충분하다.

과실은 사회에서 통상 요구되는 사회평균인 또는 보통인을 기준으로 한 주의의무를 위반한 것이다. 제750조의 과실은 추상적 과실이다.[19] 여기서 사회평균인이란 추상적인 일반인을 말하는 것이 아니라 그때그때의 구체적인 사례에 있어서의 보통인을 말하며,[20] 행위자와 동일한 업무와 직무에 종사하는 사람을 뜻하는 것이다.[21]

---

19) 추상적 과실과 구체적 과실의 개념에 대해서는 이 책 [2.22] 〈보충학습 2.4〉 참조.
20) 대법원 2001. 1. 19. 선고 2000다12532 판결 등 참조.
21) 대법원 1987. 1. 20. 선고 86다카14691 판결 등 참조.

보충학습 2.56 | 위법성 요건과 귀책사유 요건의 구별

사안에 따라서는 귀책사유 요건과 위법성 요건의 구별이 모호한 경우도 많다. 그런데 제3자의 채권침해가 불법행위[22]를 구성하는가의 문제에서는 위법성 요건이 뚜렷이 드러난다. 일반적으로 채권에 대해서는 배타적 효력이 부인되고 채권자 상호 간 및 채권자와 제3자 사이에 자유경쟁이 허용되는 것이어서 제3자에 의하여 채권이 침해되었다는 사실만으로(고의라 하더라도) 바로 불법행위로 되지는 않으며 채권침해의 위법성을 판단해야 하는데, 이를 위해서는 거래자유 보장의 필요성, 경제·사회정책적 요인을 포함한 공공의 이익, 당사자 사이의 이익균형 등을 종합적으로 고려해야 한다.[23]

고의·과실에 대한 증명책임은 피해자에게 있다.[24] 그런데 민법은 일정한 경우에 증명책임을 전환하여 가해자의 부담으로 한다(제755·756·758·759조). 이는 피해자 보호를 위한 조치이다.

Ⅲ. 효과: 손해배상

1. 손해배상의 청구권자, 범위 및 방법

2.285 자연인 외에 법인도 명예·신용 등의 법익침해를 이유로 손해배상을 청구할 수 있다.[25] 태아도 배상청구권자가 될 수 있다(제762조).[26]

손해배상의 범위와 방법에 관해서는 각각 제393조와 제394조가 준용된다(제763조).[27] 그런데 명예훼손으로 인한 손해배상의 방법에 대해서는 특칙이 있다. 즉 명예훼손 피해자의 청구에 의하여 법원은 손해배상에 갈음하거나 손해배상과 함께 명예회복에 적당한 처분을 할 수 있다(제764조). 적당한 처분으로서 과거에는 사죄광고가 많이 활용되었는데 사죄의 강요는 양심의 자유(헌법 제19조)에 반한다는 헌법재판소의 결정이 있었다.[28]

22) 이에 대해서는 이 책 [2.53] 참조.
23) 대법원 2003. 3. 14. 선고 2000다32437 판결 참조.
24) 대법원 1997. 4. 25. 선고 96다53086 판결; 대법원 2000. 3. 10. 선고 99다60115 판결 등 참조.
25) 대법원 1996. 6. 28. 선고 96다12696 판결; 대법원 2022. 10. 14. 선고 2021다250735 판결 등 참조.
26) 이에 대해서는 이 책 [1.139] 참조.
27) 제393조와 제394조의 의미에 대해서는 이 책 [2.26], [2.27] 참조.
28) 헌법재판소 1991. 4. 1. 선고 89헌마160 결정. 헌법재판소가 제시하는 적절한 처분의 예로는, 가

보충학습 2.57 | 제393조를 불법행위에 준용하는 입법태도의 부적절성

제763조의 준용규정에 제393조를 포함시킨 것은 일본의 학설을 반영한 만주민법의 태도를 이어받은 것이다.29) 그런데 당사자가 계약을 체결하면서 미래의 위험을 분배·조정할 수 있는 경우와 달리 불법행위에서는 예견가능성의 관념이 들어올 여지가 없다. 프랑스민법이든 "Hadley v. Baxendale Rule"30)이든 예견가능성 규준은 계약위반으로 인한 손해배상에만 적용되는 것으로 하는 이유가 여기에 있다. 제763조에 제393조를 포함시킨 것은 글로벌 스탠더드에 부합하지 않을 뿐만 아니라 불법행위법의 본질에도 어긋나는 것으로 입법상의 실책이라고 생각한다.

한편, 위자료청구권에 관해서 법원은 손해배상을 일시금이 아닌 정기금채무로 지급할 것을 명할 수 있고 그 이행을 확보하기 위하여 상당한 담보의 제공을 명할 수도 있다(제751조제2항).

2. 손해배상액의 산정

2.286 **〈1〉 개념과 손해항목의 분류** 손해배상액의 산정이란 금전배상의 원칙(제763·394조)에 맞춰 배상범위에 들어온 손해항목을 금전으로 환산하는 작업이다. 이와 관련된 주요 논점을 설명한다.

ⓘ **제750조, 제751조, 제752조의 관계** 제750조, 제751조, 제752조는 모두 손해항목과 관련된 사항을 규정하고 있다. 제750조는 단순히 '손해'만을 언급하고 있다. 그리고 제751조는 신체·자유·명예 기타 정신상의 손해를 받은 사람에게 위자료청구권을 인정하고 있다. 한편, 제752조는 생명침해의 경우에 피살자의 최근친(직계존속·직계비속·배우자)에게 위자료청구권을 인정한다. 이들 세 조문은 어떤 관계에 있는가? 제751조는 정신상의 손해를 입은 사람은 위자료청구권을 가진다고 규정하는데, 이는 이미 제750조에 포함되어 있는 내용이다. 따라서 제751조는 제750조와의 관계에서 주의적 규정이다(통설·판례).31) 그리고 제751조

해자가 자기의 비용으로 그가 패소한 판결문을 신문 등에 게재하도록 한다든가 명예훼손의 매개가 된 기사의 취소광고 등이다.

29) 이에 대하여 자세한 것은 명순구, 앞의 책, 『실록 대한민국 민법 3』, 818쪽 이하 참조.

30) 이에 대해서는 이 책 [2.27] 〈보충학습 2.5〉 참조.

31) 대법원 2004. 4. 28. 선고 2001다36733 판결 등 참조.

가 언급하는 신체·자유·명예 외의 침해의 경우에도 위자료청구권이 인정될 수 있음은 물론이다. 피해자가 사망한 경우에 피해자의 직계존속·직계비속·배우자는 재산상의 손해와 아울러 정신상의 손해에 대해서도 배상을 청구할 수 있다(제752조). 제752조도 예시적 열거이다.32) 그러므로 생명침해 외의 손해의 경우에도, 그리고 직계존속·직계비속·배우자 외의 사람도 정신상 손해를 증명하여 손해배상을 청구할 수 있다.

ⅱ **손해의 분류와 손해3분설** 손해배상액의 산정을 위해서는 우선 손해항목을 정해야 하는데, 손해항목에 관한 가장 기본적인 분류는 물건에 대한 손해(대물손해)와 사람에 대한 손해(대인손해)이다. 그리고 사람에 대한 손해에 관하여 통설·판례는 소위 '손해3분설'을 취하고 있다.33) 손해3분설이란 대인손해를 크게 재산적 손해와 정신적 손해로 구분하고, 재산적 손해를 다시 적극적 손해(기존의 이익의 멸실 또는 감소)와 소극적 손해(장래이익 획득의 방해로 인한 손실)로 구분하는 것이다. 손해3분설에 따른 적극적 재산손해, 소극적 재산손해 및 정신적 손해는 서로 별개의 소송물이므로 그 손해배상의무의 존부나 범위는 각각 따로 판단한다.34)

2.287 **〈2〉 물건에 대한 손해** 타인 소유의 물건에 손해를 입한 경우이다. 물건의 멸실 또는 소유권의 상실의 경우에는 멸실·상실 당시 해당 물건의 시가가, 물건의 훼손의 경우에는 수리비와 수리기간 중 사용하지 못함으로 인한 손해가, 물건의 불법점유의 경우에는 그 기간 중의 임료 상당액이 통상손해(제393조제1항, 제763조)일 것이다.

물적 손해에 대하여 위자료청구가 가능한가? 판례는, 일반적으로 타인의 불법행위 등에 의하여 재산권이 침해된 경우에는 그 재산적 손해의 배상에 의하여 정신적 고통도 회복된다고 보아야 할 것이므로 재산적 손해의 배상에 의하여 회복할 수 없는 정신적 손해가 발생하였다면, 이는 특별한 사정으로 인한 손해로서 가해자가 그러한 사정을 알았거나 알 수 있었을 경우에 한하여 그 손해에 대

32) 대법원 1967. 9. 29. 선고 67다1656 판결; 대법원 1967. 12. 26. 선고 67다2460 판결; 대법원 1999. 4. 23. 선고 98다41377 판결 등 참조.

33) 대법원 1976. 10. 12. 선고 76다1313 판결; 대법원 1996. 8. 23. 선고 94다20730 판결 등 참조.

34) 대법원 2002. 9. 10. 선고 2002다34581 판결; 대법원 2022. 4. 28. 선고 2022다200768 판결 등 참조.

한 배상을 청구할 수 있다고 한다. 즉 물적 손해에서의 위자료는 특별손해(제393조제2항, 제763조)로 본다.[35)]

2.288 〈3〉 사람에 대한 손해 사람에 대한 손해는 생명침해와 신체침해로 구분할 수 있다. 가해행위로 인하여 피해자가 사망한 경우에 사망자에게 손해배상청구권이 있는가에 대해서는 학설상 논의가 있다. 피살자는 사망 순간에 권리능력이 상실되므로 사망으로 인해 발생한 손해배상을 청구할 수 없다는 견해도 있다. 그런데 통설·판례는 가해행위와 사망 사이에는 시간적 간격이 있으므로(소위 '시간적 간격설': 가해행위와 사망 사이에 상당한 간격이 있는 경우는 물론이고 즉사의 경우에도 이론상 시간적 간격이 있다고 함)[36)] 가해행위시에 손해배상청구권이 발생하고 그가 사망한 때에 손해배상청구권이 상속된다는 입장이다. 다음에서는 손해3분설을 고려하면서 사람에 대한 손해에 있어서 손해항목을 살펴보기로 한다.

ⓘ 적극적 재산손해 전형적인 항목으로 치료비, 장례비를 들 수 있다. 생명침해의 경우, 피살자에 대하여 부양청구권을 가졌던 사람은 부양청구권 상실에 대하여 손해배상을 청구할 수 있다. 신체상해의 경우, 피해자에 대한 부양의무자(피해자 자신도 손해배상 청구 가능)가 치료비 등을 지출한 때에는 배상청구를 할 수 있다.[37)]

ⓘⓘ 소극적 재산손해 소극적 손해는 생명침해와 신체상해에 있어서 각각의 특성으로 인해 계산식에 차이가 있다.

- 생명침해: (사망 당시 수입액)×(수입가능 기간) – 생활비 – 중간이자
- 신체상해: (부상 당시 수입액)×(노동능력상실률)×(수입가능 기간) – 중간이자

피해자가 사망한 경우와 달리 신체상해를 입은 때에는 생활비를 면하는 것이 아니므로 공제하지 않는다. 또한 생명침해의 경우에는 노동능력상실률을 고려할 여지가 없다.

ⓘⓘⓘ 정신적 손해 앞서 본 바와 같이, 물건에 대한 손해에 있어서 정신적

35) 대법원 1995. 5. 12. 선고 94다25551 판결; 대법원 2004. 3. 18. 선고 2001다82507 전원합의판결 참조.

36) 대법원 1973. 9. 25. 선고 73다1100 판결 참조.

37) 대법원 1982. 4. 13. 선고 81다카737 판결 참조.

손해는 특별손해로서 예외적인 경우에 한하여 인정된다. 그런데 사람에 대한 손해에 있어서 정신상의 손해는 통상손해에 해당한다. 제750조와의 관계에서 볼 때 제751조와 제752조가 주의적·예시적 규정이기는 하나 이들 규정이 예시하는 법익(신체·자유·명예·생명)의 침해에 있어서는 정신적 손해를 통상손해로 파악해야 할 것이다. 위자료와 관련하여 논란이 되는 사항을 보기로 한다.

ⓐ 위자료청구권의 양도성·상속성: 불법행위에 관한 다른 청구권과 마찬가지로 양도성·상속성이 인정된다는 입장(통설·판례)과 위자료청구권은 피해자 본인에게 지급되어야 할 일신전속적 권리이므로 양도성·상속성을 인정할 수 없다는 입장이 대립된다. 위자료청구권은 생명·신체 등의 피해자로부터 제3자에게 양도할 수 없는 법익의 침해에 의하여 생긴 것이지만, 그러한 법익의 침해로 인하여 생긴 위자료청구권은 재산적 손해의 배상청구권과 구별하여 그 양도성·상속성을 부인할 이유가 없다고 생각한다.[38)]

ⓑ 사망자의 위자료청구권: 사망자(특히 즉사자)도 위자료청구권을 가지는가에 대하여 이견이 있기는 하나 소위 시간적 간격설의 입장에서 이를 인정하는 것이 타당하다고 생각한다(통설·판례).[39)] 그러므로 가령 제3자의 불법행위로 인하여 사망한 경우에 그 상속인은 한편으로는 사망자의 위자료청구권을 상속하여, 다른 한편으로는 자신의 위자료청구권(제752조)을 같이 행사할 수 있다.

3. 손해배상청구권의 소멸시효

2.289 불법행위로 인한 손해배상청구권은 피해자나 그의 법정대리인이 그 손해 및 가해자를 안 날로부터 3년간 이를 행사하지 않으면 시효로 소멸한다(제766조제1항). 3년의 소멸시효는 피해자 측이 손해 및 가해자를 안 날로부터 진행한다.[40)] 불법행위를 한 날로부터 10년을 경과한 때에도 시효로 소멸한다(제766조제2항). 3년 또는 10년 중 먼저 기간이 만료되는 때에 손해배상청구권은 소멸한다. 한편, 미성년자에 대한 성적 침해로 인한 손해배상청구권의 소멸시효는 그가 성년이 될 때까지 진행되지 않는다(제766조제3항).

38) 대법원 1966. 10. 18. 선고 66다1335 판결; 대법원 1976. 4. 13. 선고 75다396 판결.
39) 대법원 1973. 9. 25. 선고 73다1100 판결.
40) 대법원 1966. 1. 25. 선고 65다2318 판결; 대법원 1994. 4. 26. 선고 93다59304 판결.

불법점유와 같이 불법행위가 계속성을 띠는 경우 시효의 기산점은 어떠한가? 이 경우에는 손해도 계속 발생하여 나날이 새로운 불법행위에 기인하여 발생하는 것이므로 나날이 발생한 각 손해를 안 날로부터 별개로 소멸시효가 진행된다.[41]

4. 배상액의 조정

2.290 〈1〉 배상액의 경감청구 불법행위자는 손해배상으로 인하여 생계에 중대한 영향을 받게 될 경우에(고의 또는 중과실에 의한 불법행위는 해당 없음) 법원에 손해배상액의 경감을 청구할 수 있다(제765조제1항). 법원은 채권자 및 채무자의 경제상태와 손해의 원인 등을 참작하여 배상액을 경감할 수 있다(제765조제2항).

2.291 〈2〉 기 타 과실상계(제396조), 손해배상자의 대위(제399조)는 불법행위에 준용되며(제763조), 이득공제[42]도 채무불이행책임에서와 같다.

Ⅳ. 특수한 불법행위

2.292 특수한 상황에 효율적으로 대응하기 위하여 제750조의 일반요건에 변경을 가한 경우(증명책임의 전환, 무과실책임)가 있다. 아래에서 살펴본다.

1. 책임무능력자의 감독자의 책임

2.293 다른 사람에게 손해를 가한 사람이 제753조 또는 제754조에 따라 책임이 없는 경우(예: 유소아, 심신상실자)에는 그를 감독할 법정의무가 있는 사람(예: 친권자, 후견인)이 그 손해를 배상할 책임이 있다(제755조제1항 본문). 그리고 법정감독의무자에 갈음하여 제753조 또는 제754조에 따라 책임이 없는 사람을 감독하는 사람(예: 유치원·초등학교의 교사)도 손해배상 책임이 있다(제755조제2항). 제755조는 피해자 보호를 위한 정책적 배려이다. 제755조에 의하여 책임을 지는 법정감독자 또는 대리감독자는 자신이 감독의무를 게을리하지 않았다는 사실을 증명하면 책

41) 대법원 1966. 6. 9. 선고 66다615 판결; 대법원 1999. 3. 23. 선고 98다30285 판결 등 참조.
42) 이에 대해서는 이 책 [2.30] 참조.

임을 지지 않는다. 제750조가 귀책사유 요건에 대한 증명책임을 피해자에게 지우는 것과 달리 제755조는 가해자에게 증명책임을 지우고 있다. 이를 '증명책임의 전환'이라고 하는데 피해자에 대한 배상을 용이하게 하기 위한 정책적 배려이다.

법정감독자 또는 대리감독자가 같이 책임을 질 수도 있는데 이 두 사람의 채무는 부진정연대채무[43]이다. 초등학교의 교장이나 교사는 대리감독자로서 학생을 보호·감독할 의무를 지지만, 학생에 대한 보호·감독의무는 학교 내에서의 학생의 모든 생활관계에 미치는 것은 아니고 학교에서의 교육활동 및 이에 밀접 불가분의 관계에 있는 생활관계에 한한다.[44] 대리감독자에게 책임이 인정되는 경우에 그의 사용자 또는 사용자에 갈음한 감독자(예: 학교를 설립 경영하는 학교법인 또는 지방자치단체)는 제756조에 따라 책임을 질 수 있다.[45]

보충학습 2.58 | 책임능력 있는 미성년자의 행위에 대한 친권자의 책임

책임능력 없는 미성년자의 가해행위에 대해서는 제755조에 따라 법정감독자인 친권자가 책임을 진다. 그런데 책임능력 있는 미성년자의 가해행위에 대해서는 친권자에게 제755조의 책임을 물을 수 없다. 이와 같은 경우에 친권자는 제750조를 근거로 책임을 진다. 가령 18세 남짓한 미성년자가 운전면허가 없음에도 가끔 숙부 소유의 화물차를 운전한 경우, 부모로서는 미성년의 아들이 무면허운전을 하지 못하도록 보호·감독해야 할 주의의무가 있음에도 이를 게을리하여 화물차를 운전하도록 방치한 과실이 있고, 부모의 보호감독상의 과실이 사고 발생의 원인이 되었으므로 부모에게 피해자가 입은 손해를 배상할 책임이 있다.[46] 이때의 책임근거는 제750조이므로 귀책사유에 대한 증명책임은 피해자에게 있다.

2. 사용자의 책임

2.294 피용자가 사무집행에 관하여 제3자에게 손해를 가한 때에는 사용자 또는

43) 이에 대해서는 이 책 [2.120] 참조.
44) 대법원 1993. 2. 12. 선고 92다13646 판결; 대법원 1997. 6. 13. 선고 96다44433 판결 등 참조.
45) 대법원 1981. 8. 11. 선고 81다298 판결 등 참조.
46) 대법원 1997. 3. 28. 선고 96다15374 판결; 대법원 1998. 6. 9. 선고 97다49404 판결 등 참조.

사용자에 갈음하여 사무를 감독하는 사람(예: 공장장, 현장소장)은 그 손해를 배상할 책임이 있다(제756조제1항 본문·제2항). 사용자는 피용자를 사용함으로써 자신의 활동영역을 확장하는 만큼 그에 대응하여 그의 책임을 확장함으로써 피해자의 손해배상을 확보해 주기 위한 정책적 배려이다. 제756조의 책임도 증명책임이 전환되어 사용자 또는 감독자가 피용자의 선임 및 사무 감독에 과실이 없음을 증명하면 면책된다(제756조제1항 단서).

제756조의 책임과 관련하여 유의해야 할 사항은 다음과 같다.

ⅰ **사용관계의 의미** 사용관계는 고용계약에 의하여 성립하는 것이 보통이지만 그것에 한정되지 않는다. 위임·조합의 경우에도 제756조의 사용관계가 성립할 수 있다. 제756조의 사용관계는 사실상의 지휘·감독으로 충분하며 사용자와 피용자의 법률관계가 유효일 것을 요구하지 않는다.

ⅱ **외형이론** 피용자가 사무집행에 관하여 제3자에게 손해를 가했어야 한다(사무집행 관련 행위). 사무집행 관련 행위는 피용자가 사용자로부터 위임받은 사무집행 행위 자체에 한정되는 것이 아니라, 사무집행 자체는 아니더라도 외형상 사무집행으로 보이는 행위도 포함한다(외형이론).[47] 판례는 외형이론으로써 피해자의 신뢰를 보호하는 것에 대응하여 사용자의 이익도 고려한다. 즉 피해자 자신이 해당 행위가 사용자의 사무집행 범위에 해당하지 않음을 알았거나 또는 중대한 과실로 알지 못한 때에는 피해자는 사용자에 대하여 사용자책임을 물을 수 없다.[48]

ⅲ **피용자가 불법행위의 성립요건을 갖출 것** 사용자책임의 성질에 관하여 사용자 자신의 고유책임으로 보는 입장(고유책임설)과 피용자의 책임을 대신한다는 입장(대위책임설)이 대립한다. 판례는 대위책임설에 따라 피용자가 제750조가 정하는 요건을 모두 충족하는 때에만 사용자책임이 인정된다고 한다.[49]

ⅳ **책임의 성질** 사용자는 피용자에게 배상능력이 있다는 이유로 피해자에게 항변하지 못한다. 사용자에 갈음하여 사무를 감독하는 사람이 책임을 진다고 하여 사용자가 면책되는 것은 아니다. 제756조의 책임이 성립하더라도 피용자는 제750조에 따라 책임을 진다. 사용자와 피용자의 책임은 부진정연대채

47) 대법원 1971. 6. 8. 선고 71다598 판결; 대법원 2000. 2. 11. 선고 99다47297 판결 등 참조.
48) 대법원 1983. 6. 28. 선고 83다카217 판결; 대법원 2002. 12. 10. 선고 2001다58443 판결 등 참조.
49) 대법원 1981. 8. 11. 선고 81다298 판결 등 참조.

무[50]의 관계에 있다.

ⓥ **구 상 권** 피해자에게 배상을 한 사용자 또는 감독자는 피용자에 대하여 구상권을 행사할 수 있다(제756조제3항). 구상권의 성질은 사용자책임의 본질론에 따라 차이가 있다. 대위책임설의 시각에서는 채무없이 책임을 진 사용자에게 주어진 당연한 권리이고, 고유책임설의 시각에서는 부진정연대채무에서의 내부관계이다. 어떤 입장이든 구상권을 제한해야 한다는 점에 대해서는 견해가 일치한다. 만약 구상권을 무제한적으로 허용한다면 피용자에게 위험성 있는 작업을 시키는 사용자가 그 위험을 피용자에게 모두 전가시키는 결과가 되기 때문이다. 이에 관하여 통설은 소위 과실상계설을 채택한다. 즉 사용자가 책임을 진다는 것은 곧 그가 선임·감독상의 의무를 다하지 못했다는 것을 의미하는데(주의의무를 다했다면 사용자책임이 성립하지 않아 구상권 문제 자체가 발생하지 않음), 그렇다면 그러한 의무위반에 대하여 사용자도 책임을 져야 한다는 것이다.[51] 아울러 제반사정에 비추어 볼 때 사용자의 피용자에 대한 구상권 행사가 신의칙에 반하는 것으로 판단되는 때에는 구상권이 허용되지 않는다.[52]

ⓥⓘ **도급인의 책임** 도급인은 수급인이 그 일에 관하여 제3자에게 가한 손해를 배상할 책임이 없다(제757조 본문). 그러나 도급 또는 지시에 관하여 도급인에게 중대한 과실이 있는 때에는 그렇지 않다(제757조 단서). 수급인은 도급인과의 관계에서 독립적이라는 도급계약의 특성을 고려해 볼 때 제757조 본문은 당연한 규정으로 볼 수 있으며, 규범의 중심은 단서에 있다고 보아야 한다.

3. 공작물 등의 점유자·소유자의 책임

2.295 공작물의 설치 또는 보존의 하자로 인하여 타인에게 손해를 가한 때에는 공작물의 점유자가 손해를 배상할 책임이 있다(제758조제1항 본문). 그러나 점유자가 손해의 방지에 필요한 주의를 다한 때에는 그 소유자에게 배상책임이 있다(제758조제1항 단서). 공작물의 점유자에게는 증명책임이 전환된 과실책임을, 소유자에게는 무과실책임을 인정한다. 공작물이란 인공적 작업에 의하여 제작된 물건을 말

---

50) 이에 대해서는 이 책 [2.120] 참조.

51) 대법원 1987. 9. 8. 선고 86다카1045 판결 등 참조.

52) 대법원 1991. 5. 10. 선고 91다7255; 대법원 1996. 4. 9. 선고 95다52611 판결 등 참조.

한다. 의용민법은 '토지의 공작물'이라 하고 있었으나 현행민법에서는 단순히 '공작물'로 규정한다. 따라서 제758조의 공작물에는 토지상의 공작물(예: 건물, 전신주, 고속도로)과 건물 내의 설비(예: 엘리베이터, 계단)도 포함된다.

제758조제1항의 책임은 수목을 심고 기르는 것 또는 보존에 하자가 있는 경우에 준용한다(제758조제2항). 제758조에 의하여 책임을 진 점유자 또는 소유자는 그 손해의 원인에 책임이 있는 사람에게 구상권을 행사할 수 있다(제758조제3항).

4. 동물에 대한 책임

2.296 옆집에서 풀어놓은 송아지가 밭에 심어놓은 농작물을 뜯어 먹었다든가 풀어놓은 개에 물려 상처를 입은 경우를 생각해 보자. 동물의 점유자는 그 동물이 타인에게 가한 손해를 배상할 책임이 있다(제759조제1항 본문). 그러나 동물의 종류와 성질에 따라 그 보관에 상당한 주의를 다했다면 면책된다(제759조제1항 단서). 점유자에 갈음하여 동물을 보관한 사람도 동일한 책임이 있다(제759조제2항).

5. 공동불법행위

2.297 수인이 공동의 불법행위로 타인에게 손해를 가한 때에는 연대하여 그 손해를 배상할 책임이 있다(제760조제1항). 수인이 모의하여 불법행위를 한 경우를 규정한 것으로 학설은 이를 '협의의 공동불법행위'라고 한다. 수인의 채무자가 있는 경우에 분할주의가 원칙이지만(제408조),[53] 피해자를 두텁게 보호하고자 마련된 규정이다. 교사자나 방조자도 공동행위자로 본다(제760조제3항).

불법행위를 모의한 것은 아니지만 가해행위가 누구의 행위로 인한 것인지 알 수 없는 때에도 연대책임이 인정된다(제760조제2항). 세 사람이 동시에 총을 쏘았고 그중 한 발만이 피해자에게 손해를 입혔는데 누구의 총탄인지 알 수 없는 경우가 이에 해당한다. 이 규정은 가해자가 불명인 경우에 인과관계의 추정을 통하여 피해자로 하여금 인과관계 증명에 관한 어려움을 덜어주기 위한 것이다. 그러므로 어느 누가 자신은 가해행위와 무관하다는 사실을 증명하면 면책된다.

53) 이에 대해서는 이 책 [2.114] 참조.

제3편

물 권

제1장

총 설

제 1 절 물권의 의미

Ⅰ. 물권의 개념

3.1 물권이란 권리객체를 직접 지배할 수 있는 배타적인 권리이다.[1] 물권은 "권리주체 대 권리객체"의 구조로서 "권리주체 대 권리주체"의 구조를 가지는 채권과 구별된다. 그런데 물권법 규정 중에는 "권리주체 대 권리주체"의 형식도 드물지 않다는 점에 유의해야 한다. 지상권의 경우를 보자.

"지상권자는 타인의 토지에 건물 기타 공작물이나 수목을 소유하기 위하여 그 토지를 사용하는 권리가 있다"(제279조)는 규정은 물권의 직접지배성을 잘 보여준다. 그런데 "지상권이 소멸한 경우에 건물 기타 공작물이나 수목이 현존한 때에는 지상권자는 계약의 갱신을 청구할 수 있다"(제283조제1항)는 규정은 마치 채권과 같이 "권리주체 대 권리주체"의 구조를 취하고 있다. 이를 어떻게 설명해야 할까? 다음과 같이 이해하면 된다: 지상권은 타인의 소유물을 대상으로 하는 권리이다; 그러므로 하나의 객체를 중심으로 두 개의 물권, 즉 지상권과 지상권설정자의 소유권이 병존하게 된다; 제283조제1항과 같은 규정은 하나의 권리객체를 중심으로 두 물권자의 지위를 동시에 규율하는 것이다.

Ⅱ. 물권의 객체

3.2 물권의 객체는 물건인 경우가 보통이다.[2] 이를 '물건주의'라고 한다. 그런데 물권의 객체는 물건에 한정되지 않는다. 권리를 객체로 하는 물권도 있기 때문이다. 재산권의 준점유(제210조), 재산권을 목적으로 하는 권리질권(제345조 이하), 지상권이나 전세권을 목적으로 한 저당권(제371조제1항) 등이 그 예이다.

3.3 〈1〉 **특정성의 원칙** 특정성의 원칙은 다음 두 원칙을 포괄한다.

1) 이에 대해서는 이 책 [1.12] 참조.
2) 물건의 개념에 대해서는 이 책 [1.181] 참조.

ⓘ **확정성의 원칙** 물권은 권리객체에 대한 직접적·배타적 지배를 내용으로 하는 권리이다. 그러므로 권리의 객체가 확정되고 현존해야 한다. 확정성 여부는 획일적 기준이 아니라 여러 사정을 종합하여 판단한다. 예컨대, 유동집합물을 권리객체로 하는 물권도 유효하게 성립할 수 있다.[3)]

ⓘⓘ **개별성의 원칙** 개별성의 원칙이란 물권은 독립된 물건에 관하여 성립한다는 것으로 다음에서 설명하는 일물일권주의와 그 효력범위가 같다.

3.4 **〈2〉 일물일권주의** 1개의 물건에 대해서는 1개의 물권만이 성립할 수 있다는 원칙이다. 이 원칙은 물권의 특성과 밀접하게 관련된다. 물권은 대세적 권리이므로 그 내용을 일반인이 알 수 있도록 공시해야 하는데(공시의 원칙),[4)] 물건의 구성부분이나 물건의 집단에 대한 공시는 불가능하거나 또는 공시제도에 혼란을 야기할 수 있으므로 그것을 하나의 물권의 객체로 하지 않는 것이다.

일물일권주의는 물권의 특질과 공시의 원칙의 요구를 뒷받침하기 위한 것이다. 그러므로 물건의 일부나 집단 위에 하나의 물권을 인정할 필요가 있고, 그렇게 해도 혼란을 야기하지 않는다면 이 원칙은 완화될 수 있다. 공시의 원칙이 관철될 수 있다면 일물일권주의의 예외로서 물건의 일부[5)] 또는 집합물(예: 수목의 집단에 대한 입목등기·명인방법, 공장재단저당권의 목적으로서의 공장과 설비) 위에 하나의 물권이 성립할 수 있다.

보충학습 3.1 | 집합물 위에 성립하는 물권

「공장 및 광업재단 저당법」에 따라 설정할 수 있는 공장재단저당권을 예로 들어 집합물 위에 하나의 저당권을 설정하는 제도의 의미를 알아본다.

X는 다음과 같이 구성된 공장을 운영하고 있다: 3필의 토지, 6개의 건물, 100점의 기계,

3) 대법원 2004. 11. 12. 선고 2004다22858 판결: "돈사에서 대량으로 사육되는 돼지를 집합물에 대한 양도담보의 목적물로 삼은 경우, 그 돼지는 번식, 사망, 판매, 구입 등의 요인에 의하여 증감 변동하기 마련이므로 양도담보권자가 그 때마다 별도의 양도담보권설정계약을 맺거나 점유개정의 표시를 하지 않더라도 하나의 집합물로서 동일성을 잃지 아니한 채 양도담보권의 효력은 항상 현재의 집합물 위에 미친다."

4) 이에 대해서는 이 책 [3.14] 참조.

5) 예: 부동산의 일부에 대하여 용익물권을 설정하는 것이 가능하다(「부동산등기법」 제69조제6호, 제70조제5호, 제72조제1항제6호).

500점의 기구. X가 금융기관으로부터 금전을 차용하기 위하여 담보를 제공하고자 할 때에 자기가 보유하고 있는 토지·건물을 포함한 공장시설 전체를 목적물로 하는 공장재단저당권에 의하게 되면, 일물일권주의를 관철하는 경우와 비교하여 다음과 같은 이점이 있다: ① 공장시설은 각각 밀접한 연관을 가지고 있는 것이어서 집합체를 하나의 단위로 하는 것이 담보가치를 높게 평가받아 보다 많은 자금을 융통할 수 있다; ② 일물일권주의를 고집하게 되면 각 물건마다 담보물권을 설정해야 하는데, 담보물권 취득절차가 복잡하게 된다; ③ X가 채무를 불이행하여 담보물이 경매되는 경우에도 그 공장을 운영할 수 있는 사람이 공장시설 일체를 경락받아 계속 공장을 운영할 수 있게 되어 사회경제적으로도 이익이 된다.[6)]

이와 같은 이유에서 「공장 및 광업재단 저당법」은 일물일권주의의 예외를 인정하고 있다. 그렇다면 일물일권주의 원칙을 완화하여 집합물을 하나의 물권의 객체로 할 수 있는 경우는 「공장 및 광업재단 저당법」과 같은 특별법이 있는 경우에만 가능한가? 그렇지 않다. 등기·등록과 같은 정규적인 공시방법을 가지지 못한 집합물도 경우에 따라서는 하나의 물권의 객체가 될 수 있다(예: 집합물에 대한 양도담보).

제2절 물권의 종류

Ⅰ. 물권법정주의

3.5 물권법정주의란 물권의 종류(종류강제)와 내용(내용강제)은 법률과 관습법이 정하는 것에 한정되며, 당사자가 임의로 창설할 수 없다는 원칙이다(제185조).

물권법정주의의 인정근거에 대한 전통적인 설명은 다음과 같다: 물권은 누구에게나 주장할 수 있는 대세적 권리이다; 그러므로 물권의 내용은 모든 사람이 이를 알고 존중할 수 있도록 공시해야 한다; 그런데 만약 물권의 내용이 당사자의 의사에 따라 각양각색이라면 공시의 원칙을 관철하기가 곤란하다; 그러므로 물권의 종류와 내용을 법률에 의하여 정형화하고 단순화해야 한다. 다음과 같은 방향에서의 접근도 가능하다: 채권은 당사자 사이에서만 효력이 있다(채권

6) 만약 각각의 물건에 대하여 저당권을 설정했다면 토지와 공장건물은 L에게, 기계는 M에게, 기구는 N에게 경락되는 상황이 벌어져 공장이 가지고 있던 가치가 상실될 것이다.

의 상대효); 그러므로 그 내용을 전적으로 이들의 의사에 맡기더라도(즉 사적자치를 인정하더라도) 특별히 문제될 것이 없다; 그러나 대세효를 가지는 물권의 내용을 당사자의 의사에 맡기는 것은 다른 사람의 권리를 임의로 간섭하는 결과가 되어 허용될 수 없다.

Ⅱ. 물권의 분류

1. 법률상의 물권

3.6 **〈1〉 민법상의 물권** 물권은 크게 점유권과 본권으로 구분된다.

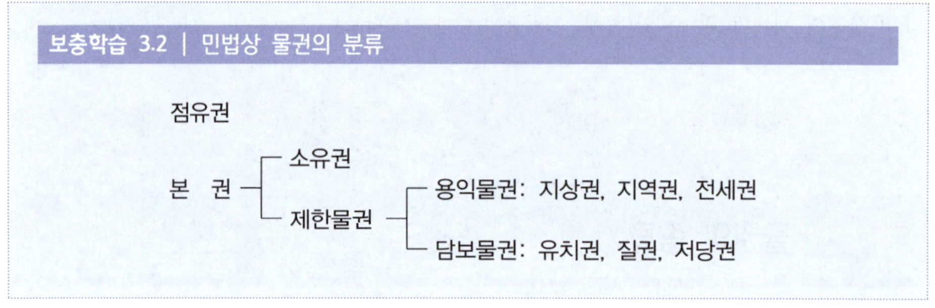

ⓘ **점유권/본권** 점유권은 "물건을 사실상 지배하고 있는 상태" 그 자체에 인정되는 권리이다(제192조제1항). 이와 달리 본권은 물건에 대한 지배를 정당화하는 권리이다. 하나의 예를 들어 보자. A는 甲물건의 소유자이다. B는 甲을 훔쳐 몇 달 동안 사용하고 있다. 이 경우에 B에게는 점유권이 인정된다. 그러나 B는 甲을 "점유할 수 있는 권원"(즉 본권[7])이 없다. B와 같은 모습의 점유를 불법점유라 한다.[8] 이 경우에 본권자 A는 B에게 물권적 청구권을 행사하여 甲을 되찾을 수 있다(제213조).[9]

ⓘⓘ **소유권/제한물권** 물건의 가치는 사용·수익·교환 가치로 구분할 수 있

7) 본권이라고 하여 모두 점유할 수 있는 권원이 되는 것은 아니다. 예컨대, 저당권은 순수한 담보물권으로서 점유할 수 있는 권원이 아니다.

8) 점유의 유형에 대해서는 이 책 [3.78]~[3.84] 참조.

9) 이에 대해서는 이 책 [3.12] 참조.

다. 소유권은 이들 세 가치를 모두 지배하여 완전물권이라고도 한다(제211조 참조). 이들 가치 중 일부만을 지배하는 물권을 제한물권이라 하는데, 여기에는 사용가치와 수익가치를 지배하는 용익물권(예: 지상권, 지역권, 전세권)과 교환가치를 지배하는 담보물권(예: 질권, 저당권)이 있다.

보충학습 3.3 | 제한물권의 두 부류

① **용익물권** 지상권을 들어 용익물권의 의미를 살펴보자. 지상권자에게 타인의 토지를 사용·수익할 수 있는 권리가 있다는 측면에서 지상권을 용익물권이라 한다. 한편 지상권으로 인하여 소유권의 내용(특히 사용·수익가치)이 제한된다는 측면에서 제한물권이라고 하는 것이다.

② **담보물권** 저당권을 들어 담보물권의 의미를 살펴보자. P는 Q로부터 금전을 차용하고 자기 소유의 토지에 저당권을 설정해 주었다. Q의 저당권에도 불구하고 토지에 대한 소유자는 여전히 P이다. 그러므로 P는 저당권이 설정된 채로 토지를 다른 사람에게 처분할 수 있는 권한을 잃지 않는다. 그러나 P의 소유권은 Q의 저당권에 의하여 제한을 받는다. 소유권의 어떠한 내용이 저당권에 의하여 제한을 받는가? 토지의 시가가 1억원이라 해보자. 만약 토지에 저당권이 설정되지 않았다면 P는 온전히 1억원을 받고 처분할 수 있겠지만, 저당권으로 인하여 매매가액은 저당권으로 담보되는 액수(즉 '피담보채권액')에 의하여 영향을 받을 것이다. 이와 같이 저당권도 지상권과 마찬가지로 소유권의 내용을 제한하므로 제한물권의 한 종류이다. 변제기에 P가 Q에게 차용한 금전을 반환하면 Q의 채권이 소멸하므로 이에 따라 저당권도 소멸한다(저당권의 부종성: 제369조).[10] 그러나 P가 차용금을 반환하지 않으면 채권자 Q는 저당권을 실행한다. 저당권을 실행한다는 것은 무엇인가? 저당권의 실행이란 Q가 법원을 통하여 토지를 경매에 부쳐 거기에서 나온 대금으로써 자기의 채권실현에 충당하는 것이다. 이와 같은 의미에서 저당권을 저당물에 대한 교환가치를 지배하는 물권이라고 말한다.

보충학습 3.4 | 소유권과 제한물권의 관계

물건의 가치를 극대화하기 위해서는 제한물권제도가 잘 정비되어야 한다. 다음과 같은 예를 들어 보자. A는 광활한 토지의 소유자이다. 그런데 A 혼자서 그 토지로부터 어떠한 수익을 창출해 낸다는 것은 어려운 일이다. 그 넓은 토지의 소유자라는 사실에 도취하여 A가 그 땅을 밟고 다니는 것에 만족한다면 그것으로 그만이다. 그러나 경제적 효율성을 고

10) 이에 대해서는 이 책 [3.191] 참조.

려한다면 A로서는 B에게 용익물권을 설정해 주고 그로부터 일정한 수익을 얻고, C에게는 저당권을 설정해 주고 금전을 차용하여 자금을 확보한 후에 이들 자금을 잘 운용하면 유익할 것이다. B와 C에게 각각 용익물권과 담보물권을 설정해 주고 나면 소유권은 공동화 상태가 된다. 소유권을 공동화시키는 제도(이를 위한 기본 전제는 공시제도의 정비임)가 얼마나 합리적으로 정비되어 있는가는 그 나라의 법문화 수준을 가늠하는 척도이다.

소유권과 제한물권의 관계와 관련하여 소유권의 탄력성을 생각할 수 있다. 존속기간의 만료 또는 그 밖의 사유로 제한물권이 소멸하면 특별한 절차 없이 소유권은 완전성을 회복한다. 소유권의 이러한 성질을 탄력성이라고 한다. 소멸시효를 예로 들어 소유권의 탄력성 개념을 살펴보자. 채권이 소멸시효에 걸려 소멸하면 채무자는 의무를 면하게 된다. 그렇다면 지상권·지역권과 같은 제한물권이 시효로 소멸한다는 것은 구체적으로 어떤 의미인가? 그것은 소유권이 완전성을 회복한다는 것이다.

3.7 **〈2〉 상법 및 기타 법률상의 물권** 상법상의 물권으로 상사유치권(「상법」 제58·91·111·120·147조 등), 상사질권(「상법」 제59조), 주식질권(「상법」 제338·339·340조), 선박저당권(「상법」 제871·874조) 및 각종의 우선특권(「상법」 제468·858·861·872조) 등이 있다.

상법 외의 특별법상의 물권으로 가등기담보·양도담보(「가등기담보 등에 관한 법률」[11]), 공장재단저당권·광업재단저당권(「공장 및 광업재단 저당법」), 자동차저당권·항공기저당권·건설기계저당권(「자동차 등 특정동산 저당법」), 입목저당권(「입목에 관한 법률」), 동산·채권·지식재산권의 담보권(「동산·채권 등의 담보에 관한 법률」[12]) 등이 있다.

2. 관습법상의 물권

3.8 제185조는 관습법상의 물권을 인정한다. 분묘기지권, 관습법상의 법정지상권, 양도담보권, 가등기담보권 등이 그 예이다. 분묘기지권과 관습법상의 법정지상권에 대해서는 다른 곳에서 설명하고[13] 여기에서는 양도담보와 가등기담보에 대해서만 간단히 설명한다. 양도담보·가등기담보의 출발만을 보면 관습법상의

11) 이에 대해서는 이 책 [3.261] 참조.

12) 이에 대해서는 이 책 [3.259] 〈보충학습 3.45〉 참조.

13) 분묘기지권과 관습법상의 법정지상권에 대해서는 각각 이 책 [3.177], [3.173] 이하 참조.

물권임에 틀림없다. 그러나 1983년 양도담보와 가등기담보를 규율하기 위하여 「가등기담보 등에 관한 법률」이 제정된 이후로도 이들을 일률적으로 관습법상의 물권으로 분류하는 것은 잘못이다. 「가등기담보 등에 관한 법률」은 양도담보와 가등기담보 중 일부에 적용되는데[14] 이 법률의 적용범위에 들어가는 양도담보·가등기담보는 법률상의 물권이며, 이 법률의 적용범위에 포함되지 않는 양도담보·가등기담보는 여전히 관습법상의 물권으로 남아있다. 요컨대, 양도담보권·가등기담보권 중 어떤 것은 법률상의 물권, 또 어떤 것은 관습법상의 물권이다.

제 3 절 물권의 효력

Ⅰ. 물권의 일반적 효력

1. 채권에 대한 우선적 효력

3.9 〈1〉 원 칙 동일한 권리객체에 대하여 물권과 채권이 충돌하면 물권이 우선하는 것이 원칙이다.[15] 채권에 대한 물권의 우선적 효력이 두드러진 경우는 채무자가 파산을 하거나 채무자의 재산에 대하여 강제집행 또는 담보권실행을 위한 경매를 하는 때이다. 아래에서 이와 관련한 제도를 소개한다.

ⓘ **제3자 이의의 소** 채무자 B의 채무불이행으로 채권자 A가 B의 재산에 대하여 강제집행을 하는데, 집행대상물 중에 X소유의 물건이 포함되어 있다면 X는 A를 상대로 제3자 이의의 소를 제기하여 자기 소유물을 경매 대상에서 제외시킬 수 있다(「민사집행법」 제48조).

ⓘⓘ **환 취 권** A가 파산했는데 그의 재산 속에 X 소유의 물건이 섞여 있다면 X는 환취권을 행사하여 자기 소유물을 파산재단으로부터 제외시킬 수 있다(「채무자 회생 및 파산에 관한 법률」 제407조).

---

14) 이 법률에 대해서는 이 책 [3.260] 이하 참조.

15) 이에 대해서는 이 책 [1.26] 참조.

ⅲ **별 제 권**　A가 파산하였고 그의 재산 중 어떤 물건에 대하여 X가 담보물권자의 지위에 있다면 X는 별제권을 행사하여 자기 채권의 우선변제에 충당할 수 있다(「채무자 회생 및 파산에 관한 법률」 제411조).

3.10 〈2〉 예　외　채권이 등기·가등기 또는 기타 요건을 구비하면 물권 유사의 효력이 인정되는 경우가 있다. 이때에는 물권 상호 간의 우선적 효력과 같이 시간적 선후에 따라 우열을 판단한다. 임차권을 등기한 경우(제621조제2항), 「주택임대차보호법」이 정하는 대항요건을 구비한 주택임차권(「주택임대차보호법」 제3조) 등이 그 예이다.[16] 한편, 법률상 애당초 채권이 물권에 우선하는 경우도 있다. 임금채권우선특권(「근로기준법」 제37조제2항), 임대차에 있어서 소액보증금에 대한 우선특권(「주택임대차보호법」 제8조) 등이 그 예이다.

2. 물권 상호 간의 우선적 효력

3.11 물권의 직접지배성 내지 배타성으로 인하여 하나의 권리객체 위에 성질·범위·순위 등이 동일한 물권이 동시에 성립할 수는 없으나, 동일한 객체 위에 내용이 다른 물권이 동시에 존재하는 것은 가능하다. 물권이 충돌하는 경우에 "시간에서 빠르면 권리에서 앞선다"(*prior tempore, potier iuris*)는 원칙이 지배한다. 몇 가지 경우로 나누어 살펴본다.

ⅰ **충돌이 불가능한 경우**　점유권 상호 간에는 충돌이 일어나지 않는다. 점유권은 사실상의 지배를 내용으로 하기 때문이다. 직접점유와 간접점유로 성질을 달리하는 점유권[17]은 병존할 수 있다. 저당권과 질권도 충돌하지 않는다. 저당권은 등기·등록으로 공시할 수 있는 물건을 목적으로 하고, 질권은 그 외의 물건을 목적으로 하기 때문이다. 유치권과 유치권도 충돌하지 않는다. 유치권은 점유권을 포함하기 때문이다.

ⅱ **용익물권 상호 간의 충돌과 담보물권 상호 간의 충돌 또는 용익물권과 담보물권 간의 충돌**　"시간에서 빠르면 권리에서 앞선다"는 원칙에 따라 우열을 정한다. 동일한 부동산 위에 저당권과 지상권이 설정된 경우를 생각해 보자. 저당권

16) 이에 대해서는 이 책 [2.212] 참조.
17) 이에 대해서는 이 책 [3.75] 참조.

이 설정되고 그 후에 지상권이 설정되었다면 저당권의 실행으로 지상권이 소멸한다. 반대로 지상권이 저당권보다 먼저 성립했다면 저당권이 실행되더라도 지상권이 소멸하지 않고 경락인 소유의 부동산에 여전히 존속한다.

ⅲ **소유권과 제한물권의 관계** 양자의 관계는 충돌로 볼 수 없다. 소유자는 제한물권자에게 설정적 승계의 방식으로 제한물권을 설정한 것이기 때문이다. 소유권자는 제한물권자의 권리범위 내에서 권리를 제한당하는 것이다.

Ⅱ. 물권적 청구권

3.12 〈1〉 개 념 물권적 청구권이란 물권의 실현이 일정한 사정으로 인하여 방해당하거나 또는 방해당할 염려가 있는 경우에 물권자가 방해자에 대하여 그 방해사실의 제거 또는 예방에 필요한 행위를 청구하는 권리이다. 반환청구권은 물권에 대한 침해가 점유의 침탈 내지 반환거부인 경우에 물건에 대한 점유의 회복을 내용으로 한다. 방해제거청구권은 물권에 대한 침해가 점유의 침탈 내지 반환거부 외의 방법으로 방해되는 경우에 그것을 제거하는 것을 내용으로 한다. 방해예방청구권은 물권의 침해가 현실적으로 발생하지는 않았지만 앞으로 발생할 염려가 있는 때에 그것을 방지할 것을 요구하는 것이다.

민법은 소유권에 관하여 반환청구권(제213조), 방해제거청구권·방해예방청구권(제214조)을 규정하고 이를 다른 물권에 준용한다(지상권에 관하여 제290조, 지역권에 관하여 제301조, 전세권에 관하여 제319조, 저당권에 관하여 제370조). 그리고 점유권에 관하여 반환청구권(제204조), 방해제거청구권(제205조), 방해예방청구권(제206조)을 규정한다.

3.13 **〈2〉 물권적 청구권과 비용부담** A 소유의 토지와 B 소유의 토지는 인접해 있다; B 소유의 토지에 심어져 있던 나무가 강풍에 쓰러져 A 소유 토지 쪽으로 넘어갔다. 이 경우에 A는 B에게 방해제거청구권을 행사할 수 있는가? 그리고 B는 A에게 나무의 소유권에 기한 목적물반환청구권을 행사할 수 있는가? 비용부담의 문제와도 연관되면서 학설은 매우 다양한 입장을 제시하고 있다.

ⅰ 제1설 물권적 청구권은 물권자가 상대방에게 적극적인 행위를 청구하는 것이므로 비용부담자는 상대방이라고 한다.

ⅱ 제2설 제1설에 의하면 먼저 물권적 청구권을 행사하는 사람이 이익을 본다고 비판하면서 물권적 청구권이란 물권자가 자기 비용으로 수행하는 회복행위를 상대방이 인용하는 것이라고 한다.

ⅲ 제3설 제2설은 앞의 사안과 같이 예외적 상황에는 유용할지 모르나, 일반적인 사안(예: 타인 소유의 토지에 무단으로 시설물을 건설한 경우)에서는 상식에 어긋난다고 비판하면서, 원칙적으로는 제1설과 같이 보지만 물권침해가 상대방의 의사에 기한 것이 아닌 때에는 제2설과 같이 이해한다.

ⅳ 평 가 제3설의 고민은 이해가 되지만, 방해원인에 따라 물권적 청구권의 내용이 달라진다는 것은 수긍하기 어렵다. 물권적 청구권과 비용부담의 문제는 새로운 시각에서 접근해야 한다. 결론적으로, A는 B에게 방해제거청구를 할 수 있으나, B는 A에게 물권적 반환청구를 할 수 없다. 물권적 반환청구권이 성립하기 위해서는 물권자가 아닌 사람이 해당 물건을 점유해야 하는데 사안에서 A는 나무를 점유하고 있지 않기 때문이다(특히 점유설정의사[18]가 없으므로).

보충학습 3.5 | 물권적 청구권과 비용부담에 관한 새로운 시각

앞의 사안에서 과연 B의 A에 대한 물권적 청구권이 성립하는가? B의 A에 대한 물권적 반환청구권 자체가 성립하지 않는다고 생각한다. 왜냐하면 물권적 반환청구권이 성립하기 위해서는 상대방이 목적물을 점유하고 있어야 하는데, 사안에서 A는 B 소유의 나무를 점유한다고 볼 수 없다. 점유가 성립하기 위해서는 점유설정의사가 있어야 하는데 A에게는 점유설정의사가 없기 때문이다. 만약 A에게 점유설정의사가 있다면 B에게 방해제거를 청구하지 않을 것이다. 그러므로 B의 물권적 반환청구권은 성립하지 않는다. B는 자기의 노력을 들여 자기 소유물을 회수해야 한다. 반면, B의 나무로 인하여 자기의 토지소유권을 방해를 받고 있는 A는 방해제거청구권을 행사할 수 있다.

비유를 들어 정리한다. 옆집 마당에서 이웃과 이야기를 하던 중 자신도 모르게 그곳에 물건을 떨어트린 사람은 나중에 자기 집으로 돌아와 그 이웃에게 그 물건을 왜 돌려주지 않느냐며 떼쓸 것이 아니라 다시 그 집으로 가서 스스로의 비용으로 그 물건을 찾아오는 것이 마땅하다.

18) 이에 대해서는 이 책 [3.71] 참조.

제2장

물권변동론

제 1 절 서 설

Ⅰ. 물권변동과 공시제도

3.14 〈1〉 공시의 원칙 대인적 권리인 채권과 달리 대세적 권리인 물권은 그 존재와 내용을 일반인에게 알릴 필요가 있다. 또한 물건의 효용을 극대화하기 위해서는 공시제도가 정비될 필요가 있다.[1] 특히 저당권과 같이 물건에 대한 점유를 수반하지 않는 권리의 경우에는 공시제도의 필요성이 더욱 크다.

공시의 원칙이란 물권의 존재와 내용을 일정한 표상에 의하여 일반인에게 알려야 한다는 것이다. 공시가 필요하다 해서 모든 물건에 대하여 동일한 정도의 공시방법을 요구할 수는 없다. 부동산이나 특정의 동산(항공기·자동차·중장비·선박 등)은 등기 또는 등록의 대상으로 하는 것이 효율적이겠지만, 책·연필과 같은 사소한 동산을 등기·등록의 대상으로 하는 것은 오히려 거래의 수월성을 해친다. 그리하여 일반적인 동산은 원칙적으로 점유를 공시방법으로 한다.

3.15 〈2〉 공시방법과 물권변동의 관계(의사주의/형식주의) 의사주의와 형식주의의 구별은 법률행위에 의한 물권변동에 있어서 당사자의 의사, 즉 법률행위만으로 물권변동이 일어나는가 아니면 의사 외에 일정한 형식(등기 또는 인도)이 요구되는가에 따른 것이다. 민법은 법률행위에 의한 물권변동에 있어서 형식주의를 채택하고 있다(제186조, 제188조제1항).

보충학습 3.6 | 공신의 원칙

공신의 원칙이란 공시의 내용을 신뢰하고 거래한 경우에 비록 그 공시방법이 진실한 권리관계와 부합하지 않더라도 신뢰한대로의 권리관계가 존재하는 것으로 다루어야 한다는 원칙이다. 현행 민법은 동산의 공시방법인 점유에는 공신력을 인정하고(제249조: 선의취득), 부동산의 공시방법인 등기에는 공신력을 인정하지 않는다. 그리하여 점유권원이 없는 사람(예: 절도자의 점유)의 점유를 권원있는 점유로 신뢰하여 동산을 매수하여 점유하는

1) 이에 대해서는 이 책 [3.6] 〈보충학습 3.4〉 참조.

사람은 소유권을 취득하나, 무효인 등기를 유효하다고 신뢰하여 부동산을 매수하고 이전 등기를 받은 사람은 소유권을 취득할 수 없다.

Ⅱ. 물권행위

1. 개 념

3.16 물권행위란 처분행위의 일종으로 물권변동 그 자체를 목적으로 하는 법률행위이며 채권행위와 달리 이행의 문제를 남기지 않는다. 또한, 처분행위는 처분권의 존재가 유효요건이라는 점에서 의무부담행위와 다르다고 한다.

물권행위에 관한 논의는 독일민법학의 영향이다. 그런데 우리 민법에서 물권행위의 개념에 대하여 근본적인 의문이 있다.[2] 예컨대, A가 甲동산을 B에게 매도하는 계약을 체결하고 채무의 이행으로 B에게 甲을 인도하는 거래과정에서 매매계약(채권행위)의 존재는 인식할 수 있으나, 이와 별도로 물권행위(A와 B 사이에 甲에 대한 소유권의 이전에 관한 합의)는 어디에서 찾을 것인가? 그러나 종래의 일반적 학설에 따라 물권행위의 개념을 인정하는 입장에서 설명을 전개한다.

2. 물권행위의 독자성

3.17 물권행위의 독자성의 개념에 대해서는 "물권행위는 채권행위와 따로 행해지는가?"의 문제로 보는 학설과 "물권행위가 채권행위와 개념적으로 구별되는가?"의 문제로 보는 학설이 있다. 물권행위 독자성의 개념으로는 후자가 타당하다. 전자는 물권행위의 독자성이 아니라 물권행위의 시기를 말하는 것이다.

물권행위 개념의 효용은 크게 다음 두 가지이다: ① 물권행위가 처분행위이므로 처분권이 없는 사람의 처분행위는 무효여서 물권이 이전되지 않는다는 것을 설명하기 위한 도구; ② 물권행위의 무인성 논의를 위한 전제. 그러므로 이들 이슈를 다른 방법으로 설명할 수 있다면 물권행위 개념에 의지할 필요가 없을 것이다. ①의 문제는 "누구도 자기가 가진 것을 초과하는 권리를 타인에게 양도

2) 이에 대해서는 명순구 외, 『아듀, 물권행위』, 고려대학교 출판부, 2006 참조.

할 수 없다"(*Nemo plus juris ad alium transferre potest quam ipse habet*)는 원칙으로 해결할 수 있다. 즉 ①의 이슈는 물권행위의 개념 없이도 설명이 가능하다. ②의 문제에 대해서는 항을 바꾸어 설명한다.

3. 물권행위의 유인성·무인성

3.18 **〈1〉 유인론·무인론의 시각** 물권행위의 유인론·무인론의 시각을 사례를 통해 알아본다.

• **사례①** A가 자기 소유의 甲토지에 대하여 B와 매매계약을 체결하고 B에게 소유권이전등기를 해주었다. A·B 간의 법률행위에 있어서 채권행위(원인행위)는 무효이고, 물권행위(처분행위)는 유효인 경우에 A·B 간의 법률관계는 어떠한가?

유인론의 시각은 이러하다: 채권행위의 무효가 물권행위에도 영향을 미쳐 물권행위가 무효로 되어 B는 물권을 취득하지 못한다; A는 소유자의 지위에서 물권적 청구권을 행사하여 甲토지에 대한 등기를 회복할 수 있다.

무인론의 시각은 이러하다: 채권행위가 무효라도 물권행위에는 영향을 미치지 않아 물권행위의 효력으로 甲토지의 소유권은 B에게 이전된다; 그런데 B의 수익(즉 물권 취득)은 법률상 원인이 없으므로(원인행위가 무효이므로) A는 B에게 부당이득반환청구권(제741조)을 행사할 수 있다; 甲토지에 대한 현재 등기명의인은 B이므로 A는 원물반환의 방식으로(제747조제1항) 甲토지에 대한 등기를 회복할 수 있다.

유인론과 무인론 어느 것에 의하더라도 A는 甲토지에 대한 등기를 회복할 수 있다.

• **사례②** 사례①에서 한 걸음 더 나아가 B가 甲토지에 대하여 C와 매매계약을 체결하고 C 명의로 이전등기를 해주었다면 A·B·C 간의 법률관계는 어떠한가?

유인론의 시각은 이러하다: 甲토지의 소유자는 A이지 B가 아니어서 C 명의의 등기는 무효이므로, A는 소유권에 기한 물권적 청구권을 행사하여 甲토지에 대한 등기를 회복할 수 있다; 이때 B·C는 담보책임 등으로 내부관계를 정리할 것이다.

무인론의 시각은 이러하다: 甲토지의 소유자는 B이므로 그와 거래한 C의 소유자로서의 지위는 확고하다; A로서는 C에게는 아무런 주장도 할 수 없고, B에게 부당이득반환청구를 할 수 있을 뿐이다; 그리고 이때에는 원물반환이 불가하므로 가액반환을 청구할 수 있을 뿐이다(제747조제1항).

사례①에서와 달리 사례②에서는 A가 甲토지에 대한 등기를 회복할 수 없다.

3.19 **〈2〉 무인론에 대한 비판** 무인론에 따르면, 처분행위인 물권행위의 유효·무효는 원인행위인 채권행위의 효력에 의하여 영향을 받지 않는다. 무인론의 주된 논거는 현행법의 결함을 보정하여 거래안전을 기할 수 있다는 것이다. 무인론에 대하여 유인론은 다음과 같이 비판한다. 첫째, 채권행위와 물권행위 사이에 시간적 간격이 없거나 또는 그다지 길지 않을 때에는 무인론이 거래안전을 위한 장치로 작용하지 못한다. 둘째, 민법은 거래안전을 위한 별도의 규정을 두고 있으므로(예: 제107조제2항, 제108조제2항, 제109조제2항, 제110조제3항, 제548조제1항 단서) 무인론만이 거래안전을 위한 방안은 아니다.

3.20 **〈3〉 종합평가** 물권행위의 유인성·무인성이 과연 법해석 차원의 문제인가? 「민법」 제249조가 없다면 동산에 대한 선의취득을 인정할 수 없는 것과 같이 우리 실정법에 물권행위의 무인성을 인정한 규정이 없다면, 최소한 해석론적 차원에서는 물권행위의 무인론을 주장할 수 없는 것 아닐까? 판례도 "소위 물권행위의 독자성과 무인성은 인정되지 않는다고 보아야 할 것 … 이다"[3]라고 판시하여 물권행위의 무인성을 부정하는 입장이다.

제2절 부동산물권의 변동

Ⅰ. 부동산물권 변동의 두 유형

3.21 **〈1〉 법률행위에 의한 부동산물권의 변동** 제186조는 "부동산에 관한 법률행위로 인한 물권의 득실변경은 등기해야 그 효력이 생긴다"라고 규정한다. 현

3) 특히 대법원 1977. 5. 24. 선고 75다1394 판결 참조.

행 민법은 부동산 물권변동에 관한 법정책으로서 의용민법의 의사주의 대신 형식주의를 채택했다.

3.22 〈2〉 **법률행위 외의 사유에 의한 부동산물권의 변동** 제187조 본문은 "상속, 공용징수, 판결, 경매 기타 법률의 규정에 의한 부동산에 관한 물권의 취득은 등기를 요하지 아니한다"라고 규정한다. 법문은 '물권의 취득'으로 되어 있으나 제186조의 '물권의 득실변경'과의 균형상 물권변동을 의미하는 것으로 해석해야 한다. 당사자의 의사를 기초로 물권변동이 일어나는 경우(즉 법률행위에 의한 물권변동)에는 '등기시'라는 획일적 시점을 기준으로 물권이 변동되는 것으로 할 수 있겠지만, 그 밖의 경우에는 각 사안의 개별적 특성상 등기와 같은 획일적 시점에 물권변동이 일어나는 것으로 하기 곤란하다. 그러므로 각 물권변동 사유에 맞춰 물권이 변동되는 것으로 규정한 것이다.

보충학습 3.7 | 제187조 단서의 의미

제187조 본문에 따라 등기 없이 물권을 취득하더라도 취득자의 명의로 등기를 하지 않으면 그것을 처분하지 못한다(제187조 단서). 여기에서 처분이라고 하는 것은 법률행위에 의한 처분을 가리킨다. 그렇다면 제187조 단서는 당연한 사항을 규정한 것이라는 입론이 가능하다. 왜냐하면 법률행위에 의한 물권의 처분에는 제186조가 적용되어 등기를 요하기 때문이다. 제187조 단서는 같은 조 본문에 의하여 부동산물권을 등기 없이 취득하였더라도 그 권리자가 이를 법률행위에 의하여 처분하려면 미리 물권의 취득을 등기하고 그 후에 그 법률행위를 원인으로 하는 등기를 경료해야 한다는 당연한 원칙을 선언한 것에 불과한 것이다.4)

Ⅱ. 부동산등기의 의미

1. 부동산등기의 개념

3.23 등기란 국가기관(등기관)이 법적 절차에 따라 공적 기록(등기부)에 부동산에 관한 일정한 권리관계를 기록하는 행위 또는 기록 자체를 말한다. 부동산등기의

4) 대법원 1994. 10. 21. 선고 93다12176 판결 참조.

대상은 토지 또는 건물로서 등기부에는 토지등기부와 건물등기부의 두 종류가 있다(「부동산등기법」 제14조제1항). 구분건물[5](예: 아파트)의 경우에는 소유권의 목적이 되는 다수의 건물이 구조적으로 1개의 동에 속해있다는 특성을 고려하여 1동의 건물 전체에 관한 등기부(건물상태 및 대지상태)를 두고 전유부분에 관한 등기부가 뒤따른다(「부동산등기규칙」 제14조제1항).

보충학습 3.8 | 대　　장

등기부와 구별해야 할 것 중에 대장(臺帳)이 있다. 대장은 부동산에 관한 행정사무를 위하여 행정관청(시장, 군수, 구청장)이 관리하는 공적 장부로서 토지대장, 임야대장, 건축물대장이 이에 속한다. 대장과 등기부는 그 기능에는 차이가 있으나 서로 밀접한 관련을 가지고 있으므로 양자의 표상내용이 일치해야 한다. 그리하여 이를 고려한 규정을 두고 있다: 물체적 상황에 대해서는 대장의 기재를 기초로 등기부에 기록해야 한다(「부동산등기법」 제29조제11호); 권리의 변동에 대해서는 등기부의 기록을 기초로 대장에 기재해야 한다(「공간정보의 구축 및 관리 등에 관한 법률」 제84·88조).

2. 부동산등기부의 구성

3.24 부동산등기부는 표제부, 갑구, 을구의 세 부분으로 구성되어 있다(「부동산등기법」 제15조제2항). 표제부에는 부동산에 관한 사실상태가, 갑구(甲區)에는 소유권에 관한 사항이, 을구(乙區)에는 소유권 외의 권리에 관한 사항이 표시된다.

표제부	토지등기부: 소재지, 지목, 면적 등 건물등기부: 소재지, 건평, 층수, 구조, 용도 등
갑구	소유권에 관한 사항(소유권변동상황, 압류, 가압류, 경매신청, 가등기, 가처분, 환매등기 등)
을구	소유권 외의 권리에 관한 사항(지상권, 지역권, 전세권, 저당권, 임차권 등)

구분건물 등기기록은 2개의 표제부를 포함하고 있다. 하나는 1동의 건물 전체에 관한 표제부이고, 다른 하나는 전유부분에 관한 표제부이다. 전유부분에 관

5) 구분건물의 개념에 대해서는 이 책 [3.145] 참조.

한 표제부 뒤에는 전유부분에 관한 갑구·을구 등기가 뒤따른다.

3. 부동산등기의 종류

3.25 **〈1〉 사실의 등기와 권리의 등기** 등기사항에 따른 분류이다. 사실의 등기란 등기기록 중 표제부에 하는 등기로서 부동산의 위치, 면적, 구조 등과 같은 사실관계를 표시한 것이다. '표제부의 등기'라고도 한다. 권리의 등기란 부동산의 권리관계에 관한 등기이다. '갑구·을구의 등기'라고도 한다.

3.26 **〈2〉 보존등기와 권리변동의 등기** 보존등기란 등기의 대상이 아니었던 부동산에 관하여 처음으로 이루어지는 소유권에 관한 등기이다. 보존등기가 있게 되면 그 부동산에 관하여 새로운 등기기록이 개설된다(예: 건물의 신축에 따른 건물소유권의 보존등기). 권리변동의 등기란 보존등기를 기초로 그 후에 행해지는 권리변동에 관한 등기이다(예: 소유권의 이전, 제한물권의 설정 등).

3.27 **〈3〉 등기의 내용에 의한 분류** 등기는 그 내용에 따라 기입등기, 경정등기, 변경등기, 말소등기, 회복등기, 멸실등기로 구분된다.

ⓘ **기입등기** 새로운 등기원인에 의하여 행해지는 등기이다(예: 소유권보존등기, 저당권설정등기 등). 일반적으로 등기라 하면 기입등기를 의미한다.

ⓘⓘ **경정등기** 등기가 행해졌는데 그 절차에 결함(예: 착오)이 있어 애초부터 등기내용과 실체관계가 불일치하는 경우에 이를 시정하기 위한 등기이다(「부동산등기법」 제32조). 그리하여 경정등기에 의해서는 권리관계에 변동이 일어나지 않는다.

ⓘⓘⓘ **변경등기** 등기 후 실체관계에 변화가 있어 이를 시정하기 위한 등기이다(「부동산등기법」 제63·64조). 소유자의 성명 또는 주소가 변경된 경우에 행해지는 등기 등이 그 예이다.

ⓘⓥ **말소등기** 등기에 대응하는 기존의 실체관계가 처음부터 없는 경우 또는 존재하는 물권을 소멸시키는 경우에 그 등기의 전부를 말소하는 등기이다. 말소등기는 등기내용을 지우는 것이 아니라 말소 대상 부분에 줄을 긋는 방법으로 한다(그리하여 원래의 내용이 무엇이었는지를 알 수 있도록 한다).

ⓥ **회복등기** 기존의 등기가 부당하게 말소된 경우에 그것을 부활·재현

시키는 등기이다. 회복등기에는 말소회복등기와 멸실회복등기가 있다. 말소회복등기란 등기의 전부 또는 일부가 부적법하게 말소된 경우에 그 등기를 되살리는 회복등기이다(「부동산등기법」 제59조).[6] 멸실회복등기란 등기부의 전부 또는 일부가 없어진 경우에 그 소멸된 등기를 복구하기 위하여 행해지는 회복등기이다(「부동산등기규칙」 부칙 제3조).

ⓥⓘ 멸실등기 부동산이 멸실된 경우에 행해지는 등기이다(「부동산등기법」 제39·43조). 멸실등기 후에는 해당 등기부를 폐쇄하게 된다.

3.28 〈4〉 주등기와 부기등기 주등기는 표제부 등기의 경우에는 표시번호란에, 갑구·을구의 등기의 경우에는 순위번호란에 각각 독립 번호를 붙여서 하는 등기이다. 부기등기는 표시번호란 또는 순위번호란에 독립 번호를 붙이지 않고 주등기의 번호 아래에 '부기 ○호'의 형식으로 등기번호를 붙여서 하는 등기이다(부동산등기규칙 제2조). 부기등기는 주등기와 순위를 공유하면서 주등기의 연장임을 표시하고자 할 때 행해지며, 법률이 정하는 경우에만 가능하다.

3.29 〈5〉 종국등기와 예비등기 등기의 효력을 기준으로, 등기로 인하여 물권변동이 일어나는 종국등기와 물권변동에 간접적으로 대비하기 위하여 이루어지는 예비등기로 구분할 수 있다.

ⓘ 종국등기 쉽게 말해 종국등기란 예비등기가 아닌 것이다. 일반적으로 등기라 하면 종국등기를 의미한다. 예비등기 중 특히 가등기와 대비시켜 말할 때에는 '본등기'라는 표현을 사용하기도 한다.

ⓘⓘ 예비등기 예비등기란 장래에 어떤 등기가 행해질 수 있음을 나타내기 위하여 행해지는 등기이다. 예비등기에 해당하는 것이 가등기이다. 가등기란 종국등기의 대상인 권리의 설정·변경·이전 또는 소멸의 청구권을 보전한다든가 혹은 이들 청구권이 시기부 또는 정지조건부이거나 기타 장래에 확정될 것인 때에 이루어지는 등기이다(「부동산등기법」 제88조). 가등기의 원래 기능은 이와 같이 청구권을 보전하는 것이다(소위 '보전가등기'). 그런데 실제 거래에서 가등기는 채권담보의 목적으로 이용되는 경우가 더 많다(소위 '담보가등기'[7]).

---

6) 예: 지상권이 소멸하지 않았는데 소멸한 것으로 등기된 경우 이를 회복하는 등기.

7) 담보가등기는 「가등기담보 등에 관한 법률」의 규율대상으로서 이에 대해서는 이 책 [3.261] 참조.

보충학습 3.9 | 가등기의 기능

B가 A로부터 부동산을 매수하더라도 B 명의로 이전등기를 하기 전에 A가 C와의 매매계약을 한 후 C에게 이전등기를 해주면 B는 소유권을 취득할 수 없다. 그런데 만약 B가 자신의 A에 대한 소유권이전청구권을 가등기하게 되면 상황은 전혀 달라진다. B 명의의 가등기 후에 C 명의의 본등기가 있더라도 B가 가등기에 기하여 본등기를 하게 되면 그 본등기의 순위는 가등기의 순위에 의하게 되어 C보다 선순위가 되기 때문이다.[8)]

4. 부동산등기의 절차

3.30 부동산등기의 과정을 본다.

ⅰ **등기의 신청** 등기는 원칙적으로 당사자의 신청 또는 관공서의 촉탁에 의하여 행해진다(「부동산등기법」 제22조제1항). 예외적으로 등기관의 직권에 의한 등기가 허용되는 경우가 있다(「부동산등기법」 제32조제2항, 제36조제1항, 제40조 등).

ⅱ **등기관의 접수** 등기신청이 있게 되면 등기관은 이를 접수하여 접수번호에 따라 등기를 한다. 등기의 선후는 권리의 우선순위에 영향을 미치므로(「부동산등기법」 제4조) 접수번호는 '접수장'이라는 장부를 통하여 엄격하게 관리된다(부동산등기규칙 제22·65조).

ⅲ **등기관의 심사** 등기신청에 대한 심사에 관한 입법례로는 형식적 심사주의(신청서류에 의해 형식상의 등기요건을 갖추었는가 여부만을 심사)와 실질적 심사주의(등기신청의 실질적 이유 내지 원인의 존재와 효력까지 심사)가 있다. 전자는 등기의 신속성에서는 강점이 있으나 등기의 진실성에서 약점이 있고, 후자는 그 반대이다. 우리는 형식적 심사주의를 취하는 것으로 보아야 한다.[9)] 왜냐하면 「부동산등기법」 제29조는 등기관이 등기신청을 부적법한 것으로 각하해야 할 경우만을 한정적으로 열거하고 있을 뿐만 아니라, 등기관에게 실질적 심사권을 부여한 것으로 볼 수 있는 일반규정이 없기 때문이다.

ⅳ **등기의 실행** 등기신청이 적법하다고 판단하면 등기관은 등기를 실행한다. 등기가 완료되면 등기관은 대법원규칙이 정하는 바에 따라 신청인 등에게

8) 이에 대해서는 이 책 [3.42] 참조.
9) 대법원 1987. 9. 22. 선고 87다카1164 판결; 대법원 2005. 2. 25. 선고 2003다13048 판결 등 참조.

그 사실을 알려야 한다(「부동산등기법」 제30조). 등기관이 새로운 권리에 관한 등기를 마쳤을 때에는 등기필정보(일반적으로 '권리증'이라 부름)를 작성하여 등기권리자에게 통지해야 한다(「부동산등기법」 제50조제1항 본문).

Ⅲ. 부동산등기의 청구와 효력

1. 등기청구권

3.31 〈1〉 개 념 등기의 신청은 공동신청주의를 원칙으로 한다(「부동산등기법」 제23조제1항). 그리하여 만약 등기의무자가 등기절차에 협력하지 않는다면 등기권리자는 등기를 신청할 수 없게 된다. 등기청구권이란 등기권리자가 등기의무자에 대하여 등기신청에 협력할 것을 청구하는 권리이다.

3.32 〈2〉 법적 성질 법적 성질에 관해 학설이 대립하나, 다음과 같이 정리하고자 한다.

ⓘ 법률행위에 의한 물권변동의 경우 등기권리자의 등기청구권은 채권적 청구권이다. 의사주의를 취하던 의용민법이라면 계약 이후 등기 전의 어느 한 시점에서 물권이 등기권리자에게 이전하고, 그 결과 등기청구권의 기초를 물권에서 구하는 것이 가능하겠지만, 형식주의 하에서 등기청구권의 기초는 채권일 수밖에 없다.[10)]

ⓘⓘ 정정적 등기의 경우 정정적 등기(실체적 권리관계와 등기가 일치하지 않는 경우에 이를 바로잡기 위한 등기)를 위한 등기청구권의 법적 성질은 물권적 청구권으로 보아야 한다. 법률행위에 의하지 않은 물권변동(제187조: 판결·상속·공용징수·경매), 경정등기, 말소등기, 회복등기 등이 이에 해당한다.[11)]

3.33 〈3〉 등기청구권의 소멸시효 법률행위에 의한 물권변동에 있어서 등기청

---

10) 특히 대법원 1962. 5. 10. 선고 61다1232 판결: "신민법 하의 부동산에 관한 매매에 있어서는 등기가 없는 한 소유권을 취득하지 못하므로 그 매수인은 소유권을 전제로 한 물권적 청구권에 의하여 소유권이전등기를 청구할 수 없으나 매매계약에 따라 물권을 이전하라는 채권적 청구권에 의하여 소유권의 이전등기를 청구할 수 있다고 해야 할 것이다."

11) 이들 등기의 개념에 대해서는 이 책 [3.27] 참조.

구권을 채권적 청구권으로 본다면 이 권리는 10년의 시효로 소멸한다(제162조제1항). 이와 관련하여 판례는 부동산을 매수한 사람이 목적물을 인도받은 경우에는 매수인의 등기청구권은 다른 채권과는 달리 소멸시효에 걸리지 않는다는 입장이다.[12] 부동산의 인도라고 하는 것도 등기이전과 함께 소유권이전채무 이행의 일환이라는 점에서 볼 때 부동산의 인도는 시효중단사유(특히 채무의 승인)로 해석할 수 있을 것이다.

2. 부동산등기의 유효요건

(1) 형식적 유효요건

3.34 **〈1〉 등기의 존재** 우선 등기 자체가 존재해야 한다. 등기가 일단 존재하였다가 나중에 그 존재를 잃은 경우에 그 등기의 실체법상의 효력이 문제되는데, 다음에서 살펴본다.

ⓘ **등기부의 멸실** 등기부의 전부 또는 일부가 멸실된 때에는 일정 기간 내에 멸실회복등기를 할 수 있다. 멸실회복등기가 있게 되면 물권은 존속하는 것으로 보아야 한다.[13]

ⓘⓘ **등기의 불법말소** 등기가 제3자의 불법행위 또는 등기관의 잘못으로 말소된 경우에 물권이 소멸하는가? 등기는 물권변동의 효력발생요건일 뿐 효력 존속요건은 아니므로 물권은 소멸하지 않는다고 보아야 한다.[14]

3.35 **〈2〉 형식적 하자의 부존재** 「부동산등기법」은 등기관이 등기신청을 각하할 수 있는 사유를 열거하고 있다(법 제29조제1~11호). 이 중에서 관할위반의 등기(제1호)와 등기할 수 없는 사항에 관한 등기(제2호)는 그 자체가 어떠한 의미도 가지지 않는 무효의 등기이기 때문에 비록 등기관의 잘못으로 등기가 마쳐졌더라도 등기관은 직권으로 말소해야 한다(「부동산등기법」 제58조).

등기절차에 하자가 있는 경우에 등기관은 신청을 각하해야 한다. 그런데 등기절차에 하자가 있기는 했지만 등기가 완료되고 그 내용이 실체관계에 부합하

12) 대법원 1976. 11. 6. 선고 76다148 전원합의체판결; 대법원 1990. 12. 7. 선고 90다카25208 판결 등 참조.

13) 대법원 1981. 12. 22. 선고 78다2278 판결 참조.

14) 대법원 1982. 9. 14. 선고 81다카923 판결; 대법원 2002. 10. 22. 선고 2000다59678 판결 등 참조.

는 경우가 있다. 이러한 경우에 대하여 판례는 "설사 그 절차에 있어서 하자가 있었다고 할지라도 그 공시된 외형과 같은 권리관계가 실재하고 있다면 그 공시방법으로서의 등기의 효력을 부정할 것이 아니라고 함이 상당하다"는 입장이다.[15] 사망자를 등기의무자로 하여 경료된 등기라도 그의 상속인들의 의사에 따라 이루어진 것이라면 실체상 권리관계에 합치되는 유효한 등기로 본다든가,[16] 위조된 등기신청서류에 의하여 이루어진 소유권이전등기라도 그 등기가 실체적 권리관계에 부합되는 경우에는 유효로 보는 것[17] 등이 그 예이다. 이와 같은 판례의 경향은 등기경제를 고려한 정책적 판단에 기한 것으로 평가된다.

3.36 **〈3〉 이중등기(중복등기)의 문제** 등기부는 '1부동산1등기기록주의'에 따라 편성된다. 즉 1필의 토지 또는 1동의 건물에 대하여 1개의 등기기록이 개설되는 것이 원칙이다(「부동산등기법」 제15조).[18] 만약 기존의 등기와 중복되는 등기신청이 있는 경우에는 「부동산등기법」 제29조제2호의 "사건이 등기할 것이 아닌 경우"에 해당하여 등기관은 그 신청을 각하해야 한다. 그런데 제2의 등기신청을 각하하지 못하고 동일한 부동산에 대하여 중복적으로 등기가 되면 그 효력이 문제된다. 이중등기가 동일인 명의인 경우와 명의를 달리하는 경우로 구분하여 살펴본다.

보충학습 3.10 | 이중등기에 관한 두 기본시각

이중등기에 있어서 문제의 핵심은 이중등기가 완료된 경우에 어느 등기를 유효한 것으로 할 것인가에 있다. 이에 관한 기본시각은 크게 다음의 두 가지이다: ① 제2등기는 절차상 위법한 것이므로(1부동산1등기기록주의) 실체적 권리관계와 상관없이 제2등기가 무효이다(절차법설); ② 등기의 선후를 불문하고 실체관계와 합치되는 등기가 유효하다(실체법설).

ⓘ 동일인 명의의 이중등기의 경우 가령 A가 건물 신축 후 보존등기를 했

15) 특히 대법원 1972. 8. 22. 선고 72다1059 판결 등 참조.
16) 대법원 1964. 11. 24. 선고 64다685 판결 등 참조.
17) 대법원 1965. 5. 25. 선고 65다365 판결 등 참조.
18) 다만, 아파트와 같이 1동의 건물을 구분한 건물에 있어서는 1동의 건물에 속하는 전부에 대하여 1개의 등기기록을 사용한다(「부동산등기법」 제15조제1항 단서).

는데 어떤 사정으로 다시 A 명의의 보존등기가 이루어진 경우이다. 이 경우에 판례는 절차법설로 일관하여 제2등기를 무효로 한다.[19)]

ⅱ 명의를 달리한 이중등기의 경우 가령 A가 건물 신축 후 보존등기를 한 다음 이를 B에게 매도했는데, B가 착오로 이전등기가 아닌 보존등기를 신청하여 등기가 이루어진 경우이다. 이에 관한 판례는, 원칙적으로는 제2등기(B 명의의 보존등기)가 무효이지만(절차법설) 제1등기(A 명의의 보존등기)가 원인무효인 때에는 예외적으로 제2등기가 유효하다는(실체법설) 입장이다(그 결과 유효로 인정되는 보존등기에 터잡은 이전등기만이 유효).[20)] 절차법설로 일관한다면 선보존등기가 실체관계와 합치하지 않아 무효이고 후보존등기가 실체관계가 합치하더라도 일단은 후등기를 말소한 후 무효사유를 이유로 선등기를 말소하고 나서, 다시 이미 말소된 후등기와 동일한 내용의 등기를 반복하는 비경제가 발생한다. 이런 이유로 판례는 1부동산1등기기록주의를 기조로 하면서 예외적으로 실체관계를 고려하는 것이다.

(2) 실질적 유효요건

3.37 등기는 권리의 내용과 합치해야 한다는 것을 실질적 유효요건이라고 한다. 다음에서는 이에 관한 주요 이슈를 살펴본다.

보충학습 3.11 | 등기에 관한 특별조치법

부동산등기는 「부동산등기법」의 절차에 따라 행하는 것이 원칙이다. 그러나 부동산물권 변동에 있어서 현행민법이 의사주의에서 형식주의로 전환하였음에도 불구하고 거래계의 법의식이 이에 미치지 못하였다든가 혹은 그 밖의 특별한 사정으로 인하여 실제 권리자의 명의로 등기가 되어있지 않은 경우가 많았다. 이와 같은 경우에 간편한 절차에 따라 등기를 할 수 있도록 여러 특별조치법을 제정·시행하였다. 「임야소유권이전등기 등에 관한 특별조치법」(1969년), 「부동산소유권이전등기 등에 관한 특별조치법」(1977년, 1992년, 2005년), 「분배농지소유권이전등기에 관한 특별조치법」(1961년), 「일반농지의 소유권이전등기에 관한 특별조치법」(1964년) 등이 그것이다. 가령 「부동산소유권이전등기 등에 관한 특별조치법」(1977년) 제1조는 다음과 같이 규정하고 있다: "이 법은 「부동산등기법」에 따라

19) 대법원 1979. 1. 16. 선고 78다1648 판결; 대법원 1981. 11. 18. 선고 81다1340 판결 등 참조.
20) 대법원 1990. 11. 27. 선고 87다카2961·87다453 전원합의체판결. 같은 취지의 판결로 대법원 2001. 2. 15. 선고 99다66915 전원합의체판결 등 참조.

등기해야 할 부동산으로서 이 법 시행 당시 소유권보존등기가 되어 있지 아니하거나 등기부의 기재가 실제 권리 관계와 일치하지 아니하는 부동산을 용이한 절차에 따라 등기할 수 있게 함을 목적으로 한다." 이 법률에 따르면, 토지 또는 건물에 대한 사실상의 소유자는 주민 3인 이상의 보증서와 대장소관청으로부터 발급받은 확인서에 의해 등기를 신청할 수 있다.

위의 특별조치법들은 모두 한시법의 형태로 제정되었다. 특별조치법들이 실효되더라도 그 법률에 의하여 등기된 부동산에 관한 법률분쟁에 대해서는 행위시의 법률이 적용되어야 하므로 실효 후에도 문제될 수 있다.

3.38 **〈1〉 중간생략등기** A·B, B·C의 순서로 부동산매매계약이 체결되었다면 A로부터 B, B로부터 C의 순서로 이전등기가 이루어져야 한다. 그런데 중간자인 B 명의의 등기가 생략된 채 A로부터 C에게 이전등기가 이루어지는 경우를 중간생략등기라 한다.

ⓘ 문 제 점 중간생략등기는 등록세, 취득세의 면탈 등 공적 규제를 회피하는 수단으로 기능함으로써 사회문제가 될 수 있다. 중간생략등기의 폐단을 시정하기 위한 법적 조치로서 「부동산등기특별조치법」이 있다. 특히 이 법률은 미등기 상태로 부동산을 제3자에게 전매하는 행위를 형사처벌 대상으로까지 규정하기는 하나(동법 제2조제2항, 제8조제1호), 당사자 사이의 중간생략등기 합의의 사법상 효력까지 무효로 한다는 취지는 아니라는 것이 판례의 입장이다.[21] 한편, 이론적 관점에서 중간생략등기는 다음과 같은 점이 문제된다: 등기 없이는 물권변동이 일어나지 않는 현행법에서 C는 무권리자와 거래를 한 것 아닌가?[22]

ⓘⓘ **논의의 방향** 중간생략등기에서의 핵심 이슈는 다음과 같다: ① 이미 C 명의로 등기가 이루어진 경우에 그 등기의 유효성을 인정할 수 있는가?(이슈①); ② 등기명의가 아직 A인 상태에서 C가 A에게 직접 소유권이전등기를 청구할 수 있는가?(이슈②)

ⓘⓘⓘ **학설·판례** 중간생략등기는 무효라는 견해, A·B·C 간에 중간생략등

21) 대법원 1993. 1. 26. 선고 92다39112 판결; 대법원 1998. 9. 25. 선고 98다22543 판결 등 참조.
22) 의사주의에서는 이와 같은 문제는 발생하지 않는다. 매매계약에 의하여 매수인은 등기와 상관없이 소유권자의 지위에 있기 때문이다.

기에 관한 합의가 있으면 C 명의의 등기는 유효하다는 견해 등 다양한 학설이 있다. 판례는 이슈①과 이슈②를 차별적으로 다룬다. 판례의 입장은 다음 판결에서 잘 나타난다: "최종 양수인이 중간생략등기의 합의를 이유로 최초 양도인에게 직접 중간생략등기를 청구하기 위해서는 관계당사자 전원의 의사합치가 필요하지만(특히 최초 양도인과 중간자의 동의 외에 최초 양도인과 최후 양수인 사이의 합의도 필요),[23] 당사자 사이에 적법한 원인행위가 성립되어 일단 중간생략등기가 이루어진 이상 중간생략등기에 관한 합의가 없었다는 이유만으로는 중간생략등기가 무효라고 할 수는 없다."[24] 즉 요구되는 합의의 방식에는 차이가 있지만, 판례는 이슈①과 이슈②의 경우에 합의를 기초로 중간생략등기의 유효성을 인정하는 입장이다.

보충학습 3.12 | 중간생략등기에 관한 종합평가

이슈①과 이슈②는 이익상태가 다르므로 해결책도 각각 다를 수 있다.

이슈①에서는 A·B·C 3인의 이해관계 외에 이미 경료된 등기를 기초로 거래관계가 쌓일 수 있다. 그리하여 만약 이미 경료된 중간생략등기를 무효로 한다면 거래안전에 해가 된다. 아울러 이슈①에서는 거래안전에 초점을 맞추더라도 주관적 이익에 특별한 손상이 되지 않는다. 왜냐하면 A로부터 직접 C에게 이루어진 이전등기가 권리변동과정을 정확히 공시한 것은 아니지만 현재의 권리상태(즉 C가 소유자라는 사실)에는 부합하기 때문이다.[25] 그렇다면 등기의 유효성을 긍정하여 거래안전을 도모하는 것이 합리적인 선택이면서, 또한 등기경제[26]의 관념에도 합치한다.

이슈①과 달리 이슈②에서는 중간생략등기를 기초로 거래관계가 쌓임으로써 거래안전 또는 등기경제의 시각에서의 고민거리가 없다. 그러므로 이슈②의 경우에는 실체관계에 부합하는 등기를 위하여 마련된 「부동산등기특별조치법」의 취지를 엄격히 관철해도 무방할 것이다. 즉 「부동산등기특별조치법」상 중간생략등기는 제재(징역·벌금 또는 과태료)의 대상인데, 당사자 간에 합의가 있었다는 이유로 중간생략등기의 청구를 긍정하는 것은 「부동산등기특별조치법」의 취지에 정면으로 반하는 해석으로 생각한다. 이슈②의 경우에는 당사자 간의 합의의 유무와 무관하게 등기청구권을 부정하는 것이 법리적으로 타당할 것이다.[27]

23) 대법원 1995. 8. 22. 선고 95다15575 판결 등 참조.

24) 대법원 2005. 9. 29. 선고 2003다40651 판결 등 참조.

25) 미등기부동산의 양수인이 자기 명의로 보존등기를 한다든가(대법원 1995. 12. 26. 선고 94다

3.39 〈2〉 **실체관계와 등기원인의 불일치** 세금 또는 등기절차의 복잡성 등의 문제로 실제와 다른 등기원인에 의한 등기가 행해지는 경우가 있다(예: 소유권이전등기에 있어서 실제의 등기원인은 증여이나 매매계약으로 등기된 경우). 등기신청서와 등기신청서류의 내용이 일치하고 있다면 실질적 심사권이 없는 등기관으로서는 등기신청을 접수하고 등기를 할 수밖에 없다. 그 결과 실제와 다른 등기원인에 의한 등기가 이루어지게 된다. 이에 대하여 판례는 그 등기의 내용이 현재의 권리상태에 부합한다면 그 유효성을 인정한다.[28] 등기경제를 고려한 정책적 판단을 하고 있는 법원의 일관된 입장을 여기에서도 찾아볼 수 있다.

보충학습 3.13 | 진정명의회복을 위한 이전등기

법률행위의 무효·취소 또는 해제로 인하여 물권이 복귀하게 되는 경우에 말소등기를 해야 하는데 그 대신 진정한 권리자의 명의로 이전등기를 하는 경우에 그 등기의 유효성을 인정할 수 있을까?

1990년 대법원은[29] 최종등기명의자와 중간등기명의자 전원을 상대로 각 등기의 말소를 구하는 외에도, 최종등기명의자만을 상대로 '진정한 등기명의의 회복'을 원인으로 직접 이전등기를 구할 수도 있다고 판시하였다.[30] 가령 A로부터 B·C·D·E·F에게 차례로 이전등기가 되었는데 B의 등기가 무효인 경우 진정한 권리자 A는 원칙대로 하자면 B·C·D·E·F를 상대로 각각 말소등기를 하여 등기를 회복해야 하지만, F로부터 이전등기를 받는 방식으로 등기명의를 회복하여 비용과 시간을 절약할 수 있다. 그러나 자기 앞으로 소유권 등기가 된 적도 없었고 법률에 의하여 소유권을 취득하지도 않은 사람은 진정한 등기명의의 회복을 위한 소유권 이전등기를 할 수 없다. 왜냐하면 진정명의 회복을 위한 등기청구는 진정한 소유자가 현재 등기명의인을 상대로 그 등기의 말소를 구하는 것에 갈음하여 인정되는 것이기 때문이다.

44675 판결 등 참조) 상속인이 상속재산을 양도하고 피상속인으로부터 양수인에게 직접 이전등기를 하는 경우(대법원 1963. 5. 30. 선고 63다105 판결 등 참조)도 중간생략등기의 일종이다. 이들과 같은 경우는 제187조 단서에 위반하여 무효로 보아야 할 것이나 등기경제의 정책적 시각으로 유효성을 인정하는 것이 판례의 입장이다.

26) 만약 C 명의의 중간생략등기의 유효성을 부정하여 C 명의의 등기를 말소하고 A 다음에 B 명의의 등기를 하더라도 그 다음으로 C 명의의 등기를 해야 할 것이기에 하는 말이다.

27) C가 무리없이 등기하는 방법은 B의 A에 대한 등기청구권을 대위행사하여 B 명의로 등기를 한 다음 B에 대하여 등기청구를 하는 것이다. 이에 대해서는 이 책 [2.56]〈보충학습 2.12〉 참조.

28) 대법원 1980. 7. 22. 선고 80다791 판결 등 참조.

29) 대법원 1990. 11. 27. 선고 89다카12398 전원합의체판결 참조.

3.40 **〈3〉 무효등기의 유용** 등기에 부합하는 실체관계가 없다면 그 등기는 무효인데, 나중에 등기에 부합하는 실체관계가 존재하게 된 경우에 그 등기를 유효인 것처럼 유용할 수 있는가? 무효등기의 유용은 처음부터 아예 등기에 부합하는 실체관계가 없었던 경우(예: 가장매매를 기초로 등기를 한 후 그 등기를 유지한 채 나중에 유효한 매매계약이 이루어진 경우)일 수도 있고 처음에는 실체관계에 부합하는 등기였지만 후에 실체관계가 실효되었다가 다시 처음의 등기에 부합하는 실체관계가 발생한 경우(예: 채권담보를 위하여 저당권등기가 유효하게 존재하였지만 채무를 변제하여 무효인 등기가 되었으나 나중에 다시 등기에 부합하는 실체관계가 발생한 경우)일 수도 있다.

판례는 다음의 세 가지 요건이 충족된다면 무효등기를 새로운 실체관계를 위하여 유용할 수 있다고 한다: ① 무효등기에 부합하는 실체관계가 현존할 것; ② 유용의 합의(묵시적이어도 무방)가 있을 것; ③ 종래의 등기가 무효로 된 후에 등기부상 이해관계 있는 제3자가 나타나지 않았을 것.[31)]

3. 등기의 효력

3.41 **〈1〉 권리변동적·대항적 효력** 등기로 인하여 부동산물권이 변동된다(제186조). 이를 등기의 권리변동적 효력이라고 한다. 또한, 등기명의인은 등기에 공시된 사항을 가지고 다른 사람에게 대항할 수 있다. 의사주의를 취하는 법제에 있어서는 등기가 있기 전에 이미 권리변동이 일어나고 등기는 대항요건에 해당한다. 형식주의에 있어서도 등기에 대항적 효력이 있음은 물론이다.

3.42 **〈2〉 순위확정적 효력** 동일한 부동산에 관하여 등기한 권리의 순위는 법률에 다른 규정이 없는 한 등기의 선후에 의한다(「부동산등기법」 제4조제1항). 등기기록 중 같은 구(同區)에서 한 등기에 대하여는 순위번호에 의하고, 다른 구(別區)에서 한 등기에 대하여는 접수번호에 의한다(「부동산등기법」 제4조제2항). 부기등기의 순위는 주등기의 순위에 의하고, 부기등기 상호 간의 순위는 그 전후에 의한다(「부동산등기법」 제5조). 가등기를 한 경우에는 본등기의 순위는 가등기의 순위에

30) 같은 취지로 대법원 1990. 12. 21. 선고 88다카20026 판결; 대법원 2000. 2. 25. 선고 99다53704 판결 등 참조.

31) 대법원 1969. 3. 4. 선고 67다2910 판결; 대법원 2007. 1. 11. 선고 2006다50055 판결 등 참조.

의한다(「부동산등기법」 제91조).

3.43 〈3〉 **추정적 효력** 등기가 되어 있으면 그에 대응하는 실체적 권리관계가 존재하는 것으로 추정되는 효력이다. 앞에서 말한 권리변동적 효력, 순위확정적 효력, 대항적 효력은 유효한 등기에 한하여 인정되는 효력임에 반해, 추정적 효력은 등기의 유효·무효와 관계없이 등기가 존재한다는 사실 자체에 대하여 인정되는 효력이다. 가령 A의 명의로 소유권이전등기가 되어 있는데, B가 자기 소유물이라고 다투는 경우에 등기의 추정적 효력에 의하여 그러한 사실에 대한 증명책임은 B에게 있다.

보충학습 3.14 | 등기를 갖추지 않은 부동산매수인의 법적 지위

매매계약에 따라 매도인이 부동산을 인도하여 매수인이 부동산을 점유하고 있기는 하나 매수인 명의로의 이전등기는 아직 경료되지 않은 경우에 다음 사항에 대해서는 의문이 없다: ① 매수인이 점유자로서 보호를 받는다는 것; ② 현행법상 매수인에게는 소유권이 없다는 것. 종래 특히 논의되어 온 것은 매도인이 소유권에 기하여 반환청구를 하는 경우에 매수인은 이를 거절할 수 있는가의 문제이다. 학설과 판례는 매수인에게 반환거절권은 인정하지만 그 근거에 대해서는 의견이 일치하지 않는다.

판례는 "매수인이 아직 소유권이전등기를 받지 아니하였다 하여도 매매계약의 이행으로 그 대지를 인도받은 때에는 매매계약의 효력으로서 이를 점유·사용할 권리가 생기는 것으로 보아야 할 것이고 매수인은 그 매매계약을 이행하는 과정에서 이를 점유·사용할 권리를 가진다"[32]라고 판시한다. 판례는 이전등기가 경료되기 전이라도 매도인의 매수인에 대한 소유물반환청구권이 인정되지 않는다는 점을 분명히 하고 있다. 판례의 결론은 타당하다고 생각되는데 문제는 그 근거이다. 이에 관하여 종래 많은 학설이 있으나 모두 수용하기 어려운 견해들이다. 생각건대, 매도인의 매수인에 대한 소유물반환청구를 인정할 수 없는 이론적 근거는 채권의 본질에서 찾으면 그것으로 필요충분하다고 본다. 채권자는 채무자에게 급부의 이행을 청구할 수 있고(청구력) 이에 응하여 채무자가 이행한 결과를 보유할 수 있다(급부보유력).[33] 즉 채권자가 채무자에 의한 채무이행의 결과를 보유하는 행위는 채권의 존재에 의하여 정당화되어 부당이득(제741조)을 구성하지 않는다.

32) 대법원 1992. 7. 28. 선고 92다10197·10203 판결 참조.

33) 이에 대해서는 이 책 [2.2] 참조.

제 3 절 동산물권의 변동

3.44 동산물권의 변동도 법률행위를 원인으로 한 것과 그 밖의 것으로 구분된다. 민법은 전자만을 물권법 총칙에서 다루고 후자는 소유권의 장에서 규율한다. 이 절에서도 민법의 규율체계에 따라 전자에 대해서만 살펴본다. 법률행위에 의한 동산물권변동에서 특히 유의할 것은 동산물권의 공시수단인 '점유'에 공신력이 인정된다는 사실이다. 이러한 사정을 고려하여 다음에서는 크게 권리자로부터의 취득과 무권리자로부터의 취득(선의취득)으로 나누어 설명한다.

Ⅰ. 권리자로부터의 취득

1. 형식주의

3.45 동산 거래에 있어서도 법률행위만으로는 물권변동이 일어나지 않고 일정한 형식이 요구되는데, 그 형식이 인도이다(제188~190조). 제188조부터 제190조는 직접 또는 간접적으로 '양도'의 개념을 전제하고 있는데, 양도란 의사에 의한(즉 법률행위에 의한) 권리의 이전을 가리킨다.

보충학습 3.15 | 인도의 원칙에 대한 예외

동산이라고 하여 모두 인도에 의하여 물권변동이 일어나는 것은 아니다. 부동산의 종물인 동산은 인도와 상관없이 부동산의 권리변동에 따라 물권변동이 일어난다. 자동차와 항공기 등은 등록을 해야 효력을 발생한다(「자동차관리법」 제6조, 「항공안전법」 제7조 참조). 물권변동에 등록이 요구되는 동산은 마치 부동산과 같이 다루어진다.

2. 인 도

3.46 인도란 점유의 이전이다. 점유란 물건에 대한 사실상의 지배이므로[34](제192조

34) 이에 대해서는 이 책 [3.69] 이하 참조.

제1항 참조) 인도란 물건에 대한 사실상의 지배의 이전이다. 인도에 관해서 민법은 제188조제1항(현실인도)을 축으로 하여 그 외에 간편한 인도방법으로 제188조제2항(간이인도), 제189조(점유개정) 및 제190조(목적물반환청구권의 양도)를 규정하고 있다.

3.47 **〈1〉 현실인도** 인도의 원칙적인 모습으로 물건에 대한 사실상의 지배를 이전하는 것이다. 현실인도가 있다고 하려면 양도인의 물건에 대한 사실상의 지배가 동일성을 유지한 채 양수인에게 완전히 이전되어 양수인은 목적물에 대한 지배를 계속적으로 확고하게 취득해야 하고, 양도인은 물건에 대한 점유를 완전히 종결해야 한다.[35]

3.48 **〈2〉 간이인도** 양수인이 이미 그 동산을 점유한 때에는 당사자의 의사표시만으로 그 효력이 생긴다(제188조제2항). A가 자기 소유의 동산을 B에게 임대하여 B가 점유하고 있던 중 A·B 사이의 매매계약이 체결되었다고 해보자. 이 경우에 B는 그 물건을 A에게 반환하였다가 다시 A가 B에게 현실적으로 인도할 필요 없이 의사표시만으로 인도로 인정하겠다는 것이다. 간이인도가 있게 되면 양수인의 점유는 타주점유에서 자주점유로[36] 변경된다.

3.49 **〈3〉 점유개정** 동산에 관한 물권을 양도하는 경우에 당사자의 계약으로 양도인이 그 점유를 계속하는 때에는 양수인이 인수받은 것으로 보는데(제189조), 이를 점유개정이라고 한다. A가 자기 소유의 물건을 B에게 매각한 후 B로부터 다시 그 물건을 임차하여 사용하고자 한다면 A로서는 물건을 B에게 넘겨주었다가 다시 넘겨받을 필요 없이 점유를 계속하는 것을 인도로 본다는 것이다. 점유이전의 절차를 간략하게 한다는 점에서는 간이인도와 같지만 다음과 같은 차이가 있다: ① 간이인도에서는 양수인이 점유를 계속하지만, 점유개정에서는 양도인이 점유를 계속한다; ② 간이인도에서는 양수인의 점유가 타주점유에서 자주점유로 변경되지만, 점유개정에서는 양도인의 점유가 자주점유에서 타주점유로 변경된다. 점유개정이 성립하기 위해서는 소유권이전의 합의(예: 매매계약)와 아울러 양도인과 양수인 사이에 간접점유를 발생시키는 계약(예: 임대차계약), 즉 점유매개관계[37]가

35) 대법원 2003. 2. 11. 선고 2000다66454 판결 참조.
36) 자주점유와 타주점유의 구별에 대해서는 이 책 [3.78] 참조.
37) 이에 대해서는 이 책 [3.76] 참조.

있어야 한다. 두 합의는 동시에 체결되는 것이 보통이다.

동산소유권을 점유개정의 방법으로 이전하더라도 외부적으로는 아무런 거래가 없었던 것과 동일하여 이는 가장 불완전한 인도방법이다. 그리하여 때에 따라서는 점유개정이 인도의 방법으로 인정되지 않는 경우가 있다(예: 질권).[38]

보충학습 3.16 | 점유개정에 의한 동산의 이중양도와 소유자 판단

X는 자기 소유의 甲동산에 대하여 Y와 매매계약을 체결하고 그와 동시에 임대차계약을 체결하여 甲을 점유·사용하고 있다. 그러던 중 X는 다시 甲에 대하여 Z와 매매계약 및 임대차계약을 체결하고 계속 점유·사용하고 있다. X는 Y·Z와 이중매매를 하고 점유개정의 방법으로 인도를 한 것이다. Y와 Z 중 누가 甲의 소유자인가?

과거 판례의 입장은 다음과 같다: "동산의 소유자가 이를 이중으로 양도하고 점유개정의 방법으로 양도인이 점유를 계속하는 경우 각 양수인들 사이에 있어서는 먼저 현실의 인도를 받아 점유를 해 온 자가 소유권을 취득한다."[39] 즉 현실인도의 선후를 기준으로 소유자를 판단한다. 과거 판례이론은 법리적 타당하지 않다. X가 Y에게 먼저 현실인도를 한 경우와 Z에게 먼저 현실인도를 한 경우로 구분하여 생각해 보자.

먼저, X가 Y에게 먼저 현실인도를 한 경우이다. X·Y 간의 매매계약은 유효하고 X는 Y에게 점유개정의 형식으로 인도를 하였다. 점유개정도 동산물권 변동요건인 인도이므로(제189조) 甲에 대한 소유권은 점유개정이 있은 때로부터 이미 Y에게 귀속한다. 즉 X가 Y에게 현실인도를 하더라도 이 시점이 甲에 대한 소유권이 X로부터 Y에게 이전되는 시점은 아닌 것이다. X가 Y에게 현실인도를 하였다면 Y는 소유권자의 지위에서 목적물을 반환받는 의미를 가지는 것이다.

다음으로, X가 Z에게 먼저 현실인도를 하면 어떻게 되는가? 위에서 본 바와 같이 X·Z 간의 매매계약이 있기 전에 이미 甲에 대한 소유권은 Y에게 이전되었다. 따라서 X·Z 간의 매매계약은 타인소유물매매가 된다. X·Z 간에 물권행위가 행해진 시점에서 X에게는 처분권이 없다. 그러므로 원칙적으로 Z는 甲에 대한 소유권을 취득할 수 없다. 그러나 甲이 동산이라는 사실 및 Z의 거래상대방이 동산물권의 공시방법인 점유를 하고 있었다는 사실로 인하여 Z의 선의취득 여부를 판단할 필요가 있다. 이와 같은 방향에서 본다면, X가 Z에게 현실인도를 한 경우 甲의 소유권자를 판단함에 있어서는 경우를 나누어 검토해야 한다. 우선, Z가 선의취득의 요건을 갖춘 경우라면 그는 소유권을 취득할 수 있다. 반면, Z가 선의취득의 요건을 구비하지 못하면 X가 Z에게 현실인도를 하더라도 소유권자는 여전히 Y로 보아야 한다.

현실인도의 선후를 기준으로 소유자를 판단하던 과거 판례이론은 수긍하기 어렵다. 특

38) 점유개정이 질권 성립에서 문제되는 것에 대해서는 이 책 [3.210] 참조.
39) 대법원 1975. 1. 28. 선고 74다1564 판결; 대법원 1989. 10. 24. 선고 88다카26802 판결 참조.

히 Z에게 먼저 현실인도를 한 경우에 Z의 선의취득 여부를 판단하지 않은 점은 법리적 결함이 아닐 수 없다.[40] 그리고 위의 설명은 점유개정에 의한 인도는 선의취득의 요건으로서의 인도에 해당하지 않는다는 것을 전제로 한 것이다.[41] 법리적 문제점에도 불구하고 대법원은 종래 판례이론을 계속 유지하다가[42] 현재는 위와 같은 비판을 수용하여 실질적으로 판례를 변경한 것으로 평가된다.[43]

3.50 **〈4〉 목적물반환청구권의 양도** 제3자가 점유하고 있는 동산에 관한 물권을 양도하는 경우에는 양도인이 그 제3자에 대한 반환청구권을 양수인에게 양도함으로써 동산을 인도한 것으로 본다(제190조). A가 자기 소유의 甲동산을 B에게 임대한 상태에서 그것을 C에게 매각하고 A가 B에 대하여 가지는 반환청구권을 C에게 양도하면 C는 甲을 인도받은 것으로 되어 소유권을 취득하는 것이다. 목적물반환청구권의 양도도 의사표시만에 의한 양도라는 점에서는 간이인도나 점유개정과 동일하나, 직접점유자가 양도인 또는 양수인이 아닌 제3자라는 점에서 차이가 있다.

Ⅱ. 무권리자로부터의 취득: 선의취득

1. 개 념

3.51 A가 자기의 소유의 甲동산을 B에게 임대하여 B가 점유하던 중 B가 C와 甲에 대하여 매매계약을 체결하고 C에게 인도했다고 가정해 보자. 일반원칙에 따르면 B는 무권리자이므로 C는 甲에 대한 소유권을 취득할 수 없다. 이는 C가 B를 소유자로 믿고 거래했더라도 마찬가지이다. 그런데 제249조는 이 원칙에 대한 중대한 예외를 규정하고 있다(동산의 선의취득). 이 제도는 동산물권의 공시방법인 점유에 공신력을 인정함으로써 거래의 안전을 보호한다.

---

40) 명순구, '점유개정에 의한 동산의 이중양도담보 — 대법원 2000. 6. 23. 선고 99다65066 판결에 대한 비판적 평가 —', 『민사법학』 제23호(2003. 3), 한국민사법학회, 554쪽 참조.

41) 이에 대해서는 이 책 [3.55] 참조.

42) 대법원 2000. 6. 23. 선고 99다65066 판결 참조.

43) 대법원 2004. 10. 28. 선고 2003다30463 판결; 대법원 2005. 2. 18. 선고 2004다37430 판결 등 참조.

선의취득에 관한 민법의 규율구조를 보면, 제250조는 제249조의 특칙이고 제251조는 제250조의 특칙이다.

2. 요 건

(1) 목적물에 관한 요건

3.52 선의취득은 동산물권의 공시방법인 점유에 공신력을 인정하는 제도이다. 그러므로 제249조가 적용되기 위해서는 점유이전의 방법으로 물권변동이 일어나는 물건(즉 동산)이어야 하고, 또한 물권의 공시방법이 점유이어야 한다. 그러므로 자동차·항공기 등과 같이 등록으로 공시되는 동산은 선의취득의 대상이 되지 않는다. 마찬가지 이유로 수목의 집단, 미분리과실 등과 같이 입목등기, 명인방법에 의하여 공시하는 물건[44]도 선의취득의 대상이 되지 않는다.

보충학습 3.17 | 금전이 선의취득의 목적물이 되는가?

금전도 제249조에 따라 선의취득의 객체가 되는가? 종래 학설은 대립한다. 금전이 가치의 상징으로 유통되는 경우에는 선의취득은 문제되지 않고 부당이득과 같은 채권질서만이 문제되며, 단순한 물건으로 거래되는 경우에는 제249조가 적용된다는 견해(통설), 가치표상으로서의 금전에 대해서도 제249조가 적용된다는 견해(소수설)가 있다.

A가 B에게 자신의 금전 100만원을 맡겨두었다; B는 C에게 100만원의 채무를 지고 있었는데 A가 맡긴 100만원을 C에게 지급하였고 C는 이러한 사정을 알지 못하였다. 이 사안에서 B의 C에 대한 변제는 유효하다. 그런데 이 변제의 유효성이 제249조의 적용에 의한 것이라고 할 수 있는가? 그렇지 않다. 이 변제의 유효성은 금전의 특성[45]에 의한 것으로 보는 것이 옳다. 즉 금전은 선의취득의 대상이 되지 않는다.

통설이, 금전이 가치의 상징으로 유통되는 경우에는 선의취득은 문제되지 않고 부당이득과 같은 채권질서만이 문제된다고 파악하는 것은 타당하다. 그런데 금전이 단순히 물건으로 거래되는 경우에는 선의취득이 문제될 수 있다고 하는데, 이 말은 정확하지 않다. 이 경우의 금전은 원래 의미의 금전이 아니라 하나의 물건이므로 선의취득의 대상이 되는 것이 당연한 것이다.

소수설은, 제250조 단서가 '금전'을 언급하고 있으므로 제250조 본문의 '동산'에 금전도 포함되는 것으로 보아야 하고, 또한 제250조는 제249조의 특칙이므로 형식논리상 제249

44) 이에 대해서는 이 책 [1.186], [1.187], [3.58] 참조.

45) 이에 대해서는 이 책 [1.181] 〈보충학습 1.35〉 참조.

조의 '동산'에도 금전이 포함되는 것으로 이해하는 것으로 보인다. 그러나 이는 입법취지의 오해에서 비롯된 것이다. 민법 입법자료는 다음과 같이 말하고 있다: "초안이 단서를 신설하여 금전을 예외로 한 것은 진보적이다. 무기명채권을 단서에 포함시키지 않았는바 그것은 … 무기명채권에 관하여는 본 규정보다도 더 강력한 공신력의 규정이 있으므로 본조에서 규정할 필요가 없기 때문이다"[46] 즉 제250조 단서에서 금전의 경우에 반환을 허용하지 않는 이유는 가치의 표상으로서의 금전에 대해서는 그 자체로서 강한 공신력을 부여하기 위한 것이다. 요컨대, 금전은 선의취득의 대상도 아니며, 그것이 도품 또는 유실물이라도 제250조 본문에 기한 소유물반환청구권도 인정되지 않는다.

(2) 양도인에 관한 요건

3.53 양도인에 관한 요건은 다음과 같다.

ⅰ **양도인이 점유하고 있을 것** 선의취득제도는 양도인의 점유에 공신력을 부여하는 제도이므로 양도인은 동산을 점유하고 있어야 한다. 그 점유가 직접점유이든 간접점유이든, 자주점유이든 타주점유이든[47] 문제되지 않는다.

ⅱ **양도인이 무권리자일 것** 양도인이 권리자라면 선의취득이 문제될 여지가 없다. 애초부터 양도인에게 처분권이 없는 경우뿐만 아니라 법률행위 당시에는 처분권이 있었으나 취소·해제로 인하여 소급적으로 처분권을 상실한 경우에도 선의취득이 문제될 수 있다.

(3) 거래행위에 관한 요건: 유효한 승계취득

3.54 선의취득은 거래행위에 의하여 동산물권을 취득한 사람의 신뢰를 보호하는 제도이다. 그러므로 선의취득이 성립하기 위해서는 양도인과 양수인 사이에 거래행위가 존재해야 하며, 양도인이 무권리자라는 점을 제외하고는 다른 흠이 없어야 한다.[48] 그리고 선의취득은 거래행위에 의하여 권리를 개별적으로 승계취득하는 경우(즉 특정승계)에 거래안전을 보호하기 위한 제도이다. 그러므로 상속·회사합병 등과 같은 포괄승계라든가, 사실행위에 의한 원시취득에 대해서는 선의취득이 인정되지 않는다.

---

46) 명순구, 『실록 대한민국 민법 2』, 법문사, 2010, 189쪽 참조.

47) 점유의 종류에 대해서는 이 책 [3.78]~[3.84] 참조.

48) 대법원 1995. 6. 29. 선고 94다22071 판결; 대법원 1997. 12. 12. 선고 95다49646 판결 등 참조.

(4) 양수인에 관한 요건

3.55 양수인에 관한 요건은 다음과 같다.

ⓘ **평온·공연한 양수**　양수인은 '평온'(폭력에 의하지 않음)하고 '공연'(숨기지 않고 드러냄)하게 동산을 양수해야 한다.

ⓘⓘ **양수인의 선의·무과실**　양수인은 양도인이 무권리자라는 사실을 알지 못하였고 그에 대하여 과실이 없어야 한다. 선의·무과실은 동산의 양수를 위한 법률행위시에는 물론 동산의 인도시까지 요구된다.

ⓘⓘⓘ **양수인의 점유취득**　물권변동에 관한 형식주의의 원칙에 따라 양수인이 동산을 인도받아야 한다. 인도의 방법에는 현실인도 외에도 간이인도, 점유개정 및 반환청구권의 양도가 있는데 이 네 가지 형태의 인도에 대하여 모두 선의취득이 인정되는가? 현실인도, 간이인도 및 목적물반환청구권의 양도에 대해서는 이를 선의취득의 요건으로서의 인도로 인정하는 데에 별다른 이견이 없다.

문제는 점유개정에 의한 인도이다. 학설은, 선의취득의 요건인 양수인의 점유취득은 물건에 대한 사실상의 지배관계가 원소유자의 지배를 벗어나서 취득자의 지배 안으로 옮아와야 하는데, 점유개정에 의한 인도의 경우에는 그러한 지배의 이전이 없으므로 점유개정은 선의취득의 요건인 인도방법에 해당하지 않는다는 입장(다수설)에서부터 점유개정도 선의취득의 요건인 인도방법에 해당한다고 보는 입장(논거: 선의취득은 양도인의 점유를 신뢰하여 그와 거래한 양수인을 보호하는 것이므로 양수인의 점유취득의 방법 여하에 따라서 차별할 이유가 없음)에 이르기까지 다양하다.

판례는 점유개정을 제외하고 현실인도, 간이인도 및 목적물반환청구권의 양도에 대해서는 선의취득에 필요한 인도로 인정한다.[49] 판례는 다수설과 같은 입장으로 이해된다.

보충학습 3.18 | 점유개정에 의한 인도와 선의취득

점유개정을 선의취득을 위한 인도로 인정하지 않는 결론에는 동의하지만 그 이유에 대해서는 좀 더 깊게 고민할 필요가 있다.

사례를 들어 본다. A는 자기 소유의 甲동산에 대하여 B와 매매계약과 함께 임대차계약

---

49) 대법원 1964. 5. 5. 선고 63다775 판결; 대법원 1999. 1. 26. 선고 97다48906 판결 등 참조.

을 체결하여 B에게 점유개정의 방법으로 인도하고 甲동산을 계속 점유하고 있다. 얼마 후 A는 다시 같은 방법으로 C와 매매계약과 임대차계약을 체결하고 甲동산을 점유개정의 방법으로 인도했다(C는 A·B 간의 거래 사실에 대하여 선의·무과실).

만약 점유개정을 선의취득을 위한 인도로 인정한다면 C는 甲동산을 선의취득하며, 그 순간 B는 甲동산에 대한 소유권을 잃게 된다. 더 나아가 A가 나중에 B에게 甲동산에 대하여 현실인도를 하더라도, 그리고 B가 A·C 간의 거래에 대하여 선의·무과실이라도 B에게는 선의취득이 인정될 수 없다. 왜냐하면 B의 선의취득을 위해서는 C의 선의취득 이후에 甲동산에 대하여 A·B 간에 별도의 거래행위가 있어야 하는데, 그러한 거래행위가 없기 때문이다. 결국, C가 B보다 항상 우선적 지위에 서게 되는데, 이러한 결과는 형평관념에 부합한다고 볼 수 없으며, 그 원인은 점유개정을 선의취득을 위한 인도로 본 것에 있다.

3. 효　과

3.56 선의취득에 의하여 양수인은 동산물권(구체적으로는 소유권 또는 질권)을 취득한다(제249·343조). 유치권과 점유권도 동산물권에 해당하나 선의취득의 대상이 되지는 못한다. 점유권은 사실상의 지배에 의하여 당연히 취득하는 것이고, 유치권은 법정요건이 충족되면 성립하는 것이지 거래행위에 의하여 취득되는 것이 아니기 때문이다.

선의취득의 성질은 원시취득이다(승계취득으로 보는 소수설 있음). 선의취득을 원시취득으로 보면 양수인은 해당 동산에 대한 진정한 권리자의 권리내용과 상관없이 자신과 양도인과의 거래행위를 기준으로 권리를 취득한다. 즉 양수인이 선의취득을 하기 전에 해당 동산에 관하여 존재했던 제한은 소멸하게 된다.

선의취득에 의하여 권리를 잃게 된 진실한 권리자는 선의취득자의 거래상대방(즉 처분권 없이 처분행위를 한 양도인)과 채권적 청산(예: 불법행위, 부당이득, 채무불이행)을 통하여 권리회복을 할 수 있다.

4. 도품 및 유실물에 관한 특칙

3.57 선의취득의 목적인 동산이 도품(권리자의 의사에 반하여 점유를 상실한 물건)이나 유실물(권리자의 의사에 의하지 않고 그의 점유를 이탈한 물건으로서 도품이 아닌 것)인 때에는 피해자 또는 유실자는 도난 또는 유실한 날로부터 2년 내에 그 물건의 반환

을 청구할 수 있다(제250조). 양수인이 도품 또는 유실물을 경매나 공개시장에서 또는 동종류의 물건을 판매하는 상인에게서 선의로 매수한 때에는 피해자 또는 유실자는 양수인이 지급한 대가를 변상하고 그 물건의 반환을 청구할 수 있다(제251조).

제250조가 도품·유실물을 특별히 다루는 이유는, 도품·유실물의 경우에는 진정한 권리자가 자신의 의사에 의하지 않고 해당 동산에 대한 점유를 상실했다는 점에 있다. 예컨대, 소유자가 임대차에 의하여 스스로 인도한 동산을 임차인이 무단으로 처분하여 양수인이 선의취득을 한 경우와 소유자가 잃어버린 동산을 어느 누가 선의취득한 경우 사이에 차별을 두는 것이다.

제250조가 진정한 권리자의 이익 보호에 초점을 둔 것이라면 제251조는 선의취득자의 이익을 배려하는 규정이다. 일정한 경우 피해자 또는 유실자(즉 진정한 권리자)는 대가를 변상해야만 물건을 반환받을 수 있기 때문이다. 이 규정이 없더라도 물건을 추탈당한 양수인은 그의 거래상대방인 양도인을 상대로 담보책임을 추궁하는[50] 등의 방법으로 소유권 상실에 대한 보상을 받을 수 있다. 그런데 제251조는 진정한 권리자에 대해서도 변상청구권을 인정함으로써 보상의 기회가 늘어나는 결과가 된다.

제 4 절 건물 외의 토지정착물의 물권변동

3.58 부동산에 관한 법률행위로 인한 물권변동은 등기해야 효력이 발생한다(제186조). 부동산 중 토지에 대해서는 토지등기부, 건물에 대해서는 건물등기부가 마련되어 있어서 제186조를 관철하기에 아무런 장애가 없다. 그런데 부동산은 토지·건물에 한정되지 않는다. 토지·건물 외의 부동산(토지정착물)의 물권변동은 어떠한 방식에 의하는가?

이와 관련하여 문제되는 것이 수목이다. 수목이란 토지에 뿌리를 두고 살아 있는 목본식물을 말한다. 토지에서 분리된 나무는 동산일 뿐이다. 수목은 원칙적

50) 이에 대해서는 이 책 [2.169] 이하 참조.

으로는 토지의 구성부분에 불과하나, 일정한 수목집단에 대하여 '입목등기' 또는 '명인방법'이 갖추어진 때에는 예외적으로 토지와 독립된 부동산으로 다루어진다.

3.59 〈1〉 **입목등기** 일상적인 용어로서의 입목(立木)이란 '토지 위에 서 있는 채로의 수목'을 의미하는 것이다. 이렇게 본다면 입목은 수목의 동의어에 불과한 것이다. 그러나 법에서 말하는 입목이란 「입목에 관한 법률」에서 정한 절차에 따라 소유권보존등기가 완료된 수목의 집단을 말한다. 입목등기가 완료된 수목의 집단은 토지와 독립된 부동산이 된다. 입목에 관한 물권변동에 대하여 「입목에 관한 법률」에 특별한 규정이 없다. 그러므로 부동산물권변동의 일반원칙을 정한 제186조와 제187조가 유추적용된다.

3.60 〈2〉 **명인방법** 명인방법이란 수목의 집단이나 미분리의 과실 등에 대한 관습법상의 공시방법이다.[51] 명인방법을 갖추게 되면 수목의 집단이나 미분리의 과실은 토지 내지 원물과 독립한 물건으로 인정된다. 등기에 의하여 공시할 수 있는 토지와 건물, 「입목에 관한 법률」에 의하여 등기된 입목에 대해서는 명인방법이 허용되지 않는다. 명인방법에 의한 물권변동에도 제186조와 제187조가 유추적용된다.

제5절 물권의 소멸

3.61 '물권의 소멸'이라 하면 '물권변동'도 포함하지만, 이에 대해서는 앞에서 다루었으므로 여기에서는 그 밖의 소멸사유를 살펴본다. 물권의 소멸사유 중 각 물권에 특유한 소멸사유는 해당 물권에서 다루고, 여기에서는 여러 물권에 공통된 소멸사유를 중심으로 살펴본다. 모든 물권에 공통된 소멸사유로는 목적물의 멸실, 소멸시효, 물권의 포기, 공용징수, 몰수, 혼동 등을 들 수 있는데, 물권(제2편), 총칙(제1장)은 혼동에 대하여만 규정한다(제191조). 아래에서는 혼동을 포함하

51) 명인방법의 개념에 대해서는 이 책 [1.186] 〈보충학습 1.36〉 참조.

여 후속 학습에 도움이 되는 몇 가지 물권 소멸사유를 소개한다.

3.62 **〈1〉 목적물의 멸실** 목적물의 멸실은 권리객체의 소실로서 명문규정이 없더라도 당연히 물권의 소멸사유이다. 목적물의 멸실은 동산뿐만 아니라 부동산에 대해서도 가능하다(건물의 붕괴, 토지의 포락[52]). 목적물의 멸실 여부에 대한 판단은 사회통념에 의한다. 목적물이 멸실된 경우라도 그 변형물이 물질적 형태(건물이 무너져 철근이 남은 경우) 또는 가치적 형태(제3자가 건물을 붕괴시킨 경우에 보험금청구권 또는 손해배상청구권)로 남아 있는 경우가 있다. 전자의 경우에는 물권이 물질적 변형물에 미치고, 후자의 경우에는 만약 멸실된 물건이 담보물권의 목적이었다면 그 가치적 변형물에 효력을 미친다(물상대위[53]: 제342·370조).

3.63 **〈2〉 소멸시효** 법률규정만을 보면 모든 물권이 20년의 시효로 소멸하는 것처럼 보인다(제162조제2항). 그러나 이 규정이 적용되는 것은 지상권과 지역권뿐이다.[54]

3.64 **〈3〉 물권의 포기** 권리자는 타인의 이해관계에 영향이 없다면(예: 제371조제2항) 자기의 권리를 포기할 수 있다. 권리의 포기는 처분권 행사의 일종이다.

3.65 **〈4〉 공용징수** 공용징수(수용)란 공익사업을 위하여 소유권 기타의 재산권을 강제적으로 취득하는 제도이다. 공용징수에 따라 종전의 권리자는 권리를 잃고 수용자(기업자)는 해당 권리를 원시취득한다.

3.66 **〈5〉 몰 수** 몰수는 범죄의 반복을 방지하고 범죄로 인한 부당한 이득의 취득을 금지하는 것을 목적으로 하는 재산형의 일종이다. 형식적으로는 형벌의 일종이지만(「형법」 제41조), 실질적으로는 보안처분의 성격이 강하여 이를 보안처분의 일종으로 보는 견해도 있다.

3.67 **〈6〉 혼 동** 혼동이란 서로 대립적 의미를 가지는 법적 지위 또는 법적 효력에 차이가 있는 권리가 동일인에게 귀속하게 되는 법률사실이다. 혼동은

52) 토지의 포락이란 토지가 바닷물이나 하천에 잠기는 것을 말하는데 이에 대하여 보다 자세한 것은 이 책 [3.103] 참조.

53) 이에 대해서는 이 책 [3.193] 참조.

54) 이에 대해서는 이 책 [1.208] 참조.

채권[55]과 물권에 공통되는 소멸사유이다(제507조, 제191조제1 · 2항). 점유권에 대해서는 혼동의 법리가 적용되지 않는다(제191조제3항). 점유권은 본권과 차원을 달리하는 것으로 본권과 병존하는 것이 일반적이라는 점에서 이는 당연한 규정이다.

혼동에 관한 이슈를 중심으로 살펴본다.

ⓘ **소유권과 제한물권의 혼동** 특정한 물건에 대한 소유권과 다른 물권이 동일한 사람에게 귀속하면 다른 물권은 소멸한다(제191조제1항 본문). 예컨대, 저당권자가 저당목적물에 대한 소유권을 취득하면 저당권은 소멸한다. 그러나 물권이 제3자의 권리의 목적이 된 때에는 소멸하지 않는다(제191조제1항 단서). 민법은 '물권이 제3자의 권리의 목적이 된 때'만을 규정하고 있으나 본인의 이익을 위하여도 제한물권이 혼동으로 소멸하지 않는다고 보는 데에 학설과 판례[56]가 일치한다. 사례를 들어 설명한다.

ⓐ 제3자의 이익을 위하여 제한물권이 소멸되지 않는 경우: A가 B 소유의 토지에 지상권을 가지고 있다. A의 채권자 C는 A의 지상권을 목적으로 한 저당권자이다. A가 B로부터 토지소유권을 취득하더라도 A의 지상권은 소멸하지 않는다. 왜냐하면 만약 A의 지상권이 혼동으로 인하여 소멸한다면 C의 저당권도(목적물의 부존재를 이유로) 소멸하게 되는데, 이는 C에게 불측의 불이익을 주는 것이기 때문이다.

ⓑ 본인의 이익을 위하여 제한물권이 소멸되지 않는 경우: X 소유의 부동산 위에 Y가 1번저당권자, Z가 2번저당권자이다. Y가 X로부터 해당 부동산에 대한 소유권을 취득하더라도 Y의 저당권은 소멸하지 않는다. 왜냐하면 만약 Y의 1번저당권이 혼동으로 소멸한다면 Z의 저당권이 1번저당권으로 되어 Y의 이익을 해하게 되기 때문이다. 만약 Z가 1번저당권자이고 Y가 2번저당권자였다면 Y의 해당 부동산에 대한 소유권 취득으로 인하여 Y의 저당권은 혼동으로 인하여 소멸한다. 왜냐하면 이 경우에는 Z가 부당하게 우위에 서는 일이 없기 때문이다.

ⓘⓘ **제한물권과 그 제한물권을 목적으로 하는 권리의 혼동** 제191조제1항의 규정은 소유권 외의 물권과 그것을 목적으로 하는 다른 권리가 동일한 사람에게

55) 채권소멸사유인 혼동에 대해서는 이 책 [2.103] 참조.

56) 대법원 1962. 5. 3. 선고 62다98 판결; 대법원 1998. 7. 10. 선고 98다18643 판결 등 참조. 제191조제1항 단서는 소유권과 등기된 임차권이 혼동된 경우에도 유추적용된다(대법원 2001. 5. 15. 선고 2000다12693 판결 참조).

귀속한 경우에 준용한다(제191조제2항). 제191조제1항의 구조에 맞추어 원칙과 예외로 구분하여 사례를 들어 설명하기로 한다.

ⓐ 혼동으로 인하여 권리가 소멸하는 경우: A는 B 소유의 부동산 위에 저당권을 가지고 있다. C는 A의 저당권 위에 질권을 가지고 있다. C가 A의 저당권을 상속하였다면 질권은 혼동으로 인하여 소멸한다.

ⓑ 혼동에도 불구하고 권리가 소멸하지 않는 경우: X는 Z의 지상권 위에 저당권을 가지고 있다. Y는 X의 저당권 위에 질권을 가지고 있다. X가 지상권을 취득하여도 저당권은 소멸하지 않는다. 왜냐하면 X의 저당권은 Y의 질권의 목적이기 때문이다.

제3장

기본물권

제1절 점 유 권

Ⅰ. 점유제도의 의미

3.68 물건을 지배하는 경우에 그 원인은 다양하다. 소유자로서, 임차인으로서, 심지어는 도둑 또한 도품을 지배한다. 점유제도란 그 원인(본권)을 묻지 않고 사실상의 지배 자체를 보호하는 것이다. 점유제도의 존재이유는, 점유와 본권은 일치하는 경우가 대부분이므로 점유의 보호라는 간편한 방법을 통하여 본권을 신속하게 보호할 수 있다는 것이다.

Ⅱ. 점유의 개념

3.69 점유란 물건에 대한 사실상의 지배이다(제192조제1항). 그런데 이것은 원칙일 뿐, 물건을 사실상 지배하고 있으면서도 점유로 인정되지 않는 경우가 있고(예: 점유보조자), 그 반대로 사실상의 지배가 없음에도 불구하고 점유로 인정되는 경우도 있다(예: 간접점유자). 이와 같이 점유가 사실상의 지배와 분리되는 현상을 가리켜 '점유의 관념화'라고 한다. 다음에서는 점유의 요소를 원칙과 예외로 구분하여 살펴본다.

1. 원칙: '사실적 지배'

3.70 〈1〉 '사실적 지배'의 의미 사실상의 지배라 함은 물건이 사회통념상 어떤 사람의 지배 안에 있다고 인정되는 객관적 관계를 말한다.[1] 판례[2]에 따르면, 사실상의 지배는 반드시 물건에 대한 물리적·현실적 지배만이 아니고, 물건과 사람과의 시간적·공간적 관계와 본권관계, 타인지배의 배제가능성 등을 고려하여 사회관념에 따라 합목적적으로 판단한다.

1) 대법원 1974. 7. 16. 선고 73다923 판결; 대법원 2001. 1. 16. 선고 98다20110 판결 등 참조.
2) 대법원 1992. 6. 23. 선고 91다38266 판결; 대법원 2024. 2. 15. 선고 2019다208724 판결 등 참조.

사례를 들어 사실적 지배 여부에 대한 통설과 판례의 입장을 설명한다.

ⓘ **주차장에 세워 둔 자동차** 자동차에 대한 현실적인 물리적 지배는 없으나 사실적 지배의 가능성에 착안하여 점유를 인정할 수 있다.

ⓘⓘ **옆 친구로부터 잠깐 빌린 연필** 점유로 인정되기 위해서는 사실적 지배가 어느 정도의 시간적 계속성을 가져야 한다. 이 경우는 시간적 계속성의 결여로 인하여 점유로 인정할 수 없다. 또한 잠시 연필을 소지하는 행위는 타인지배의 배제가능성도 없어 이런 면에서도 점유를 인정할 수 없다.

3.71 〈2〉 **점유설정의사** 점유로 인정되기 위해서는 적어도 사실적 지배를 하려는 의사(점유설정의사)는 있어야 한다.[3] 그러므로 가령 바람이 불어 다른 사람 소유의 빨래가 자기 집 마당으로 넘어왔더라도 그것만으로는 점유가 성립하지 않는다. 점유설정의사는 법률행위를 위한 의사가 아니다. 그러므로 의사능력 또는 행위능력과 무관하게 인정할 수 있다. 예컨대, 2살짜리 아이가 자신이 먹을 생각으로 과자를 손에 쥐고 있다면 점유가 성립하는 것으로 보아야 한다.

2. 예외: 점유의 관념화

(1) 점유보조자

3.72 〈1〉 개 념 점유보조자란 가사상, 영업상 기타 유사한 관계에 의하여 타인의 지시를 받아 물건에 대한 사실상의 지배를 하는 사람이다(제195조). 점유보조자는 물건에 사실상의 지배를 하고 있더라도 점유자로 인정되지 않는다. 예컨대, A가 경영하는 옷가게에 고용되어 일하는 B는 점유보조자이고, 점유자는 A이다. 점유보조자를 점유자로 보지 않는 이유는 점유제도의 근거에서 찾을 수 있다. 이 사안에서 B가 A에게 점유권을 주장한다면 점유제도 자체를 교란시키는 것이다.

3.73 〈2〉 요 건 점유보조자의 요건을 본다.

ⓘ **사실상의 지배** 물건에 대한 사실상의 지배가 있어야 한다. 그러나 타인(즉 점유자)을 위하여 사실상 지배한다는 의사를 요하는 것은 아니다.

---

3) 대법원 1997. 7. 11. 선고 97다14040 판결 등 참조.

ⓘ **점유보조관계의 존재**　점유보조관계란 점유보조자가 점유자의 지시에 따라야 하는 명령·복종의 사회적 종속관계이다.[4] 사회적 종속관계는, 사법상의 법률관계(예: 고용계약에 기하여 상점에서 일하는 점원이 상품을 사실상 지배하고 있는 경우 점유자는 사용자이다)일 수도 있고, 공법상의 법률관계(예: 국가공무원이 국유재산을 사실상 지배하고 있는 경우 점유자는 국가이다)일 수도 있다. 사회적 종속관계는 사실상 존재하는 것으로 충분하다. 즉 사회적 종속관계가 유효한 법률관계일 필요는 없다.

보충학습 3.19 | 소유자도 점유보조자가 될 수 있는가?

종래 일치된 학설은, 물건에 대한 권리관계의 여하는 점유보조관계의 성립을 위한 요건이 아니라는 점을 들어 자기 소유의 물건에 대하여 점유보조자가 될 수 있다고 한다. 종래 학설에서 자주 원용되는 사안은 다음과 같다: 유아가 부모로부터 받은 물건에 관하여 소유자는 유아이지만, 그 물건의 유지·관리를 위해서 부모의 지시를 받는 한에 있어서는 점유보조자에 불과하다. 유지·관리에 관하여 부모의 지시를 받는다는 사실을 사회적 종속관계로 볼 수 있을까? 이 사안에서 유아의 법적 지위는 그냥 점유자로 보아야 하지 않을까 생각한다. 소유자가 자기 소유물에 대하여 사실상의 지배를 하고 있는 상황을 점유보조자의 지위로 파악할 것은 아니라고 생각한다.

3.74 〈3〉 효　과　사회적 종속관계에 있어서 명령·지시를 하는 사람만이 점유자이고 점유보조자는 점유자가 아니다(제195조). 그러므로 점유보조자는 점유방해자에 대하여 점유보호청구권을 행사할 수 없다.[5] 다만, 자력구제권(제209조)은 인정된다고 보는 것이 통설이다. 자력구제는 국가의 구제가 적합하지 않은 예외적인 상황에서 인정되는 것이다. 그러한 상황이라면 점유보조자에게 자력구제를 허용하는 것이 점유자를 보호하는 방법이 될 것이다.

(2) 간접점유자

3.75 〈1〉 개　념　간접점유란 점유매개관계에 기하여 직접적으로 물건을 지배하는 직접점유자에 의하여 매개되는 점유이다(제194조). A가 자기 소유의 주택에 대하여 B와 임대차계약을 체결하고 주택을 B에게 인도한 경우에 B는 물론

4) 사회적 종속관계의 구체적 의미에 대해서는 대법원 1991. 5. 14. 선고 91다1356 판결; 대법원 2000. 11. 24. 선고 2000다28568 판결 등 참조.

5) 대법원 1976. 9. 28. 선고 76다1588 판결 참조.

점유자이다(직접점유). 그런데 사실상의 지배를 하지 않는 A에게도 B의 점유를 매개로 하여 점유(간접점유)가 인정된다.

보충학습 3.20 | 간접점유제도는 법정책의 결과

간접점유는 물건에 대한 사실상의 지배가 없음에도 불구하고 점유를 인정한다는 면에서 점유보조자의 경우와 반대되는 상황이다. 사실 점유의 요소와 관련하여 객관주의(물건에 대한 사실상의 지배만으로 점유를 판단하는 태도)를 취하면서 간접점유를 점유로 인정하는 데에는 이론적 난점이 있다. 간접점유는 물건에 대한 사실상의 지배가 없는 경우인데 그럼에도 불구하고 점유로 인정한다면 그 근거는 간접점유자의 의사에서 찾을 수밖에 없는데, 이는 객관주의의 기본관념과 상치하기 때문이다. 간접점유를 점유로 인정하는 취지를 논리적으로 접근하기는 어려운 일이라고 생각한다. 간접점유자의 간접적인 지배에 대하여 법적 보호가치가 있다고 인정한 법정책의 결과로 이해해야 할 것이다.

3.76 〈2〉 요 건 간접점유의 요건을 본다.

ⓘ 직접점유의 존재 간접점유를 매개하는 직접점유가 존재해야 한다. 점유매개자의 점유가 다층적일 수도 있다. A가 자신의 물건을 B에게 임대하고, B는 C에게 임치한 경우에 C는 직접점유자이고 A·B는 간접점유자가 된다.

ⓘⓘ 점유매개관계의 존재 점유매개관계란 일정한 기간 동안 타인으로 하여금 점유를 하도록 하는 법률관계이다. 제194조는 점유매개관계로서 지상권·전세권·질권·사용대차·임대차·임치를 예시적으로 열거하고 있다. 점유매개관계의 핵심표지는 다음 두 가지이다: ① 간접점유자가 점유매개자에 대하여 반환청구권을 가질 것; ② 점유매개자(즉 직접점유자)의 점유가 타주점유일 것. 그러므로 가령 다른 사람 소유의 물건을 점유하고 있더라도 이 요소가 결여되어 있다면 점유매개관계는 인정되지 않는다.[6]

3.77 〈3〉 효 과 간접점유자도 점유권을 가진다(제194조). 그러므로 점유에 관한 규정은 간접점유자에게도 적용되는 것이 원칙이다. 간접점유자는 언젠가는 물건을 반환받아 직접점유를 할 수 있는 지위에 있어서 해당 물건이 간접점유자의 지배로부터 완전히 이탈했다고 볼 수 없어 법적으로 보호가치가 있다. 이에

6) 대법원 2012. 2. 23. 선고 2011다61424·61431 판결 등 참조.

관한 주요 이슈를 본다.

ⓘ **간접점유자·점유매개자의 내부관계** 간접점유자는 점유매개자에 대하여 점유보호청구권이나 자력구제권을 행사할 수 없고, 간접점유의 기초가 되는 법률관계(즉 점유매개관계) 또는 본권에 기한 권리를 행사할 수 있을 뿐이다. 반면에 점유매개자는 간접점유자에 대하여 점유매개관계에 기한 권리와 아울러 점유보호청구권과 자력구제권도 행사할 수 있다.

ⓘⓘ **제3자의 점유침해와 간접점유자의 점유보호청구권** 점유매개자가 점유하고 있는 중에 제3자가 점유를 침해하는 경우에 점유매개자가 점유보호청구권을 행사할 수 있음은 물론이다. 직접점유(즉 점유매개자의 점유)는 점유의 전형이기 때문이다. 문제는 간접점유자의 점유보호청구권인데 이는 제3자가 점유를 침해한 구체적인 사정에 따라 다르다.

ⓐ 제3자가 점유매개자에 대하여 점유 침해행위를 하는 경우: 간접점유자는 제3자에 대하여 침해의 내용에 따라 점유물방해제거청구권(제205·207조), 점유물방해예방청구권(제206·207조) 및 점유물반환청구권(제204·207조)을 행사할 수 있다. 점유물반환청구권의 경우에 간접점유자는 그 물건을 직접점유자에게 반환할 것을 청구할 수 있고, 직접점유자가 그 물건의 반환을 받을 수 없거나 이를 원하지 아니하는 때에 한하여 자기에게 반환할 것을 청구할 수 있다(제207조제2항).

ⓑ 점유매개자가 무단으로 제3자에게 점유물을 인도한 경우: 통설은, 간접점유자는 점유매개자나 제3자에 대하여 점유보호청구권(문제되는 것은 점유물반환청구권)을 행사할 수 없다고 한다. 간접점유자는 본권을 가지고 문제를 해결하는 것이 절차의 반복(점유매개자가 임의로 제3자에게 점유물을 인도한 것이니 간접점유자가 제3자에게 점유물반환청구권을 행사하여 점유매개자에게 반환하라고 한들 효용이 없다는 것)을 피할 수 있다는 것이 그 이유이다. 통설의 결론에는 동의한다. 그러나 그 논거는 설득력이 없다. 점유매개자가 무단으로 제3자에게 점유물을 인도한 경우에는 애초부터 간접점유자에게 점유물반환청구권이 인정될 수 없다는 점에 유의해야 한다. 왜냐하면 점유물반환청구권은 점유의 '침탈'을 요건으로 하는데, 문제의 사안에서는 물건이 간접점유자, 직접점유자, 제3자에게 순차적으로 인도되는 과정에서 의사에 의한 인도가 있었을 뿐 점유의 침탈은 없기 때문이다.[7]

---

7) 같은 취지로 대법원 1993. 3. 9. 선고 92다5300 판결: "직접점유자가 임의로 점유를 타에 양도한

ⅲ 제3자의 점유침해와 간접점유자의 자력구제권 제3자가 직접점유자의 점유를 침해하는 경우에 간접점유자가 자력구제권을 행사할 수 있는가? 이를 인정하는 명문규정이 없고, 간접점유자는 물건을 직접 지배하지 않으므로 특별히 자력구제권을 인정할 필요가 없다는 이유로 부정하는 견해도 있다. 그러나 그렇게 볼 것은 아니다. 간접점유자가 물건을 직접 지배하지는 않지만 제3자의 침해행위를 저지해야 할 상황이 전무하지도 않다(예: 이웃끼리 서로 간접점유자·직접점유자인데 직접점유자가 잠시 부재중에 제3자가 점유를 침해하려고 하는 경우)는 점을 생각해 보라.

Ⅲ. 점유의 분류

3.78 〈1〉 자주점유/타주점유 자주점유란 소유의 의사를 가지고 하는 점유이고(예: 소유자, 매수인 등의 점유), 타주점유란 타인에게 소유권이 있음을 전제로 이루어지는 점유(예: 지상권자, 임차인 등의 점유)이다. 취득시효(제245조 이하), 무주물선점(제252조), 점유자의 회복자에 대한 관계(제202조) 등에서 구별 실익이 있다. 소유의 의사는 타인의 소유권을 배척하고 소유자와 동일한 지배를 하려는 자연적 의사인 것이지, 소유권이 있거나 또는 있다고 믿는 것이 아니다(가령 매수인이 점유를 개시한 후 해당 매매계약이 무효로 밝혀졌다면 무효 사실만으로 자주점유가 아니라고 할 수 없음[8]). 소유의 의사 유무는 점유자의 주관적 의사가 아니라 점유취득의 원인이 된 권원의 성질이나 점유와 관계가 있는 모든 사정에 의하여 외형적·객관적으로 결정한다.[9] 자주점유의 전형은 소유권 취득을 위한 외형(예: 매매, 증여, 교환, 대물변제 등)이 있는 경우이다. 점유는 자주점유로 추정된다(제197조제1항). 악의의 무단점유(점유 개시 당시 소유권 취득의 원인이 없다는 사정을 잘 알면서 타인 소유의 물건을 무단으로 지배)가 증명되는 경우에는 타인의 소유권을 배척하고 점유할 의사를 가진 것으로 볼 수 없으므로 자주점유의 추정이 깨진다.[10]

경우에는 점유이전이 간접점유자의 의사에 반한다 하더라도 간접점유자의 점유가 침탈된 경우에 해당하지 않는다."

8) 대법원 1992. 10. 27. 선고 92다30375 판결 등 참조.

9) 대법원 1969. 3. 4. 선고 69다5 판결; 대법원 2002. 2. 26. 선고 99다72743 판결 등 참조.

10) 대법원 1997. 8. 21. 선고 95다28625 전원합의체판결; 대법원 2022. 5. 12. 선고 2019다249428 판결 등 참조.

3.79 〈2〉 선의점유/악의점유 본권이 없는 점유의 하부 구분이다. 선의점유는 본권이 있음을 확신한 점유이고, 악의점유는 본권이 없음을 알았거나 의심을 품으면서 하는 점유이다. 점유자의 과실취득(제201조), 점유자의 회복자에 대한 책임(제202조), 등기부취득시효(제245조제2항) 등에서 구별 실익이 있다. 점유자는 선의로 점유한 것으로 추정된다(제197조제1항). 그러나 선의의 점유자라도 본권에 관한 소에서 패소한 때에는 그 소가 제기된 때에 소급하여 악의의 점유자로 된다(제197조제2항).

3.80 〈3〉 과실점유/무과실점유 선의점유에 관한 하부구분이다. 본권이 없다는 사실을 모르는 데에 대하여 과실이 있는가 여부에 따른 구별로서 취득시효(제245조)와 선의취득에 있어서 실익이 있다. 점유의 무과실에 대해서는 추정규정이 없으므로 일반원칙에 따라 이를 주장하는 사람이 증명해야 한다.[11]

3.81 〈4〉 평온점유/폭력점유 점유자가 점유의 취득·보유에 있어서 법이 허용하지 않는 폭력행위를 사용했는가 여부에[12] 따른 구분이다. 이 구별은 취득시효(제245조)와 선의취득(제249조) 등에서 실익이 있다. 점유는 평온점유로 추정된다(제197조제1항).

3.82 〈5〉 공연점유/은비점유 다른 사람에게 드러나게 하는 점유인가 남몰래 하는 점유인가에 따른 구분이다. 이 구별은 점유자의 과실취득권(제201조제3항), 선의취득(제249조) 등에서 실익이 있다. 점유는 공연점유로 추정된다(제197조제1항).

3.83 〈6〉 계속점유/불계속점유 점유기간 중 물건에 대한 사실상의 지배가 계속되었는가 아니면 중간에 단절되었는가에 따른 구분이다. 이 구별은 소유권의 시효취득(제245조), 지역권의 시효취득(제294조) 등에서 실익이 있다. 민법은 전후 양 시점에 점유한 사실이 있는 때에는 그 점유는 계속된 것으로 추정한다(제198조). 그러므로 과거의 어느 한 시점에서의 점유사실과 현재의 점유사실을 증명하면 그 기간 동안 점유를 계속한 것으로 추정된다. 점유계속의 추정은 동일인이

11) 대법원 1990. 10. 16. 선고 90다카16792 판결; 대법원 2005. 6. 23. 선고 2005다12704 판결 등 참조.

12) 대법원 1982. 3. 9. 선고 81다172 판결 등 참조.

전후 양 시점에 점유한 것이 증명된 때에만 적용되는 것이 아니고, 전후 양 시점의 점유자가 다른 경우라도 점유의 승계가 증명된다면 점유계속은 추정된다.[13)]

3.84 〈7〉 **하자점유**(또는 하자 있는 점유)/**무하자점유**(또는 하자 없는 점유) 하자점유란 악의점유, 과실점유, 폭력점유, 은비점유, 불계속점유 등과 같이 점유자에게 불리하게 작용하는 점유이다. 무하자점유는 하자점유에 대응되는 개념이다.

Ⅳ. 점유의 효력

3.85 점유는 다양한 영역에서 효력을 발생한다. 동산물권은 점유가 공시방법이고(제188조제1항), 점유권 침해에 대해서는 불법행위에 의한 손해배상청구권(제750조)·부당이득반환청구권(제741조)에 의한 제재가 따른다. 공작물의 점유자가 공작물의 설치·보존의 하자로 인하여 손해를 끼친 경우(제758조), 점유하는 동물이 타인에게 손해를 끼친 경우(제759조)에 손해배상책임이 발생한다. 다음에서는 점유(권)에 주어지는 여러 가지 효력 중 「민법」 제2편(물권) 제2장(점유권)에 규정된 것을 살펴본다.

1. 권리적법의 추정

3.86 점유자가 점유물에 대하여 행사하는 권리는 적법하게 보유한 것으로 추정한다(제200조). 이는 점유가 실체관계와 부합할 개연성이 크다는 것에 근거한 것이다. 제200조가 적용되기 위한 요건은 오직 '점유'일 뿐, 점유의 종류는 묻지 않는다. 또한, 점유자뿐만 아니라 제3자도 제200조를 원용할 수 있다. 예컨대, 채무자의 동산을 압류하고자 하는 채권자가 제200조를 원용하여 채무자가 점유하고 있는 동산이 채무자의 소유라고 주장하면 이를 부정하려는 사람이 증명책임을 부담한다. 점유의 권리적법 추정의 효력범위는 점유를 공시방법으로 하는 동산의 경우에만 적용되며,[14)] 부동산의 경우에는 등기에 권리추정력이 인정된다.

---

13) 대법원 1996. 9. 20. 선고 96다24279,24286 판결 참조.

14) 대법원 1982. 4. 13. 선고 81다780 판결; 대법원 1981. 9. 8. 선고 80다2616 판결 등 참조.

2. 점유자와 회복자의 관계

3.87 점유를 정당화하는 권리(제213조 단서 참조) 없이 자기 소유의 물건을 점유하는 사람에 대하여 소유자(회복자)는 소유물반환청구권을 행사할 수 있다. 점유자가 소유자에게 해당 물건을 반환할 때에 부수적인 문제가 발생할 수 있다. 점유기간 동안에 해당 물건으로부터 발생한 과실의 귀속, 점유물의 멸실·훼손에 대한 책임, 점유물에 들인 비용의 상환 등이 그 예이다. 민법은 점유자와 회복자 사이의 이해 조정을 위한 특별규정을 두고 있다(제201~203조).

(1) 점유자의 과실에 대한 권리

3.88 **〈1〉 선의점유자의 과실수취권** 선의의 점유자는 과실 수취권을 가진다(제201조제1항). 여기서 과실은 천연과실과 법정과실을 포함한다. 선의란 단순히 사실에 대한 부지가 아니라 과실수취권이 있는 권원(예: 소유권, 지상권, 임차권 등)이 있다고 오신하는 것을 말한다. 그러므로 과실수취권이 없는 본권(예: 유치권, 질권, 저당권 등)이 있다고 오신한 때에는 과실수취권이 없다.[15)]

3.89 **〈2〉 악의점유자의 과실반환의무** 악의점유자는 과실수취권이 없다(제201조제2항). 폭력·은비점유의 경우에도 악의점유자에 준한다(제201조제3항). 과실이 현존한다면 악의점유자는 수취한 과실을 반환해야 한다(제201조제2항 전단). 과실이 현존하지 않는 경우에 대한 민법의 규율은 이러하다(제201조제2항 후단): ① 존재했던 과실을 완전히 소비한 경우에는 점유자의 과실과 상관없이 과실의 대가를 보상한다; ② 과실이 존재하기는 했지만 훼손되었거나 애초부터 수취하지 못한 경우에는 점유자의 과실을 요건으로 과실의 대가를 보상한다.

3.90 **〈3〉 제201조의 위상**(특히 제748조와의 관계) 제201조와 제748조 사이에 규범충돌이 있다. 제201조에 의하는 것이 제748조에 의하는 것보다 점유자에게 유리하다. 선의자의 경우에 제201조제1항에 의하면 과실이 현존하더라도 반환할 필요가 없지만, 제748조제1항에 의하면 현존하는 과실은 반환해야 하기 때문이다. 악의자의 경우에도 제201조제2항에 의하면 과실을 반환하거나 그 대가를 반환해야 하나, 제748조제2항에 의하면 과실에 이자를 붙여 반환하고 때에 따라서

15) 대법원 1976. 7. 27. 선고 75다1824 판결; 대법원 2000. 3. 10. 선고 99다63350 판결 등 참조.

는 손해도 배상해야 한다.

학설은 매우 복잡하게 대립하는 양상이며, 판례는 다음과 같다: ① 제201조제1항은 본권의 존부와는 관계없이 선의의 점유자에게 점유물로부터 발생한 과실의 취득권을 인정하기 위한 규정이므로 제748조제1항에 우선하여 적용된다;[16] ② 제201조제2항은 악의의 점유자에게는 과실수취권이 인정되지 않는다는 취지를 정한 것이지 반환범위를 정한 규정은 아니므로 반환범위는 제201조제2항이 아니라 제748조제2항에 의해야 한다.[17] 제201조의 핵심은 제1항에 있다. 즉 선의의 점유자에게 과실수취권을 부여함으로써 과실반환의 위험으로부터 벗어나도록 한다는 것이 핵심이다. 그리고 악의의 점유자를 특별히 보호해야 할 이유가 없다는 사실에도 유의해야 한다. 제201조와 제748조의 관계에 대해서는 판례의 입장이 타당하다고 생각한다.

(2) 목적물의 멸실·훼손에 대한 책임

3.91 목적물 멸실·훼손의 경우에 선의·자주점유인 때에만 현존이익의 배상으로 책임이 제한되고, 악의점유이거나 타주점유인 때에는 전 손해를 배상해야 한다(제202조).

타인 소유물을 권원 없이 점유하다가 책임있는 사유로 그 물건을 멸실·훼손하였다면 이는 전형적인 불법행위(제750조)이다. 이렇게 보면 제202조에서 악의점유 또는 타주점유인 때에는 전손해를 배상해야 한다는 문언은 불법행위책임의 다른 표현에 불과하며, 선의·자주점유인 때에 책임을 제한하는 문언만이 특별한 의미를 가진다. 제202조와 제750조가 경합한다고 주장하는 학설도 있으나, 이 학설에는 동의하기 어렵다. 왜냐하면 제202조의 규율내용 중 선의·자주점유의 경우는 제750조의 특칙으로서 제750조의 적용을 배제하기 때문이다.

(3) 점유자의 비용상환청구권

3.92 점유자가 점유물을 반환할 때에는 회복자에 대하여 점유물을 보존하기 위하여 지출한 금액 기타 필요비의 상환을 청구할 수 있다(제203조제1항 본문). 점유자가 점유물을 개량하기 위하여 지출한 금액 기타 유익비에 관하여는 그 가액의

16) 대법원 1976. 7. 27. 선고 76다661 판결; 대법원 1987. 9. 22. 선고 86다카1996·1997 판결 등 참조.

17) 대법원 2003. 11. 14. 선고 2001다61869 판결. 원심판결은 제201조제2항이 제748조제2항에 우선하여 적용되므로 악의의 점유자는 수취한 과실만을 반환하면 족하고 여기에 이자를 가산하여 지급할 필요가 없다는 취지로 판시하였으나 대법원은 이 부분을 파기하였다.

증가가 현존한 경우에 한하여 회복자(즉 본권자)의 선택에 좇아 그 지출금액이나 증가액의 상환을 청구할 수 있다(제203조제2항). 유익비의 경우에 법원은 회복자의 청구에 의하여 상당한 상환기간을 허여할 수 있다(제203조제3항). 제203조의 규율 사항 중 제203조제1항 단서 외에는 비용상환청구권의 일반적인 모습[18] 그대로이다. 제203조제1항 단서가 통상필요비와 과실수취를 서로 대응시킨 것은 경제 경험에 비추어 볼 때 합리성이 있다.

제203조의 비용상환청구권은 점유자가 그 비용을 지출할 당시 계약관계 등 적법한 점유권원이 없는 때에 문제되며 점유회복 당시의 소유자, 즉 회복자에 대하여 행사하는 것이다.[19] 비용지출 당시에 계약관계 등 적법한 점유권원이 있다면 그 계약관계에 의해야 하므로 계약관계 등의 상대방이 아닌 점유회복 당시의 소유자에 대하여 제203조에 따른 비용상환을 청구할 수 없다.[20]

3. 점유의 보호

3.93 점유도 권리인 이상 그 침해행위에 대한 보호장치가 마련되어 있다. 점유보호제도로서 민법은 점유보호청구권과 자력구제권을 규정하고 있다. 정규적인 점유보호제도는 점유보호청구권이며, 자력구제는 비상적인 점유보호제도이다.

(1) 점유보호청구권의 요건과 종류

3.94 점유보호청구권이란 점유의 침해 또는 침해 염려가 있는 경우에 본권 유무를 불문하고 점유 자체에 대하여 인정되는 실체법상의 청구권이다. 자주·타주·선의·악의점유는 문제되지 않는다. 상대방의 고의·과실도 점유보호청구권 행사의 요건이 아니다. 점유보호청구권의 내용은 점유의 회수(제204조), 방해제거(제205조) 및 방해예방(제206조)이다.

점유보호청구권을 규정하면서 민법은 손해배상을 언급하고 있다. 이 손해배상의 본질은 불법행위(제750조)로서 그 요건(특히 고의·과실)이 충족되어야 한다. 그러므로 가령 점유침탈로 인하여 점유보호청구권을 행사하더라도 손해배상청구

---

18) 이에 대해서는 이 책 [2.205] 〈보충학습 2.45〉 참조.

19) 대법원 2003. 7. 25. 선고 2001다64752 판결.

20) 이는 전용물소권을 인정하지 않는다는 취지이다. 이에 대해서는 이 책 [2.266] 〈보충학습 2.52〉 참조.

권의 성립 여부는 별개의 문제이다.

3.95 〈1〉 **점유물반환청구권** 점유자가 점유의 침탈을 당한 때에는 물건의 반환을 청구할 수 있다(제204조제1항). '침탈'이란 점유자가 그의 의사에 기하지 않고 사실적 지배를 빼앗기는 것이다. 따라서 가령 사기에 의하여 점유를 임의로 이전하였다면 이는 점유의 침탈이 아니어서 점유물반환청구권이 인정되지 않는다.[21] 점유물반환청구권은 침탈을 당한 날로부터 1년 내에 행사해야 한다(제204조제3항). 1년의 기간은 제척기간이다.[22]

점유물반환청구의 상대방은 누구인가? 침탈자 자신 및 그 포괄승계인이 상대방임은 물론이다. 침탈자의 특정승계인은 악의인 경우에만 상대방이 된다(제204조제2항). '악의'라 함은 점유취득 당시에 침탈의 사실을 알았던 경우이다. 선의의 특정승계인에 대해서는 본권에 기한 물권적 청구권 등에 의한 구제를 받을 수밖에 없다.

3.96 〈2〉 **점유물방해제거청구권** 점유자가 점유의 방해를 받은 때에는 그 방해의 제거 및 손해의 배상을 청구할 수 있다(제205조제1항). 이 청구권은 방해가 종료한 날로부터 1년 내에 행사해야 한다(제205조제2항). 공사로 인하여 점유의 방해를 받은 경우에는 공사착수 후 1년을 경과하거나 그 공사가 완성된 때에는 방해의 제거를 청구하지 못한다(제205조제3항).

3.97 〈3〉 **점유물방해예방청구권** 점유자가 점유의 방해를 받을 염려가 있는 때에는 그 방해의 예방 또는 손해배상의 담보를 청구할 수 있다(제206조제1항). 공사로 인한 점유물방해예방청구권은 공사 착수 후 1년을 경과하거나 그 공사가 완성된 때에는 행사하지 못한다(제206조제2항, 제205조제3항).

(2) 점유의 소와 본권의 소의 관계

3.98 점유의 소란 점유보호청구권을 행사하는 소를 가리킨다. 본권의 소란 소유권, 전세권, 임차권 등 점유할 수 있는 권리를 청구원인으로 하는 소를 말한다. A가 자기 소유의 물건을 점유하던 중 B가 점유를 침탈한 경우, A는 B로부터 물

21) 대법원 1992. 2. 28. 선고 91다17443 판결.

22) 대법원 2002. 4. 26. 선고 2001다8097·8103 판결; 대법원 2021. 8. 19. 선고 2021다213866 판결 등 참조.

건을 반환받기 위하여 소유물반환청구권을 행사할 수도 있고(제213조 본문), 점유물반환청구권을 행사할 수도 있다(제204조제1항). 점유의 소와 본권의 소는 청구원인을 달리하는 별개의 소송으로서 서로 영향을 미치지 않는다(제208조제1항). 따라서 두 개의 소송을 동시에 제기하더라도 중복소송이 되지 않는다.

점유의 소는 본권에 관한 이유로 재판하지 못한다(제208조제2항). 점유의 소에서는 점유법상의 항변만이 가능하다는 의미이다. 가령 A가 B를 상대로 점유물반환청구의 소를 제기한 경우에 피고 B가 "A는 점유보조자에 불과하다"라는 내용의 항변은 허용되지만, "내가 물건의 소유자이다"라는 내용의 항변은 허용되지 않는다.[23)]

보충학습 3.21 | 제208조의 실제적 효용

제208조가 점유의 소와 본권의 소의 상호독립성을 규정하고 있기는 하나 이 규정의 실제적 효용은 그리 크다고 볼 수 없다. 점유의 소에 대하여 본권에 기한 반소가 허용되기 때문이다(통설). 그러므로 가령 B의 소유물을 A가 정당한 권원 없이 점유하고 있는 중에 B가 점유를 침탈하였고 이에 A가 B를 상대로 점유물반환의 소를 제기한 경우, 소유자 B가 그 소송에서 자신이 소유자임을 주장하는 항변은 허용되지 않지만 반소로서 소유물반환의 소(제213조)를 제기하여 A의 주장을 무력하게 할 수 있다.

(3) 자력구제

3.99 자력구제란 사인이 자기의 권리보호를 위하여 국가권력의 힘을 빌리지 않고 사력을 행사하는 것이다. 공력구제의 원칙에 따라 자력구제는 인정되지 않으나, 민법은 점유자에 대하여 예외적으로 자력구제를 허용한다(제209조). 자력구제가 필요한 정도를 넘는 때에는 오히려 불법행위를 구성할 수 있다. 자력구제는 점유침해가 완료되어 안정되기 전에 인정되는 것이므로, 그 후에는 점유보호청구권(내지는 본권에 기한 물권적 청구권)에 의해야 한다. 새로운 점유가 안정적으로 완료된 후에 자력구제권을 허용하는 것은 점유제도를 교란하는 것이다.

ⓘ **자력방위권** 점유자는 점유에 대한 부정한 침탈 또는 방해행위에 대하여 자력으로 방위할 수 있다(제209조제1항). 자력방위권은 점유를 침탈 또는 방

23) 대법원 1962. 8. 2. 선고 62다259 판결; 대법원 2021. 2. 4. 선고 2019다202795 판결 등 참조.

해하려는 행위가 끝나지 않은 시점에서 허용된다.[24]

ⅱ **자력탈환권** 점유자는 점유물이 침탈되었을 경우에 이를 탈환할 수 있다. 부동산일 때에는 침탈 후 '직시'(直時) 가해자를 배제하여 이를 탈환할 수 있고, 동산일 때에는 '현장에서 또는 추적하여' 가해자로부터 이를 탈환할 수 있다(제209조제2항). 자력방위권과 달리 자력탈환권은 침탈행위가 완료되었으나 아직 시간이 많이 흐르지 않아 원래의 점유자가 자력으로 점유를 회복하더라도 점유제도의 취지에 어긋나지 않는 경우에 인정된다. 이러한 시간적 요건을 '현장성' 또는 '추적가능성'이라고 한다.[25]

Ⅴ. 준 점 유

3.100 물건이 아니라 재산권을 사실상 행사하는 상태를 민법은 '준점유'로 관념하고 이 경우에 점유에 관한 규정을 준용한다(제210조). 그런데 제210조의 효용성은 그리 크지 않아 실제에서 문제해결의 규준으로 사용되는 경우는 드물다.

보충학습 3.22 | 제210조의 효용성

제210조의 효용성을 물권, 채권, 지식재산권의 경우를 들어 살펴본다.

❶ **물권의 경우** 준점유가 문제되는 물권은 점유를 수반하지 않는 경우이다(예: 저당권). 점유를 수반하는 물권(예: 소유권, 지상권)에 있어서는 준점유가 아닌 점유가 문제되기 때문이다. 그런데 가령 '저당권의 준점유'가 무슨 실제적 의미를 가질 수 있을까? 저당권의 준점유자라 하면 저당권등기의 명의인일 것인데, 그는 자신의 권리보호를 위해 점유보다는 등기의 추정력을 원용할 것이다.

❷ **채권의 경우** 채권에 있어서 준점유[26]가 주로 문제되는 것은 채무자가 채권자의 외관을 가진 사람에게 변제한 경우이다. 이에 대해서는 따로 제470조가 있어 제210조는 별다른 의미가 없다.

❸ **지식재산권의 경우** 지식재산권에서도 준점유가 문제될 수 있다. 그런데 지식재산권은 그 지배권적 특성으로 인해 그 전체에 대하여 물권에 관한 규정을 유추적용을 할 수 있으므로 제210조가 특별한 의미를 가지지 않는다.

---

24) 대법원 1993. 3. 26. 선고 91다14116 판결 참조.
25) 대법원 1987. 6. 9. 선고 86다카1683 판결 참조.

제2절 소 유 권

Ⅰ. 소유권의 의미

3.101 소유자는 법률의 범위 내에서 그 소유물을 사용·수익·처분할 권리가 있다(제211조). 소유권은 다음과 같은 특성을 가진다: ① 소유권은 사용·수익·처분 등 모든 권능이 융합된 권리이다(혼일성); ② 소유권을 제한하는 요인(예: 제한물권)이 소멸하면 소유권은 자동적으로 그 완전성을 회복한다(탄력성); ③ 소유권은 존속기간의 제한이 없고 소멸시효에도 걸리지 않는다(항구성).

Ⅱ. 부동산소유권의 범위

1. 토지소유권의 범위

3.102 **〈1〉 토지소유권의 상하의 범위** 토지의 소유권은 정당한 이익이 있는 범위 내에서 토지의 상하에 미친다(제212조). 토지소유권은 지표뿐만 아니라 지상 및 지하의 공간에까지 미친다. '정당한 이익'의 유무는 거래관념에 따라 판단한다. 제212조에 따르면, 토지소유권은 정당한 이익이 있는 범위 내의 지하에 있는 토지의 모든 구성부분(흙, 돌 등)에 미친다. 그런데 정책적 이유 등으로 인하여 이 원칙이 그대로 관철되지는 않는다.

ⓘ 미채굴 광물 「광업법」 제3조제2호가 정하는 미채굴의 광물(법정광물)은 국가의 허가를 받아 채굴·취득할 수 있다(「광업법」 제2조). 이에 따라 미채굴의 법정광물에 대해서는 토지소유권을 주장할 수 없다.

ⓘⓘ 지 하 수 지하수란 지하의 지층이나 암석 사이의 빈틈을 채우고 있는 물이다(「지하수법」 제2조제1호). 학설은 지하수를 토지의 구성부분으로 보는 견해가 지배적이나, 시각의 전환이 필요하다고 생각한다. 지하의 수맥은 인위적으로 설정한 지표경계와 무관하게 여러 사람 소유의 토지를 흐르며, 어느 한 지점

26) 이에 대해서는 이 책 [2.85] 참조.

에서 채수를 하면 다른 지점의 고갈, 지반침하(sinkhole) 등의 위험성이 크다. 게다가 토지를 거래함에 있어서 지하의 수맥까지 고려하는 것은 일반적인 거래관행이 아니다. 지하수를 포함하여 물 전반에 관해서는 보다 근본적이며 체계적인 연구와 입법이 필요하다(석유를 일컫는 'black gold'와 대비하여 물을 'blue gold'로 부르는 이유에 주목해야 함).[27]

3.103 **〈2〉 토지소유권의 경계** 「공간정보의 구축 및 관리 등에 관한 법률」에 의하여 어떤 토지가 지적공부에 1필지의 토지로 등록되면 특별한 사정이 없는 한 그 등록으로써 특정되고 소유권의 범위는 공부상의 경계에 의한다.[28] 바다 또는 지표수와 인접한 토지의 경계선은 만조시(바다의 경우) 또는 최고수면(하천 등의 경우)을 기준으로 결정한다.

토지가 바닷물이나 강물에 개먹어 무너져 바다나 강으로 떨어져 그 원상복구가 사회통념상 불가능한 상태(이를 '토지의 포락'이라 함)[29]이면 토지소유권은 절대적으로 소멸된다. 그리하여 비록 포락한 토지가 재차 성토화되어도 종전 소유자가 소유권을 다시 취득하는 것이 아니다.[30]

2. 상린관계

3.104 인접한 부동산의 소유자가 각각 자신의 권리를 마음껏 주장한다면 서로 충돌하는 경우가 발생하게 된다. 민법은 이러한 이해의 충돌을 조정하기 위한 규정을 두고 있는데(제216~244조) 이를 상린관계라고 한다. 상린관계는 소유권의 제한 또는 확장의 모습으로 나타난다. 상린관계는 소유권자 사이에서만 문제되는 것이 아니라 부동산의 점유·사용을 내용으로 하는 다른 물권에도 준용된다(지상권에 관한 제290조, 전세권에 관한 제319조).

(1) 생활방해의 금지

3.105 매연, 열기체, 액체, 음향, 진동 기타 이와 유사한 것으로 이웃 토지의 사용

27) 명순구·박덕봉 역, 『물, 법과 관리의 원리』, 고려대학교출판문화원, 2022 참조.
28) 대법원 1969. 10. 28. 선고 69다889·890 판결; 대법원 1997. 2. 28. 선고 96다49339·49346 판결 등 참조.
29) 대법원 1992. 4. 10. 선고 91다31562 판결; 대법원 2000. 12. 8. 선고 99다11687 판결 등 참조.
30) 대법원 1965. 3. 30. 선고 64다1951 판결; 대법원 1985. 6. 25. 선고 84다카178 판결 등 참조.

을 방해하거나 이웃 거주자의 생활에 고통을 주는 것을 '생활방해'라 한다. 토지소유자는 생활방해로 인하여 이웃 거주자의 생활에 고통을 주지 않도록 적당한 조처를 할 의무가 있다(제217조제1항). 생활방해가 토지의 통상의 용도에 적당한 정도를 넘지 않는다면 이웃 사람은 그 방해를 인용해야 할 의무가 있다(제217조제2항). 생활방해가 인용한도를 넘었다면 상대방은 방해제거 또는 방해예방을 청구할 수 있다(제206·214조).

(2) 타인 소유 토지의 이용에 관한 상린관계

3.106 **〈1〉 인지사용청구권** 토지소유자는 경계나 그 근방에서 담 또는 건물을 축조하거나 수선하기 위하여 필요한 범위 내에서 이웃 토지의 사용을 청구할 수 있다(제216조제1항 본문). 그러나 이웃 사람의 승낙이 없으면 그 주거에 들어가지 못한다(제216조제1항 단서). 이웃 토지의 사용으로 인하여 손해를 받은 때에는 이웃 사람은 보상을 청구할 수 있다(제216조제2항).

3.107 **〈2〉 타인토지통과시설권** 토지소유자는 타인의 토지를 통과하지 않으면 자기에게 필요한 수도, 소수관(하천, 저수지, 호수 등의 수원으로부터 물을 끌어들이기 위한 인공관개용 수로), 가스관, 전선 등을 시설할 수 없거나 과다한 비용을 요하는 때에는 타인의 토지를 통과하여(통과는 공중·지표 및 지하를 포함하는 것임) 이를 시설할 수 있다(제218조제1항 본문). 시설을 함에 있어서는 손해가 가장 적은 장소와 방법을 선택해야 하며, 이로 인하여 다른 토지의 소유자에게 손해가 발생했다면 그 손해를 보상해야 한다(제218조제1항 단서). 시설을 한 후 사정이 변경된 때에는 해당 토지의 소유자는 그 시설의 변경(변경의 비용은 토지소유자가 부담)을 청구할 수 있다(제218조제2항).

3.108 **〈3〉 주위토지통행권** 어느 토지와 공로(公路) 사이에 토지의 용도에 필요한 통로가 없는 경우에 그 토지소유자는 주위의 토지를 통행 또는 통로로 하지 않으면 공로에 출입할 수 없거나 과다한 비용을 요하는 때에는 그 주위의 토지를 통행할 수 있고 필요한 경우에는 통로를 개설할 수 있다(제219조제1항 본문). 주위토지통행권이 인정되면 특별한 권리관계를 설정하지 않아도 타인의 토지를 통행할 수 있다. 통행권자는 통행지에 손해가 가장 적은 장소와 방법을 선택해야 하며(제219조제1항 단서), 통행지소유자에게 손해가 있다면 보상해야 한다(제219

조제2항).

종래에 공로로 통하고 있던 토지가 분할 혹은 일부양도로 인하여 공로에 통하지 않게 된 때에는 다른 분할자 소유의 토지 또는 일부양도 당사자 소유의 토지로 통행할 수 있으며, 이때에는 보상의무를 부담하지 않는다(제220조). 이른바 '무상주위토지통행권'이다. 분할 또는 일부양도의 경우에는 관련 당사자 소유의 토지 내에서 통행로를 확보할 것이지 타인 소유의 토지에 대하여 통행권을 주장하지 말라는 것이다. 이 무상주위토지통행권은 직접 분할자 또는 일부양도의 당사자 사이에서만 적용되고 포위된 토지 또는 피통행지의 특정승계인에게는 적용되지 않는다. 즉 특정승계인은 제219조의 주위토지통행권에 의해야 한다.

(3) 경계에 관한 상린관계

3.109 **〈1〉 경계표 또는 담의 설치** 서로 인접하여 토지를 소유하고 있는 사람은 공동의 비용으로 통상의 경계표나 담을 설치할 수 있다(제237조제1항). 담의 설치에 들어가는 비용은 쌍방이 절반하여 부담한다(제237조제2항 본문). 그러나 측량비용은 토지의 면적에 비례하여 부담한다(제237조제2항 단서). 경계표 또는 담의 설치에 관하여 다른 관습이 있는 때에는 그에 의한다(제237조제3항). 그리고 인지소유자는 자기의 비용으로 담의 재료를 통상보다 양호한 것으로 할 수 있으며, 그 높이를 통상보다 높게 할 수 있고 또는 방화벽 기타 특수시설을 할 수 있다(제238조). 경계에 설치된 경계표, 담, 구거(즉 도랑) 등은 상린자의 공유로 추정한다(제239조 본문). 경계표 등이 공유인 경우에 각 공유자는 그 공작물에 대하여 분할을 청구하지 못한다(제268조제3항). 그러나 경계표, 담, 구거(즉 도랑) 등이 상린자 일방의 단독비용으로 설치되었거나 담이 건물의 일부인 때에는 그 일방의 단독소유이다(제239조 단서).

3.110 **〈2〉 수지·목근의 제거권** 인접토지에 심어져 있는 수목의 가지가 경계를 넘은 때에는 그 소유자에 대하여 가지의 제거를 청구할 수 있다(제240조제1항). 만약 가지 제거의 청구에 응하지 않는다면 청구자가 그 가지를 제거할 수 있다(제240조제2항). 인접 토지에 심어져 있는 수목의 뿌리가 경계를 넘은 때에는 임의로 제거할 수 있다(제240조제3항). 그러나 단순히 뿌리가 경계를 넘었다는 이유로 이웃토지의 소유자가 그것을 제거하여 수목을 죽였다면 권리남용이 될 수 있을 것

이다.

3.111 〈3〉 토지의 심굴금지 토지소유자는 인접지의 지반이 붕괴할 정도로 자기의 토지를 깊게 파지 못한다(제241조 본문). 그러나 충분한 방어공사를 한 때에는 그러하지 아니하다(제241조 단서).

3.112 〈4〉 건축물 이격의무 건물을 축조함에 있어서 특별한 관습이 없으면 경계로부터 0.5미터 이상의 거리를 두어야 한다(제242조제1항). 인접지소유자는 이를 위반한 사람에 대하여 건물의 변경이나 철거를 청구할 수 있다(제242조제2항 본문). 그러나 건축에 착수한 후 1년을 경과하거나 건물이 완성된 후에는 손해배상만을 청구할 수 있다(제242조제2항 단서).

3.113 〈5〉 차면시설의무 경계로부터 2미터 이내의 거리에서 이웃 주택의 내부를 관망할 수 있는 창이나 마루를 설치하는 경우에는 적당한 차면시설을 해야 한다(제243조).

3.114 〈6〉 지하시설 등에 대한 제한 우물을 파거나 용수, 하수 또는 오물 등을 저치(貯置)할 지하시설을 하는 때에는 경계로부터 2미터 이상의 거리를 두어야 하며 저수지, 구거(즉 도랑) 또는 지하실 공사에 있어서는 경계로부터 그 깊이의 반 이상의 거리를 두어야 한다(제244조제1항). 또한 이러한 공사를 시행할 때에는 토사가 붕괴하거나 하수 또는 더러운 액체가 이웃에 흐르지 않도록 적당한 조치를 해야 한다(제244조제2항).

(4) 물에 관한 상린관계

3.115 민법상 물에 관한 상린관계는 크게 다음 두 유형으로 분류할 수 있다: ① 배수에 관한 것; ② 용수에 관한 것.

1) 배수에 관한 상린관계

3.116 〈1〉 자연적 배수 자연히 흐르는 물의 배수 내지 소통에 관한 상린관계이다.

ⓘ 토지소유자의 승수의무 토지소유자는 이웃 토지에서 자연히 흘러오는 물을 막지 못한다(제221조제1항). 즉 물이 흐르도록(承水) 하지 않으면 이웃 토지가

물에 잠겨 피해를 입게 될 것이다. 그리고 고지소유자는 이웃 저지에 자연히 흘러내리는 이웃 저지에서 필요한 물을 자기의 정당한 사용범위를 넘어서 막지 못한다(제221조제2항). 이는 저지소유자에게 자연유수에 대한 이용권을 보장해 주기 위한 것이다.

ⅱ **고지소유자의 배수를 위한 소통공사권** 자연히 흘러내리는 물이 어떤 사정으로 저지에서 막힌 때에는 고지소유자는 자비로 소통에 필요한 공사를 할 수 있다(제222조).

3.117 〈2〉 인공적 배수 원칙과 예외로 구분하여 살펴본다.

ⅰ **원 칙** 인공적 배수를 위하여 타인의 토지소유권을 방해해서는 안 된다. 이 원칙의 표현이 제223조와 제225조이다.

ⓐ 저수·배수·인수를 위한 공작물 공사청구권: 토지소유자가 저수·배수·인수를 위하여 공작물을 설치한 경우에 그 공작물의 파손 또는 막힘으로 인하여 타인의 토지에 손해를 가하거나 가할 염려가 있는 때에는 그 타인은 그 공작물의 보수, 소통 또는 예방에 필요한 조치를 청구할 수 있다(제223조). 공작물 공사청구권은 물권적 청구권(특히 방해제거청구권 또는 방해예방청구권)에 해당한다.

ⓑ 처마물에 대한 시설의무: 토지소유자는 처마물이 직접 이웃에 낙하하지 않도록 적당한 시설을 해야 한다(제225조).

ⅱ **예 외** 일정한 경우에 인공적 시설에 의하여 타인의 토지를 통과한다든가 이웃 토지 소유자의 시설물을 사용하는 것이 허용된다.

ⓐ 여수소통권: 고지소유자는 침수지를 건조시키거나 혹은 가용(家用)이나 농·공업용의 여수를 소통시키기 위하여 공로·공유 또는 하수도에 이르기까지 저지에 물을 통과하게 할 수 있다(제226조제1항). 이를 여수소통권이라 한다. 여수(餘水)란 남아서 버리는 물을 가리킨다. 여수소통권을 행사하는 고지소유자는 저지의 손해가 가장 적은 장소 및 방법을 선택해야 하며, 저지의 토지소유자의 손해가 발생하는 때에는 이를 보상해야 한다(제226조제2항). 타인의 토지를 통과할 수 있도록 허용해 주는 대신에 보상의무를 부과하여 경제적 균형을 맞추고 있다.

ⓑ 유수용공작물의 사용권: 토지소유자는 자기 소유지에 있는 물을 소통하기 위하여 이웃 토지의 소유자가 시설한 공작물(예: 배수구, 배수관)을 사용할 수 있다

(제227조제1항). 타인의 공작물을 사용한 때에는 이익을 받은 비율로 공작물의 설치와 보존의 비용을 분담해야 한다(제227조제2항).

2) 용수에 관한 상린관계

3.118 **〈1〉 여수급여청구권** 토지소유자는 과다한 비용이나 노력을 요하지 않고서는 가용(家用)이나 토지 이용에 필요한 물을 얻기 곤란한 경우에는 이웃 토지소유자에게 보상하고 여수의 급여를 청구할 수 있다(제228조). 여수급여청구권은 이웃 토지소유자가 사용하고 남는 물이 있을 때에야 비로소 행사할 수 있는 것이다.

3.119 **〈2〉 수류변경권 및 언 설치·이용권** 수류지의 소유자는 수류의 양안(兩岸, 육지가 바다나 강에 접한 지점, 즉 육지와 물의 경계)이 모두 그의 소유에 속하는 경우 수로와 수류의 폭을 변경할 수 있다(제229조제2항 본문). 수류 전체가 그의 소유에 속하기 때문이다. 그러나 그 하류는 자연의 수로에 일치하도록 해야 한다(제229조제2항 단서). 하류(즉 자기의 소유권의 한계 지점)를 변경하게 되면 타인의 토지소유권을 침해하게 되기 때문이다. 그러나 구거(構渠: 도랑) 따위의 물길이 토지의 경계를 따라 흐르는 경우처럼 대안(對岸: 반대쪽에 있는 육지와 물의 경계)의 토지가 타인의 소유인 때에는 그 수로나 수류의 폭을 변경하지 못한다(제229조제1항). 만약 이를 허용하면 대안의 토지를 침식시키는 것과 같은 식으로 타인의 토지에 영향을 줄 수 있기 때문이다. 수류의 변경에 관하여 다른 관습이 있으면 그에 의한다(제229조제3항).

수류지의 소유자가 언(堰: 둑)을 설치할 필요가 있는 때에는, 그 언을 대안에 접촉하게 할 수 있다(제230조제1항 본문). 그러나 이로 이하여 생긴 손해에 대하여는 보상해야 한다(제230조제1항 단서). 대안의 소유자는 수류지의 일부가 자기의 소유에 속하는 때에는 그 둑을 사용할 수 있다(제230조제2항 본문). 그러나 이익을 받은 비율로 둑의 설치 보존의 비용을 분담해야 한다(제230조제2항 단서).

3.120 **〈3〉 공유하천용수권** 공유하천(公有河川)이란 사인에게 배타적 지배가 허용되지 않는 모든 유수이다(예: 「하천법」상 국가하천·지방하천, 「소하천정비법」상 소하천 등).

ⓘ **공유하천용수권의 내용** 공유하천의 연안에서 농·공업을 경영하는 자

는 이에 이용하기 위하여 타인의 용수를 방해하지 아니하는 범위 내에서 필요한 인수를 할 수 있다(제231조제1항). 그리고 인수를 위해 필요한 공작물을 설치할 수 있다(제231조제2항).

ⓘ **하류연안의 용수권자에 대한 보호** 인수나 공작물로 인하여 하류연안의 용수권을 방해하는 때에는 그 용수권자는 방해의 제거 및 손해배상을 청구할 수 있다(제232조).

ⓘⓘ **공유하천용수권의 승계** 농·공업의 경영에 이용하는 수로 기타 공작물의 소유자나 몽리자(蒙利者, 이익을 받는 사람)가 그 공작물을 양도하면 그의 특별승계인은 그 용수에 관한 전 소유자나 몽리자의 권리의무를 승계한다(제233조).

ⓘⓥ 제231조, 제232조, 제233조와 다른 관습이 있는 때에는 그 관습이 우선한다(제234조).

3.121 **〈4〉 지하수용수권** 민법은 지하수를 이용하는 경우에 관하여 약간의 규정을 두고 있다.

ⓘ **공용수의 용수권** 상린자는 그 공동의 용도에 속하는 원천(源泉, 지하수가 자연히 용출하는 샘 또는 지하수를 인공적으로 용출시키는 우물)이나 수도(水道, 지하수의 인도를 위한 시설)를 각 수요의 정도에 따라 타인의 용수를 방해하지 않는 범위 내에서 각각 용수할 권리가 있다(제235조). 이는 일정한 경우 토지소유자에게 지하수이용자의 용수권 행사를 인용해야 할 의무가 있음을 의미한다.

ⓘⓘ **용수장해 공사와 손해배상·원상회복** 필요한 용도나 수익이 있는 원천 또는 수도가 타인의 건축 기타 공사로 인하여 단수·감수 기타 용도에 장해가 생긴 때에는 용수권자는 손해배상을 청구할 수 있다(제236조제1항). 그 공사로 인하여 음료수 기타 생활상 필요한 용수에 장해가 있을 때에는 원상회복을 청구할 수 있다(제236조제2항).

Ⅲ. 소유권의 취득

3.122 소유권의 취득원인 중 법률행위에 의한 취득에 대해서는 앞에서 설명하였다. 여기에서는 「민법」 제2편(물권), 제3장(소유권), 제2절(소유권의 취득: 제245~261조)

에서 규정하는 소유권 취득원인(취득시효, 선점·습득·발견, 첨부)을 살펴본다.[31] 이들 원인은 모두 법률행위 외의 것이며 동시에 승계취득이 아닌 원시취득에 해당한다.

1. 취득시효

3.123 취득시효란 일정한 시간의 경과로 권리를 취득하는 제도이다. 민법은 부동산(제245조)과 동산(제246조) 소유권의 시효취득을 규정하고 이를 소유권 외의 다른 재산권에 준용하고 있다(제248조). 취득시효의 효력은 점유를 개시한 때에 소급한다(제247조제1항).[32]

취득시효제도의 존재이유에 대해서는 다양한 견해가 있으며, 지배적인 관념은 법적 안정을 위하여 진실한 권리자를 희생시키는 제도로 이해한다. 즉 취득시효제도로 인하여 진실한 권리자가 아닌 다른 사람이 권리를 공인받게 됨으로써 반사적으로 진실한 권리자는 권리를 상실하는 것으로 이해하였다. 그런데 소멸시효와 마찬가지로[33] 취득시효의 본래 취지도 '진실한 권리자의 보호' 및 '거래안전의 유지'에서 찾아야 할 것으로 본다.

보충학습 3.23 | 취득시효제도의 존재이유

A는 X에게 甲토지를 매수하고 매매대금을 모두 지급한 후 토지를 인도받아 20년간 점유하였으나, 이전등기는 하지 않았다. 한편, B는 Y 소유의 乙토지를 특별한 거래행위 없이 20년간 점유하였다.

A든 B든 모두 甲 또는 乙의 소유권자가 아니라는 점에는 차이가 없다. 甲의 경우에는 A 명의로 이전등기를 하지 않았기 때문이며, 乙은 애초부터 B의 소유가 될 여지가 없다. 20년간 甲에 대하여 자주·평온·공연점유를 했다는 이유로 A에게 소유권을 인정해 준다

31) 선의취득(제249~251조)에 대해서는 이미 설명하였으므로(이 책 [3.51] 이하 참조) 제외한다.

32) 시효제도라는 것이 사실상태를 권리상태로 보호하고자 하는 제도이며, 또한 소급효를 인정함으로써 권리의 공백상태를 피하기 위한 입법조치로 볼 수 있다. 소급효가 인정됨에 따라 시효완성자는 시효기간 동안 시효취득의 목적물로부터 발생한 이익(예: 과실)을 반환할 필요가 없다. 그 이익은 소유권자로서 정당한 권원에 기한 것으로 되기 때문이다. 등기명의인은 시효취득자에 대하여 불법점유를 이유로 손해배상을 청구할 수도 없다(대법원 1966. 2. 15. 선고 65다2189 판결).

33) 소멸시효제도의 존재이유에 대해서는 이 책 [1.205] 참조.

면 이것은 진실한 권리자를 보호하는 결과가 된다. 사실 A가 소유권이전등기를 하는 것이 어려울 수 있다. 기간의 경과로 증거서류가 남아있지 않을 가능성이 크기 때문이다. A에게 있어서 취득시효제도는 진실한 권리관계를 보호할 수 있는 최후적이며 실효성있는 제도이다.

반면, 20년간 乙에 대하여 자주·평온·공연점유를 했다는 이유를 들어 B에게 소유권을 인정한다면 이는 진실한 권리자(Y)의 희생을 강요하는 결과가 된다. 그런데 이러한 상황은 절대증거가 없는 상황에서 시효제도가 하나의 법제도로서 가지는 획일성에 따른 불가피한 결과로 볼 수밖에 없다.

(1) 부동산소유권의 점유취득시효

1) 개 념

3.124 20년간 소유의 의사로 평온·공연[34]하게 부동산을 점유한 사람은 등기를 함으로써 소유권을 취득한다(제245조제1항). 점유취득시효라는 것이 20년간 점유를 한 사람에게 소유권을 부여하는 것이라면 점유만으로 소유권을 부여하면 간명할텐데 민법은 등기를 요구하고 있다.[35] 이로 인하여 법리적 정합성을 추구하는데 어려움을 겪게 되며(이 분야에 대법원 전원합의체판결이 많은 이유임), 이와 관련하여 판례가 확립한 핵심이론(아래에서는 '핵심명제'라고 표현함)은 다음과 같다.[36]

핵심명제

"점유취득시효를 원인으로 한 등기청구의 당사자는
시효완성 당시의 점유자와 등기명의인이다!"

2) 요 건

3.125 〈1〉 점 유 점유는 자주·평온·공연점유여야 한다.[37] 점유는 자주·평온·공연점유로 추정된다(제197조제1항). 이슈를 중심으로 살펴본다.

ⓘ **자주점유와 무단점유** 자주점유 여부는 점유자의 주관적 용태가 아니

34) 평온점유·공연점유의 의미에 대해서는 이 책 [3.81] 및 [3.82] 참조.
35) 이러한 입법과정에 대해서는 명순구, 앞의 책, 『실록 대한민국 민법』, 170쪽 이하 참조.
36) 핵심명제의 설정 이유에 대해서는 이 책 [3.129] 참조.
37) 점유의 분류에 대해서는 이 책 [3.78]~[3.84] 참조.

라 점유취득의 원인이 된 점유권원(즉 매매·증여 등과 같은 점유취득의 원인사실)의 성질에 의하여 객관적으로 판단한다.[38] 악의의 무단점유[39](점유개시 당시 소유권 취득의 원인이 없다는 것을 알면서 타인 소유의 물건을 점유)의 경우에는 자주점유의 추정이 깨진다.[40]

ⓘ **점유의 상실과 점유취득시효의 주장** 점유취득시효를 원인으로 등기청구를 하기 위해서는 현재 해당 부동산을 점유하고 있어야 하는가? 가령 甲토지에 대하여 A가 취득시효 완성을 이유로 등기명의인 X에게 등기청구를 할 수 있었는데, 등기를 하지 않은 상태에서 A가 점유를 상실하고 현재에는 B가 점유하고 있는 경우에 B가 과거에 완성된 취득시효를 주장하여 등기청구를 할 수 있는가? 점유자가 취득시효기간의 만료로 일단 소유권이전등기청구권을 취득한 이상 그 후 점유를 상실하였더라도 이를 시효이익의 포기로 볼 수 있는 경우가 아닌 한, 이미 취득한 소유권이전등기청구권은 소멸되지 않는다.[41] 즉 앞의 사례에서 B는 A의 X에 대한 등기청구권을 대위행사하여 A에게 등기를 하도록 한 다음 A로부터 등기를 이전받을 수 있다.

보충학습 3.24 | 점유의 상실과 현재 점유자의 등기청구 방법

시효완성자가 점유를 상실한 후에 해당 부동산을 점유하게 된 현재의 점유자가 등기명의인에 대하여 소유권이전등기를 청구하는 방법은 어떠한가? 현 점유자는 자신의 전 점유자에 대한 소유권이전등기청구권을 보전하기 위하여 전 점유자의 소유자에 대한 소유권이전등기청구권을 대위행사할 수 있을 뿐, 전 점유자의 취득시효 완성의 효과를 주장하여 직접 자기에게 소유권이전등기를 청구할 수 없다. 이것은 위에서 말한 핵심명제의 반영이다.

3.126 **〈2〉 시효기간의 경과** 20년간 계속 점유해야 한다. 이슈를 중심으로 살펴본다.

ⓘ **기산점 설정**(임의선택 불가의 원칙과 그 예외) 기산점에 관해서는 두 가지를 생각할 수 있다. 하나는 역산계산방식(현재로부터 거슬러 올라가 20년이 되는 시점을

38) 이에 대해서는 이 책 [3.78] 참조.
39) 이에 대해서는 이 책 [3.78] 참조.
40) 대법원 1997. 8. 21. 선고 95다28625 전원합의체판결.
41) 대법원 1995. 3. 28. 선고 93다47745 전원합의체판결.

기산점으로 함)인데, 이에 의하면 점유자가 기산점을 임의로 선택하는 것이 허용된다. 다른 하나는 고정계산방식으로서 점유자가 임의로 기산점을 선택할 수 없고 점유를 개시한 시점을 기산점으로 하는 것이다. 원칙은 고정계산방식이다.42) 이 원칙은 핵심명제와 밀접한 연관이 있다. 만약 역산계산방식에 따라 현재부터 거슬러 올라가 20년이 되는 시점을 기산점으로 선택할 수 있다면 점유자는 언제나 현재의 등기명의인을 상대로 등기청구를 할 수 있는데, 이는 점유취득시효의 요건인 등기의 요건을 무색하게 만드는 일이다.

고정계산방식의 이유가 핵심명제의 유지에 있으므로 이 틀에 영향을 주지 않는 때에는 기산점의 임의선택이 허용된다(시효취득 대상인 부동산에 관하여 등기명의인의 변동이 없는 경우가 그러하다. 이때에는 취득시효를 주장하는 날로부터 역산하여 20년 점유사실이 인정되고 그 점유가 자주점유가 아닌 것으로 밝혀지지 않는 한 취득시효를 인정할 수 있다).43)

ⅱ **점유승계가 있는 경우** 가령 A가 9년, B가 8년, C가 7년, D가 6년을 점유하였다면 D는 6년의 자기만의 점유를 주장할 수도 있고, B·C의 점유를 승계하여 21년의 점유를 주장할 수도 있고, A·B·C의 점유를 승계하여 30년의 점유를 주장할 수도 있다.44) 다만 이 경우에도 기산점에 관한 원칙이 적용된다. 즉 전점유자의 점유기간 중 임의의 시점을 선택할 수는 없는 것이 원칙이다.45)

3.127 〈3〉 등 기 시효에 의한 소유권 취득은 법률행위에 의한 물권변동이 아니지만 제245조제1항은 등기를 요구한다. 제187조에 대한 유일한 예외이다. 그 이유에 대해서는 권리변동의 시기를 명확하게 함으로써 당사자들 사이의 이해관계를 조절하기 위한 것이라는 등의 설명이 있다. 그러나 점유취득시효에서 등기를 요구하는 것은 점유취득시효제도의 본질과는 거리가 있다. 입법론의 시각에서 근본적인 재검토가 필요하다. 부동산의 점유취득시효는 원시취득에 해당한다.46) 그러므로 보존등기에 의해야 할 것인데 실무상으로는 이전등기의 형식에 의하고 있다.

42) 대법원 1966. 2. 28. 선고 66다108 판결 등 참조.
43) 대법원 1976. 6. 22. 선고 76다488 판결; 대법원 1993. 11. 26. 선고 93다30013 판결 등 참조.
44) 대법원 1982. 1. 26. 선고 81다826 등 참조.
45) 대법원 1992. 12. 11. 선고 92다9968·9975 판결; 대법원 1998. 4. 10. 선고 97다56822 판결 등 참조.
46) 대법원 2004. 9. 24. 선고 2004다31463 판결 참조.

3) 점유취득시효 완성의 효력

3.128 〈1〉 점유취득시효 완성자의 지위 취득시효를 원인으로 한 등기청구권은 채권적 청구권이다.[47] 현행법상 등기를 해야만 소유권을 취득하여 물권자가 되기 때문이다.

보충학습 3.25 | 시효완성과 등기청구권의 성질에 따른 결과

시효완성자는 시효완성 당시의 등기명의인에 대하여 등기이전을 내용으로 하는 채권자의 지위에 있다. 이에 따라 다음과 같은 결과가 된다.

취득시효기간 만료 후 등기 전에 등기명의인이 해당 부동산을 제3자에게 처분한 행위는 유효하며, 그 제3자에게 시효취득을 가지고 대항할 수 없다.[48] 반면, 채무자인 등기명의인은 시효완성자의 지위를 부인하는 행위를 할 수 없다. 예컨대, 등기명의인은 점유자의 점유가 불법점유임을 이유로 소유권에 기한 방해제거청구[49]를 한다거나 부당이득반환청구[50]를 할 수 없다. 또한, 채권적 성질로 인하여 등기청구권은 10년의 소멸시효에 걸리는 것으로 보아야 한다. 점유자가 점유를 계속하는 동안에는 시효가 완성하지 않음은 물론이다.[51]

3.129 〈2〉 시효완성과 등기 시효완성자는 등기를 함으로써 소유권을 취득하는데 이와 관련된 이슈들을 살펴본다.

ⓘ 제3자 명의의 등기와 시효완성자의 등기청구권의 운명 원래의 등기명의인을 A, A로부터 등기를 이전받은 사람을 B, 점유취득시효 기간 동안 점유한 사람을 X라고 가정한다. 취득시효가 완성되기 전에 A가 B에게 이전등기를 한 후 시효가 완성되었다면 X는 현재의 등기명의인(B)을 상대로 등기청구를 할 수 있다.[52] 이와 달리 B 명의의 등기이전이 시효기간 만료 후에 이루어졌다면 어떠한가? 핵심명제에 따르면 X의 등기청구의 상대방은 A이므로 A의 소유권이전등기

47) 대법원 1986. 8. 19. 선고 85다카2306 판결; 대법원 1999. 2. 23. 선고 98다59132 판결 등 참조.
48) 대법원 1991. 4. 9. 선고 89다카1305 판결; 대법원 1998. 4. 10. 선고 97다56495 판결 등 참조.
49) 대법원 1988. 5. 10. 선고 87다카1979 판결 참조.
50) 대법원 1993. 5. 25. 선고 92다51280 판결 참조.
51) 대법원 1976. 11. 6. 선고 76다148 전원합의체판결; 대법원 1996. 3. 8. 선고 95다34866 판결 등 참조. 그리고 이 책 [3.33] 참조.
52) 대법원 1977. 8. 23. 선고 77다785 판결; 대법원 1989. 4. 11. 선고 88다카5843 판결 등 참조.

채무가 불능으로 된다. 즉 X는 B 명의의 등기가 무효가 아닌 한 A를 상대로 시효취득을 주장할 수 없다.[53]

ⓘ **핵심명제의 설정 이유** 위 사례에서도 알 수 있는 바와 같이 핵심명제[54]에 의하게 되면 점유기간이 장기인 사람이 오히려 덜 보호되는 상황도 발생할 수 있다. 핵심명제를 유지할 이유가 무엇인가? 만약 위 사례에서 B 명의의 등기이전이 시효기간 만료 후에 이루어진 경우에도 X가 B에게 등기청구를 할 수 있다면 시효완성자는 등기와 상관없이 언제나 소유권을 취득하게 되어 시효취득의 요건인 등기가 무의미해지며, 극단적으로는 영원히 등기를 하지 않아도 된다는 결과가 된다. 점유취득시효에서 점유 외에 등기를 요구하는 현행법에서 핵심명제는 법률관계의 정합성을 위해 부득이한 해석론이다. 우리 민법은 형식주의를 취하면서도 점유취득시효를 인정하면서 등기까지 요구하는 매우 특이한 입법구조이다(비교법적으로 형식주의에서는 점유취득시효를 두지 않고, 의사주의에서는 점유취득시효를 인정하되 등기를 취득시효의 요건으로 하지 않는다).

ⓘⓘ **시효완성 후 제3자 명의의 등기와 불법행위책임** 취득시효 완성 후에 등기명의인이 제3자에게 이전등기를 했다고 하여 점유자가 그에게 계약위반책임(제390조)을 물을 수는 없다. 등기명의인과 점유자 간에 계약관계가 존재하지 않기 때문이다.[55] 다만, 등기명의인의 등기이전 행위가 불법행위(제750조)를 구성할 수는 있다. 즉 시효완성 당시의 등기명의인이 점유자의 취득시효 완성 사실을 알았거나 알 수 있었다면 불법행위책임을 져야 한다.[56] 그리고 등기명의를 이전받은 제3자가 원래의 등기명의인의 이와 같은 불법행위에 적극 가담하였다면 이는 사회질서에 반하는 행위로서(제103조) 무효이다.[57] 이 경우 시효완성자는 원래의 등기명의인을 대위하여 제3자 명의의 등기를 말소하고 원 등기명의인을 상대로 등기청구를 하여 자기 명의로 등기를 할 수 있다.

---

53) 대법원 1980. 9. 24. 선고 79다2129 판결; 대법원 1992. 12. 11. 선고 92다9968·9975 판결 등 참조.
54) 이에 대해서는 이 책 [3.124] 참조.
55) 대법원 1995. 7. 11. 선고 94다4509 판결 참조.
56) 대법원 1989. 4. 11. 선고 88다카8217 판결; 대법원 1998. 4. 10. 선고 97다56495 판결 등 참조.
57) 대법원 1991. 7. 26. 선고 91다8104 판결; 대법원 1998. 4. 10. 선고 97다56495 판결 등 참조.

(2) 부동산소유권의 등기부취득시효

1) 요 건

3.130 〈1〉 등 기 등기부취득시효에 의하여 부동산소유권을 취득하기 위해서는 소유자로 등기가 되어 있어야 한다(제245조제2항). 등기의 실질적 유효요건(예: 원인행위의 무효)은 문제되지 않지만, 형식적 유효요건을 구비하지 못한 등기(예: 이중등기로서 무효인 등기[58])에 대해서는 등기부취득시효가 인정되지 않는다.[59] 부동산등기에 공신력을 인정하지 않는 현행법에서 등기부취득시효는 매우 큰 효용을 가진다. 가령 甲토지에 대하여 A·B·C·D·E·F의 순서로 소유권등기가 되어 있으나 B의 등기가 무효라면 A는 F에게 소유권을 주장할 수 있는데(B 이하의 등기는 모두 무효이므로), 이때 취득시효는 F에게 매우 강력한 보호수단이 된다.

3.131 〈2〉 점 유 자주·평온·공연점유 외에 선의·무과실을 요건으로 한다. 자주·평온·공연점유에 대해서는 점유취득시효에서의 설명과 같다.[60] 점유의 선의는 추정되지만(제197조제1항) 무과실은 추정되지 않아 시효취득을 주장하는 사람이 증명해야 한다.[61] 제245조제2항의 '선의'는 점유자의 점유취득에 관한 것이다. 즉 이 선의는 양도인의 등기의 유효성이라든가 점유자 자신의 등기의 유효성에 대한 선의가 아니다.[62]

3.132 〈3〉 기간의 경과 등기부취득시효가 완성되기 위해서는 소유자로 등기된 기간과 점유기간이 각각 10년이어야 한다. 점유에서와 마찬가지(제199조) 등기의 승계도 인정되는가? A 소유의 甲토지에 대하여 법률상 원인없이 2011년 B의 명의로 이전등기가 되었고, 그 이후 2015년 C의 명의로, 2018년 D의 명의로 소유권이전등기가 경료되었다. 2023년에 이르러 A가 D를 상대로 등기말소청구를 할 수 있을까? D의 점유는 약 5년으로 10년에 미달하지만 판례는 등기의 승계를 인정한다.[63] 즉 D는 B·C의 등기기간까지 합산하여 10년이 되는 시점(2021년)에

58) 이중등기에 대해서는 이 책 [3.36] 참조.

59) 대법원 1996. 10. 17. 선고 96다12511 전원합의체판결 등 참조.

60) 이에 대해서는 이 책 [3.125] 참조.

61) 대법원 1991. 11. 12. 선고 91다27082 판결; 대법원 2004. 6. 25. 선고 2004다13052 판결 등 참조.

62) 대법원 1991. 11. 12. 선고 91다27082 판결; 대법원 1998. 1. 20. 선고 96다48527 판결 등 참조.

63) 대법원 1989. 12. 26. 선고 87다카2176 전원합의체판결: 등기와 점유는 권리의 외관을 표상하는 방법에서 동등한 가치를 가지므로 등기에 관하여서도 점유의 승계에 관한 민법 제199조를 유추

서 등기부취득시효를 주장할 수 있다.

2) 등기부취득시효 완성 후의 사정변경

3.133 점유취득시효와 마찬가지로 등기부취득시효에 의한 소유권취득도 원시취득이다. 등기부취득시효에서는 시효취득자 명의로 이미 등기가 되어 있으므로 등기청구의 문제가 없는 것이 보통이다. 그런데 등기부취득시효 완성 후 점유자 명의의 등기가 말소되거나 적법한 원인 없이 다른 사람 앞으로 소유권이전등기가 경료된다면 점유자는 소유권을 상실하는가? 점유자는 소유자의 지위에서 말소등기의 회복 또는 소유권이전등기의 말소를 청구할 수 있다.[64)]

(3) 동산소유권의 취득시효

3.134 10년간 소유의 의사로 평온·공연하게 동산을 점유하면 소유권을 취득한다(제246조제1항). 그리고 선의·무과실로 점유를 개시한 때에는 시효기간이 5년으로 단축된다(제246조제2항).

보충학습 3.26 | 선의취득과 점유취득시효의 관계

선의취득과 점유취득시효의 관계에 대하여 종래 학설은 점유취득시효는 선의취득이 인정되지 않는 경우에 한하여 인정된다든가 혹은 의미를 가진다고 설명한다. 그러나 양자의 관계를 그렇게 볼 것은 아니다. 선의취득은 동산물권의 공시방법인 점유에 공신력을 인정하는 제도로서 현재의 점유자가 거래행위에 의하여 점유를 이전받은 경우에 문제되는 것이고, 점유취득시효는 현재의 점유자의 점유의 모습을 요건으로 하여 소유권을 인정하는 제도라는 점에서 차이가 있다. 점유자로서는 선의취득을 주장하든 취득시효를 주장하든 선택할 수 있다고 보아야 할 것이다.

2. 선점·습득·발견

3.135 〈1〉 **무주물선점** 무주물이란 소유자가 없는 물건을 말한다. 무주의 동산을 소유의 의사로 점유한 사람은 그 물건에 대한 소유권을 취득한다(제252조제1항). 선점에 의한 소유권취득의 법적 성질은 원시취득이다. 동산과 달리 무주의

적용함이 타당하며, 그렇게 해석하는 것이 물권변동에 관하여 형식주의를 취하면서도 등기에 공신력을 인정하지 않는 현행법에서 등기를 믿고 부동산을 취득한 자를 보호하려는 등기부취득시효제도에 부합한다.

64) 대법원 2001. 1. 16. 선고 98다20110 판결 등 참조.

부동산은 국유로 된다(제252조제2항). 야생동물은 무주물이고, 사육하던 동물도 야생상태로 돌아가면 무주물로 된다(제252조제3항).

문화재(학술·기예 또는 고고의 재료가 되는 물건)는 동산이라도 국유로 된다(제255조제1항). 문화재의 습득자, 발견자에 대하여 민법은 국가에 대한 보상청구권을 인정하고 있으나(제255조제2항), 선점자에 대해서는 규정이 없다. 그러나 선점자에 대해서도 제255조제2항을 유추적용해야 한다(통설).

3.136 **〈2〉 유실물습득** 유실물이란 점유자의 의사에 의하지 않고 그의 점유를 떠난 물건으로서 도품이 아닌 것을 말한다. 유실물은 법률이 정하는 바에 의하여 공고한 후 6개월 내에 소유권을 주장하는 사람이 없으면 습득자가 그 소유권을 취득한다(제253조). 습득이란 유실물에 대한 점유를 취득하는 것이며, 습득에 의한 소유권취득은 원시취득이다. 제253조에서 말하는 '법률'이란 「유실물법」을 가리킨다.

문화재(학술·기예 또는 고고의 재료가 되는 물건)는 국유로 된다(제255조제1항). 이때 습득자는 국가에 대하여 적당한 보상을 청구할 수 있다(제255조제2항).

3.137 **〈3〉 매장물발견** 매장물은 무주물은 아니며, 다만 소유자가 분명하지 않을 뿐이다. 매장물발견이란 매장물의 존재를 인식하는 것을 말하며, 점유의 취득을 요하지 않는다. 매장물은 법률(「유실물법」)에 정한 바에 의하여 공고한 후 1년 내에 그 소유자가 권리를 주장하지 않으면 발견자가 그 소유권을 취득한다(제254조 본문). 그러나 타인의 토지 기타 물건으로부터 발견한 매장물은 그 토지 기타 물건의 소유자와 발견자가 절반하여 취득한다(제254조 단서).

문화재(학술·기예 또는 고고의 재료가 되는 물건)는 국유로 된다(제255조제1항). 이때 발견자 및 매장물이 발견된 토지의 소유자는 국가에 대하여 적당한 보상을 청구할 수 있다(제255조제2항).

3. 첨 부

3.138 첨부란 어떤 물건에 타인의 물건이 결합하거나(부합, 혼화의 경우) 또는 타인의 노력(가공의 경우)이 결합하는 것이다. 이 결합상태를 해체하여 원상으로 복구하면

첨부물의 소유권을 정함에 있어서 특별한 문제가 없다. 그런데 이를 분리하는 것이 불가능하거나 또는 분리하는데 과다한 비용이 든다면 차라리 이를 어느 한 사람의 소유로 하고 당사자 사이의 이해관계를 조정하는 방법이 사회경제적으로 이익일 것이다.

첨부로 인정되면 어떤 물건에 결합된 타인의 물건 또는 노력을 해체하여 복구하는 것이 허용되지 않는다. 이것은 첨부의 핵심적 효과로서 사회일반이익에 관련되는 것이므로 이에 반하는 당사자 사이의 약정은 무효이다. 제3자의 이해에 관한 규정(제260조의 규정 중 해당 부분)도 강행규정으로 보아야 한다. 그러나 관계당사자 간의 이해에 관한 것(① 첨부물의 소유권 귀속에 관한 제256~259조; ② 첨부로 인한 구상권에 관한 제261조의 규정 중 해당 부분)은 사적 이익의 조정에 관한 것으로 임의규정이다.

(1) 첨부의 종류와 소유권 귀속

1) 부　합

3.139 〈1〉 개　념　부합이란 소유자를 각각 달리하는 수개의 물건이 결합하여 그 분리가 불가능하거나 극히 곤란하여 1개의 물건으로 다루어지는 상태이다. 민법은 피부합물이 부동산인 경우(제256조)와 동산인 경우(제257조)로 구분하여 규정하고 있다. 소유자가 동일한 수개의 물건이 결합한 경우에도 거래계에 새로운 물건이 탄생하지만, 이때에는 그 물건의 소유권 귀속을 정하는 데에 특별한 어려움이 없다. 그리하여 엄밀한 의미의 '부합'이란 소유자를 각각 달리하는 물건이 결합된 경우이다. 그러나 실무계에서는 피부합물과 부합물의 소유자가 동일한 경우에도 '부합'이라는 용어를 사용한다.65)

3.140 〈2〉 **동산간의 부합**　동산과 동산이 부합하여 훼손하지 않으면 분리할 수 없거나 그 분리에 과다한 비용을 요할 경우에는 그 합성물의 소유권은 주된 동산의 소유자에게 속한다(제257조제1문). 부합한 동산의 주종을 구별할 수 없는 때에는 동산의 소유자는 부합 당시의 가액의 비율로 합성물을 공유한다(제257조제2문).

3.141 〈3〉 **부동산에의 부합**　부동산에 다른 물건이 부합하면 피부합물인 부동산의 소유자가 합성물의 소유권을 취득한다(제256조 본문). 제256조 본문이 적용되

65) 예컨대, 대법원 1995. 6. 29. 선고 94다6345 판결.

는 전형적인 사안은 부동산에 동산이 부합하는 경우이다. 부동산에 부동산이 부합할 수 있을까? 학설은 대립하며, 판례[66]는 부동산도 부합물이 될 수 있다고 본다. 화장실·창고와 같은 부속건물이 주된 건물에 부합한다는 것이다. 한편, 타인의 권원에 의하여 부속된 것에 대해서는 부합의 법리가 작용하지 않는다(제256조 단서). 여기에서의 '권원'이라 함은 지상권·전세권·임차권 등과 같이 타인의 부동산에 자기의 동산을 부속시켜서 그 부동산을 이용할 수 있는 권리를 가리킨다.[67] 즉 타인 소유의 부동산에 대하여 사용권원을 가진 사람이 물건을 부속시킨 때에는 그가 소유권을 그대로 보유한다는 것이다. 이것이 종래 통설과 판례의 설명이다.

보충학습 3.27 | 부동산·부동산 간 부합 인정에 관한 판례 비판

부동산에 부동산이 부합할 수 있을까? 경우를 구분하여 살펴본다.

① **피부합물이 토지인 경우** 토지에 부동산이 부합할 수 있다면 그것은 건물 등과 같은 토지정착물일 수밖에 없다. 그런데 토지정착물 중 건물, 입목 등은 토지와 독립된 부동산으로서 토지에 부합될 여지가 없다. 한편, 토지정착물 중에서 독립성을 갖추지 못한 것은 애초에 부동산으로 관념할 수 없어 "부동산에 부동산이 부합한 경우"로 볼 수 없을 것이다.

② **피부합물이 건물인 경우** 종래 학설은 화장실·창고와 같은 부속건물이 주된 건물에 부합한다고 설명한다. 이러한 설명은 부합의 개념에 부합하는가? 부합이란 복수의 물건이 결합하여 그 분리가 불가능하거나 분리에 과다한 비용이 드는 경우인데 화장실·창고와 같은 부속건물은 독립된 부동산으로서 물건 사이의 결합이 아예 존재하지 않는다. 화장실·창고 등 부속건물은 주된 건물과의 관계에서 종물(제100조)로 파악하는 것이 정확할 것이다.

요컨대, 부동산과 부동산의 부합은 일어나지 않는 것으로 보아야 할 것이다.

보충학습 3.28 | 제256조 단서에 대한 입법론적 비판

제256조 단서가 우리 민법의 시각에서 타당한가? 즉 부동산에 물건을 부속시키더라도 그것이 해당 부동산에 대하여 사용권원을 가진 사람에 의한 것이라면 피부합물에 대한 소

66) 대법원 1981. 11. 10. 선고 80다2757·2758 판결; 대법원 1991. 4. 12. 선고 90다11967 판결 등 참조.

67) 대법원 1989. 7. 11. 선고 88다카9067 판결 등 참조.

유권이 부동산 소유자에게 귀속하지 않는가? 두 경우로 구분하여 생각해 본다.

❶ **부동산-동산 결합의 경우** A는 자기 소유의 건물(甲)에 대하여 B와 임대차계약을 체결하였고, 임대차계약 존속 중 B가 甲에 乙동산(B의 소유)을 부속시켰다고 가정해 보자. 만약 乙을 甲으로부터 분리할 수 있다면 애당초 부합이 아니어서 부합을 전제로 한 제256조 단서가 적용될 수 없을 것이고, 이와 달리 乙을 甲으로부터 분리할 수 없다면 부합의 법리(부합이 일어나면 부합물과 피부합물을 분리할 수 없다는 것은 강행규정)에 따라 乙은 甲에 흡수되어 A의 소유가 된다. 그런데 이러한 결과는 B에게 권원(甲에 대한 임차권)이 없는 경우에도 다를 것이 없다. B에게 권원이 있는가 여부는 乙 부분에 대한 채권적 청산 방법에 있어서 차이를 발생시킬 뿐이다.

❷ **부동산-부동산 결합의 경우** 제256조 단서는 우리 민법의 기본구도(특히 토지와 건물을 독립된 별개의 부동산으로 다루는 입장)와 어울리지 않는다. 제256조 단서와 같은 규정은 토지정착물을 토지소유권의 구성부분으로 보는 법제(예: 독일민법)에서 의미를 가지는 것이다. 왜냐하면 그러한 법제에서는 “지상물은 토지에 따른다”라는 원칙에도 불구하고 토지소유권의 범위가 지상물에까지 미치는 것, 즉 지상물이 토지소유권에 흡수되는 것을 저지하기 위한 규범조치가 필요하기 때문이다. 다음과 같은 예를 생각해 보자. P는 Q 소유의 토지에 건물을 신축하여 그 건물을 사용하고자 한다. 이때 건물과 토지와의 관계에 대하여 아무런 규범조치가 없다면 P는 건물을 사용할 수 없을 것이다. 왜냐하면 “지상물은 토지에 따른다”라는 원칙에 따라 Q의 토지소유권의 범위는 지상물에도 미치게 되어 토지소유자 Q로서는 P에게 물권적 청구권을 행사할 수 있을 것이기 때문이다. 결국 제256조 단서와 같은 규범은 “지상물은 토지에 따른다”라는 원칙에도 불구하고 토지소유권이 토지정착물에까지 미치는 것을 차단하는 역할을 하게 되는 것이다.

요컨대, 제256조 단서는 부동산-동산 결합의 경우이든 부동산-부동산 결합의 경우이든 우리 민법의 체계에 어울리지 않는 규정으로 삭제하는 것이 타당하다.

2) 혼 화

3.142 혼화란 가령 A 소유의 3kg의 참깨와 B 소유의 1kg의 참깨가 섞이는 것과 같이 동일한 종류의 물건이 융합되어 분간할 수 없는 상태를 말한다. 혼화를 곡물·금전과 같은 고형물의 혼화와 술·기름과 같은 유동물의 혼화로 구분하기도 하나, 그 구별에 특별한 실익이 있는 것은 아니다. 혼화가 있게 되면 원래의 소유자는 혼화물의 분리를 청구하지 못하고 동산 간의 부합에 관한 법리에 따라 새로운 소유권자가 결정된다(제258조). 분리를 청구한다는 것은 물권적 청구권을 행사한다는 것이며, 물권적 청구권은 그 대상이 특정된 것을 전제로 하는 것이다. 그런데 혼화의 특성상 대상을 특정할 수 없어 물권적 청구권을 행사할 수 없

는 것이다.

금전도 혼화가 일어나는 전형적인 경우이다. 그리하여 어떤 방식으로든 다른 사람의 금전을 점유하게 되면 그 금전은 이제 더 이상 물권적 청구권의 대상이 되지 못하고 채권적인 법리(부당이득, 불법행위 등)에 의하여 청산해야 한다.[68] 물권적 청구권은 그 목적물의 특정을 전제로 하는 것인데 혼화에 의하여 특정성을 상실하기 때문이다.

3) 가　공

3.143 가공이란 타인의 동산에 노력을 가하여 원래의 재료와 다른 새로운 물건을 만들어내는 것이다(쉽게 말해 물건과 사람의 노력의 결합). 타인의 동산에 가공한 때에는 그 물건의 소유권은 원재료의 소유자에게 속한다(제259조제1항 본문). 그러나 가공으로 인한 가액의 증가가 원재료의 가액보다 현저히 다액인 때에는 가공자의 소유로 한다(제259조제1항 단서). 가공자가 재료의 일부를 제공하였을 때에는 그 가액은 가공으로 인한 증가액으로 계산한다(제259조제2항).

(2) 첨부와 이익의 조정

3.144 첨부로 인하여 소유자가 새롭게 결정되고 그에 따라 관계당사자 간의 이해관계를 조정해야 할 필요가 생긴다. 이와 관련하여 제260조와 제261조가 규정하고 있다.

보충학습 3.29 | 제260조와 제261조의 이해

A소유의 甲물건과 B소유의 乙물건이 결합하여 丙물건이 되고 丙의 소유권자가 A로 결정되었다. 이때 소유권을 잃게 된 B는 A에 대하여 부당이득을 근거로 재산관계를 조정할 수 있다(제261조). A는 B의 소유권 소멸에 대한 대가로 丙에 대한 소유권을 취득하였으므로 丙에 포함된 乙의 가치 부분에 상응하는 이득은 부당이득으로서 B에게 반환해야 한다(제741조).

B는 乙에 대한 소유권을 잃고, 또한 乙을 목적으로 한 다른 권리도 소멸한다(제260조제1항). 가령 C가 B에게 금전을 대여해 주었고 그 금전채권을 담보하기 위하여 乙에 질권을 설정했다면 그 질권도 소멸한다. 왜냐하면 질권의 목적물(즉 乙)이 멸실된 것과 같은 상황이기 때문이다. 그러나 乙 위의 질권이 소멸한다고 하여 완전히 무력화되는 것은 아니라는

68) 이에 대해서는 이 책 [1.181] 〈보충학습 1.35〉 참조.

점에 유의해야 한다. 이 문제에 관하여 제260조제2항의 규율내용에 유의할 필요가 있다.

제260조제2항은 다음과 같다: "동산의 소유자가 합성물, 혼화물 또는 가공물의 단독소유자가 된 때에는 전항의 권리는 합성물, 혼화물 또는 가공물에 존속하고 그 공유자가 된 때에는 그 지분에 존속한다." 이 규율내용을 다음 사례를 가지고 설명하기로 한다: A소유의 甲물건과 B소유의 乙물건이 결합하여 丙물건이 되었다; 첨부가 있기 전에 C는 甲 위에 질권을 취득하였다. 몇 가지 경우로 나누어 설명한다.

❶ **A가 丙의 단독소유자로 된 경우** C는 丙 위에 질권을 가진다.

❷ **B가 丙의 단독소유자로 된 경우** 제261조에 따라 A가 B에 대하여 행사하는 보상권에 대하여 물상대위를 주장할 수 있다(제342조).

❸ **A와 B가 丙의 공유자로 된 경우** A의 공유지분 위에 질권이 성립한다.

Ⅳ. 소유권의 특수형태

1. 건물의 구분소유

3.145 1동(棟)의 건물은 1개의 물건으로 다루는 것이 원칙이다(일물일권주의). 그러나 민법은 1동의 건물을 구분하여 그 각 부분을 별개의 독립된 소유권의 객체로 하는 것을 인정하고 있다(제215조). 1동의 건물이 구조·이용상 독립성이 인정되는 수개의 부분건물로 구성된 경우(예: 아파트)에 이를 '구분건물'이라 하고, 구분건물에 대한 소유권을 구분소유권이라고 한다.

제215조는 상린관계의 한 모습으로 건물의 구분소유를 규정하고 있다: ① 수인이 한 채의 건물을 구분하여 각각 그 일부분을 소유한 때에는 건물과 그 부속물 중 공용하는 부분(예: 계단, 복도, 엘리베이터 등)은 구분소유자들의 공유로 추정한다; ② 공용부분의 보존에 관한 비용 기타의 부담은 각자의 소유부분의 가액에 비례하여 분담한다. 구분소유자들의 공유물에 대해서는 분할을 청구하지 못한다(제268조제3항).

제215조는 좌우로 긴 건물을 종적으로 분할하는 경우를 예상한 규정이다. 그런데 고층건물이 빈번해지고 구분소유에 관한 세밀한 규범이 필요하게 되어 1984년 「집합건물의 소유 및 관리에 관한 법률」이 제정되었다.

2. 공동소유

(1) 개 념

3.146 공동소유란 하나의 물건에 대하여 2인 이상이 공동으로 소유자의 지위에 있는 소유형태이다. 민법은 공동소유의 유형으로 공유·합유·총유를 규정한다. 이들 유형은 공동소유자들 사이의 인적 결합관계가 소유권에 반영된 모습이다.

ⅰ 공 유 공동소유자 사이에 아무런 결합관계도 존재하지 않는 경우로서 개인주의적인 공동소유 형태이다. 물건에 대한 지배권능이 공유자에게 '지분'의 형태로 분속되지만 지분의 범위 내에서 각 공유자는 마치 완전한 소유자와 같이 상호독립적인 지배권능을 보유한다.

ⅱ 합 유 수인이 조합체로서 물건을 소유하는 형태이다(제271조제1항, 제704조). 조합은 비교적 소수로 구성되는 인적 결합으로서 구성원들의 인격이 단체에 매몰되지 않아 개성이 유지되는 계약관계이다(즉 조합은 법인격이 없음). 조합에 있어서 구성원은 공동목적으로 결합된 단체성으로 인하여 서로 간섭을 받게 된다(지분의 양도가 제한되고 조합관계가 종료할 때까지 조합재산인 합유물의 분할을 청구할 수 없음).

ⅲ 총 유 수인이 비법인사단을 이루어 물건을 소유하는 형태이다. 사단법인과 달리 비법인사단 자체가 물건을 소유한다고 말할 수는 없다. 이러한 문제를 해결하기 위하여 '총유'라는 개념을 도입한 것이다(즉 구성원들의 총유).

보충학습 3.30 | 합유·총유 규정 관련 입법정책에 대한 비판

공유 외에 합유와 총유를 두는 입법태도를 긍정적으로 보는 입장도 있기는 하나 그렇게 보기 어렵다. 합유와 총유는 독일법학이 독일 고유의 게르만법으로부터 추출해 낸 개념인데 우리가 이것을 채택한다는 것은 꽤 어색한 것 같다. 결론부터 말하자면, 합유와 총유는 우리 민법 체계에서 효율성이 매우 낮은 개념이다.

❶ **합유에 대하여** 합유 개념의 효율성에 대하여 강한 의문을 가질 수밖에 없다. 합유라는 것이 조합체의 소유형태를 구성하기 위하여 존재하는 것이라면 합유를 공동소유의 유형으로 규정하기보다는 채권편 조합계약에 관한 규정(제703조 이하)에 포함시켜 조합을 중심으로 규정하는 편이 낫다고 본다(예: 독일민법). 현행민법은 합유가 조합을 위하여 존재하는 개념임을 인정하면서도(제271조) 정작 제2편(물권)과 제3편(채권)의 규정 사이의

관계도 조정하지 못했다(제272조 본문과 제706조제2항의 관계[69]).

② **총유에 대하여** 총유는 비법인사단의 물건 소유형태인데 비법인사단이라 하면 설립등기 외에는 사단법인과 동일한 수준의 실체를 가지고 있어야 한다. 그러므로 어떤 단체가 비법인사단으로 판단되었다면 단체 구성원들의 재산관계에 대해서는 규약에 매우 자세하게 규율되어 있을 수밖에 없다. 그리고 비법인사단에 대해서는 법인격을 전제로 한 규정 외에는 사단법인에 관한 규정을 유추적용해야 한다는 점에 대하여 학설과 판례상 별다른 이견이 없다. 그렇다면 총유에 관한 규정(제275~277조)은 실효성이 없다는 결론에 이르게 된다.

(2) 유 형

1) 공 유

3.147 〈1〉 개 념 공유란 공동목적을 위한 인적 결합관계 없이 수인이 지분에 의하여 물건을 소유하는 것이다(제262조제1항). 공유는 다수의 소유권이 병존하는 것이 아니라 소유권은 하나이며, 다만 하나의 물건이 지분의 비율에 따라 분량적으로 분할되어 수인에게 속하는 것이다(통설·판례[70]). 공유는 법률행위 또는 법률의 규정(제215조제1항, 제239·254·257·258조, 제830조제2항 등)에 의하여 성립한다.

3.148 〈2〉 지 분 지분이란 1개의 소유권의 분량적 일부분이며, 지분에 기한 권리를 지분권이라 한다. 지분은 그것이 비율이라는 점을 제외하고는 소유권과 유사하여 탄력성을 지닌다. 그리하여 공유자가 그 지분을 포기하거나 상속인 없이 사망한 때에는 그 지분은 다른 공유자에게 각 지분의 비율로 귀속한다(제267조). 지분의 비율이 분명하지 않은 때에는 균등한 것으로 추정된다(제262조제2항). 공유자는 자신의 지분을 자유로이 양도, 담보제공, 포기할 수 있으며(제263조 전단), 이때 다른 공유자의 동의를 요하지 않는다.[71]

3.149 〈3〉 공유자 간의 내부관계 주요 이슈를 중심으로 살펴본다.

ⓘ **공유물에 대한 사용·수익** 공유물을 어떠한 방법으로 사용·수익할 것

69) 이에 대해서는 이 책 [2.240], [3.153] 참조.

70) 대법원 1991. 11. 12. 선고 91다27228 판결 참조.

71) 대법원 1972. 5. 23. 선고 71다2760 판결 참조.

인가의 문제는 지분권의 행사 및 처분과는 구별된다. 공유자는 지분의 비율로 공유물 전부를 사용·수익할 수 있다(제263조 후단). 공유자의 지분에 따른 사용·수익권은 공유물 전부에 미치는 것이어서 지분비율의 범위 내라 하더라도 공유물의 특정부분을 배타적으로 사용·수익할 수는 없다. 그러나 제263조 후단의 규범은 제265조 본문에 의하여 그 의미가 매우 축소된다.[72)]

ⅱ **공유물의 관리** 공유물의 관리에 관한 사항은 공유자의 지분의 과반수로써 결정한다(제265조 본문). 관리란 공유물을 이용·개량하는 행위로서 공유물의 처분·변경에까지 이르지 않는 것을 말한다.[73)] 관리에 관한 결정은 '공유자'의 과반수가 아니고 '지분'의 과반수에 의해야 하므로, 지분의 1/2만으로는 관리행위를 할 수 없다.[74)] 반면, 과반수의 동의가 있다면 다른 공유자의 의견을 듣지 않았더라도 그 결의는 유효하며 과반수의 지분을 가지는 공유자가 독단적인 결정에 의하여 관리행위를 하는 것도 적법한 행위이다.[75)]

보충학습 3.31 | 제265조 본문과 제263조 후단의 관계

제263조 후단에 따르면, 공유자의 공유물에 대한 사용·수익의 대상은 공유물 전부이므로 공유자 누구도 심지어는 지분비율에 상응하는 부분이라도 배타적으로 사용·수익하지 못한다. 한편 제265조 본문에 따르면, 관리행위는 지분의 과반수로써 할 수 있다. 그런데 공유자 사이에 공유물을 사용·수익할 구체적인 방법을 정하는 것을 공유물의 관리에 관한 사항으로 본다면 제265조 본문으로 인하여 제263조 후단이 무색하게 된다. 판례는 사용·수익의 방법을 정하는 것을 공유물의 관리에 관한 사항으로 판단하는 전제 위에서, 이 문제는 공유자의 지분의 과반수로써 결정해야 할 것이고(제265조 본문), 과반수의 지분을 가진 공유자는 다른 공유자와 사이에 미리 공유물의 관리방법에 관한 협의가 없었더라도 공유물의 관리에 관한 사항을 단독으로 결정할 수 있으므로, 과반수 지분의 공유자가 그 공유물의 특정 부분을 배타적으로 사용·수익하기로 정하는 것은 공유물의 관리방법으로서 적법하다고 한다.[76)]

72) 이에 대해서는 바로 뒤 〈보충학습 3.31〉 참조.
73) 대법원 1991. 4. 12. 선고 90다20220 판결 참조.
74) 대법원 1962. 4. 4. 선고 62다1 판결; 대법원 1978. 5. 23. 선고 77다1157 판결; 대법원 1979. 6. 12. 선고 79다647 판결 등 참조.
75) 대법원 1980. 9. 9. 선고 79다1131·1132 판결 참조.
76) 대법원 1991. 9. 24. 선고 88다카33855 판결; 대법원 2001. 11. 27. 선고 2000다33638·33645 판

ⅲ **공유물의 보존** 보존행위는 공유자 각자가 할 수 있다(제265조 단서). 가령 지붕에 구멍이 생긴 경우에 공유자는 단독으로 타인과 수리계약을 체결할 수 있으며, 그로 인하여 발생한 비용에 대해서 다른 공유자도 책임을 져야 한다(제266조제1항).

ⅳ **공유물의 처분·변경** 공유자는 다른 공유자의 동의 없이는 공유물 자체를 처분(예: 공유물의 양도)하거나 변경(예: 공유토지 위 건물의 신축)하지 못한다(제264조). 여기에서 '공유자의 동의'는 공유자 전원의 동의(지분의 과반수의 동의가 아님)로 해석해야 한다. 전체로서의 공유물은 공유자 전원의 소유에 속하는 것이기 때문이다.

보충학습 3.32 | 공유자 1인의 무단처분행위

공유자 1인이 무단으로 공유물을 처분하였다면 이 행위를 어떻게 처리해야 할 것인가? 다음과 같은 사례를 들어 보자: A·B·C 3인이 甲부동산을 균등한 지분으로 공유하고 있다; A는 사실과 달리 B·C가 동의한 것으로 꾸며 甲부동산에 대하여 D와 매매계약을 체결하였다. 이 매매계약은 일단은 유효하나(제569조), 권리의 일부가 타인에게 속한 경우로서 제572조가 정하는 매도인의 담보책임이 문제된다.[77]

ⅴ **공유물에 대한 부담** 각 공유자는 그 지분의 비율로 공유물의 관리비용(공유물의 유지·개량을 위한 비용) 기타 의무(예: 공과금, 세금)를 부담해야 한다(제266조제1항). 공유자가 1년 이상 관리비용 기타 의무를 부담하지 않은 때에는 다른 공유자는 상당한 가액을 지급하고 그 사람의 지분을 매수할 수 있다(제266조제2항).

3.150 **〈4〉 공유물의 분할** 주요 이슈를 중심으로 살펴본다.

ⅰ **공유물분할자유의 원칙** 각 공유자는 언제든지 공유물의 분할을 청구할 수 있다(제268조제1항 본문). 이는 공동소유자 상호 간에 인적 결합관계가 없는 공유관계의 특질에 기인한 것이다. 다만 구분소유건물의 공용부분과 토지의 경계에 설치된 경계표 등에 대해서는 분할을 청구할 수 없다(제268조제3항). 사적 자

결; 대법원 2002. 5. 14. 선고 2002다9738 판결 등 참조. 이때 과반수지분권자는 지분은 있으되 그 특정 부분의 사용·수익을 전혀 하지 못하여 손해를 입고 있는 소수지분권자에 대하여 그 지분에 상응하는 임료 상당의 부당이득을 하고 있다 할 것이므로 이를 반환할 의무가 있다고 한다.

77) 이에 대해서는 이 책 [2.170] 참조.

치의 원칙상 불분할의 합의도 가능하나 이 합의는 5년의 제한이 있다(제268조제1항 단서). 불분할 합의 갱신의 경우에도 갱신일로부터 5년을 넘지 못한다(제268조제2항). 부동산의 공유에 있어서 불분할의 특약은 등기해야 하며(「부동산등기법」 제52조제8호, 제67조제1항), 등기하지 않으면 지분양수인에게 대항할 수 없다.

ⓘⓘ **협의에 의한 분할** 공유물의 분할은 공유자 간에 협의가 이루어지는 경우에는 그 방법을 임의로 선택할 수 있다(제269조제1항). 분할의 방법은 세 가지이다.

ⓐ 현물분할: 공유물을 양적으로 분할하는 것으로 가장 원칙적인 방법이다.

ⓑ 대금분할: 공유물을 매각하여 그 매매대금을 지분의 비율에 따라 분할하는 방법이다. 이때 각 공유자는 매수인에 대하여 분할채권을 취득한다(제408조).

ⓒ 가격배상에 의한 분할: 공유자 중의 1인이 다른 공유자의 지분을 양수하고 그 가격을 지급하여 단독소유자가 되는 방법이다.

ⓘⓘⓘ **재판에 의한 분할** 분할에 관한 협의가 성립되지 않은 경우에만 가능하다(제269조제1항). 현물로 분할할 수 없거나 분할로 인하여 현저히 그 가액이 감손될 염려가 있는 때에는 법원은 물건의 경매를 명할 수 있다(제269조제2항).

ⓘⓥ **분할의 효과** 주요 이슈를 중심으로 살펴본다.

ⓐ 소유권의 변동시점: 협의분할의 경우에는 등기 또는 인도시로 보아야 한다. 왜냐하면 법률행위에 의한 물권변동에 해당하기 때문이다(제186·188조). 재판상분할의 경우에는 판결확정시로 보아야 한다(제187조).

ⓑ 공유자 간의 담보책임: 공유물분할에 의하여 공유관계가 소멸하게 된다. 이와 관련하여 민법은 1개의 조문만을 두고 있다. 제270조는, 공유자는 다른 공유자가 분할로 인하여 취득한 물건에 대하여 그 지분의 비율로 매도인과 동일한 담보책임이 있다고 규정한다. 민법은 공유물의 분할을 유상계약과 유사한 법률관계로 관념하고 있다(담보책임이란 유상계약에서 인정되는 특수한 책임이기 때문). 그러므로 공유물분할이 현물분할인 때에는 지분의 교환, 가격배상의 경우에는 지분의 매매로 파악할 수 있다. 공유물분할로 취득한 권리에 결함이 있다면 제570조 이하[78]가, 물건에 결함이 있다면 제580조[79]를 준용하여 담보책임을 지울 수 있을 것이다.

78) 이에 대해서는 이 책 [2.170] 참조.
79) 이에 대해서는 이 책 [2.171] 참조.

ⓒ 분할효과의 비소급효: 제270조로부터 분할효과의 비소급효도 도출해 낼 수 있다. 왜냐하면 교환 또는 매매에 의한 법률효과는 소급효가 없기 때문이다. 공동상속재산의 분할의 경우에는 소급효가 인정되나(제1015·997조), 이는 상속법의 법리에 의한 것이지 공유물 분할 자체의 효과는 아니다.

2) 합 유

3.151 〈1〉 개 념 합유란 계약 또는 법률의 규정에 의하여 수인이 조합체로서 물건을 소유하는 공동소유의 형태이다(제271조제1항제1문, 제704조). 간단히 말해, 합유는 조합체의 재산소유형태이다. 조합이란 수인이 공동의 목적으로 결합되어 있는 결합체이기는 하나 각 구성원의 개성이 단체 속에 전면적으로 흡수되는 상태에까지 이르지는 못한 경우이다. 합유는 소유권이 양적으로 다수인에게 지분의 형태로 분속한다는 점에서는 공유와 유사하지만, 합유자들이 공동사업을 목적으로 조합체를 구성하여 존재하며 그 단체성에 의한 구속이 있다는 점에서 차이가 있다.

3.152 〈2〉 지 분 합유자의 권리(즉 합유지분)는 합유물 전부에 미친다(제271조제1항제2문). 이 관념은 공유와 다르지 않다(제263조 후단). 합유자는 전원의 동의 없이 합유물에 대한 지분을 처분하지 못한다(제273조제1항). 그리고 합유지분은 조합원의 자격과 분리하여 처분할 수 없다.[80]

3.153 〈3〉 **합유물의 처분·변경·보존** 주요 이슈를 중심으로 살펴본다.

ⓘ **법률의 규정** 합유물의 처분·변경에는 합유자 전원의 동의가 있어야 한다(제272조 본문). 그러나 보존행위는 단독으로 할 수 있다(제272조 단서). 이는 공유에 관한 제265조 단서와 같은 취지로 이해할 수 있다.[81] 그리고 제272조 단서의 보존행위는 제706조제3항의 '조합의 통상사무'에 해당한다.

ⓘⓘ **제272조 본문과 제706조제2항의 관계** 두 규정이 충돌하고 있으며, 이는 입법과정에서의 불찰이다. 해석론으로는 판례의 입장이 상대적으로 가장 설득력이 있으나,[82] 두 규정의 관계를 해석론으로 해결하는 것은 한계가 있다. 양자 중

80) 지분의 처분에 대해서는 이 책 [2.241] 참조.

81) 합유물에 관한 보존행위의 예로서 대법원 1997. 9. 9. 선고 96다16896 판결: "합유물에 관하여 경료된 원인무효의 소유권이전등기의 말소를 구하는 소송은 합유물에 관한 보존행위로서 합유자 각자가 할 수 있다."

하나를 삭제하는 방향으로의 입법적 해결책이 필요하다.[83]

3.154 〈4〉 합유물의 분할 조합관계가 존속하고 있는 동안에는 합유자는 합유물의 분할을 청구하지 못한다(제273조제2항). 조합관계가 종료하는 때에는 청산절차에 따라 합유물을 분할하여 지분에 따라 조합원 사이에서 분배된다. 이때에는 공유물의 분할에 관한 규정이 준용된다(제274조제2항).

3.155 〈5〉 합유의 종료 합유가 종료되는 것은 합유물의 양도로 인하여 조합재산이 없게 되든가 조합체가 해산되는 때이다(제274조제1항).

합유자 중 1인이 사망한 경우에 합유관계에 어떤 영향을 미칠까? 조합원의 사망은 탈퇴사유(제717조제1호)이고, 합유의 기초가 되는 조합계약은 인적요소가 강한 계약으로서 조합원의 지위는 상속의 대상이 될 수 없다.[84] 그러므로 사망한 조합원의 상속인에 대하여는 지분계산의 방법으로 청산을 해주어야 할 것이지(제719조), 상속을 이유로 지분을 취득하는 것이 아니다. 조합원의 사망으로 이후 잔존 합유자가 2인 이상일 때에는 해당 물건은 잔존 합유자의 합유로 귀속하고, 잔존 합유자가 1인일 때에는 잔존 합유자의 단독소유로 된다.[85]

3) 총 유

3.156 총유란 비법인사단[86]의 사원이 집합체로서 물건을 소유하는 형태이다(제275조제1항). 총유라는 것은 소유권의 권능 중 '관리·처분'의 권능과 '사용·수익'의 권능이 각각 분해되어, 전자는 단체 자체에 속하고(그러므로 비법인사단의 구성원이 교회나 종중의 재산을 임의로 처분할 수는 없다) 후자는 각 구성원에게 분속하게 되는 특수한 공동소유형태이다. 즉 총유란 '관리·처분'에 관해서는 개별 구성원의 개성이 단체에 매몰되지만, '사용·수익'에 관해서는 구성원의 개성이 단체에 매몰되지 않는다. 공유·합유와 달리 총유에서는 지분의 개념이 없다.

---

82) 이에 대해서는 이 책 [2.240] 참조.

83) 근본적으로는 공동소유의 형태로 '공유'만을 남기고 나머지는 폐지하는 것이 바람직할 것이다. 조합과 합유를 거의 동일체로 관념하고자 한다면 물권편에 따로 합유를 규정할 것이 아니라, 합유라는 용어를 버리고 그 대신 조합계약 부분에서 현행민법 제271~274조를 흡수하는 방법을 생각해 볼 수 있다.

84) 대법원 1981. 7. 28. 선고 81다145 판결 참조.

85) 대법원 1994. 2. 25. 선고 93다39225 판결; 대법원 1996. 12. 10. 선고 96다23238 판결 참조.

86) 이에 대해서는 이 책 [1.162] 〈보충학습 1.33〉, [2.235] 〈보충학습 2.52〉 참조.

총유의 법률관계에 대해서는 사단의 정관 등 기타 규약에 의한다(제275조제2항). 민법은 제276조와 제277조를 두어 총유의 법률관계를 규정하고 있다. 총유물의 관리 및 처분은 사원총회의 결의에 의해야 하며, 각 사원은 정관 기타의 계약에 좇아 총유물을 사용·수익할 수 있다(제276조).

총유물에 관한 사원의 권리의무는 사원의 지위를 취득·상실함으로써 취득·상실된다(제277조).

어떤 단체가 비법인사단으로 평가되기 위해서는 설립등기 외에 사단법인으로서의 실체를 구비해야 한다. 비법인사단의 법률관계에 대해서는 대부분 비법인사단의 정관 또는 규약에 정해져 있을 것이므로 「민법」 제276조와 제277조는 사실상 별다른 의미를 갖지 못한다.

(3) 준공동소유

3.157 소유권 외의 재산권이 수인에게 공동으로 귀속하는 경우에 이를 준공동소유라고 하며, 이에는 공동소유에 관한 규정이 준용된다(제278조). 청약권의 준공유,[87] 특허권의 준공유,[88] 디자인권의 준공유,[89] 상표권의 준공유[90] 등이 그 예이다.

Ⅴ. 명의신탁

1. 신탁의 유형

3.158 민법학에서는 논의되는 신탁에는 다음 두 유형이 있다.

〈1〉 **신탁법상의 신탁** 「신탁법」이 규정하는 신탁이다. A(위탁자)가 자기 소유의 재산권을 B(수탁자)에게 이전하고 수탁자는 위탁자의 이익을 위하여 그 재산권을 관리하는 경우가 그 예이다. 신탁법상의 신탁에 있어서 신탁의 목적인 재산권은 대내적으로나 대외적으로 수탁자에게 완전히 이전된다.

〈2〉 **민법학상의 신탁** 권리의 신탁적 양도를 이론적으로 설명하기 위하

---

87) 대법원 2003. 12. 26. 선고 2003다11738 판결; 대법원 2022. 7. 14. 선고 2021다294674 판결 등 참조.

88) 대법원 1999. 3. 26. 선고 97다41295 판결 참조.

89) 대법원 1982. 6. 22. 선고 81후43 판결 참조.

90) 대법원 2004. 12. 9. 선고 2002후567 판결 참조.

여 사용되는 개념이다. P가 그의 Q에 대한 채권을 R에게 양도하여 외부적으로는 R이 채권자의 지위에 있으나 내부적으로는 P와의 약정에 따라 R은 추심의 권한만을 행사할 의무를 지는 경우(추심을 위한 채권양도)가 그 예이다. 민법학상의 신탁에서 신탁자는 일정한 경제적 목적을 위하여(예: 앞의 예에서는 채권추심의 편리성) 수탁자에게 목적달성에 필요한 정도를 넘는 권리를 이전하지만 수탁자는 이전받은 권리를 그 목적범위를 넘어서 행사하지 말아야 할 대내적 의무를 부담한다. 민법학상 신탁행위의 특성은 다음과 같다: ① 대외관계(수탁자-제3자)와 대내관계(신탁자-수탁자)의 분리; ② 목적범위를 초과하는 수탁자의 행위도 대외관계에서는 유효하나 대내관계에서 수탁자는 신탁자에게 채무불이행책임 부담.

2. 명의신탁의 개념

3.159 명의신탁이란 대내관계에서는 신탁자가 물건을 관리·수익하여 실질적인 소유권자이면서 등기부와 같은 공부상의 명의만을 수탁자로 하는 것이다.[91] 주로 자기 재산을 숨기려는 목적으로 이용된다. 명의신탁이 신탁법상의 신탁이 아닌 것은 분명하다. 그렇다면 민법학상의 신탁으로 볼 수 있을까? 그렇게 보기도 어렵다. 민법학상의 신탁행위가 되기 위해서는 수탁자에게 대외적으로 나타나는 것에는 미치지 못하지만 일정한 권리를 이전해야 하는데, 명의신탁에 있어서는 공부상의 명의 외에 수탁자에게 어떤 권리도 이전되지 않기 때문이다. 그럼에도 불구하고 일제강점기 조선고등법원(식민지 한반도의 최고법원)은 명의신탁을 민법학상의 신탁의 일종으로 관념하는 판례이론[92]을 구성하였고, 국권회복 후에도 그대로 계승되었다.

명의신탁의 법률관계는 다음과 같이 정리할 수 있다. 민법학상의 신탁이론이 그대로 반영된 것이다.

ⅰ **대내관계** 내부적으로는 신탁자가 소유권을 그대로 보유한다. 따라서

91) 대법원 1965. 5. 18. 선고 65다312 판결 등 참조.

92) 일제강점기 조선총독부는 토지조사령에 의한 토지조사(1912~1917년)와 임야조사령에 의한 임야조사(1918~1935년)를 실시하였다. 그런데 종중재산의 경우에는 실질에 맞게 종중의 명의로 사정을 받을 수 있는 방법이 없어 종중원의 단독 또는 수인 명의로 사정을 받아 등기할 수밖에 없었다. 이에 따라 실소유자인 종중과 소유명의자 간에 분쟁이 발생하였고, 그 해결과정에서 조선고등법원은 민법학상의 신탁이론을 원용하게 되었다.

제 3 편 물 권

신탁자는 언제나 수탁자에 대하여 소유권을 주장할 수 있고,[93] 소유권을 다투는 수탁자를 상대로 소유권확인을 구할 수 있다.[94]

ⓘ **대외관계** 대외관계에서는 수탁자만이 소유자의 지위를 가진다. 따라서 수탁자로부터 부동산을 양수한 제3자는 선의·악의를 불문하고 소유권을 취득한다. 대외관계에서는 수탁자만이 소유자이므로, 가령 제3자가 부동산 소유권을 침해하는 경우에 물권적 청구권을 행사하는 사람은 명의수탁자이며, 신탁자는 수탁자를 대위해서만 물권적 청구권을 행사할 수 있다.[95]

3. 「부동산 실권리자명의 등기에 관한 법률」과 명의신탁

3.160 **〈1〉 무효의 원칙** 명의신탁이 투기, 탈세 등 반사회적 행위의 수단으로 이용되는 것을 제어하기 위하여 「부동산 실권리자명의 등기에 관한 법률」(이하 '부동산실명법')이 제정되었다(1995. 7. 1. 시행). 이에 따라 명의신탁약정과 그 약정에 따라 이루어진 명의신탁등기는 무효이다(법 제4조제1항). 다만, 이 무효는 제3자에게 대항하지 못한다(법 제4조제3항). 제3자에는 악의자도 포함된다. 악의의 제3자를 보호대상에 포함시키는 것에 대해서는 비판적인 의견도 있다. 그런데 이 규정의 입법취지는 악의의 제3자에게도 대항할 수 없도록 함으로써 명의신탁자의 지위를 불안하게 하여 명의신탁을 억제할 수 있으며, 명의신탁을 원칙적으로 금지하는 입법을 하면서 신탁자를 종전보다 더 보호하는 것은 타당하지 않다는 것이다.

보충학습 3.33 | 명의신탁 무효의 근거

부동산실명법은 원칙적으로 명의신탁을 무효로 보는 입장이다(법 제4조제1항). 무효의 이유는 무엇일까? 명의신탁약정을 허위표시의 일종으로 보는 입장에서는 제108조를 근거로 들 수 있을 것이다. 그러나 그렇게 보기는 어렵다. 부동산실명법상 명의신탁 무효의 이유는 그 내용이 반사회적이라는 점(제103조)에서 찾아야 한다. 이와 관련하여 법 제4조제3

93) 대법원 1987. 5. 12. 선고 86다카2653 판결; 대법원 1996. 10. 25. 선고 95다40939 판결 등 참조.

94) 대법원 1977. 10. 11. 선고 77다1316 판결 등 참조.

95) 대법원 1979. 9. 25. 선고 77다1079 전원합의체판결: 명의신탁자 자신이 직접 제3자에 대하여 신탁재산의 실질적인 소유자라고 주장하여 이에 대한 침해의 배제를 청구할 수 있는가 여부에 대하여 종전의 판례는 일관되지 않았으나 이 전원합의체판결로 입장을 정리하였다.

항을 보자. 이 규정에 의하면 명의신탁의 무효는 제3자에게 대항할 수 없는 것으로 되어 있는데, 제3자의 선의·악의는 불문한다. 만약 명의신탁약정의 무효 근거가 허위표시였다면 선의의 제3자에 대하여만(제108조제2항) 대항할 수 없는 것으로 규정했어야 한다. 다음으로, 법 제8조(예외적으로 명의신탁의 유효성이 인정되는 경우)를 보자. 명의신탁약정의 무효근거를 제108조제1항으로 본다면 예외적인 사항에 대하여 유효성을 긍정할 수 없을 것이다. 왜냐하면 의사표시의 구조에 있어서 무효인 명의신탁과 유효인 명의신탁 사이에 아무런 차이가 없기 때문이다.

3.161 **〈2〉 명의신탁의 유형과 무효의 원칙에 따른 법률관계** 명의신탁은 크게 '등기명의신탁'과 '계약명의신탁'으로 구분된다. 부동산실명법이 정하는 원칙에 따라 명의신탁이 무효인 경우의 법률관계를 유형별로 살펴본다.

ⓘ **등기명의신탁** 등기명의신탁은 다시 두 유형으로 구분된다.

ⓐ 2자간의 명의신탁: 명의신탁자가 그 등기 명의를 명의수탁자로 이전하는 경우로 '단순명의신탁'이라고도 한다. 실소유자 X가 등기명의만을 Y에게 이전하는 경우이다. X·Y 간의 명의신탁약정과 그에 기하여 이루어진 Y 명의의 등기는 모두 무효이다.

ⓑ 3자간의 명의신탁: 명의신탁자가 원소유자로부터 부동산을 매수하면서 명의수탁자의 명의를 빌려 등기한 경우이다. X가 A로부터 부동산의 소유권을 취득하기 위하여 A와 매매계약을 하고 매매대금도 자신이 지급하지만 이전등기를 자신이 아닌 Y의 명의로 하는 것이다. 정상적인 등기라면 등기순서는 'A→X→Y'로 되어야 할 것인데, X·Y 간의 명의신탁약정에 의하여 X 명의의 등기가 생략된 채 'A→Y'의 형식으로 등기된다는 면에서 '중간생략등기형 명의신탁'이라고도 한다. Y 명의의 등기는 무효이며 소유권자는 A이다. 그러므로 A는 Y 명의의 등기를 말소하거나 진정명의회복을 원인으로 하는 소유권이전등기[96]를 청구할 수 있다. 반면, A·X 사이의 매매계약은 유효이므로 X는 A에 대하여 소유권이전등기청구권을 가진다. 그러므로 X는 A를 대위하여 Y 명의의 등기를 말소하여 A의 명의로 등기를 회복시킨 후, A에게 소유권이전등기를 청구할 수 있다.[97]

ⓘⓘ **계약명의신탁** 명의신탁자의 위임에 따라 수탁자가 자기 이름으로 매

96) 이에 대해서는 이 책 [3.39] 〈보충학습 3.13〉 참조.

97) 대법원 1999. 9. 17. 선고 99다21738 판결; 대법원 2002. 11. 22. 선고 2002다11496 판결 등 참조.

매계약을 체결하고 등기도 수탁자 명의로 경료하는 경우이다. X·Y 간의 위임계약에 따라 Y가 매수인으로서 매도인 A와 매매계약을 체결하고 등기도 Y의 명의로 한다. 매매대금은 물론 전적으로 X가 조달한다. 이 경우에는 X와 Y 사이에 위임계약과 명의신탁약정이 함께 이루어진다. 계약명의신탁에서 기본적인 법률관계는 다음과 같다: ① 매매계약의 당사자는 A와 Y이다; ② A와 X 간에는 계약관계가 존재하지 않는다; ③ X와 Y 간의 명의신탁약정은 무효이다(부동산실명법 제4조제1항). 계약명의신탁에서 Y 명의 등기의 유효성은 A의 용태에 달려 있다. 즉 A가 X·Y 간 명의신탁약정에 대하여 선의라면 Y 명의의 등기는 유효하다(부동산실명법 제4조제2항 단서). A가 선의라면 Y 명의로 이루어진 등기는 유효하고 X·Y 간 명의신탁약정은 무효이므로, 결국 Y는 전 소유자 A뿐만 아니라 신탁자 X에 대한 관계에서도 유효하게 해당 부동산의 소유권을 취득한다.[98] A가 악의라면 Y 명의의 등기가 무효이므로, A는 Y 명의의 등기를 말소하거나 진정명의회복을 원인으로 하는 소유권이전등기를 청구할 수 있다.

3.162 **〈3〉 명의신탁이 유효인 경우와 그 법률관계** 부동산실명법은 다음과 같은 명의신탁에 대해서는 예외적으로 유효성을 인정한다(법 제8조): ① 종중 소유 부동산을 다른 사람 명의로 등기한 경우; ② 배우자 소유의 부동산을 타방 배우자 명의로 등기한 경우; ③ 종교단체 산하조직 소유의 부동산을 종교단체의 명의로 등기한 경우. 이들에 대해서는 종래 명의신탁이론(즉 민법학상의 신탁)이 적용된다. 즉 과거의 명의신탁 이론은 폐기된 것이 아니라 부동산실명법에 의하여 적용범위가 축소되었다는 점에 유의해야 한다.

98) 대법원 2000. 3. 24. 선고 98도4347 판결; 대법원 2006. 9. 8. 선고 2005도9733 판결 참조.

제4장

용익물권

제1절 지 상 권

Ⅰ. 개 념

3.163 지상권이란 건물, 기타의 공작물이나 수목을 소유하기 위하여 타인 소유의 토지를 사용할 것을 내용으로 하는 용익물권이다(제279조). 지상권의 이용빈도는 매우 낮다. 토지임대차계약에 의해서도 지상권과 유사한 경제적 목적을 달성할 수 있는데, 토지소유자로서는 소유권에 대한 제한이 강한 지상권보다는 채권인 임대차를 선호하기 때문이다.

Ⅱ. 존속기간

3.164 지상권의 존속기간과 갱신에 관한 규정(제280~284조)은 지상권자를 위한 편면적 강행규정이다(제289조).

3.165 **〈1〉 설정행위로 기간을 정한 경우** 최단기간과 최장기간을 살펴본다.

ⓘ **최단기간** 존속기간은 당사자가 임의로 정할 수 있으나 최단기간의 제한이 있다(제280조제1항). 견고한 건물(예: 석조, 석회조, 연와조) 또는 수목의 소유를 목적으로 하는 경우에는 30년, 그 밖에 건물의 소유를 목적으로 하는 경우에는 15년, 건물 외의 공작물의 소유를 목적으로 하는 경우에는 5년 이상이어야 한다. 이 기간보다 단기의 기간을 정한 때에는 최단기간까지 연장한다(제280조제2항).

ⓘⓘ **최장기간** 최장기간에 대해서는 제한이 없다. 그렇다면 극단적으로 지상권의 존속기간을 영구적으로 설정할 수 있는가? 이에 대하여 학설은 대립하며, 판례는 지상권의 존속기간을 영구로 약정하는 것도 허용된다는 입장이다.[1)]

3.166 **〈2〉 설정행위로 기간을 정하지 않은 경우** 계약으로 지상권의 존속기간을 정하지 않은 때에는 제280조가 정한 최단기간을 지상권의 존속기간으로 한다(제281조제1항). 지상권 설정 당시에 공작물의 종류와 구조를 정하지 않은 경우에는

---

1) 대법원 2001. 5. 29. 선고 99다66410 판결.

그 지상권의 존속기간은 15년이다(제281조제2항).

3.167 〈3〉 **설정계약의 갱신** 두 가지 유형의 갱신이 있다. 지상권설정계약을 갱신하는 경우에 지상권의 존속기간은 갱신일로부터 제280조의 최단존속기간보다 단축하지 못한다(제284조).

ⓘ **합의에 의한 갱신** 명문규정은 없으나 계약자유의 원칙상 당연히 인정된다.

ⓘⓘ **지상권자의 갱신청구권** 지상권이 존속기간의 만료로 소멸하고[2] 존속기간의 만료 시점에 건물 기타의 공작물이나 수목이 현존하고 있다면 지상권자는 토지소유자에게 지상권의 갱신을 청구할 수 있다(제283조제1항). 토지소유자는 갱신을 거절할 수 있으나, 이때 지상권자는 토지소유자에게 공작물 또는 수목을 매수할 것을 청구할 수 있다(제283조제2항). 토지소유자로서는 계약갱신에 응하든가 아니면 매수를 해야 한다. 지상물매수청구권은 민법이 토지정착물을 토지와 별개의 부동산으로 보는 데 따른 부수조치이다.[3]

Ⅲ. 취득원인

1. 법률행위에 의한 취득

3.168 지상권은 토지소유자와 그 토지를 사용하고자 하는 사람 사이의 지상권설정계약에 의하여 성립한다. 이것은 법률행위에 의한 물권변동이므로 등기함으로써 성립한다(제186조).

2. 법률행위에 의하지 않은 취득

3.169 법률행위에 의하지 않은 지상권의 취득원인으로는 상속, 경매, 공용징수, 취

2) 지상권자의 지료연체를 이유로 토지소유자가 그 지상권소멸청구를 하여 이에 터잡아 지상권이 소멸된 경우에는 매수청구권이 인정되지 않는다(대법원 1993. 6. 29. 선고 93다10781 판결 참조). 지상물매수청구권은 지상권이 존속기간의 만료로 인하여 소멸하는 때에 지상권자에게 갱신청구권이 있어 그 갱신청구를 하였으나 지상권설정자가 계약갱신을 원하지 아니할 경우 행사할 수 있는 권리이기 때문이다.

3) 이에 대해서는 이 책 [3.175] 〈보충학습 3.34〉 참조.

득시효 등을 들 수 있다. 취득시효를 제외하고는(제248조, 제245조제1항) 모두 등기 없이 효력이 발생한다(제187조). 다음에서는 지상권에 특유한 것으로 법정지상권을 살펴본다. 법정지상권에는 법률에 근거한 것과 관습법에 근거한 것이 있다.

(1) 법률규정에 의한 취득: 법정지상권

3.170 **〈1〉 법정지상권의 의미와 성립** 타인 소유의 토지에 지상물을 소유하고 있는데 토지사용 권원(예: 지상권, 임차권)을 확보하지 못했다면 토지소유자의 지상물 제거청구에 응할 수밖에 없다(제214조). 그런데 이 원칙으로 일관하면 멀쩡한 지상물을 파괴함으로써 사회경제적 비효율을 가져오게 된다. 그리하여 일정한 경우(지상물 소유권을 보호할 필요성)에는 법률상 당연히 지상권을 부여한다. 법정지상권을 인정하는 경우는 다음과 같다.

ⅰ 「민법」 제305조제1항 토지와 그 위 건물이 A의 소유인데 건물에 대해서만 전세권을 설정한 후 토지소유권을 C에게 양도한 경우에 C는 A에게 지상권을 설정한 것으로 본다. 토지 소유권을 양수한 C는 건물의 존재를 용인한 것으로 보는 것이다.

ⅱ 「민법」 제366조 본문 토지와 그 위 건물이 동일인 소유였는데, 저당권의 실행으로 경매가 진행되어 토지와 건물의 소유자가 다르게 되었다면 토지소유자는 건물소유자에게 지상권을 설정한 것으로 본다.

ⅲ 「가등기담보 등에 관한 법률」 제10조 토지와 그 위 건물이 동일인 소유였는데, 그 중 하나에 대하여 가등기담보 또는 양도담보가 설정된 후 실행되어 토지와 건물의 소유자가 다르게 되었다면 토지소유자는 건물소유자에게 지상권을 설정한 것으로 본다.

ⅳ 「입목에 관한 법률」 제6조 토지와 그 위 입목이 동일인 소유였는데, 경매 기타의 사유로 토지와 입목이 각각 다른 소유자에게 속하게 되었다면 토지소유자는 입목의 소유자에게 지상권을 설정한 것으로 본다.

ⅴ 「공장 및 광업재단 저당법」 제24조제1항 저당권이 설정된 공장재단에 토지와 건물이 속하고 있었는데, 저당물의 경매로 인하여 토지와 그 위 건물의 소유자가 다르게 되었다면 토지소유자는 건물소유자에게 지상권을 설정한 것으로 본다.

3.171 〈2〉 양도방법과 존속기간　법정지상권은 법률행위에 의한 물권변동이 아니므로 등기 여부와 무관하게 성립하나(제187조 본문), 법정지상권을 양도하기 위해서는 등기가 있어야 한다(제187조 단서). 법정지상권은 존속기간의 약정이 없으므로 제280조가 정하는 최단존속기간에 의해야 할 것이다(제281조).

3.172 〈3〉 양도와 법정지상권의 운명　토지소유권이 양도된 경우와 건물소유권이 양도된 경우로 구분하여 살펴본다.

ⅰ **토지소유권 양도의 경우**　법정지상권 성립 후 토지소유자가 소유권을 제3자에게 양도하더라도 법정지상권자는 새로운 토지소유자에게 그 지상권을 주장할 수 있다.[4] 법정지상권의 물권적 특성상 당연한 것이다.

ⅱ **건물소유권 양도의 경우**　A 소유의 토지 위에 법정지상권을 취득한 B(건물소유자)가 C에게 해당 건물의 소유권만을 양도하고 지상권 이전의 등기를 하지 않은 경우, C가 A에게 지상권을 주장할 수 있을까? 즉 A가 C에게 건물철거를 주장할 수 있을까? C는 B에게 건물의 소유권과 법정지상권의 이전을, B는 A에게 지상권설정등기를 청구할 수 있는 지위에 있다. C는 B를 대위하여(채권자대위의 법리) A에게 지상권설정등기의 이행을 구하여 B 명의로 지상권등기를 하도록 한 다음, B에 대하여 지상권이전등기 절차의 이행을 구할 수 있다. 즉 궁극적으로 C는 법정지상권을 취득할 지위, 반면에 A는 지상권의 부담을 용인하고 그 설정등기 절차를 이행할 의무가 있다. 그러므로 A가 토지소유권에 기하여 건물철거를 구하는 것은 의무자가 권리자를 상대로 한 청구로서 신의성실의 원칙상 허용될 수 없다.[5]

(2) 관습에 의한 취득: 관습법상의 법정지상권

3.173 민법 또는 민사특별법이 정하는 상황 외에도 그와 유사한 이익상황(지상물 소유권을 보호할 필요성)이 더 나타날 수 있다. 이에 따라 판례가 법정지상권을 인정하는 경우가 있다(관습법상의 법정지상권). 관습법상의 법정지상권의 효력은 성문법상의 법정지상권과 같다.

---

4) 대법원 1963. 1. 17. 선고 62다737 판결; 대법원 1988. 9. 27. 선고 87다카279 판결 등이 있다.

5) 대법원 1985. 4. 9. 선고 84다카1131·1132 전원합의체판결; 대법원 1995. 4. 11. 선고 94다39925 판결 등 참조.

관습법상의 법정지상권이 성립하기 위한 요건은 다음과 같다.[6)]

ⓘ 토지와 건물이 처분 당시에 동일인의 소유에 속하였어야 한다.

ⓘⓘ 토지·건물 중의 어느 하나가 일정한 사유로 인하여 토지소유자와 건물소유자가 다르게 되었어야 한다. 그 원인으로 대표적인 것은 매매이며, 그 외에도 대물변제, 증여, 공유물분할 등 다양하다.

ⓘⓘⓘ 당사자 사이에 건물을 철거한다는 특약이 없어야 한다. 그래야만 토지를 계속 사용하려는 데에 대하여 묵시적 합의가 있다고 볼 수 있기 때문이다. 건물을 철거함으로써 토지의 계속 사용을 그만두고자 하는 당사자의 의사가 확인된다면 관습법상의 법정지상권은 인정될 수 없다.

관습법상의 법정지상권으로 인해 법정지상권이 매우 광범위하게 인정되는데, 이에 대해서는 법정책적인 시각에서 비판적 의견도 있다.[7)]

Ⅳ. 효 력

3.174 지상권의 효력을 살펴본다.

ⓘ **지상권자의 토지사용권** 구체적 내용은 설정행위 또는 법률의 규정에 의하여 정해진다. 지상권은 용익권이므로 인접토지와의 이용의 조절을 꾀하는 상린관계에 관한 규정(제216~244조)이 준용된다(제290조). 지상권 행사에 장애가 있을 때에는 물권적 청구권을 행사할 수 있다(제290·213·214조).

ⓘⓘ **지료지급의무** 지상권자가 토지사용의 대가로 지상권설정자에게 지급하는 금전 또는 유가물을 지료라 한다. 지료가 토지에 관한 조세 기타 부담의 증감이나 지가의 변동으로 인하여 상당하지 아니하게 된 때에는 당사자는 그 증감을 청구할 수 있다(제286조). 지상권자가 2년 이상의 지료를 지급하지 아니한 때에는 지상권설정자는 지상권의 소멸을 청구할 수 있다(제287조).

ⓘⓘⓘ **지상권자의 투하자본 회수** 타인 소유의 물건을 일정기간 사용·수익하는 권리관계에 있어서는 투하자본의 회수가 중요한 이슈이다. 채권자인 임차인

6) 대법원 1967. 11. 14. 선고 67다1105 판결; 대법원 2004. 6. 11. 선고 2004다13533 판결 등 참조.
7) 대법원은 법정지상권의 관습이 우리 사회에 여전히 유지되고 있다는 입장이다(대법원 2022. 7. 21. 선고 2017다236749 전원합의체판결).

과 달리(제629조 참조) 지상권자는 물권자로서 타인에게 그 권리를 양도하거나 그 지상권의 존속기간 내에서 그 토지를 임대할 수 있다(제282조).

V. 소 멸

3.175 지상권의 소멸에 관한 이슈를 중심으로 살펴본다.

ⓘ **지상권자의 지상물 수거의무** 지상권이 소멸한 때에는 지상권자는 건물 기타 공작물이나 수목을 수거하여 토지를 원상으로 회복해야 한다(제285조제1항). 지상물의 수거는 지상권자의 의무이면서 동시에 권리의 측면도 있다.

ⓘⓘ **지상권설정자의 지상물매수청구권** 지상권자의 입장에서 지상물 수거의 권리적 측면의 한계는 지상권설정자의 지상물매수청구권이다. 지상권설정자가 상당한 가액을 제공하여 그 공작물이나 수목의 매수를 청구한 때에는 지상권자는 정당한 이유없이 수거를 할 수 없고, 그 지상물을 매도해야 하기 때문이다(제285조제2항).

ⓘⓘⓘ **지상권자의 지상물매수청구권** 지상권이 존속기간 만료로 소멸하여 지상권자가 계약갱신을 청구했으나 지상권설정자가 갱신을 원하지 않는 때에는 지상권자는 상당한 가액으로 지상물의 매수를 청구할 수 있다(제283조제2항). 지상권자가 지상물을 수거하면 일반적으로 그 가치가 감소하여 지상권자를 위해서나 또는 사회경제상 불이익하다는 점을 고려한 조치이다.

보충학습 3.34 | 제283조와 제99조제1항의 관계

제283조는 제99조제1항(토지 및 그 정착물은 부동산이다)과 밀접한 관계에 있다. 토지정착물을 토지의 구성부분으로 보는 법제라면 지상권 소멸의 경우 지상물은 토지에 부합되어 당연히 토지소유권의 범위에 포함될 것이고, 지상권자는 지상물의 부합으로 인하여 이득을 얻은 토지소유자에게 지상물의 가치에 대하여 부당이득반환청구(제261조 참조)를 하는 방식으로 법률관계를 청산할 것이다. 그러나 우리나라에서 토지정착물은 토지와 독립된 부동산이므로 부합이 일어날 수 없다. 따라서 지상권 소멸 후에 지상물의 소유권 문제를 처리해야 할 필요가 있다.

Ⅵ. 특수한 지상권

3.176 〈1〉 **구분지상권** 지하 20m 깊이에 가스관을 매립하고자 한다든가 혹은 지상 30m 높이에 광고탑을 세우고자 할 때 토지 전체가 아니라 해당 범위에 한정하여 지상권을 설정한다면 지료 부담도 감소하고 토지의 사용가치도 극대화할 수 있다. 이와 같은 필요에 부응하기 위하여 민법은 구분지상권을 규정한다. 구분지상권은 타인소유 토지의 지하 또는 지상의 공간을 상하의 범위를 정하여 사용하는 권리이다(제289조의2 제1항). 제279조를 제외한 지상권에 관한 규정은 구분지상권에 준용된다(제290조제2항).

3.177 〈2〉 **분묘기지권** 타인의 토지에 분묘를 설치한 경우에 그 분묘를 소유하기 위하여 분묘 기지 부분의 타인 소유 토지를 사용할 수 있는 권리로서 지상권에 유사한 물권이다.[8] 일제시대부터 인정된 관습상의 물권으로서 현재까지 판례가 계승하고 있다. 다음의 세 경우에 분묘기지권이 인정된다: ① 토지소유자의 승낙을 얻어 분묘를 설치한 때;[9] ② 타인 소유 토지에 그의 승낙없이 분묘를 설치한 후 20년간 평온·공연하게 그 분묘의 기지를 점유한 때(분묘기지권의 시효취득);[10] ③ 자기 소유의 토지에 분묘를 설치한 사람이 그 분묘 기지에 대한 소유권을 보류하거나 또는 분묘도 함께 이전한다는 특약을 하지 않고 해당 토지를 매매 등의 방법으로 처분한 때.[11] 그런데 ②의 분묘기지권은 「장사 등에 관한 법률」 시행일(2001. 1. 13) 후에 설치된 분묘에 대해서는 인정되지 않는다(법 제27조 제3항 참조).[12] 분묘기지권을 시효취득했더라도 토지소유자가 분묘기지에 관한 지료를 청구하면 분묘기지권자는 청구일부터 지료를 지급해야 한다(종래 판례는 분묘기지권의 성립과 동시에 지료지급의무가 발생한다는 입장과 지료지급의무가 없다는 입장이 병존).[13]

---

8) 대법원 1988. 2. 23. 선고 86다카2919 판결 등 참조.

9) 대법원 2000. 9. 26. 선고 99다14006 판결 등 참조.

10) 대법원 1996. 6. 14. 선고 96다14036 판결 등 참조(특히 분묘기지권의 시효취득에는 등기도 요구되지 않는다고 함).

11) 대법원 1967. 10. 12. 선고 67다1920 판결 등 참조.

12) 대법원 2017. 1. 17. 선고 2013다17292 전원합의체판결 참조.

13) 대법원 2021. 4. 29. 선고 2017다228007 전원합의체판결.

제2절 지역권

3.178 甲토지의 소유자 A가 B소유의 乙토지에 수로를 만들어서 甲토지로 물을 끌어오고자 한다. 그 목적을 위하여 乙토지에 대한 사용권을 취득하는 방법은 다양할 것이다. 구분지상권을 설정하여 지하 10m에 파이프를 매설할 수도 있고, 임대차를 통해 해당 토지 부분을 사용할 수도 있을 것이다. 민법은 지역권(地役權)을 마련하여 또 하나의 선택 가능성을 열어주고 있다. 지역권이란 일정한 목적을 위하여 타인의 토지를 자기 토지의 편익(예: 물을 끌어들임, 통행)에 이용하는 권리이다(제291조). 지역권은 두 토지를 전제로 한다. 편익을 제공받는 토지를 요역지(위 사례에서 甲), 편익을 제공하는 토지를 승역지(위 사례에서 乙)라 한다.

지역권과 구별되는 것으로 인역권(人役權)은 일정한 목적을 위하여 타인의 토지를 자기의 인적 편익에 이용하는 권리이다(예: 타인의 토지를 사냥·낚시 등의 용도로 사용). 인역권의 목적은 임대차 등으로 달성할 수 있어 현행법은 인역권을 규정하지 않고 있다.

지역권에서 수혜 대상은 사람이 아니라 토지이다. 위 사례에서 경제적으로는 甲의 소유자 A가 편익을 받지만, 법률구성상 편익의 대상은 甲이다. 그 결과 지역권의 존속기간 중 소유권이 변동되더라도 甲은 그 소유자와 무관하게 乙로부터 편익을 받게 된다. 이러한 특질은 지역권의 부종성으로 나타난다. 가령 A가 甲의 소유권을 C에게 양도했다면 지역권도 C에게 이전되며(법률행위에 의한 물권변동이 아니므로 등기를 요하지 않음), A가 甲에 대하여 D에게 지상권을 설정해 주었다면 D 또한 지역권을 행사할 수 있다(제292조제1항 본문). 또한, 지역권을 요역지의 소유권과 분리하여 양도하거나(A가 甲에 대한 소유권은 P, 지역권은 Q에게 양도) 또는 다른 권리의 목적으로(가령 A가 甲에 대하여 R에게 지상권을 설정해 주면서 지역권은 S에게 양도) 하지 못한다(제292조제2항). 지역권의 특성으로서 공유 토지에서의 불가분성도 유의해야 한다. 공유자의 일부에게만 지역권이 존재한다든가(요역지가 공유인 경우) 혹은 공유자의 일부만이 지역권을 부담하지(승역지가 공유인 경우) 않는다(제293·295·296조).[14)]

---

14) 뒤의 〈보충학습 3.35〉 참조.

지역권은 법률행위 외에 시효취득도 가능하다(제294조, 제245조). 다만, 지역권의 시효취득은 계속되고(권리의 실현을 위하여 특정 시점마다 지역권자의 일정한 행위를 요하는가 여부에 따라 계속 또는 불계속. 가령 인수를 위하여 승역지를 지속적으로 사용하는 것은 계속지역권) 표현된(권리의 실현이 외부로부터 인식되는 사실을 수반하는가 여부에 따라 표현 또는 불표현. 가령 승역지 위의 건축금지는 불표현지역권) 경우에 한한다.

지역권은 요역지 또는 승역지의 멸실, 지역권자의 포기, 혼동, 존속기간의 만료, 소멸시효(제162조제2항) 등의 사유로 소멸한다.

보충학습 3.35 | 지역권의 불가분성

① **제293조제1항** A·B의 공유인 甲토지가 요역지인 경우 지역권자 A 또는 B가 단독으로 지역권을 소멸시킬 수 없다. X·Y의 공유인 乙토지가 승역지인 경우 지역권설정자 X 또는 Y가 단독으로 지역권의 부담에서 벗어날 수 없다. 이들 규범은 공유의 특성(공유자의 지분에 따른 사용·수익권은 공유물 전부에 미침: 제263조)에 따른 것이다.

② **제293조제2항** A·B의 공유인 甲토지(요역지)가 분할된 경우 지역권은 각 분할 부분에 존속하며, X·Y의 공유인 乙토지(승역지)가 분할된 경우 지역권의 효력은 각 분할 부분에 존속한다. 이러한 법리는 요역지 또는 승역지의 소유권이 일부양도된 경우에도 마찬가지이다. 그러나 요역지 또는 승역지가 토지의 일부인 때에는 해당 부분에만 지역권이 존속하며, 해당 부분만이 승역지로서 부담을 진다.

③ **제295조제1항** A·B의 공유인 甲토지에서 A가 지역권을 취득하면 B도 지역권을 취득한다. 이 또한 공유의 특성(공유자의 지분에 따른 사용·수익권은 공유물 전부에 미침: 제263조)에 따른 것이다.

④ **제295조제2항** 甲토지의 공유자인 A·B는 도로에 출입하기 위하여 상당한 기간 C 소유의 乙토지를 통행했는데 시효기간(20년: 제248조, 제245조제1항)이 도래하기 전에 C가 A에게 통행하지 말라는 취지의 소송을 제기했다고 가정해 보자. 소의 제기는 취득시효 중단사유인데(제247조제2항, 제170조), 중단의 효력은 상대적이므로(제247조제2항, 제169조) B를 위해서는 취득시효가 계속 진행되는 것이 원칙이다. 그 결과 B가 지역권을 시효로 취득하면 A에게도 효력이 미치게 된다(제295조제1항). 그러므로 제295조제2항은 중단행위가 모든 공유자(사안에서 A와 B)에 대한 사유가 아니면 효력이 없다고 규정한 것이다.

⑤ **제296조** 甲토지(요역지)의 공유자인 A·B 중 A에게 소멸시효의 중단·정지 사유가 발생하면 B에게도 효력이 있다. 이에 따라 A에게는 지역권이 존속하고, B에 대해서는 시효로 소멸하는 상황이 되지 않는다.

제3절 전 세 권

Ⅰ. 개 념

3.179 A가 B 소유의 甲건물(시가: 5억원)을 5년 동안 사용·수익하기 위하여 전세금 3억원을 지급하고 전세권설정계약을 했다면 A는 전세권자가 된다.[15] 5년이 지나면 A는 B에게 甲을 반환하고 B는 A에게 전세금 3억원을 반환해야 한다(두 의무는 동시이행관계). 만약 B가 전세금을 반환하지 않으면 A는 甲건물을 경매하여 경매대금으로부터 후순위권리자 및 기타 채권자보다 우선하여 변제를 받을 수 있다. 이와 같이 전세권은 용익물권(A는 B 소유의 건물을 사용·수익함)과 담보물권(B는 甲건물을 담보로 현금을 융통한 결과가 됨)의 요소를 모두 가지고 있다.

Ⅱ. 존속기간

3.180 **〈1〉 존속기간의 약정이 있는 경우** 당사자가 임의로 존속기간을 정할 수 있으나 10년을 넘지는 못한다(제312조제1항). 약정으로 갱신할 수 있으나, 이때에도 10년을 넘지 못한다(제312조제3항). 건물에 대한 전세권의 경우에는 최단기간(1년)의 제한이 있다(제312조제2항).

3.181 **〈2〉 존속기간의 약정이 없는 경우** 전세권의 존속기간에 관한 약정이 없으면 각 당사자는 언제든지 상대방에 대하여 전세권의 소멸을 통고할 수 있고, 상대방이 통고를 받은 날로부터 6월이 경과하면 전세권은 소멸한다(제313조, 임대차에 관한 제635조와 유사한 구조).

3.182 **〈3〉 건물전세권의 법정갱신** 건물의 전세권설정자가 전세권의 존속기간 만료 전 6개월부터 1개월까지 사이에 전세권자에게 갱신거절의 통지 또는 조건을 변경하지 않으면 갱신하지 않는다는 뜻의 통지를 하지 않으면 그 기간이 만료된 때에 종전의 전세권과 동일한 조건으로 다시 전세권을 설정한 것으로 보

---

15) 전세, 전세권 및 임대차의 개념과 관계에 대해서는 이 책 [2.197] 〈보충학습 2.44〉 참조.

며, 이 경우 전세권은 존속기간의 정함이 없는 것으로 본다(제312조제4항, 임대차에 관한 제639조와 유사한 구조).

Ⅲ. 전 세 금

3.183 〈1〉 개 념 전세금은 전세권자가 전세권설정자에게 교부하는 금전으로서 전세권이 소멸하면 반환의 대상이 된다. 부동산의 사용료와 전세금의 이자는 상계되는 것으로 계산된다. 전세금은 보증금[16]의 성질도 보유한다. 전세물의 전부 또는 일부가 전세권자에게 책임있는 사유로 인하여 멸실·훼손된 때에는 전세권자는 손해배상을 해야 하는데, 전세권설정자는 전세권이 소멸된 후 전세금으로써 손해의 배상에 충당할 수 있기 때문이다(제315조). 전세금이 목적 부동산에 관한 조세·공과금 기타 부담의 증감이나 경제사정의 변동으로 인하여 상당하지 않게 된 때에는 당사자는 장래에 대하여 그 증감을 청구할 수 있다(제312조의2).

3.184 〈2〉 **전세권 소멸과 전세금의 청산** 전세권이 소멸한 때에는 전세권설정자는 전세권자로부터 그 목적물의 인도 및 전세권설정등기의 말소등기에 필요한 서류의 교부를 받는 동시에 전세금을 반환해야 한다(제317조). 전세권설정자가 전세금의 반환을 지체한 때에는 전세권자는 「민사집행법」에 따라 목적물의 경매를 청구할 수 있다(제318조). 전세권자는 경매대금에 관하여 후순위권리자 기타 채권자에 대하여 우선변제권을 가진다(제303조제1항).

Ⅳ. 효 력

3.185 전세권의 효력을 살펴본다.

ⓘ **전세권자의 사용·수익권** 전세권자는 설정계약 또는 목적부동산의 성질에 따라 목적물을 사용·수익해야 한다. 이를 위반하면 전세권설정자는 전세권의 소멸청구 또는 원상회복·손해배상의 제재를 할 수 있다(제311조). 원상회복은

16) 보증금의 개념에 대해서는 이 책 [2.208] 〈보충학습 2.48〉 참조.

물권적 청구권의 의미를 가진다. 전세권은 부동산을 이용하는 권리이므로 인접 부동산과의 이용 조절을 꾀하는 상린관계에 관한 규정(제216~244조)이 준용된다(제319조). 전세권 행사에 장애가 있을 때에는 물권적 청구권을 행사할 수 있다(제319·213·214조).

ⅱ **건물 전세권의 지상권·임차권에 대한 효력** 타인의 토지 위에 건물을 소유하는 사람이 그 건물에 전세권을 설정한 때에는 그 전세권의 효력은 그 건물의 소유를 목적으로 하는 지상권 또는 임차권에도 미친다(제304조제1항). A가 甲토지 소유자인 B와의 임대차계약에 의하여 甲을 임차하고 그 위에 乙건물을 신축한 후 그 건물에 대하여 C에게 전세권을 설정해 주었다면 전세권자 C는 마치 임차인 A와 같이 토지를 적법하게 사용·수익할 수 있다. 이때 전세권설정자는 전세권자의 동의없이 지상권 또는 임차권을 소멸하게 하는 행위를 하지 못한다(제304조제2항).

ⅲ **법정지상권** 대지와 건물이 동일 소유자에게 속하고 있었는데 건물에 전세권을 설정한 후 대지를 양도했다면 대지 양수인은 전세권설정자(건물 소유자)에게 지상권을 설정한 것으로 본다(제305조제1항 본문).[17] 이때 대지소유자는 타인에게 그 대지를 임대하거나 이를 목적으로 한 지상권 또는 전세권을 설정하지 못한다(제305조제2항). 법정지상권의 성립으로 대지의 사용·수익가치가 거의 없음을 고려한 규정이다.

ⅳ **부속물의 수거권과 매수청구권** 민법은 지상권 관련 규정(제285조) 또는 임대차 관련 규정(제646조) 등과 유사한 구조의 규정을 두고 있다.

ⓐ 전세권자의 부속물수거권: 전세권이 그 존속기간의 만료로 인하여 소멸한 때에는 전세권자는 그 목적물을 원상에 회복해야 하며 그 목적물에 부속시킨 물건은 수거할 수 있다(제316조제1항 본문). 그러나 전세권설정자가 그 부속물건의 매수를 청구한 때에는 전세권자는 정당한 이유없이 거절하지 못한다(제316조제1항 단서).

ⓑ 전세권자의 부속물매수청구권: 부속물건이 전세권설정자의 동의를 얻어 부속시킨 것이거나 전세권설정자로부터 매수한 것인 때에는 전세권자는 전세권설정자에 대하여 그 부속물건의 매수를 청구할 수 있다(제316조제2항).

---

17) 이에 해당하는 사례는 이 책 [3.170] 참조.

ⓥ **비용상환청구권** 전세권의 존속기간이 만료하면 목적물반환이 일어나고, 이에 따라 비용상환 이슈가 발생한다. 필요비와 유익비로 구분하여 살펴본다.

ⓐ 필요비상환청구권: 전세권자는 목적물의 현상을 유지하고 그 통상의 관리에 속한 수선을 해야 한다(제309조). 즉 통상필요비는 전세권자의 부담이다. 민법이 침묵하고 있는 특별필요비는 일반원칙에 따라 상환청구를 할 수 있다고 해석하고자 한다.

ⓑ 유익비상환청구권: 전세권자의 유익비상환청구권에 대하여 민법은 일반체계[18]에 따라 규정하고 있다(제310조).

Ⅴ. 전세권자의 투하자본 회수

3.186 다른 용익물권에서와 마찬가지로 전세권에서도 투하자본의 회수가 주요 이슈이다. 채권자인 임차인과 달리(제629조 참조) 물권자인 전세권자는 전세권설정자의 동의없이 전세권을 타인에게 양도 또는 담보로 제공할 수 있고, 그 존속기간 내에서 그 목적물을 타인에게 전전세 또는 임대할 수 있다(제306조 본문). 그러나 설정행위로 이를 금지한 때에는 그렇지 않다(제306조 단서).

ⓘ **전세권의 양도** 전세권자가 전세권을 양도하면 양수인만이 전세권자이고 양도인은 더 이상 전세권자가 아니다. 전세권의 양도는 법률행위에 의한 물권변동이므로 등기해야 효력이 발생한다(제186조). 전세권의 양도는 물권의 양도이므로 전세권설정자의 동의 또는 그에 대한 양도통지(채권양도에 관한 제450조)를 요하지 않는다. 전세권양수인은 전세권설정자에 대하여 전세권양도인과 동일한 권리의무가 있다(제307조).

ⓘⓘ **전세권의 담보제공** 전세권자는 전세권을 담보로 제공할 수 있다(제371조 참조: 전세권에 설정된 저당권). 전세권에 저당권을 설정한 전세권자가 채무를 이행하지 않아 저당권이 실행되면 경매절차를 통해 매수인은 전세권을 취득하게 된다.

ⓘⓘⓘ **전전세 또는 임대** 전전세는 전세권자가 다시 전세권을 설정하는 것

18) 이에 대해서는 이 책 [2.205] 〈보충학습 2.45〉 참조.

이다. 전세권의 양도와 달리 전전세의 경우에는 원전세권이 소멸하지 않으며, 원전세권의 범위 안에서 효력을 가진다. 그리하여 원전세권이 소멸하면 전전세권도 소멸하며, 전전세권이 소멸하면 전전세권자는 전전세권설정자에게 전전세금의 반환을 청구할 수 있고, 전전세금 반환을 지체한 때에는 경매신청을 할 수 있다. 그러나 이를 위해서는 원전세권자도 전세권설정자에게 경매신청을 할 수 있는 상태(즉 원전세권이 소멸하고 원전세권설정자가 원전세권자에 대한 전세금의 반환을 지체하고 있는 상태)에 있어야 한다. 한편, 전세물의 임대는 전세권자가 제3자와 임대차계약을 토대로 채권관계를 설정하는 것이다. 전세권자는 전전세 또는 임대를 하지 않았으면 면할 수 있는 불가항력으로 인한 손해에 대하여 그 책임을 부담한다(제308조).

제5장

담보물권

제 1 절 서　설

Ⅰ. 담보물권의 개념

3.187 채권자평등의 원칙[1]은 각 채권자에게 불안요인이다. 채권의 실현을 확보하는 방법으로 인적 담보(보증채무, 연대채무 등)가 있기는 하나 이것 또한 모든 채무자가 무자력이라면 무용한 것이다. 담보물권이란 채무자 또는 제3자(다른 사람의 채무를 위하여 자기 재산을 담보로 제공한 사람을 '물상보증인'이라 함)의 재산(물건 또는 권리)에 대하여 다른 채권자보다 우선하여 자기 채권의 실현에 충당하는 권리로서 그 성질이 물권인 경우이다.

Ⅱ. 담보물권의 종류

3.188 〈1〉 발생원인에 의한 분류

ⓘ **법정담보물권**　특정 채권을 담보하기 위하여 법률규정에 의하여 당연히 발생하는 담보물권(예: 유치권)

ⓘⓘ **약정담보물권**　당사자 사이의 약정에 의하여 발생하는 담보물권(예: 질권, 저당권)

3.189 〈2〉 효력에 의한 분류

ⓘ **유치적 효력을 가지는 담보물권**　물건의 점유를 빼앗는 효력을 수반하는 담보물권(유치권, 질권)

ⓘⓘ **우선변제적 효력을 가지는 담보물권**　물건이 가지는 교환가치를 지배하여 채무불이행의 경우에 다른 채권자보다 우선변제를 받는 효력을 가지는 담보물권(질권, 저당권)[2]

---

1) 이에 대해서는 이 책 [1.25] 참조.

2) 어떤 담보물권에 우선변제적 효력을 인정하는가 여부는 기본적으로 입법정책의 문제이다. 유치권은 유치적 효력만을 가지며, 저당권은 우선변제적 효력만을 가진다. 그리고 질권은 두 효력을 모두 가지는 담보물권이다.

3.190 〈3〉 법리구성에 의한 분류

ⓘ **전형담보** 제한물권적 구성의 담보물권으로서 설정적 승계[3]의 형식을 취하게 된다. 즉 소유권은 이전되지 않고 채권담보의 기능을 하게 된다. 가령 유치권·질권·저당권은 전형담보물권에 속한다.

ⓘⓘ **비전형담보** 이전적 승계[4]의 형식을 취하는 담보물권이다. 예컨대, 양도담보는 채권담보의 목적으로 채권자에게 목적물에 대한 소유권을 이전하고, 채무자가 채무를 이행하면 소유권을 되찾아오는 방식을 취하는 것으로 비전형담보물권에 속한다. 비전형담보는 전형담보제도에 불편을 느껴 거래계에서 형성된 것이다.

Ⅲ. 담보물권의 특질

3.191 〈1〉 부 종 성 담보물권은 채권을 담보하기 위한 것이다. 담보물권이 담보하고자 하는 채권을 피담보채권이라고 한다. 담보물권은 피담보채권을 전제로 하여 성립하고(성립에 관한 부종성), 피담보채권이 소멸하면 담보물권도 소멸한다(소멸에 관한 부종성). 법정담보물권(예: 유치권)에는 부종성이 엄격하게 관철되지만 약정담보물권의 경우에는 상당히 완화되는 경우가 있다(예: 근질 또는 근저당권의 경우에는 피담보채권액이 '0'이라는 사실만으로 소멸하지 않는다[5]).

3.192 〈2〉 수 반 성 피담보채권이 타인에게 이전되면 담보물권도 그에 따라 이전된다는 것이다(제361조 참조). 담보물권의 수반성을 절대적인 것으로 이해해서는 안 된다. 담보물권의 수반성이란 피담보채권의 처분이 있으면 언제나 담보권도 함께 처분된다는 것이 아니라 채권의 담보는 담보제도의 존재 목적에 비추어 볼 때 특별한 사정이 없는 한 피담보채권의 처분에는 담보권의 처분도 당연히 포함된다고 보는 것이 합리적이라는 것이다. 그러므로 피담보채권의 처분에도 불구하고, 담보권의 처분이 따르지 않는 특별한 사정이 있는 경우에는 채권양수인은 담보권이 없는 무담보의 채권을 양수한 것이 되고 채권의 처분에 따르지

3) 이에 대해서는 이 책 [1.37] 참조.
4) 이에 대해서는 이 책 [1.37] 참조.
5) 이에 대해서는 이 책 [3.211], [3.257] 참조.

않은 담보권은 소멸한다.[6]

3.193 〈3〉 물상대위성 A가 B로부터 1,000만원을 차용하면서 자기 소유의 甲 동산에 대하여 B에게 질권을 설정해 주었는데, C의 과실로 甲이 멸실되었다고 가정해 보자. B는 질권은 목적물의 멸실로 인하여 소멸하는가? 담보물권은 담보물의 실체를 목적으로 하는 권리가 아니라 그 교환가치의 지배에 목적이 있다. 물상대위성이란 목적물의 멸실·훼손 등의 경우에 담보물권이 목적물의 교환가치에 갈음하는 권리(예: 보험금청구권, 손해배상청구권, 보상금청구권 등) 또는 물건에 대하여 효력이 인정되는 것이다. 위 사례에서 B는 A의 C에 대한 손해배상청구권에 대하여 질권을 행사할 수 있다. 민법은 질권에 관하여 물상대위를 규정하고(제342조) 이를 저당권에 준용한다(제370조). 물상대위성은 담보물권의 우선변제적 효력을 전제하는 것이어서 우선변제적 효력이 없는 유치권에는 물상대위성이 인정되지 않는다.

물상대위가 인정되는 것은 담보권자가 담보물에 대한 추급이 불가능한 경우(멸실, 훼손, 공용징수)에 담보권자를 보호하기 위한 것이다. 그러므로 만약 목적물의 교환가치가 구체화된 경우라도 담보권자의 담보목적물에 대한 추급이 가능한 경우에는 물상대위가 인정되지 않는다.[7] 예컨대, 질권이 설정된 후에 질권설정자가 질물에 대하여 제3자와 매매계약을 체결하고 인도하여(목적물반환청구권의 양도의 방법으로 인도) 소유권을 이전한 대가로 매매대금을 받았더라도 질권자가 그 매매대금에 대하여 물상대위권을 행사할 수는 없다. 질권자는 매매목적물 자체에 대하여 여전히 질권자의 지위를 유지하고 있기 때문이다.

물상대위의 요건으로서 제342조는 "지급 또는 인도 전에 압류"를 요구하고 있다. 채무자가 지급 또는 인도를 받은 후에는 채무자의 다른 재산과의 구별이 곤란하게 되는데, 이러한 경우에까지 질권자의 권리를 인정하면 일반채권자의 이익을 침해할 가능성이 있기 때문이다.[8] 압류 요건은 담보물권의 우선변제적 효력과 채권자평등의 원칙의 접점으로 생각할 수 있다.

6) 대법원 2004. 4. 28. 선고 2003다61542 판결 등 참조.
7) 대법원 1981. 5. 26. 선고 80다2109 판결 등 참조.
8) 대법원 2000. 5. 12. 선고 2000다4272 판결 등 참조.

3.194 〈4〉 **불가분성** 담보물권자는 채권 전부의 만족을 얻을 때까지 목적물의 전부에 대하여 권리를 행사할 수 있다(제321·343·370조 참조). 불가분성은 모든 담보물권에서 인정된다.

보충학습 3.36 | 경매의 절차

❶ **경매의 신청** 담보권의 실행은 담보권자가 법원에 경매를 신청함으로써 시작된다. 담보권자는 일정한 사항을 기재한 서면을 법원에 제출한다.

❷ **경매개시결정** 경매신청이 적법하다고 인정되면 법원은 경매개시결정을 하고 동시에 해당 목적물에 대한 압류를 명한다.

❸ **매각** 법원은 감정인에게 목적물을 평가하도록 하고 그 평가액을 참작하여 최저매각가격을 정한다. 그 후 법원은 매각기일과 매각결정기일을 이해관계인에게 통지한다.

❹ **매각허가결정** 법원은 매각결정기일에 출석한 이해관계인으로부터 매각허가에 관한 의견을 들은 후 이의신청이 없으면 매각허가결정을 한다. 매각허가결정이 확정되면 법원은 대금의 지급기한을 정하고, 이를 매수인(통상 '경락인'이라고도 함)과 차순위매수신고인에게 통지하며, 매수인은 이 대금지급기한까지 매각대금을 지급해야 한다. 매수인은 매각대금을 완납한 때에 매각의 목적인 권리를 취득한다.

❺ **매각대금의 배당** 매수인이 대금을 완납하면 법원은 배당기일을 정하여 이해관계인 및 배당을 요구한 채권자에게 이를 통지하는 등의 배당절차를 진행한다.

❻ **재매각** 매수인이 대금지급기한 또는 소정 기한까지 그 의무를 완전히 이행하지 않고, 차순위매수신고인이 없는 때에는 법원은 직권으로 부동산의 재매각을 명한다.

제2절 유 치 권

I. 개 념

3.195 유치권이란 타인의 물건 또는 유가증권을 점유한 사람이 그 물건이나 유가증권에 의하여 생긴 채권이 변제기에 있는 경우에 변제를 받을 때까지 그 물건 또는 유가증권을 유치할 수 있는 담보물권이다(제320조제1항). 유치권은 유치물의 반환을 거절하는 방법으로 변제를 강제함으로써 간접적으로 채권담보의 기능을

한다는 점에서, 목적물의 교환가치를 직접 지배하는 질권 또는 저당권과 큰 차이가 있다. 유치권도 다른 담보물권과 같이 부종성, 수반성, 불가분성을 보유하지만 물상대위성은 없다. 물상대위성은 우선변제권을 전제로 하는 효력이기 때문이다.

Ⅱ. 성립요건

3.196 유치권은 일정한 요건이 되면 법률상 당연히 성립하는 법정담보물권이다. 그러므로 부동산에 대한 유치권이라도 등기를 요하지 않는다. 유치권의 성립요건을 살펴본다.

3.197 **〈1〉 점 유** 유치권은 채권자가 목적물을 점유하여 채무변제를 받을 때까지 그 반환을 거절하는 것이므로 점유가 필수요건이다.

ⓘ **타인 소유물** 유치권의 객체는 타인소유의[9] 물건 또는 유가증권이다(제320조제1항). 점유는 계속되어야 하며 점유를 상실하면 유치권도 소멸한다(제328조). 그러나 점유침탈의 경우에 점유보호청구권을 행사하여 점유를 회복하면 유치권은 소멸하지 않는다. 이와 같은 경우에는 점유가 소멸되지 않는 것으로 보기 때문이다(제192조제2항 단서).

ⓘⓘ **점유의 적법성** 유치권이 성립하기 위해서는 점유는 정당한 것이어야 한다(제320조제2항). 목적물의 점유가 불법성을 띠는 경우에도 유치권의 성립을 승인하는 것은 불법점유의 계속을 용인하는 것이기 때문이다. 예컨대, 타인의 물건을 절취한 사람이 그 물건을 수리했더라도 수리비를 피담보채권으로 한 유치권을 주장할 수 없다.

3.198 **〈2〉 견련관계의 존재** 유치권이 성립하기 위해서는 피담보채권이 "목적물에 관하여 생긴 것"이어야 한다(제320조제1항). 즉 피담보채권과 목적물 사이에 견련관계가 있어야 한다. 견련관계는 다음 두 경우에 인정된다.

9) 도급계약에 있어서 수급인의 재료와 노력으로 건물이 신축된 경우에 수급인이 도급인으로부터 공사대금을 받을 때까지 유치권을 행사할 수 있겠는가? 부정되어야 할 것이다. 사안과 같은 경우에 신축물은 수급인 소유로 되는데, 유치권은 타인 소유물이어야 하기 때문이다(대법원 1993. 3. 26. 선고 91다14116 판결 참조).

ⓘ **피담보채권이 목적물 자체로부터 발생한 경우** 물건을 위하여 지출된 비용에 대한 상환청구권, 물건의 하자로부터 발생한 손해배상청구권 등이 그 예이다. 채권이 목적물을 원인으로 해서 발생해야 하므로 채권이 목적물 그 자체를 목적으로 하는 경우에는 목적물과의 견련관계가 인정되지 않는다. 가령 임차물을 사용·수익하는 임차인의 권리는 임차물을 목적으로 하는 것이지 임차물에 관하여 발생한 권리가 아니다.

보충학습 3.37 | 견련관계가 인정되지 않는 경우

① 임대차에 있어서 임차인이 임대인에게 교부한 보증금의 반환청구권은 그 임차물을 원인으로 하여 생긴 채권이라고는 볼 수 없으므로 보증금반환청구권을 피담보채권으로 하여 임차물에 대하여 유치권을 행사할 수는 없다.[10] 물론 이 경우에 동시이행의 항변권을 주장하여 마치 유치권을 행사하는 것과 같은 결과가 될 수는 있다.

② A(매도인)와 B(매수인) 사이에 부동산 매매계약이 체결되었고 B는 아직 이전등기는 하지 않은 채 목적물을 점유하고 있다. 그러던 중 A가 C와 매매계약을 체결하고 C에게 이전등기를 해주었다. C의 인도청구에 대하여 B가 A에 대한 손해배상청구권을 피담보채권으로 하여 유치권을 행사할 수 있는가? 부정해야 할 것이다. B의 손해는 목적물을 원인으로 하여 발생한 것이 아니라 A의 배신행위에 의하여 발생한 것이기 때문이다.

ⓘⓘ **피담보채권이 목적물의 반환청구권과 동일한 법률관계 또는 동일한 사실관계로부터 발생한 경우** 전자의 예로는 매매계약의 무효 또는 취소에 있어서 매수인이 매도인에 대한 매매대금반환채권을 담보하기 위해 매도인이 제공한 물건을 유치하는 경우를 들 수 있다. 후자의 예로는 신발을 바꿔 간 경우에 반환채권을 담보하기 위해 상대방의 신발을 유치하는 경우를 들 수 있다.

3.199 **〈3〉 피담보채권의 변제기의 도래** 이 요건은 질권·저당권에서는 단순한 담보물권의 행사요건에 지나지 않는다. 그러나 유치권에 있어서는 성립요건이 된다. 목적물의 유치 자체가 유치권의 행사에 해당하기 때문이다.

3.200 **〈4〉 유치권 발생 배제특약의 부존재** 당사자 간에 유치권의 발생을 배제하는 내용의 특약이 있다면 이는 유효하여 유치권이 성립하지 않는다.

10) 대법원 1976. 5. 11. 선고 75다1305 판결.

Ⅲ. 효 력

1. 유치권자의 권리

3.201 〈1〉 **목적물의 유치** 유치권자는 목적물의 점유를 계속하면서 인도를 거절할 수 있다. 목적물의 소유권이 채무자가 아닌 제3자에게 속하는 때에도 유치권이 성립한다.[11] 유치권에 우선변제권은 없으나 유치권은 사실상 매우 강력한 권리로 작용한다. 채무자나 제3자가 목적물을 반환받기 위해서는 유치권자에게 변제를 해야 하기 때문이다(「민사집행법」 제268조, 제91조제5항).

유치권의 행사는 채권의 소멸시효의 진행에 영향을 미치지 않는다(제326조). 그리하여 물건을 유치하고 있더라도 시효중단사유가 없어 채권이 소멸하면 부종성으로 인해 유치권도 소멸한다.

3.202 〈2〉 **경매청구권과 간이변제충당** 유치권자는 채권의 변제를 받기 위하여 유치물을 경매할 수 있다(제322조제1항). 그러나 경매대금으로부터 우선변제를 받지는 못한다. 그런데 유치권에 우선변제권이 인정되는 경우가 있다. 유치권자가 유치물을 간이변제에 충당하는 경우(제322조제2항)와 유치권자가 유치물로부터 과실을 수취하여 다른 채권보다 먼저 그 채권의 변제에 충당하는 경우(제323조제1항 본문)가 그것이다. 법원이 간이변제충당을 허가하면 유치권자는 목적물에 대한 소유권을 취득한다. 이것은 제187조에 의한 물권변동으로 부동산인 경우에 등기를 요하지 않는다.

3.203 〈3〉 **유치물사용권** 채무자의 승낙[12]이 있으면 유치권자가 유치물을 사용, 대여 또는 담보로 제공할 수 있다(제324조제2항 본문). 소유자의 승낙이 없더라도 유치물의 보존에 필요한 범위 내에서는 유치물을 사용할 수 있다(제324조제2항 단서).[13]

---

11) 대법원 1975. 2. 10. 선고 73다746 판결 참조.

12) '채무자의 승낙'이라고 규정하나 보다 정확하게는 '유치물의 소유자의 승낙'이라고 해야 할 것이다. 일반적으로 채무자가 소유자인 경우가 보통이기 때문에 채무자로 규정하는 것이지 이러한 종류의 승낙을 할 수 있는 것은 소유자로 보는 것이 정확하다(대법원 2011. 2. 10. 선고 2010다94700 판결 참조).

13) 예: 자동차수리비의 채권자가 자동차를 유치하고 있는데, 배터리의 방전을 방지하기 위하여 자동

3.204 〈4〉 **비용상환청구권** 필요비와 유익비에 관한 유치권자의 비용상환청구권에 대하여 민법은 비용상환청구권의 일반체계[14]에 따라 규정하고 있다(제325조 제1·2항). 유치권자가 비용을 지출하면 유치물 위에 다시 유치권을 취득하는 결과가 된다. 기존의 채무를 변제하더라도 비용을 상환하지 않는 한 계속 유치할 수 있다(유치권의 불가분성).

2. 유치권자의 의무

3.205 유치권자는 선량한 관리자의 주의로 목적물을 점유해야 한다(제324조제1항). 유치권자는 채무자의 승낙없이 유치물의 사용, 대여 또는 담보제공을 하지 못한다(제324조제2항 본문). 유치권자가 이들 의무에 위반하면 채무자는 유치권의 소멸을 청구할 수 있다(제324조제3항).

제3절 질 권

I. 개 념

3.206 질권이란 채권자가 그의 채권을 담보하기 위해 채무자 또는 제3자로부터 받은 물건(동산질권의 경우) 또는 재산권(권리질권의 경우)을 점유하고, 채무자로부터 변제가 없는 경우 그 목적물로부터 다른 채권자보다 우선하여 변제를 받을 수 있는 담보물권이다(제329·345조). 질권은 간편한 방법으로 설정할 수 있고 유치적 효력과 우선변제적 효력을 모두 보유한다는 점에서 효과적인 담보수단이라고 할 수 있다. 그러나 질권설정자와 질권자 모두 해당 목적물을 용익할 수 없어 그 목적물의 용익가치가 사장된다는 결정적인 단점도 지니고 있다.

차를 운전하는 경우. 대법원 2009. 9. 24. 선고 2009다40684 판결도 참조.

14) 이에 대해서는 이 책 [2.205] 〈보충학습 2.45〉 참조.

Ⅱ. 동산질권

1. 개 념

3.207 동산질권이란 목적물이 동산인 경우이다. A가 시계를 맡기고 B로부터 돈을 빌렸다고 가정해 보자. B는 A가 변제할 때까지 시계를 유치하고, 변제를 하지 않으면 그 시계로부터 우선변제를 받는다. 질권은 법률상 당연히 성립하는 경우도 있지만(예: 제648·650조), 당사자 간의 약정에 의하여 성립하는 것이 일반적이다.

현행법은 부동산질권을 인정하지 않는다(목적물의 용익가치가 사장된다는 단점을 고려한 입법조치). 등기선박, 자동차, 항공기, 건설기계 등도 같은 이유에서 입질을 금하고 있다.

보충학습 3.38 | 부동산질권

의용민법과 달리 현행민법은 부동산질권을 인정하지 않는다. 질권은 유치적 효력이 있으므로 질권이 설정되면 소유자는 질물을 용익할 수 없다. 그렇다고 질권자가 용익할 수 있는 것도 아니다(제343조, 제324조제2항). 이렇게 되면 질물의 용익가치는 완전히 사장되는 결과가 되어 사회경제적으로 유익하지 못하다. 그리하여 입법자는 부동산질권을 폐지하였는데, 입법자의 의사는 부동산과 같이 공시가 가능한 물건은 저당권을 활용하라는 것으로 이해할 수 있다.

2. 성 립

3.208 질권은 질권설정계약과 인도(제188조)에 의하여 성립한다. 주요 이슈를 중심으로 살펴본다.

3.209 **〈1〉 목 적 물** 질권의 목적물(질물)이 되기 위해서는 해당 동산이 양도성을 가져야 한다(제331조). 질권은 채무자가 변제하지 않는 경우에 질물을 경매하여 그 대가로부터 우선변제를 받는 것인데, 만약 질물에 양도성이 없다면 질권을 실행할 수 없을 것이기 때문이다.

3.210 **〈2〉 목적물의 인도** 제330조는 “질권의 설정은 질권자에게 목적물을 인

도함으로써 그 효력이 생긴다"고 규정한다. 물권변동에 관하여 의사주의를 취했던 의용민법에서는 필요한 규정이었으나(당사자의 의사만으로 질권이 설정될 수 있다고 하면 질권설정 사실이 전혀 외부에 드러나지 않아 거래의 명확성을 해할 수 있음), 형식주의를 취하는 현행민법에서 제330조는 당연한 것을 규정한 것에 불과하다(제330조는 제188조의 반복).

점유개정은 질권설정을 위한 인도가 될 수 없다(제332조). 즉 질권설정자가 질물을 계속 점유하면서 질권을 설정할 수는 없다. 이는 질권의 공시를 통하여 거래안전을 도모하자는 취지이다. 그런데 이 규정은 실제에서는 제대로 적용되지 않는다. 왜냐하면 동산에 대하여 양도담보를 설정하는 것도 가능한데 동산양도담보에서는 점유개정에 의한 인도도 유효하기 때문이다.

3.211 **〈3〉 피담보채권** 주요 이슈를 중심으로 살펴본다.

ⓘ **조건부채권·기한부채권** 피담보채권은 현재 확정되어 있어야 하는가? 아니면 조건부채권·기한부채권과 같이 장차 확정될 수 있는 것이어도 무방한가? 질권의 부종성을 보는 시각에 따라 다를 수 있다. 민법에 명문규정은 없지만 조건부채권·기한부채권을 피담보채권으로 한 질권도 가능하다는 데에 이견이 없다.

ⓘⓘ **근질(根質)** 계속적인 거래관계로부터 장차 발생하게 될 다수의 불특정채권을 담보하기 위하여 질권을 설정할 수 있는가? 근저당과 달리 민법에 명문규정은 없지만 근질의 유효성을 인정하는 데에 학설상 이견이 없다. 이때에는 근질의 기초가 되는 거래관계가 존속하고 있다면 비록 채권액이 일시적으로 '0'이 되어도 질권은 소멸하지 않는다.

3. 효 력

3.212 **〈1〉 동산질권의 효력이 미치는 목적물의 범위** 이슈를 중심으로 살펴본다.

ⓘ 종 물 질권설정계약에 특별한 약정이 없었다면 질권의 효력은 종물에도 미치는 것으로 해석된다(제100조제2항). 그런데 이 이슈가 실제로 문제되기는 어려울 것 같다. 일반적으로는 주물과 함께 종물도 질물로 제공하여 주물과 종물이 동시에 질권의 목적일 것이기 때문이다.

ⅱ **과 실** 질권자는 질물에서 생기는 과실을 수취하여 다른 채권보다 먼저 자기의 채권의 변제에 충당할 수 있다(제343·323조).

ⅲ **물상대위에 의한 효력범위의 확장** 질권은 질물의 멸실, 훼손 또는 공용징수로 인하여 질권설정자가 받을 금전 기타 물건에 대하여도 이를 행사할 수 있다(제342조).[15)]

3.213 **〈2〉 피담보채권의 범위** 동산질권의 피담보채권의 범위에 대하여 민법은 원본, 이자, 위약금, 질권실행의 비용, 질물보존의 비용 및 채무불이행 또는 질물의 하자로 인한 손해배상으로 규정한다(제334조 본문). 질권에는 제360조 단서[16)]와 같은 제한이 없어 저당권보다 피담보채권의 범위가 넓다. 저당권에 관한 제360조 단서와 같은 제한이 없는 이유는 질권에서는 후순위자에 대한 보호가 거의 문제되지 않기 때문이다(질권의 유치적 효력을 생각해 보라).

3.214 **〈3〉 유치적 효력** 질권은 유치적 효력을 가진다(제335조 본문). 동일 동산에 복수의 질권이 성립할 수 있는가? A가 X로부터 금전을 차용하면서 B에게 임대해 준 甲동산을 질물로 제공하기 위하여 목적물반환청구권의 양도로 인도한 후, A가 다시 Y로부터 금전을 차용하면서 甲을 질물로 제공하기 위하여 목적물반환청구권의 양도로 인도했다고 가정해 보자. 이 경우에 X·Y 모두 질권자이다. 제333조는 "수개의 채권을 담보하기 위하여 동일한 동산에 수개의 질권을 설정한 때에는 그 순위는 설정의 선후에 의한다"고 규정한다. 그러므로 이 사안에서 X의 질권이 Y의 질권에 우선한다.

질권자는 채권의 변제를 받을 때까지 질물을 유치할 수 있으나, 자기보다 우선권이 있는 채권자에게 대항하지 못한다(제335조 단서). 질권자보다 우선하는 채권자로는 우선특권을 가지는 선박채권자(「상법」 제777·788조), 조세채권자(「국세기본법」 제35조, 「지방세기본법」 제71조) 등을 들 수 있다.

질권의 유치적 효력에 대해서는 유치권에 관한 규정(제323~325조)을 준용한다(제343조).

15) 이에 대해서는 이 책 [3.193] 참조.
16) 이에 대해서는 이 책 [3.240], [3.241] 참조.

3.215 〈4〉 **우선변제적 효력** 동산질권자는 질물로부터 다른 채권자에 우선하여 자신의 채권에 대한 변제를 받을 수 있다(제329조).

ⅰ **우선변제권의 원칙적 행사방법**(경매) 질권의 우선변제권의 행사방법으로서 원칙은 경매이다(제338조제1항). 경매대금이 채권의 변제에 모자라면 따로 집행권원을 얻어 채무자의 일반재산에 대하여 강제집행을 할 수 있다(제340조제1항).

보충학습 3.39 | 제340조제2항의 의미

제340조제1항은 질물보다 먼저 다른 재산에 관한 배당을 실시하는 경우에는 적용되지 않는다(제340조제2항 본문). 그러므로 이 경우에 질권자는 채권 전액을 가지고 배당에 참가할 수 있다. 질물에 앞서 다른 재산의 대가를 배당하는 경우까지도 질권자의 권리를 제한하면 질권자가 질권 실행 후에 채무자의 일반재산에 대한 강제집행의 기회를 사실상 상실하게 되는 결과가 될 수 있다. 예컨대, 피담보채권액이 100만원인데 채무자의 다른 재산에 대한 배당이 진행되는 시점에서의 질물의 시가가 80만원에 불과하다면 질권자로서는 배당에 참가할 필요가 있을 것이다.

제340조제2항 단서는 다른 채권자는 질권자에게 배당금액의 공탁을 청구할 수 있다고 규정한다. 질물의 가격이 나중에 100만원 이상이 되어 피담보채권의 변제에 충분해질 수 있는 가능성도 있는데, 이러한 경우라면 질권자에 대한 지나친 보호가 될 수 있다는 점을 고려한 것이다.

ⅱ **우선변제권의 예외적 행사방법**(간이변제충당) 정당한 이유가 있을 때에는(예: 비교적 가치가 적은 동산이거나 공정가격이 설정되어 있는 동산) 예외적으로 질물로써 직접 변제에 충당하는 간이변제충당이 인정된다(제338조제2항).

ⅲ **유질계약금지의 원칙** 질권은 경매의 방법으로 질물을 환가해서 채권의 변제에 충당하고 남은 금액은 질권설정자에게 반환하는 것이 원칙이다. 질권설정자가 계약에 의하여 질권자에게 변제에 갈음하여 질물의 소유권을 취득하게 하거나 법률이 정한 방법에 의하지 아니하고 질물을 처분하는 것을 유질계약이라고 한다. 민법은 변제기 전의 유질계약을 금지하고 있다(제339조). 이는 경제적으로 어려워서 금융을 얻고자 하는 채무자를 보호하기 위한 규정이다. 그러나 이 규정은 실효성이 별로 없다. 양도담보의 형식을 취하여 제339조를 비켜갈 수 있기 때문이다. 채무의 변제기가 도래한 후의 유질계약은 유효하다(제339조의 반대

해석). 변제기 도래 후의 유질계약은 대물변제의 예약(제466조)[17]의 일종으로 볼 수 있다.

3.216 〈5〉 **동산질권 침해에 대한 구제** 질권은 목적물의 점유를 수반하는 물권이므로 질권자는 점유보호청구권을 행사할 수 있다(제204~206조). 제213조와 제214조를 질권에 준용하는 규정이 없어 질권자에게 이들 물권적 청구권이 인정되는가에 대하여 학설이 대립하나, 준용을 인정해야 할 것이다. 준용규정을 두지 않은 것은 입법상의 결함이며[18] 해석론으로 극복해야 할 것이다.

4. 전 질 권

(1) 개 념

3.217 지상권·전세권에서와 같이 질권에서도 질권자의 투하자본 회수 문제가 있다.[19] 질권자가 채무의 변제기 전에 질물을 활용하여 자금을 융통하는 문제가 그것이다. 질권자가 다시 질권을 설정하는 전질은 이러한 배경에서 논의되는 것이다. 전질에는 질권설정자의 동의를 전제로 하는 승낙전질과 동의 없이 질권자의 책임으로 이루어지는 책임전질의 두 가지가 있다.

보충학습 3.40 | 제324조제2항과 제336조의 관계

질권자는 채무자의 승낙 없이 질물을 담보로 제공할 수 없다(제343조, 제324조제2항). 그런데 민법에는 전질을 허용하는 규정이 있다(제336조). 이들 규정의 관계를 어떻게 보아야 할까? 다음과 같이 이해하면 된다: ① 제324조제2항과 제343조는 질권설정자의 승낙을 얻어 원질권에 우선하는 질권을 설정하는 것(승낙전질); ② 제336조는 질권설정자의 승낙 없이 질권자의 책임 아래 원질권의 범위 안에서 다시 질권을 설정하는 것(책임전질).

17) 이에 대해서는 이 책 [2.95] 참조.

18) 제370조가 저당권에 제214조를 준용하고 있다는 것과 비교해 볼 때, 질권에 관하여는 준용규정을 두고 있지 않은 것은 입법상의 실책이다. 게다가 저당권과 달리 질권은 점유를 수반하는 권리이므로 제213조까지 준용해야 할 것이다.

19) 지상권자와 전세권자의 투하자본 회수에 대해서는 각각 이 책 [3.174], [3.186] 참조.

(2) 책임전질

3.218 〈1〉 개 념 질권자는 질권설정자의 승낙 없이 그 권리의 범위 내에서 자기의 책임으로 질물을 전질할 수 있다(제336조제1문). 책임전질에서는 질권과 함께 피담보채권도 함께 전질권의 목적이 된다. 그러므로 책임전질은 권리질권(즉 피담보채권도 입질)의 성질도 아울러 가진다(채권·질권 공동입질설). 제337조는 이러한 배경에서 의용민법에 없던 것을 신설한 것이다.

책임전질이 성립하기 위한 요건을 살펴본다.

ⓘ **질권설정계약과 인도** 원질권자와 전질권자 사이에 질권설정계약을 하고 질물을 인도해야 한다.

ⓘⓘ **원질권의 범위 내** 전질권의 내용은 원질권의 범위 내여야 한다(제336조제1문). 가령 A가 B로부터 금전(100만원)을 차용하면서(변제기: 12월 1일) 甲을 질물로 제공한 경우에 B는 C로부터 금전(80만원)을 차용하면서(변제기: 10월 1일) C를 위하여 A의 승낙 없이 甲에 다시 질권을 설정할 수 있다. B는 10월 1일 C에게 채무를 변제하여 甲에 대한 점유를 회복한 후, A가 12월 1일 채무를 변제하면 B는 甲을 A에게 반환한다.

3.219 〈2〉 효 력 전질권자는 자신의 채권을 변제받을 때까지 질물을 유치할 수 있다. 그리고 질권자(전질권설정자)는 원질권을 소멸하게 하는 행위를 하지 못한다(제352조 참조). 그 외에 유의할 사항을 본다.

ⓘ **불가항력에 대한 책임** 질권자(즉 전질권설정자)는 전질을 하지 않았더라면 생기지 않았을 불가항력에 의한 손해도 배상할 책임이 있다(제336조 후단). 이는 채무자의 승낙 없이 질권채권자가 전질을 하는 데 대한 대가이다.

ⓘⓘ **전질권 설정의 통지 또는 승낙** 전질은 피담보채권의 입질도 포함한다(이에 따라 채권양도의 법리 차용). 그리하여 질권자가 전질 사실을 채무자에게 통지하거나 채무자가 전질을 승낙(전질 자체에 대한 승낙이 아니라 전질 사실을 인식하고 있음을 원질권자 또는 전질권자에게 알리는 행위[20])하면 전질로써 채무자·보증인·질권설정자 및 그의 승계인에게 대항할 수 있다(제337조제1항). 이 대항요건(통지 또는 승낙)을 갖추게 되면 전질권자의 동의 없이 채무자가 질권자에게 채무를 변제하여도

20) 이에 대해서는 이 책 [2.107] 참조.

이로써 전질권자에게 대항하지 못한다(제337조제2항).

ⅲ **전질권자의 권리 실행** 전질권자는 채권질권자와 같은 지위에서(채권·질권 공동입질설) 자기 채권의 한도에서 원질권자의 채권을 채무자에게 직접 청구할 수 있고(제353조제1항 및 제2항), 질물을 경매하거나 간이변제충당을 할 수 있다(제343조, 제322조). 질물의 매각대금은 전질권자의 채권에 먼저 충당하고, 그 다음으로 질권자(전질권설정자)의 채권에 충당된다. 전질권자가 이와 같이 전질권을 실행하기 위해서는 자기의 채권의 변제기 도래는 물론 원질권의 피담보채권도 변제기에 도달해야 한다. 그렇지 않으면 채무자는 변제기 전에 이행을 강제당하는 결과가 되기 때문이다.

(3) 승낙전질

3.220 〈1〉 개 념 질권자가 질물소유자의 승낙을 얻어 자기의 채무를 담보하기 위하여 질물을 다시 입질하는 것으로서 질물 위에 자기의 질권에 우선하는 새로운 질권을 설정하는 것이다(질물재입질설). 책임전질에서는 전질로 인하여 원질권설정자의 부담을 증가시킬 수 없으므로 그 법적 성질에 관하여 채권·질권 공동입질설로 구성해야 하나, 승낙전질에서는 그럴 필요가 없다. 승낙전질은 질물소유자의 승낙 아래 질물을 다시 입질하는 것이기 때문이다.

3.221 〈2〉 효 력 승낙전질에서는 원질권의 범위에 의한 제한이 없다. 전질권설정자가 전질 사실을 원질권설정자에게 통지할 필요가 없다(제337조는 책임전질에 관한 규정). 책임전질과 달리 승낙전질에서는 질권자의 책임이 가중되지 않는다(즉 제336조 후단의 적용이 없음). 원질권설정자가 원질권자에게 변제하면 원질권은 소멸하나 전질권자의 질권에는 영향을 주지 못한다(즉 전질권자는 질물을 계속 점유할 수 있음).

Ⅲ. 권리질권

1. 개 념

3.222 권리질권이란 물건(동산)이 아닌 재산권을 목적으로 하는 질권이다(제345조 본문). 권리질권의 목적물은 무형의 권리이므로 유치적 효력은 희박하며, 오히려

채무자가 권리를 행사하거나 또는 처분하는 것을 금지하면서 채무불이행의 경우에 우선변제권을 확보하는 것이 핵심이다.

권리질권의 목적은 양도성을 가지는 재산권이어야 한다(제355·331조). 부동산의 사용·수익을 목적으로 하는 권리(예: 전세권, 부동산임차권, 지상권 등)는 권리질권의 목적으로 하지 못한다(제345조 단서). 이는 부동산질권을 인정하지 않는 것과 같은 맥락이다.

권리질권의 설정은 법률에 다른 규정이 없으면 그 권리의 양도방법에 의해야 한다(제346조).

2. 채권질권

(1) 채권질권의 설정방법

3.223 채권질권은 채권양도의 방법에 의한다(제346조). 그런데 제347조는 "채권을 질권의 목적으로 하는 경우에 채권증서가 있는 때에는 질권의 설정은 그 증서를 질권자에게 교부함으로써 그 효력이 생긴다"고 규정한다. 이 규정은 우리 민법질서에 부합하지 않는다. 증권적 채권(지시채권, 무기명채권)의 경우에 제347조는 제346조와 중복되며, 지명채권의 경우에는 채권증서가 단순히 증거방법에 불과한데 권리질권에서는 채권증서가 성립요건으로 전환되는 모순이 발생하기 때문이다. 제347조는 삭제해야 한다.

채권의 종류별로 채권질권의 설정방법을 살펴본다.

ⓘ **지명채권** 지명채권에 대한 질권설정은 설정자가 제450조의 규정에 의하여 제3채무자에게 질권설정 사실을 통지하거나 제3채무자가 승낙하지 않으면 이로써 제3채무자 기타 제3자에게 대항하지 못한다(제349조제1항). 통지나 승낙의 효력에 관해서는 제451조를 준용한다(제349조제2항). 지명채권에 있어서 통지 또는 승낙은 질권의 성립요건이 아니라 대항요건임에 유의해야 한다.

ⓘⓘ **지시채권** 지시채권의 경우에는 증서에 배서하여 질권자에게 교부해야 질권의 효력이 생긴다(제350·508조 참조).[21]

ⓘⓘⓘ **무기명채권** 무기명채권의 경우에는 증권을 질권자에게 교부함으로써

---

21) 이에 대해서는 이 책 [2.109] 참조.

질권의 효력이 생긴다(제351·523조).[22]

ⅳ **저당권부채권** 저당권부채권 위에 권리질권을 설정하면, 담보물권의 수반성에 의하여 그 저당권도 권리질권의 목적으로 되어야 할 것이다. 그런데 채권의 입질은 공시되지 않는다. 그럼에도 불구하고 만일 채권의 입질에 수반하여 저당권도 등기없이 당연히 권리질권의 목적으로 된다면 저당권 위에 질권이 존재한다는 내용이 등기부에 나타나지 않게 된다. 이러한 사정을 고려하여 민법은 저당권부채권을 입질하는 경우에는 그 저당권의 등기에 질권의 부기등기를 해야 질권의 효력이 저당권에 미치는 것으로 규정한다(제348조).

(2) 채권질권의 효력

3.224 피담보채권의 범위는 동산질권의 경우와 동일하다(제355·334조). 유치적 효력과 우선변제적 효력으로 구분하여 설명한다.

3.225 **〈1〉 유치적 효력** 채권질권자는 교부받은 채권증서를 점유하고 피담보채권 전부의 변제를 받을 때까지 이를 유치할 수 있다(제355·335조). 채권질권의 유치적 효력은 동산질권에서와 그 의미가 같지는 않다. 질권설정자는 질권자의 동의없이 질권의 목적된 권리를 소멸하게 하거나(예: 채권의 추심, 면제, 상계 등) 질권자의 이익을 해하는 변경(예: 변제기의 연장, 이율의 감축 등)을 할 수 없다(제352조).

3.226 **〈2〉 우선변제적 효력** 채권질권을 실행하여 우선변제를 받는 방법에는 채권의 직접청구(제353조)와 「민사집행법」이 정하는 집행방법(제354조)의 두 가지가 있다.

ⅰ **채권의 직접청구** 질권자는 질권의 목적인 채권을 직접 청구할 수 있다(제353조제1항). 직접청구란 권리질권자가 설정자(즉 채권자)를 대위해서 청구한다든가 집행권원을 요하지 않는다는 의미이다.

ⓐ 입질채권의 목적이 금전채권인 경우: 질권자는 자기 채권의 한도에서 직접 청구할 수 있다(제353조제2항). 입질채권의 변제기가 질권자의 피담보채권의 변제기보다 앞서는 때에는 질권자는 제3채무자에 대하여 변제금액의 공탁을 청구할 수 있으며, 이 경우 질권은 공탁금(정확하게 말하자면 권리질권설정자가 가지는 공탁금청구권)에 미친다(제353조제3항).

---

22) 이에 대해서는 이 책 [2.109] 참조.

ⓑ 입질채권의 목적이 금전채권이 아닌 경우(예: X가 Y에 대하여 특정동산인 甲의 인도채권을 가지는데, X가 이 채권을 A에게 채권질권으로 제공): 질권자는 입질채권의 목적인 물건에 대하여 질권을 행사할 수 있다(제353조제4항). 따라서 이 경우에는 동산질권의 실행과 동일한 과정으로 우선변제를 받게 된다.

ⓘ 「민사집행법」에 의한 집행 채권의 추심, 전부(입질채권을 질권자에게 이전시키는 명령) 및 환가(즉 현금화)의 세 가지가 있다(「민사집행법」 제273조제1·3항, 제223~250조 참조). 이것은 담보권의 실행에 해당하므로 집행권원이 요구되지 않고 질권의 존재를 증명하는 서류의 제출만으로 집행할 수 있다.

3. 기타의 권리질권

3.227 주식 위의 질권, 지식재산권(특허권, 실용신안권, 디자인권 등) 위의 질권 등의 재산권에 대해서도 권리질권을 설정할 수 있다.

제4절 저 당 권

Ⅰ. 개 념

3.228 저당권이란 채무자 또는 제3자(물상보증인)가 제공한 부동산 기타의 목적물의 점유를 채권자에게 이전하지 않고 그 목적물을 관념상으로만 지배하여 채무자로부터 채무의 이행이 없는 경우에 그 목적물로부터 우선변제를 받을 수 있는 담보물권이다(제356조). 저당권이 설정되더라도 저당권설정자는 목적물에 대한 사용·수익을 계속하여 목적물의 사용가치가 몰각되지 않고, 저당권자는 목적물의 점유로 인한 비용을 부담하지 않으면서 피담보채권에 대하여 우선변제권을 향유한다. 저당권은 오직 목적물의 교환가치만을 지배함으로써 자금의 수요자와 제공자의 요구를 적정선에서 충족시키고 있다. 이와 같이 저당권은 매우 효율적인 담보물권이다. 저당권이 제대로 기능하기 위해서는 공시제도가 필수적이며, 사실 부동산등기제도의 발전을 주도한 것은 저당권이다.

Ⅱ. 근대적 저당제도의 특질

3.229 〈1〉 공시의 원칙 저당권은 등기(또는 등록)에 의하여 공시되어야 한다는 원칙이다. 저당권은 점유를 수반하지 않는 권리이므로 이를 공부에 의하여 공시하는 것이 중요하다. 이 원칙은 우리 민법에서도 관철되고 있다. 다만, 법정저당권(제649조), 조세우선특권(「국세기본법」 제35조, 「지방세법」 제31조) 등은 이 원칙에 대한 예외에 해당한다.

3.230 〈2〉 특정의 원칙 저당권은 특정되고 현존하는 목적물 위에만 성립할 수 있다는 원칙이다. 이 원칙에 따라 채무자의 전재산을 목적물로 하는 저당권은 인정될 수 없다. 의용민법은 일정한 경우에 채무자의 전재산을 목적으로 하는 일반선취특권제도를 두고 있었으나(의용민법 제306조) 현행민법은 이를 폐지하였다. 다만, 법정저당권(제649조)이나 각종의 우선특권에 있어서는 이 원칙이 관철되지 않는다.

3.231 〈3〉 순위확정의 원칙 동일한 목적물 위에 설정된 저당권은 각각 확정된 순위를 가지며 서로 침범하지 않는다는 원칙이다. 이 원칙은 다음 두 가지 의미를 포함한다: ① 저당권의 순위는 등기의 선후에 의하여 결정되고 후에 설정된 저당권으로 인하여 먼저 설정된 저당권의 순위가 내려가지 않는다; ② 일단 부여된 순위는 비록 선순위의 저당권이 소멸하더라도 영향을 받지 않는다.

우리 민법도 ①의 의미는 관철하고 있으나(제370·333조), ②의 의미는 따르지 않고 순위승진의 원칙을 채택하고 있다. 즉 동일한 부동산에 관하여 1번저당권, 2번저당권이 설정되었다가 1번저당권이 소멸하면 2번저당권이 1번저당권으로 된다. 순위승진의 원칙에 대해서는 비판적인 평가가 대세이다. 그 이유는 다음과 같다: 선순위저당권의 소멸에도 불구하고 저당권의 순위에 변함이 없으면 다시 그 순위의 저당권을 설정하여 더 많은 신용을 얻을 수 있으나, 순위승진의 원칙에 의하게 되면 최후순위의 저당권을 설정하는 것만 가능하게 되어 물건이 가지는 교환가치를 극대화할 수 없다(예: 1번, 2번, 3번저당권이 설정되었다가 1번저당권이 소멸하면 2번과 3번저당권이 각각 1번과 2번저당권으로 승진하므로 새로 저당권을 설정한다면 3번저당권일 수밖에 없다). ②의 의미의 순위확정의 원칙을 관철하기 위해서는 피담보채권이 없는 저당권을 인정하고(즉 부종성의 완화), 소유자가 자기 소유의 부동산 위에 저당권을 가질 수 있어야 한다(소유자저당권).

3.232 **〈4〉 독립의 원칙** 저당권이 특정채권의 담보라는 종된 지위에 머무르지 않고 그러한 종된 지위에서 해방되어 독립된 가치권으로서 금융거래의 객체가 될 수 있어야 한다는 원칙이다. 이 원칙의 주요 내용은 다음과 같다: ① 피담보채권으로부터의 독립(저당권의 추상화); ② 저당물의 이용권으로부터의 독립; ③ 후순위저당권으로부터의 독립; ④ 채무자의 일반재산에 대한 집행으로부터의 독립.

보충학습 3.41 | 독립의 원칙과 민법의 태도

독립의 원칙을 구성하는 위 ①~④의 내용에 대한 우리 민법의 태도는 어떠한가?

①은 저당권이 피담보채권과 절연되어 존재해야 한다는 것으로 독립의 원칙이 인정되기 위한 기본전제이다. 우리 민법은 피담보채권과 절연된 저당제도를 두고 있지 않다(제361·369조 참조).

②는 저당권이 설정된 후에 성립된 저당물에 대한 용익권에 의하여 위협을 받지 않아야 한다는 것이다. 가령 저당물에 대하여 소유권(또는 지상권)을 취득한 제3취득자에게 저당물의 대가를 저당권자에게 지급하고 저당권을 소멸시킬 수 있는 권리를 인정한다면 ②의 요구를 충족하지 못하는 것이다.[23] 의용민법은 척제제도[24](의용민법 제378조)를 인정하여 이 원칙에 정면으로 어긋났으나 현행민법은 척제제도를 폐지하였다.

③은 후순위저당권의 실행에 의하여 선순위저당권자가 자신의 피담보채권의 변제를 강요당하지 않고 투자자로서의 지위를 유지해야 한다는 것이다. 쉽게 말해, 후순위저당권자의 신청으로 경매가 이루어지더라도 선순위저당권은 소멸하지 않고 존속하여 매수인에게 인수되도록 하는 것이다. 이와 정반대로 우리나라는 "매각부동산 위의 모든 저당권은 매각으로 소멸된다"(「민사집행법」 제91조제2항)는 소위 소제주의(掃除主義)를 채택하고 있다. 즉 후순위저당권자의 신청으로 경매가 개시되면 선순위저당권자로서는 순위에 따라 배당을 받을 뿐 저당권의 존속을 주장할 수 없다. 그 결과 장기투자의 수단으로 저당채권을 보유하고 있던 자본가의 기대를 충족시킬 수 없다.

④는 특정저당물의 교환가치를 확보하고 있는 저당권자는 채무자의 일반재산에 대해서는 자유로이 집행할 수 없도록 해야 한다는 것이다. 우리 민법도 저당권자는 저당물에 의하여 변제받지 못한 부분에 한하여 채무자의 다른 재산으로부터 변제를 받을 수 있도록 하여(제370조, 제340조제1항) 이 관념을 어느 정도 반영하고 있다.

3.233 〈5〉 유통의 원칙 저당권이 하나의 독립된 재산권으로서 금융시장에서 자유로이 유통될 수 있어야 한다는 원칙이다. 저당권의 유통성을 제고시키는 일은 저당권의 유동성을 촉진하기 위한 것이다. 유동성(liquidity)이란 경제주체가 자산을 필요한 시기에 손실 없이 화폐로 바꿀 수 있는 안전성의 정도이다. 저당권의 유동성이 커지면 자본가로서는 기존의 저당권을 처분하여 현금화하고 다른 곳에 투자할 수 있는 길이 열리게 된다. 저당권을 등기부로부터 독립시켜 그 거래의 안전을 유가증권이론으로 확보하는 방식이 그 예이다(예: 저당증권). 우리나라는 보전저당제도(금융거래를 매개하는 저당권)가 저당권의 주류이다.

보충학습 3.42 | 말소기준권리

경매에 있어서 매수인은 매각대금 완납과 동시에 등기 여부와 관계없이 매각부동산의 소유권을 취득하게 된다. 소유권이전등기를 하면서 부동산등기부상의 권리 중 어떤 권리들은 말소촉탁등기 대상이 되어 소멸하게 되고, 또 어떤 권리들은 말소의 대상이 되지 않고 매수인에게 인수되는데, 이때 말소와 인수의 기준이 되는 권리를 '말소기준권리'라 한다. 말소기준권리가 될 수 있는 권리들은 (가)압류, (근)저당, 담보가등기, 경매기입등기이며, 이 권리 중 부동산등기부상에서 등기일자가 가장 빠른 권리가 말소기준이 된다. 말소기준권리 이후에 성립한 권리는 매각에 의한 소유권이전 등기시에 소멸되는 것을 '소제주의' 또는 '말소주의'라 한다.

Ⅲ. 성 립

1. 설정계약에 의한 성립

(1) 저당권설정계약

3.234 〈1〉 계약의 성질 저당권설정계약의 성질에 대하여 종래 학설 중에는

23) 저당권자에게 저당물의 대가를 변제했다면 저당권자에게 불리할 것이 없지 않은가? 그렇지 않다. 저당권자로서는 자기가 원하지 않는 시기에 변제를 강제당하는 결과가 되어 장기투자(예: 이자수익)의 수단으로 저당권을 보유하고 있던 저당권자에게는 불측의 손실이기 때문이다.

24) 척제(滌除)란 저당부동산에 대하여 소유권·지상권 등을 취득한 제3자가 저당권자에게 부동산 평가액에 해당하는 일정한 금액을 지급하거나 공탁하고 그 저당권을 소멸시키는 제도이다. 저당권자가 평가액에 만족하지 않는다든가 저당권자가 원하지 않는 시기에 저당권이 소멸되는 등 저당권자에게 불이익을 줄 수 있다.

이를 물권행위의 일종으로 설명한다. 그런데 물권행위의 개념을 인정하지 않는 입장[25]에서 보면 저당권설정계약은 그저 '계약'일 뿐이다.

3.235 **〈2〉 계약의 당사자** 저당권설정계약의 당사자는 저당권자와 저당권설정자이다. 저당권자는 피담보채권의 채권자와 동일한 것이 원칙이다. 저당권설정자는 채무자 또는 제3자(물상보증인)이다. 물상보증인이 채무를 변제하거나 저당권의 실행으로 저당물의 소유권을 잃은 때에는 보증채무에 관한 규정에 의하여 채무자에게 구상할 수 있다(제370·341조).

위의 원칙과 달리 특수한 경우가 있다.

ⓘ **제3자를 저당권자로 하는 경우** 피담보채권의 채권자가 아닌 제3자를 저당권자로 한 등기가 유효한가? 제3자를 저당권의 명의인으로 하는 것에 관하여 채권자와 채무자 및 제3자 사이에 합의가 있고, 채권양도, 제3자를 위한 계약, 불가분적 채권관계의 형성 등의 방법으로 채권이 그 제3자에게 실질적으로 귀속되었다고 볼 수 있는 특별한 사정이 있다면 제3자 명의의 저당권설정등기도 유효하다.[26]

ⓘⓘ **채무자가 아닌 사람을 채무자로 한 저당권설정등기** 가령 A가 B로부터 甲 토지를 매수하면서 소유권이전등기를 마치지 않은 상태에서 B의 승낙 아래 甲을 X에게 담보로 제공하면서 당사자 사이의 합의로 B(등기부상의 소유자)를 채무자로 하여 저당권설정등기를 했다. 실제 채무자인 A의 X에 대한 채무를 담보하는 저당권으로서 유효하다.[27]

3.236 **〈3〉 저당권의 목적물** 저당권의 목적물은 타인 소유의 부동산이다(제356조). 입목등기가 이루어진 입목도 토지와 독립된 부동산으로서 저당권의 목적물이 된다(「입목에 관한 법률」 제3조제2항). 저당권과 소유권이 동일인에게 귀속하는 때에는 저당권은 혼동으로 소멸하는 것이 원칙이다. 그러나 혼동의 예외로서 자기 소유의 부동산 위에 저당권이 성립하는 경우[28]도 있다. 지상권·전세권 같은 부동산물권도 저당권의 객체가 될 수 있다(제371조). 저당권의 객체는 부동산 또는

---

25) 이에 대해서는 이 책 [3.16] 이하 참조.

26) 대법원 1995. 9. 26. 선고 94다33583 판결; 대법원 2007. 1. 11. 선고 2006다50055 판결 등 참조.

27) 대법원 1997. 11. 14. 선고 97다32055 판결; 대법원 2010. 6. 24. 선고 2010다17840 판결 등 참조.

28) 이에 대해서는 이 책 [3.67] 참조.

부동산물권에 한정되지 않는다. 등록에 의하여 공시되는 동산도 저당권의 객체가 된다. 이는 질권을 설정함으로써 목적물의 용익가치가 사장되는 것을 방지하기 위한 것이다.

(2) 저당권설정등기

3.237 저당권설정계약에 의한 저당권은 등기가 있어야 비로소 성립한다(제186조). 저당권의 설정등기에는 순위번호·등기목적 등 일반적인 등기사항(「부동산등기법」 제48조제1항) 외에 채권액·채무자·변제기 등을 기록한다(「부동산등기법」 제75조).

(3) 피담보채권

3.238 저당권의 피담보채권은 보통 금전채권이지만, 금전채권으로 제한되는 것은 아니다. 피담보채권이 금전채권이 아니라도 채무불이행으로 인하여 원래의 채권은 최종적으로는 손해배상채권으로 전환되고, 손해배상채권은 원칙적으로 금전채권이므로(제394조) 저당권 실행시에는 모든 채권은 금전채권으로 된다고 말할 수 있다. 「부동산등기법」이 "일정한 금액을 목적으로 하지 아니하는 채권을 담보하기 위한 저당권설정의 등기를 할 때에는 그 채권의 평가액을 기록하여야 한다"(법 제77조[29])고 규정하는 것도 같은 취지이다. 실제 채권액이 등기가액을 초과하더라도 저당권자는 등기된 가액의 한도 내에서만 우선변제권을 주장할 수 있다.[30] 반대로 실제 채권액이 등기 가액에 미치지 못하는 때에는 실제 채권액의 한도에서만 우선변제권을 주장할 수 있다.

문제되는 사항들을 중심으로 살펴본다.

ⓘ **수개의 채권** 채무자는 동일한 채권자에 대한 여러 개의 채권을 합쳐 이를 하나의 피담보채권으로 하여 저당권을 설정할 수 있다. 채권자가 다른 수개의 채권을 피담보채권으로 하여 저당권을 설정하는 것도 가능하다. 가령 X가 A와 B로부터 각각 500만원의 금전을 차용하고 이를 담보하기 위하여 X소유의 甲토지에 1개의 저당권을 설정하면서 A와 B를 저당권자로 등기하였다면 A와 B는 피담보채권의 비율로 저당권을 준공유하게 된다(제278조).

ⓘⓘ **장래의 채권** 피담보채권은 저당권 설정시에 존재해야 할 필요는 없

---

29) 이 규정은 피담보채권을 금전으로 표시하도록 하여 후순위저당권자라든가 저당물의 양수인에게 예견가능성을 부여하기 위한 것이다.

30) 대법원 1980. 9. 18. 선고 80다75 판결 참조.

으며 적어도 저당권의 실행시에 현존하고 확정되면 충분하다. 그리고 장래의 증감·변동하는 다수의 불특정의 채권을 담보하기 위하여 그 최고액만을 정하는 근저당이 유효함은 물론이다(제357조). 아울러 민법은 장래의 채권에 대한 담보를 인정하는 다수의 규정(제26조제1항, 제206조제1항, 제443·558조, 제639조제2항, 제662조제2항, 제918조제4항 등)을 두고 있다.

2. 법률규정에 의한 성립

3.239 법률의 규정에 의하여 당연히 저당권이 성립되는 경우가 있다. 토지임대인이 변제기를 경과한 최후 2년의 차임채권에 의하여 그 지상에 있는 임차인 소유의 건물을 압류한 때에는 저당권과 동일한 효력이 있다(제649조). 법정저당권이 성립하는 시점은 건물에 대한 압류가 효력을 발생한 때이다. 압류는 채무자에게 그 결정이 송달된 때 또는 압류결정의 기입등기(「민사집행법」 제94조)가 된 때에 효력이 생긴다(「민사집행법」 제83조제4항).

Ⅳ. 효 력

1. 저당권의 효력범위

3.240 **〈1〉 제360조의 규정** 저당권은 원본, 이자, 위약금, 채무불이행으로 인한 손해배상 및 저당권의 실행비용을 담보한다. 그러나 지연배상에 대해서는 원본의 이행기일을 경과한 후의 1년분에 한하여 저당권을 행사할 수 있다.

3.241 **〈2〉 피담보채권의 범위** 제360조가 정하는 각 항목을 살펴본다.

ⓘ **원 본** 원본이 피담보채권에 포함되는 것은 당연하다. 원본은 필수적 등기사항이다(「부동산등기법」 제75조제1항제1문).

ⓘⓘ **이 자** 저당권설정계약에 이자, 이자의 발생기·지급시기·지급장소에 관한 약정이 있는 때에는 이를 등기해야 한다(「부동산등기법」 제75조제1항제3~5호). 등기를 하지 않으면 이자를 가지고 제3자에게 대항할 수 없다. 지연배상의 의미를 가지는 지연이자(제360조 단서)와 달리 약정이자는 등기되면 저당권에 의

하여 무제한으로 담보된다.

ⅲ **채무불이행으로 인한 손해배상** 손해배상 중 지연배상에 대해서는 원본의 이행기일을 경과한 후의 1년분에 한하여 저당권에 의하여 담보된다(제360조 단서). 이것은 후순위저당권자, 저당물의 양수인 등과 같은 제3자의 이익과 선순위저당권자의 이익을 조정하기 위한 규정이다. 이행기일로부터 1년 이후의 지연이자에 대하여 저당권자는 일반채권자로서 집행할 수 있을 뿐이다. 제360조 단서로 인해 저당권의 피담보채권의 범위는 질권보다 좁다. 질권의 경우에는 유치적 효력으로 인해 후순위자와 선순위자 간의 이익 조정의 필요성이 크지 않다.

ⅳ **위 약 금** 위약금은 손해배상액의 예정과 위약벌을 모두 포함하는 개념이다.[31] 위약금을 등기한다면 저당권에 의하여 담보되며, 제360조 단서의 제한을 받지 않는다.

ⅴ **저당권의 실행비용** 저당권의 실행비용(예: 부동산감정비용, 경매신청등록세 등)은 등기 없이도 당연히 저당권에 의하여 담보된다.

3.242 **〈3〉 목적물의 범위** 저당권의 효력이 미치는 목적물의 범위는 목적물의 소유권이 미치는 범위와 일치하는 것이 원칙이다. 저당권이란 궁극적으로 저당물을 처분하여 그 대가로부터 우선변제를 받는 권리이기 때문이다. 저당권의 효력이 미치는 목적물의 범위와 관련하여 문제되는 사항을 중심으로 살펴본다.

ⅰ **부합물·종물** 저당권의 효력은 저당부동산에 부합[32]된 물건 및 종물에 미친다(제358조 본문). 그러나 법률에 다른 규정이 있거나 저당권설정계약에서 다른 특약을 하고 이를 등기(「부동산등기법」 제75조제1항제7호)하였다면 저당권은 부합물에 미치지 않는다(제358조 단서). 가령 건물의 증축 부분이 기존건물에 부합하여 기존건물과 분리하여서는 별개의 독립물로서 효용을 갖지 못한다면 기존건물에 대한 저당권은 부합된 증축 부분에도 효력이 미치는 것이므로 기존건물에 대한 경매절차에서 경매목적물로 평가되지 않았더라도 경락인은 부합된 증축 부분의 소유권을 취득한다.[33]

31) 위약금에 대해서는 이 책 [2.33] 참조.
32) 부합에 대하여 자세한 것은 이 책 [3.139] 이하 참조.
33) 대법원 1981. 11. 10. 선고 80다2757·2758 판결; 대법원 2002. 10. 25. 선고 2000다63110 판결 등 참조.

ⓘ **과 실** 저당권은 목적물의 교환가치만을 지배할 뿐 사용·수익권은 여전히 설정자에게 있으므로 저당물로부터 발생한 과실에 대해서는 저당권의 효력이 미치지 않는 것이 원칙이다. 그러나 이 원칙을 제한없이 관철하면 저당권설정자가 경매절차를 부당하게 지연시켜 과실을 취득하는 폐단이 있을 수 있다. 이에 민법은 저당부동산에 대한 압류가 있은 후에는 저당권설정자가 수취하는 과실 또는 수취할 수 있는 과실에 대하여 저당권의 효력이 미친다고 규정한다(제359조 본문). 다만, 저당물에 대하여 소유권, 지상권 또는 전세권을 취득한 제3자가 있는 때에는 저당권자가 이들에게 압류사실을 통지한 후가 아니면 이로써 대항하지 못한다(제359조 단서). 저당권자와 제3자 사이의 이해관계 조정을 위한 규정이다. 제359조는 천연과실뿐만 아니라 법정과실에도 적용된다.

ⓘⓘ **저당부동산으로부터 분리·반출된 물건** 저당부동산으로부터 분리·반출된 물건에 대하여 저당권의 효력이 미치는가? 가령 저당건물의 일부가 붕괴되어 목재 등의 건축자재로 변형된 재료가 반출된 경우에 그 분리 또는 반출된 물건에 저당권의 효력이 미치는가? 분리·반출이 저당물의 정당한 사용·수익의 범위에 속한다면 저당권자가 간섭할 사항은 아니다. 저당권은 목적물의 교환가치를 지배할 수 있을 뿐이기 때문이다. 분리·반출이 저당물의 정당한 사용·수익의 범위에 속하지 않는 때에 문제가 발생한다. 이에 대하여 종래 학설상 논의가 있으나 새로운 시각에서 접근할 필요가 있다고 생각한다.

보충학습 3.43 | 저당부동산으로부터 분리·반출된 물건에 대한 저당권의 효력

이에 관한 종래 학설은 다음과 같다: ① 분리·반출된 물건은 저당권의 목적부동산과 결합하여 공시되고 있는 한도 내에서만 저당권의 효력이 미친다(소위 '공시원칙설'); ② 분리·반출된 물건이 저당물과 사회관념상 하나의 물건으로 인정될 수 있는가 여부에 따라 저당권의 효력범위를 정해야 한다; ③ 분리·반출된 물건은 목적물의 가치의 일부를 대표하는 것이므로 물상대위법리를 유추적용하여 목적물을 압류하면 저당권의 효력이 미친다(소위 '물상대위유추적용설').

종래 학설이 설정한 문제상황이 적절한가? 저당물로부터 일정한 물건이 분리·반출되었다면 그것은 저당물과는 독립된 물건으로 볼 수밖에 없다. 그렇다면 이를 저당권의 목적물로 한다는 취지의 특별한 규정이 없는 한, 그 물건은 이미 저당권의 목적물이 아니라고 보아야 하지 않을까? 공시할 수도 없는 분리·반출물을 저당권의 목적물로 한다는 것은 법정책적으로도 바람직스럽지 않다. 요컨대, 분리·반출이 있게 되면 그 물건은 더 이상 저당권의 목적물이 아니라고 보아야 한다. 그리고 저당물로부터 일정한 물건을 분리·반출하는 행위는 저당권 침해의 문제로 다루어야 한다. 즉 물권적 청구권(제370·214조), 손해배상청구권(제750조), 담보물보충청구권(제362조) 등에 의한 제재의 차원에서 접근해야 한다.

ⅳ **물상대위에 의한 효력범위의 확장** 민법은 제342조에서 질권의 물상대위를 규정하고 이를 저당권에 준용하고 있다.[34]

2. 우선변제적 효력

(1) 저당권자의 채권만족 방법

3.243 **〈1〉 저당권자에 의한 실행** 이에는 두 가지가 있다.

ⅰ **담보권실행을 위한 경매** 채무자가 변제기에 변제를 하지 않으면 저당채권자는 저당목적물에 대하여 법원에 경매를 신청하여 그 대금으로부터 다른 채권자에 우선하여 변제를 받을 수 있다(제356조).

ⅱ **유 저 당** 변제기 전의 약정으로 채무불이행이 있으면 저당권자가 저당부동산의 소유권을 취득하는 것으로 하거나(즉 대물변제의 예약) 혹은 민사집행법상의 담보권실행을 위한 경매가 아닌 방법으로 저당부동산을 환가·현금화하는 방법이다. 유질과 달리 유저당 금지 규정이 없으며, 저당권설정자에게 특별히 불리하지 않다는 등의 이유로 학설은 그 유효성을 인정한다.

보충학습 3.44 | 유저당의 효력

유저당은 다음 두 유형으로 구분할 수 있다.

❶ **대물변제의 예약이 있는 경우** 채무불이행이 있으면 저당권자가 저당부동산의 소유권을 취득한다는 약정이 있는 경우로서, 이러한 유저당약정은 대물변제의 예약으로 볼 수 있다. 변제기 전에 대물변제의 예약[35]이 있었고 저당부동산의 가액이 차용액 및 이자의 합

34) 이에 대해서는 이 책 [3.193] 참조.

35) 이에 대해서는 이 책 [2.95] 참조.

산액을 초과한다면 제607·608조가 적용되는 사안이다. 그리고 대물변제예약 외에 소유권 이전등기청구권 보전을 위한 가등기를 했다면 「가등기담보 등에 관한 법률」이 적용될 수 있다.36)

❷ **임의환가의 약정이 있는 경우** 임의환가의 방법(즉 제3자에게 매각한 후 청산)에 관한 특약은 유효하다는 것에 학설이 일치한다.

3.244 **〈2〉 다른 채권자에 의한 경매** 저당부동산에 대하여 일반채권자가 강제집행을 한다든가 저당부동산의 전세권자가 경매를 신청한다든가 혹은 후순위저당권자가 경매를 신청하는 경우에 저당권자가 이를 저지할 수는 없고, 순위에 따라 우선변제권을 주장할 수 있다. 그런데 일반채권자의 강제집행, 후순위권리자의 경매신청에는 일정한 제한이 따른다. 즉 이들의 강제집행 또는 경매신청 절차가 진행되더라도 그 채권에 우선하는 부동산의 모든 부담(예: 선순위의 저당권)과 비용을 청산하고 나면 남을 것이 없다면 강제집행 또는 경매신청이 허용되지 않는다(「민사집행법」 제102·268조). 이를 '잉여주의'라 한다. 그러한 강제집행 또는 후순위권리자의 경매신청은 그 자신에게도 실익이 없으며, 선순위 저당권자로서도 원하지 않는 시기에 환가를 강제당하게 되어 부당하기 때문이다.

3.245 **〈3〉 일반채권자의 지위에서의 만족** 저당권자는 저당권에 기하지 않고 일반채권자의 지위에서 채권만족을 할 수도 있다(이때 집행권원이 요구됨은 당연). 두 가지 경우를 생각할 수 있다.

ⓘ 저당권을 실행하여 우선변제를 받았으나 그 결과가 채권만족에 미달하였다면 이제는 무담보의 일반채권자의 지위에서 강제집행절차에 따라 채권에 대한 만족을 받아야 한다.

ⓘⓘ 처음부터 저당권을 실행하지 않고 일반채권자의 지위에서 강제집행을 할 수도 있다. 이때에는 법률상의 제한(제340·370조)이 있다.37)

(2) 우선순위

3.246 저당권이 다른 권리(예: 저당권, 전세권, 유치권 또는 일반채권 등)와 경합하는 경우에 우선순위에 대하여 살펴본다.

---

36) 이에 대해서는 이 책 [3.261] 참조.

37) 이에 대하여 자세한 것은 이 책 [3.215] 참조.

3.247 〈1〉 다른 채권자와의 관계 저당권자는 채무자의 다른 채권자와의 관계에서 언제나 우선적 지위에 있다. 그러나 이 원칙에는 다음과 같은 예외가 있다.

ⓘ **주택·상가건물임대차의 임차보증금채권과의 관계** 「주택임대차보호법」 또는 「상가건물임대차보호법」에서 정하는 대항요건과 임대차계약서에 확정일자를 갖춘 임차인은 보증금반환에 관하여 그보다 나중에 저당권설정등기를 경료한 저당권자에 우선한다(「주택임대차보호법」 제3조의2 제2항, 「상가건물임대차보호법」 제5조). 소액보증금 중 일정액에 대해서는 언제나 저당권자에 우선하는 경우도 있다(「주택임대차보호법」 제8조, 「상가건물임대차보호법」 제14조).

ⓘⓘ **국세 등 조세우선권과의 관계** 저당권·전세권·질권의 설정자가 국세를 체납하고 있는 경우에 그 법정기일[38] 전에 설정된 저당권·전세권·질권에 우선해서 징수하지 못한다(「국세기본법」 제35조제1항제3호). 가령 A에게 금전을 빌리고 자기 소유의 甲토지에 저당권을 설정해 준 B가 국세를 체납하고 있다면 문제된 조세의 법정기일과 저당권의 설정일을 비교하여 A의 저당권부채권과 조세채권 간의 우선순위를 결정한다. 그러나 당해세(해당 재산에 부과된 국세와 가산금)는 법정기일 전에 설정된 저당권·전세권·질권에 대해서도 우선한다(「국세기본법」 제35조제1항제3호). 가령 앞의 사안에서 문제된 조세가 당해세(예: 甲토지에 대한 상속세)라면 조세의 법정기일과 상관없이 저당권에 우선한다.

ⓘⓘⓘ **임금 등의 우선권과의 관계** 임금, 재해보상금, 그 밖에 근로관계로 인한 채권은 사용자의 총재산에 대하여 질권·저당권 또는 「동산·채권 등의 담보에 관한 법률」에 따른 담보권에 따라 담보된 채권 외에는 조세·공과금 및 다른 채권에 우선하여 변제되어야 하나, 질권·저당권 또는 「동산·채권 등의 담보에 관한 법률」에 따른 담보권에 우선하는 조세·공과금과의 관계에서는 우선하지 않는다(「근로기준법」 제38조제1항). 퇴직금도 마찬가지이다(「근로자퇴직급여보장법」 제12조제1항). 그러나 근로관계가 소멸한 경우에 최종 3개월분의 임금과 재해보상금채권은 사용자의 총재산에 대하여 질권 또는 저당권에 따라 담보된 채권, 조세·공과금 및 다른 채권에 우선하여 변제되어야 한다(「근로기준법」 제38조제2항). 최종

---

38) '법정기일'이란 세금의 존재를 확인할 수 있는 시점, 즉 세금이 공시된 것으로 볼 수 있는 시점을 말한다. 법정기일은 과세의 종류에 따라 차이가 있으며, 각 과세별 법정기일에 대해서는 법률에 규정이 있다(「국세기본법」 제35조제1항제3호, 「지방세기본법」 제71조제1항제3호 참조).

3년간의 퇴직금도 마찬가지이다(「근로자퇴직급여보장법」 제12조제2항).

3.248 〈2〉 **전세권과의 관계** 제303조제1항에 의하여 전세권자의 전세금반환청구권에 관하여 우선변제권이 인정된다. 저당권과 전세권의 우선순위는 등기의 선후에 의하여 결정된다.

3.249 〈3〉 **유치권과의 관계** 유치권과 저당권은 경합할 수 없다. 유치권에는 우선변제권이 없기 때문이다. 그러나 유치권은 사실상 저당권에 우선한다. 경락인이 유치권자에게 변제를 하지 않으면 경매목적물을 수취할 수 없기 때문이다(「민사집행법」 제91조제5항).

3.250 〈4〉 **저당권 상호 간의 관계** 동일한 부동산 위에 수개의 저당권이 경합하는 경우에 우선순위는 저당권의 설정등기의 선후에 의한다(제370·333조). 후순위저당권자는 선순위저당권자가 만족하고 남은 잔액에 대해서만 우선변제권을 행사할 수 있다. 이는 후순위저당권자의 신청으로 경매가 진행되는 경우에도 마찬가지이다.

3. 저당권과 용익관계

3.251 〈1〉 **저당권자와 용익권자와의 관계** 저당권 실행 전과 실행 후로 나누어 저당권자와 용익권자와의 관계를 살펴본다.

ⅰ **저당권 실행 전** 저당권 실행 전에는 용익권에 아무런 영향을 주지 않는다.

ⅱ **저당권 실행 후** 용익권자가 대항력을 갖춘 시기가 저당권 성립보다 앞선다면 저당권이 실행되더라도 경락인에 대하여 용익권을 주장할 수 있다. 용익권자가 대항력을 갖춘 시기가 저당권 성립보다 늦다면 용익권을 가지고 경락인에게 대항할 수 없다. 저당권의 실행으로 인한 용익권의 소멸 문제는 경매를 신청한 저당권자와 용익권자의 순위에 의해서만 결정되는 것이 아니다. A(1번저당권자), B(등기된 임차권자), C(2번저당권자)의 순서로 등기된 경우에 C가 저당권을 실행하면 그보다 선순위인 B의 임차권도 소멸한다. C가 저당권을 실행하더라도 B의 임차권보다 선순위인 A의 1번저당권이 소멸하여 마치 1번저당권을 실행하는

것과 같은 결과가 되기 때문이다.[39]

3.252 〈2〉 **법정지상권** 토지와 그 위 건물이 동일인 소유였는데 토지와 건물의 어느 하나 또는 양쪽에 저당권이 설정된 후, 저당권의 실행으로 경매가 진행되어 토지와 건물의 소유자가 다르게 된 경우 건물 소유자는 법률상 당연히 지상권을 취득한다(제366조).[40]

4. 저당토지 위의 건물에 대한 일괄경매권

3.253 토지에 저당권을 설정한 후 설정자가 그 토지에 건물을 축조한 때에는 저당권자는 토지와 함께 그 건물에 대하여도 경매를 청구할 수 있다(제365조 본문). 그러나 그 건물의 경매대가에 대하여는 우선변제를 받을 권리가 없다(제365조 단서). 저당권은 담보물의 이용을 제한하지 않아 저당권설정자로서는 설정 후에도 그 지상에 건물을 신축할 수 있다. 그런데 후에 그 저당권의 실행으로 토지가 제3자에게 경락되어 건물을 철거한다면 사회경제적으로 불이익이 있다. 저당권자로서도 저당토지 위 건물로 인한 경매의 어려움을 해소할 필요가 있다.[41] 일괄경매권의 인정 이유이다.

일괄경매권은 저당권자의 권리이다. 저당권자는 토지만의 경매를 신청할 것인가 혹은 토지와 건물의 일괄경매를 신청할 것인가를 선택할 수 있다. 일괄경매를 신청하면 토지와 건물은 동일인에게 매각되어야 한다. 그것이 제365조의 목적이기 때문이다.

Ⅴ. 특수한 저당권

1. 공동저당

3.254 〈1〉 개 념 공동저당이란 동일한 채권의 담보로서 수개의 부동산 위에 설정된 저당권을 말한다(제368조). 한국은 토지가 세분되어 있고, 또한 토지와

39) 대법원 1987. 2. 24. 선고 86다카1936 판결 등 참조.
40) 법정지상권의 의미에 대해서는 이 책 [3.170] 참조.
41) 대법원 2012. 3. 15. 선고 2011다54587 판결 등 참조.

건물이 별개의 부동산이어서 공동저당이 빈번하다. 공동저당에서는 목적부동산의 수만큼 저당권이 성립한다. 공동저당의 등기에는 해당 저당부동산이 다른 부동산과 아울러 1개의 채권의 공동담보라는 사실을 기록해야 한다(「부동산등기법」 제78조제1항). 저당부동산이 5개 이상인 때에는 절차의 번거로움을 피하기 위하여 공동담보목록을 첨부한다(「부동산등기법」 제78조제2항).

공동저당에서는 공동저당권자와 공동저당물의 어느 하나에 저당권을 가지고 있는 사람 사이에 매우 복잡한 이해관계가 얽히게 된다. 채권자 A·B·C는 채무자 소유의 甲·乙 토지(甲·乙의 시가는 각각 1200, 600)에 대하여 다음과 같이 저당권자의 지위에 있다: A는 甲·乙에 1번저당권(채권액: 900); B는 甲에 2번저당권(채권액: 600); C는 乙에 2번저당권(채권액: 300). 가령 A가 甲에 대하여 경매신청을 하면 A는 만족을 얻지만 B는 불리한 상황이 된다. 그리하여 제368조는 공동저당에 있어서 이해조정을 도모한다.

3.255 〈2〉 동시배당의 경우(부담의 안분) 공동저당의 목적인 부동산 전부를 경매하여 동시에 배당하는 때에는 각 부동산의 경매대가에 비례하여 그 채권의 분담을 정한다(제368조제1항). 즉 A는 甲에서 600[=900×(1,200/1,200+600)], 乙에서 300[=900×(600/1,200+600)], 총 900의 만족을 얻는다. 그리고 甲·乙 위에 각각 2번저당권을 가진 B·C 또한 A가 우선변제를 받고 남은 부분(B는 甲에서 600, C는 乙에서 300)으로 모두 만족을 얻는다.

3.256 〈3〉 이시배당의 경우(후순위저당권자의 대위) 공동저당권자는 저당부동산 중 일부를 우선 실행할 수도 있다(제368조제2항제1문). 위 사안에서 A가 먼저 甲에 대하여 경매신청을 한다면 B는 불이익을 당하게 된다. 민법은 이 경우에 대위의 법리로써 이해관계를 조정한다(제368조제2항제2문). 즉 A가 우선 甲에 대하여 경매신청을 하면 B는 동시배당의 경우 A가 乙의 경매대가에서 변제받을 수 있었던 금액(300)의 한도에서 A를 대위하여 乙로부터 변제를 받을 수 있다(여기에 더해 B는 甲의 경매대가에서 2번저당권자로서 A가 만족하고 남은 300을 배당받음). 그리고 C는 乙의 경매대가에서 300(B가 만족하고 남은 금액)을 배당받는다.

2. 근 저 당

3.257 〈1〉 개 념 근저당이란 계속적인 거래관계로부터 발생하고 소멸하는 불특정 다수의 채권을 일정한 한도까지 담보하는 저당권이다(제357조제1항). A가 B에게 계속적으로 물품을 공급하고 있는데, A의 B에 대한 대금채권을 담보하기 위하여 B가 A에게 일반저당권을 설정한다면 B가 A에게 채무의 전부를 변제하면 그 순간 저당권이 소멸하여 다음에 거래가 재개되면 다시 저당권설정계약을 해야 하는 불편이 있다. 만약 부종성(제369조)을 완화하여 일시적으로 채권액이 '0'이 되더라도 저당권이 유지되도록 한다면 그런 불편을 피할 수 있다. 근저당권의 등기에는 등기원인으로서 '근저당권설정계약'이라고 기록해야 하며, 기록하지 않으면 단순한 저당권으로 다루어진다. 또한 채권최고액 등도 등기해야 한다(「부동산등기법」 제75조제2항). 이자는 채권최고액에 포함된 것으로 본다(제357조제2항).

3.258 〈2〉 근저당권의 확정·실행 근저당권을 실행하기 위해서는 우선 피담보채권이 확정되어야 한다. 근저당권이 확정되면 보통의 저당권으로 되어 부종성을 가지게 된다.[42] 채권확정사유는 더 이상 계속적 거래관계를 지속하지 않을 것이라는 의사표시 또는 거래관계를 지속할 수 없는 사유(예: 근저당권설정계약에서 정한 결산기의 도래, 기본계약 또는 근저당권설정계약의 해제·해지,[43] 근저당권자 또는 제3자의 경매신청[44] 등)이다. 근저당권이 확정되어 실행되면 근저당권자는 최고액의 범위 내에서 우선변제를 받으며 그 밖의 실행절차는 일반저당권과 동일하다.

3. 특별법에 의한 저당권

3.259 위에서 설명한 저당권은 저당물이 부동산(토지 또는 건물)이고 일물일권주의에 따라 1개의 목적물마다 1개의 저당권이 성립하는 것을 전제로 한 것이다. 그런데 법정책적 고려에 기초하여 특별법을 통해 이를 변형한 저당권이 인정된다.

ⓘ **재단저당** 기업경영을 위한 토지, 건물, 기계 기타의 물적 설비 등을 일괄하여 재단을 구성하는 것으로 하고 그 위에 저당권을 설정하는 것이다. 설

42) 대법원 1997. 12. 9. 선고 97다25521 판결 등 참조.
43) 대법원 2002. 5. 24. 선고 2002다7176 판결 등 참조.
44) 대법원 1988. 10. 11. 선고 87다카545 판결; 대법원 1999. 9. 21. 선고 99다26085 판결 등 참조.

비들의 유기적 결합을 유지함으로써 담보가치를 높이는 동시에 담보의 설정 및 실행절차를 간편하게 한다는 장점이 있다(예: 「공장 및 광업재단 저당법」에 의한 공장재단저당 · 광업재단저당).[45]

ⅱ **동산저당** 동산에 질권을 설정하면 사용가치가 사장되어 사회·경제적으로 비효율적이다. 등기 또는 등록이 가능한 동산(예: 자동차, 항공기, 선박 등)에 대해서는 저당권을 설정할 수 있도록 한다.

ⅲ **입목저당** 「입목에 관한 법률」에 따라 등기된 입목을 목적으로 하는 저당권이다.

보충학습 3.45 | 「동산·채권 등의 담보에 관한 법률」

현행 민법상 동산·채권을 목적으로 하는 담보(동산질권, 양도담보, 채권질권)는 제도적 한계로 인하여 기업의 자금조달 방법으로 효율성이 떨어진다. 원자재, 재고자산 등의 동산 또는 매출채권 등을 담보로 활용함으로써 거래수요에 부응하기 위한 것으로 「동산·채권 등의 담보에 관한 법률」이 있다(2010. 6. 10. 제정, 2012. 6. 11. 시행). 이 법률에 따라 새로운 유형의 동산·채권 담보권을 신설하고 담보등기부를 마련하였다. 동산·채권 담보권의 설정은 법인 또는 「상업등기법」에 따른 상호등기를 한 사람에 한정된다.

제 5 절 비전형담보

Ⅰ. 의 미

3.260 〈1〉 개 념 비전형담보의 개념을 이해하기 위해서는 전형담보의 특성을 고려해야 한다. 전형담보는 제한물권적 구성의 담보물권으로서 설정적 승계의 형식을, 비전형담보는 이전적 승계[46]의 형식을 취하는 담보물권으로 정의할 수 있다. 전형담보에서는 담보권이 실행되기 전까지는 소유권에 아무런 변화

45) 이에 대해서는 이 책 [3.4] 〈보충학습 3.1〉 참조.
46) 이에 대해서는 이 책 [1.37] 참조.

가 없다. 그러나 비전형담보에서는 임시적이든[47] 확정적이든[48] 소유권 자체를 담보 도구로 사용하게 된다. 비전형담보는 왜 발생할까? 전형담보에 대한 거래계의 불만족에서 비롯된 것이다(동산질권은 동산의 용익가치를 사장시키고, 저당권은 그 실행에 복잡한 절차가 요구됨). 그런데 새로운 유형의 담보형태에서는 채무자가 매우 불리한 상황에 처할 수도 있다. 이런 배경에서 제정된 것이 바로 「가등기담보 등에 관한 법률」(이하 '가등기담보법')이다.

3.261 **〈2〉 가등기담보법의 의미** 이 법은 「민법」 제607·608조에 따라 그 효력이 상실되는 대물반환의 예약(환매, 양도담보 등 명목이 어떠하든 그 모두를 포함)에 포함되거나 병존하는 채권담보계약과 그 계약에 기하여 이루어진 가등기 또는 소유권이전등기의 효력을 정하고 있다(법 제1조). 이 법의 적용범위와 관련하여 유의할 사항을 살펴본다.

ⓘ **제607조와 제608조** 이 법은 제608조에 따라 그 효력이 상실되는 대물반환의 예약, 즉 "그 재산의 예약 당시의 가액이 차용액 및 이에 붙인 이자의 합산액"을 초과하는 경우(제607조)에 적용된다. 따라서 가등기담보 또는 양도담보라도, 가령 대물반환의 예약 당시 담보물의 가액이 피담보채권 이하인 때에는 이 법은 적용되지 않는다.[49] 예약 후에 목적물의 가액이 증가하여 담보물의 가액이 피담보채권액을 초과하더라도 마찬가지이다. 이들 경우에는 채무자를 특별히 보호할 필요가 없기 때문이다.

ⓘⓘ **소비대차관계** 이 법은 담보권자와 채무자 사이에 소비대차관계가 있을 때에 적용된다. 그리고 당사자 사이에 소비대차관계가 있는가 여부는 법률형식이 아니라 거래의 실질을 기준으로 판단한다. 이러한 시각에서 법 제2조제1호는 대물반환의 예약을 언급하면서 "환매, 양도담보 등 명목이 어떠하든 그 모두를 포함한다"라고 규정하고 있다. 그리하여 가령 매매대금채권 또는 공사대금채

47) 가등기담보를 생각해 보라. 채권자에게 가등기의 방법으로 임시로 소유권을 이전했다가 채무를 이행하면 가등기를 말소하고, 채무를 불이행하면 가등기에 기하여 본등기를 함으로써 소유권을 취득하게 된다.

48) 양도담보를 생각해 보라. 채권자에게 확정적으로 소유권이전등기를 했다가 채무를 이행하면 이전등기 또는 말소등기를 하고, 채무를 불이행하면 이미 등기된 바와 같이 채권자가 소유권을 취득하게 된다.

49) 대법원 1990. 1. 23. 선고 89다카21125,21132 판결; 대법원 1991. 11. 22. 선고 91다30019 판결 등 참조.

권 등을 담보하기 위하여 대물변제예약이 이루어지고 이에 기하여 가등기 또는 이전등기가 있더라도(더 나아가 비록 그 재산의 예약 당시의 가액이 매매대금 및 이에 붙인 이자의 합산액을 초과하더라도) 가등기담보법은 적용되지 않는다.50)

ⅲ 등기·가등기 이 법은 채권담보의 목적으로 가등기 또는 소유권이전등기가 이루어진 경우에 적용된다. 그러므로 담보물이 등기의 대상이 되지 않는 물건(예: 동산)인 때에는 가등기담보법이 적용되지 않는다.

ⅳ 준 용 이 법은 부동산 소유권 외에 등기 또는 등록할 수 있는 권리의 취득을 목적으로 하는 담보계약에도 준용된다(법 제18조).

Ⅱ. 가등기담보

1. 개 념

3.262 가등기담보란 채권담보를 위하여 채권자에게 소유권이전청구권 보전을 위한 가등기를 한 후, 채무자가 채무를 변제하면 가등기를 말소하고 변제하지 않으면 가등기에 기한 본등기를 통해 소유권을 취득하는 방법으로 우선변제를 받는 담보이다. 이것이 원래 의미의 가등기담보인데, 가등기담보법은 이것 외에 경매(마치 저당권과 같이51))에 의한 우선변제를 규정한다(가등기담보법이 적용되지 않는 경우에는 본등기의 방식을 선택할 수밖에 없음).

가등기담보가 성립하는 원인은 매우 다양하다. 대물변제예약을 원인으로 가등기를 하는 경우를 생각해 본다. A가 B로부터 금전을 차용하기 위하여 소비대차계약을 체결한다(원금: 1,000만원, 이자: 연 25%, 기간: 2년). 변제기 전에 두 사람이 “2년 후에 원리금 1,500만원을 변제하지 않으면 A소유의 부동산(시가: 5,000만원)에 대한 소유권을 B에게 이전한다”는 내용의 합의(대물변제의 예약)를 한다. 이 대물변제의 예약을 원인으로 B가 A에 대한 장래의 소유권이전청구권을 보전하기 위하여 가등기를 한다.

50) 대법원 1990. 6. 26. 선고 88다카20392 판결; 대법원 1992. 10. 27. 선고 92다22897 판결 등 참조.
51) 가등기담보권자가 경매에 의하여 우선변제를 받는 경우에 가등기담보권은 저당권과 동일하게 다루어진다(가등기담보법 제12조제1항).

2. 가등기담보권의 효력

3.263 가등기담보권의 피담보채권의 범위는 제360조에 의한다(가등기담보법 제3조제2항). 따라서 원본, 이자, 위약금, 채무불이행으로 인한 손해배상 및 담보권의 실행비용이 피담보채권에 포함된다. 담보권이 실행되기 전까지는 대내적으로든 대외적으로든 담보목적물의 소유권은 가등기담보권설정자에게 있다. 따라서 가등기담보권설정자는 담보목적물을 점유·사용할 수 있다.

3. 가등기담보권의 실행

3.264 가등기담보법은 가등기담보권의 실행방법으로 두 가지(소유권 취득에 의한 실행과 경매에 의한 실행)를 인정한다. 가등기담보권자는 이 중에서 자유롭게 선택할 수 있다. 아래의 설명은 가등기담보법이 적용되는 경우이다. 가등기담보법이 적용되지 않는 경우에 가등기담보권의 실행은 가등기에 기하여 본등기를 하는 방법만이 가능하다.

3.265 **〈1〉 권리취득에 의한 실행**(귀속정산형) 채무자의 채무불이행이 있는 경우에 가등기담보권자는 가등기에 기한 본등기를 통해 목적물에 대한 소유권을 취득하는 방법으로 담보권을 실행할 수 있다. 가등기담보권자가 이 방법으로 담보권을 실행하기 위해서는 아래 절차를 거쳐야 한다.

ⓘ **실행통지** 가등기담보권자는 청산금의 평가액을 채무자 등에게 통지해야 한다(가등기담보법 제3조). 청산금이란 실행통지 당시를 기준으로 담보목적물의 가액에서 피담보채권액을 뺀 금액이다(가등기담보법 제4조제1항제1문).

ⓘⓘ **청산기간의 경과** 실행통지가 채무자 등에게 도달한 날로부터 2개월(청산기간)이 지나야 한다. 청산기간은 채무자에게 변제를 함으로써 가등기를 말소할 수 있는 기회를 주기 위한 것이다.

ⓘⓘⓘ **청산금의 지급** 청산기간이 지나고 청산금을 지급해야만 가등기에 기하여 본등기를 하여 소유권을 취득한다(가등기담보법 제4조제2항). 청산금의 지급과 본등기청구는 동시이행관계에 있다(가등기담보법 제4조제3항).

3.266 **〈2〉 경매에 의한 실행**(처분정산형) 가등기담보권자는 권리취득에 의한 실

행을 하지 않고 경매를 신청하여 우선변제를 받을 수도 있다(가등기담보법 제12조제1항제1문). 이 경우 경매에 관하여는 가등기담보권을 저당권으로 본다(가등기담보법 제12조제1항제2문).

Ⅲ. 양도담보

1. 의　　미

3.267 〈1〉 개　　념　　양도담보란 물건의 소유권을 채권자에게 이전하는 방법으로 채권을 담보하는 것이다. 양도담보의 목적물로는 일반적인 부동산과 동산 이외에 집합물(예: 양만장의 뱀장어)도 포함된다.[52] 양도담보를 설정하기 위해서 부동산의 경우에는 채권자 앞으로 이전등기, 동산의 경우에는 인도가 있어야 한다. 동산의 인도는 점유개정에 의하는 것이 보통이다. 채무자가 채무를 이행하면 채무자는 소유권을 회복하고, 이행하지 않으면 채권자는 그 목적물에 대한 소유권을 취득하는 방법으로 우선변제를 받는다. 등기가 아닌 인도의 방법으로 소유권을 이전하는 일반 동산의 양도담보에는 가등기담보법이 적용되지 않는다(가등기담보법 제1조).

3.268 〈2〉 분　　류　　종래 학설은 양도담보를 협의의 양도담보와 매도담보로 구분한다.

ⓘ **협의의 양도담보**　　소비대차의 형식으로 금전을 지급하고 반환채권을 담보하기 위하여 목적물의 소유권을 대주에게 이전하는 것이다.

ⓘⓘ **매도담보**　　매매의 형식을 기초로 매매대금으로 금전을 지급하고 금전을 받은 사람(즉 매도인)이 나중에 매매대금을 반환하면서 목적물을 받는 담보형태이다.

52) 대법원 1990. 12. 26. 선고 88다카20224 판결 등 참조.
53) 환매가 담보제도로 활용되는 사례에 대해서는 이 책 [2.184] 〈보충학습 2.43〉 참조.

보충학습 3.46 | 양도담보와 환매·재매매예약의 관계

채무자가 채무를 이행하면 양도담보권자는 담보물에 대한 소유권을 담보권설정자에게 다시 이전해 주어야 한다. 그런데 양도담보권자는 자신이 소유자로서의 외양을 가지고 있음을 기화로 목적물을 제3자에게 처분할 가능성도 배제할 수 없다. 이러한 경우를 대비하여 채무자로서는 담보물에 대한 소유권 회수 수단(예: 환매,[53] 재매매의 예약[54])을 강구할 필요가 있다. 환매, 재매매의 예약은 대부분 양도담보와 결합되어 있다.

종래 학설은, 협의의 양도담보에서는 당사자 사이에 소비대차계약상의 채권·채무관계(즉 대여금반환채무)가 남는데 반해, 매도담보의 경우에는 당사자 사이에 외형상 아무런 채권·채무관계도 남지 않는다고 한다. 그런데 이 설명은 타당하지 않다. 매도담보에서는 채권담보를 위하여 매매라는 형식을 이용했을 뿐이며 그 실질은 소비대차관계로 해석해야 한다. 이는 매도담보설정자와 매도담보권자 사이 법률행위의 해석의 결과로 설명할 수 있다.[55] 즉 매도담보 당사자의 표시행위가 어떠하든 해당 법률행위에 대한 자연적 해석의 결과는 소비대차 및 그로 인한 채권담보를 위한 소유권의 이전이다. 한편, 가등기담보법이 적용되는 경우에는 환매, 재매매의 예약 등 형식적 용어에 구애되지 않고 실질적으로 성질결정(가등기담보법 제2조제1호)을 하므로(즉 소비대차관계로 파악) 매도담보의 경우에 당사자 사이에 외형상 아무런 채권·채무관계도 남지 않는다고 말할 수 없다.

2. 이론구성

3.269 **〈1〉 문제상황** 양도담보의 내용·목적은 채권의 담보에 있으나 그 형식은 담보권의 설정이 아닌 소유권의 이전이다. 즉 실질과 형식이 서로 부합하지 않는다. 그리하여 종래 양도담보의 이론구성에 관해서는 형식(즉 소유권의 이전에 초점을 맞추는 입장, 신탁적 소유권이전설)과 실질(즉 채권의 담보에 초점을 맞추는 입장, 담보권설)이 대립한다.

54) 재매매의 예약의 개념 및 환매와의 차이에 대해서는 이 책 [2.182] 〈보충학습 2.42〉 참조.
55) 법률행위 해석에 대해서는 이 책 [1.83] 이하 참조.

3.270 〈2〉 학 설

ⓘ **신탁적 소유권이전설** 양도담보를 민법학상의 신탁행위[56]의 일종으로 본다(즉 양도담보권자는 대외적으로는 소유자이나, 양도담보권설정자와의 내부관계에서는 담보 목적을 넘지 말아야 할 채무를 부담함). 이 학설에 의하면, 양도담보권자가 목적물을 제3자에게 양도했다면 양수인은 선의·악의를 불문하고 유효하게 소유권을 취득한다(다만, 내부적으로 양도담보권설정자에게 채무불이행책임을 부담함). 양도담보권자는 대외적으로 소유자의 지위에 있기 때문이다.

ⓘⓘ **담보권설** 양도담보권자의 권리를 소유권이 아닌 일종의 담보권으로 본다(즉 양도담보가 설정되더라도 소유권은 여전히 설정자에게 있고, 양도담보권자는 '양도담보권'이라는 특수한 제한물권을 취득하는데 불과함). 양도담보권자에게는 처분권이 없으므로 그에 의한 처분행위는 무효이다.

3.271 〈3〉 평 가 가등기담보법의 시행 전까지 판례와 다수설은 신탁적 소유권이전설의 입장이었다. 그런데 가등기담보법의 시행을 계기로 큰 변화를 보였다. 가등기담보법은 신탁적 소유권이전설과 상치되는 내용을 다수 포함하고 있기 때문이다.

ⓘ **가등기담보법 제4조제2항 전단** "담보목적부동산에 관하여 이미 소유권이전등기를 마친 경우에는"(즉 양도담보의 경우에는) 청산절차를 거쳐야 소유권을 취득한다고 규정한다. 이 규정은 청산절차를 거치기 전에는 양도담보권자는 소유권자가 아니라는 의미이다.

ⓘⓘ **가등기담보법 제11조 단서** 양도담보권자가 목적물을 제3자에게 양도한 경우에 양수인이 선의라면 소유권을 취득한다고 규정한다. 신탁적 소유권이전설에 따른다면, 양수인이 선의이든 악의이든 소유권을 취득한다고 보아야 할 것이다.

가등기담보법이 시행되는 현재 양도담보권의 이론구성을 어떻게 해야 할까? 가등기담보법이 적용되는 사안에 대해서는 담보권설에 의할 수밖에 없다. 가등기담보법이 적용되지 않는 경우는 어떠한가? 학설 중에는 이 경우에도 가등기담보법을 유추적용함으로써 담보권설로 일관하고자 하는 입장도 있다. 판례는

56) 민법학상의 신탁행위의 개념에 대해서는 이 책 [3.158] 참조.

이원적인 입장으로서, 가등기담보법이 적용되지 않는 경우에 대해서는 가등기담보법 시행 전의 판례이론인 신탁적 소유권이전설을 취하고 있다.[57] 양도담보의 이론구성에 있어서 판례는 신탁적 소유권이전설을 폐기하지 않고 그 적용범위를 축소시켰다고 평가할 수 있다.

양도담보의 이론구성에 대해서는 담보권설로 일관하는 것보다는 판례와 같은 이원적 입장이 타당하다고 생각한다. 모든 양도담보를 담보권으로 파악하게 되면 이는 거래의 수월성 내지 편이성에 오히려 장애를 줄 수 있기 때문이다.

3. 양도담보권의 효력

3.272 양도담보권의 피담보채권의 범위는 제360조에 의한다(가등기담보법 제3조제2항). 따라서 원본, 이자, 위약금, 채무불이행으로 인한 손해배상 및 담보권의 실행비용이 피담보채권에 포함된다.

양도담보에 있어서 목적물은 설정자가 점유하는 것이 보통이다.[58] 양도담보설정자가 목적물을 점유하는 경우에 그의 법적 지위는 어떠한가?

ⓘ **가등기담보법이 적용되는 경우** 양도담보설정자는 대내외적으로 소유자의 지위에 있으므로(담보권설) 소유자의 지위에서 목적물을 용익하는 것이다.

ⓘⓘ **가등기담보법이 적용되지 않는 경우** 양도담보설정자는 양도담보권자와의 내부관계에서는 소유자의 지위에 있으므로(신탁적 소유권이전설) 소유자의 지위에서 목적물을 용익하는 것이다.

4. 양도담보의 실행

3.273 ⓘ **가등기담보법이 적용되는 경우** 가등기담보권의 실행에서와 같은 절차(실행통지, 청산기간의 경과, 청산금의 지급)를 거쳐 소유권을 취득한다(가등기담보법 제4조제2항). 가등기담보와는 달리 양도담보에서는 청산금을 채무자 등에게 지급한 때에 즉시 부동산에 대한 소유권을 취득한다. 양도담보의 경우에는 담보권자의 이름으로 이미 소유권이전등기가 되어 있기 때문이다.

57) 대법원 1987. 11. 10. 선고 87다카62 판결; 대법원 1994. 8. 26. 선고 93다44739 판결 등 참조.
58) 대법원 1966. 9. 27. 선고 66다1330 판결; 대법원 1988. 11. 22. 선고 87다카2555 판결 등 참조.

ⓘⓘ **가등기담보법이 적용되지 않는 경우** 채무자가 변제를 하지 않으면 대외적 소유권뿐만 아니라 대내적 소유권도 양도담보권자에게 귀속한다.

Ⅳ. 소유권유보부매매

3.274 소유권유보부매매란 할부매매에 있어서 매매목적물은 매도인이 매수인에게 인도하되 매매대금 완납시까지는 매도인에게 소유권이 유보되어 있는 것으로 약정하는 것이다. 매수인이 대금을 완납하지 않으면 매도인은 매매계약을 해제하여 목적물을 회수하는 방식으로 권리를 실행한다.

찾아보기

※ 단어 뒤의 숫자는 쪽수가 아닌 문단번호임

ㄱ

ㅈ

ㅊ

저자약력

명 순 구

서울고등학교
고려대학교 법학사, 법학석사
파리 제1대학교(Univ. Paris I, Panthéon-Sorbonne) 법학박사
프랑스 교수자격(Habilitation à Diriger des Recherches)
프랑스 교육문화훈장 팔므아카데믹(Palmes Académiques) 기사장(Chevalier) 수훈
민법 등 법률개정위원회 위원
교육부·법무부·통계청·법제처·건강보험심사평가원·국가보훈복지의료공단 등 자문위원
대한상사중재원 중재인, 중국 위해시(威海市) 중재위원, 중앙아시아 국제중재원(CACIA) 중재위원
국가유산진흥원, 신협중앙회 등 이사
고려대학교 공로상, 석탑연구상, 석탑강의상
고려대학교 법학전문대학원 교수, 교무처장, 법과대학장, 법학전문대학원장

[주요 저역서]

· *La rupture du contrat pour inexécution fautive en droit coréen et français*, Paris, L.G.D.J., 1996.
· *Le contrat au début du XXIe Siècle, Études Offertes à Jacques Ghestin*, Paris, L.G.D.J., 2001.
· 프랑스민법전 제1권 [人], 법문사, 2000.
· 민법학기초원리, 세창출판사, 2002.
· 프랑스민법전, 법문사, 2004.
· 미국계약법입문, 법문사, 2004.
· 현대미국신탁법, 법문사, 2005.
· 민법총칙, 법문사, 2005.
· 법경제학, 세창출판사, 2006.
· 법률가의 회계학, 법문사, 2006.
· 아듀, 물권행위, 고려대학교출판부, 2006.
· 세계화지향의 사법: 그 배경과 한국·프랑스의 적응, 세창출판사, 2006.
· 실록 대한민국민법 1, 법문사, 2008.
· 러시아법입문, 세창출판사, 2009.
· 실록 대한민국민법 2, 법문사, 2010.
· 실록 대한민국민법 3, 법문사, 2010.
· 역사와 해설 국민건강보험법, 법문사, 2011.
· 미술품의 거래법과 세금, 고려대학교출판부, 2012.
· 전세제도에 관한 새로운 시각, 고려대학교출판부, 2015.
· 민법학원론, 박영사, 2015.
· 민법총론(보성전문교과서번역사업1), 고려대학교출판문화원, 2017.
· 물권법 제1부(보성전문교과서번역사업2), 고려대학교출판문화원, 2018.
· 1919년 보성전문, 시대·사회·문화, 세창출판사, 2020.
· 물권법 제2부(보성전문교과서번역사업5), 고려대학교출판문화원, 2021.
· 이슬람법입문, 경인문화사, 2021.
· 물, 법과 관리의 원리, 고려대학교출판문화원, 2022.
· 중동의 대학교육과 고등교육 협력방안, 세창출판사, 2023.
· 채권법 제1부(보성전문교과서번역사업7), 고려대학교출판문화원, 2023.
· 채권법 제2부(보성전문교과서번역사업8), 고려대학교출판문화원, 2024.
· 채권법 제3부(보성전문교과서번역사업9), 고려대학교출판문화원, 2025.
· 실록 사립학교법, 박영사, 2025.
· 사우디아라비아 민사거래법, 좋은열쇠, 2025.

E-mail: skmyoung@korea.ac.kr
Homepage: www.mindle.net

제4판
민법학원론

초판 발행 2015년 8월 30일
제4판 발행 2025년 8월 30일

지은이 명순구
펴낸이 안종만 · 안상준

편 집 이승현
기획/마케팅 김한유
표지디자인 이은지
제 작 고철민 · 김원표

발행처 (주) 박영사
서울특별시 금천구 가산디지털2로 53, 210호(가산동, 한라시그마밸리)
등록 1959. 3. 11. 제300-1959-1호(倫)
전 화 02)733-6771
f a x 02)736-4818
e-mail pys@pybook.co.kr
homepage www.pybook.co.kr
ISBN 979-11-303-2427-2 93360

정 가 36,000원